Die deutsche Strafverfolgungspraxis
im Vergleich mit der Strafverfolgungspraxis
in England und Wales

Europäische Hochschulschriften

Publications Universitaires Européennes
European University Studies

Reihe II
Rechtswissenschaft

Série II Series II
Droit
Law

Bd./Vol. 3151

PETER LANG
Frankfurt am Main · Berlin · Bern · Bruxelles · New York · Oxford · Wien

Malaika Ahlers

Die deutsche Strafverfolgungspraxis im Vergleich mit der Strafverfolgungspraxis in England und Wales

PETER LANG
Europäischer Verlag der Wissenschaften

Die Deutsche Bibliothek - CIP-Einheitsaufnahme

Ahlers, Malaika:

Die deutsche Strafverfolgungspraxis im Vergleich mit der Strafverfolgungspraxis in England und Wales / Malaika Ahlers. - Frankfurt am Main ; Berlin ; Bern ; Bruxelles ; New York ; Oxford ; Wien : Lang, 2001
(Europäische Hochschulschriften : Reihe 2, Rechtswissenschaft ; Bd. 3151)
Zugl.: Bielefeld, Univ., Diss., 2000
ISBN 3-631-37935-8

D 361
ISSN 0531-7312
ISBN 3-631-37935-8

www.peterlang.de

Gliederung

Abkürzungsverzeichnis

A.A.	= Anderer Ansicht
a.a.O.	= am angegebenen Ort
AG	= Amtsgericht
ALL.E.R.	= All England Reports
AnwBl.	= Anwaltsblatt
Art.	= Artikel
AV	= Arbeitsvorschrift
Bd.	= Band
BGBl.	= Bundesgesetzblatt
BGH	= Bundesgerichtshof
BGHZ	= Bundesgerichtshofentscheidung
BKA	= Bundeskriminalamt
BR	= Bundesrat
Brit.J.Criminol.	= British Journal of Criminology
BSE	= Bundesweite Erfassung von Wirtschaftsstraftaten nach einheitlichen Gesichtspunkten
bspw.	= beispielsweise
BVerfG	= Bundesverfassungsgericht
BVerfGE	= Bundesverfassungsgerichtsentscheidung
BVerwGE	= Bundesverwaltungsgerichtsentscheidung
bzw.	= beziehungsweise
ch	= chapter
col	= column
Cornell L.Rev.	= Cornell Law Review
CPS	= Crown Prosecution System
Crim.App.R.	= Criminal Appeal Reports
Crim.L.Rev.	= Criminal Law Review
d.	= des
DPP	= Director of Public Prosecutions
DRiZ	= Deutsche Richter Zeitung
DtZ	= Deutsch-Deutsche-Rechtszeitschrift
ECA	= European Communities Act
EDV	= Elektronische Datenverarbeitung
Einf.	= Einführung
Einl.	= Einleitung
EU	= Europäische Union
EuGH	= Europäischer Gerichtshof
f.	= folgende Seite
FAZ	= Frankfurter Allgemeine Zeitung
ff.	= folgende Seiten
FS	= Festschrift
GA	= Goldammers Archiv
GG	= Grundgesetz
GVG	= Gerichsverfassungsgesetz

HC	= House of Commons
HDE	= Hauptverband des deutschen Einzelhandels
h.M.	= herrschende Meinung
Hrsg.	= Herausgeber
i.V.m.	= in Verbindung mit
JP	= Justice of the Peace
JPM	= Joint Performance Management
JM	= Justizminister
JR	= Juristische Rundschau
JuS	= Juristische Schulung
JUSTICE	= British Section of the International Commission of Jurists
JW	= Juristische Wochenschrift
JZ	= Juristen-Zeitung
KK	= Kriminalkommissariat
Krim.	= Kriminalistik
KrimJ	= Kriminologisches Journal
KritV	= Kritische Vierteljahresschrift für Gesetzgebung und Rechtswissenschaft
KStA	= Kölner Stadtanzeiger
L.S.Gaz.	= Law Society Gazette
MDR	= Monatsschrift für Deutsches Recht
MSchrKrim	= Monatschrift für Kriminologie und Strafrechtsreform
m.w.N.	= mit weiteren Nachweisen
nfa	= no further action
NJW	= Neue Juristische Wochenschrift
NLJ	= New Law Journal
NvWZ	= Neue Zeitschrift für Verwaltungsrecht
OWiG	= Ordnungswidrigkeitengesetz
PACE	= Police and Criminal Evidence Act
P.L.	= public law
QB	= Queens Bench
Rdn.	= Randnummer
RiStBV	= Richtlinien für das Straf- und Bußgeldverfahren
RPflG	= Rechtspflegergesetz
RV	= Rundverfügung
RVO	= Rechtsverordnung
s.	= section
S.	= Seite
SCO	= Special Compliance Office
SFO	= Serious Fraud Office
SK	= Systematischer Kommentar
sog.	= sogenannte
Stan.L.Rev.	= Stanford Law Review
StGB	= Strafgesetzbuch
StPO	= Strafprozeßordnung

Strafr. Abh.	= Strafrechtliche Abhandlungen
StV	= Strafverteidiger
SZ	= Süddeutsche Zeitung
Temple L.Rev.	= Temple Law Review
TIG	= Trial Issues Group
u.a.	= unter anderem
U.Pa.L.Rev.	= University Pennsylvania Law Review
u.U.	= unter Umständen
v.	= vom
v.a.	= vor allem
VerwArch	= Verwaltungsarchiv
vgl.	= vergleichbar
vol	= volume
VRS	= Verkehrsrechtssammlung
wistra	= Zeitschrift für Wirtschaft, Steuer Strafrecht
W.L.R.	= Weekly Law Reports
z.B.	= zum Beispiel
zit.	= zitiert
ZRP	= Zeitschrift für Rechtspolitik
ZStW	= Zeitschrift für die gesamte Strafrechtswissenschaft
z.T.	= zum Teil

Einleitung

Im Zeitalter des Wegfalls der Grenzkontrollen nach dem Schengener Abkommen[1] und dem Abbau der Personenkontrollen an den Grenzen der Europäischen Union durch die Einführung des Europäischen Binnenmarktes im Zuge der europäischen Integration erweitert sich die Kriminalität über die Grenzen der Mitgliedstaaten hinaus.[2] Die Mitgliedstaaten können bestimmte Kriminalitätsformen nicht mehr allein bekämpfen. Der Ruf nach einer gemeinsamen Strafverfolgung in Europa wird immer lauter.[3] Auf der Grundlage der Bestimmungen über die Zusammenarbeit in den Bereichen Justiz und Inneres des Vertrages über die Europäische Union von 1992 (Maastrichter Vertrag),[4] wurde durch ein völkerrechtliches Übereinkommen vom 26.07.1995 die rechtliche Grundlage für eine eigene europäische Strafverfolgungsbehörde (Europol) geschaffen.[5] In Kraft getreten ist das Übereinkommen am 1. Oktober 1998 und seine Arbeit hat Europol am 1. Juli 1999 aufgenommen.[6] Die Aufgabe Europols ist es, die politische Zusammenarbeit zwischen den Mitgliedstaaten bei der Bekämpfung aller schwerwiegenden Formen internationaler Kriminalität zu verbessern. Dabei stellt Europol den nationalen Ermittlungsbehörden Daten über grenzüberschreitende Delikte wie beispielsweise Menschen- und Drogenschmuggel, Geldwäsche und internationalen Terrorismus zur Verfügung, die Europol wiederum von den Behörden der Mitgliedstaaten geliefert bekommt.[7] Demnach nimmt Europol keine Ermittlungstätigkeiten vor,

---

[1] Übereinkommen von Schengen v. 14.06.1985 (Schengen I), das am 1. Mai 1990 in Kraft getreten ist, vgl. GMBl 1986, S. 79 ff. Mittlerweile ist dieses in die „dritte Säule" des EU-Vertrages (Europ. Abl. C 340 v. 10.11.1997, S. 93 ff.) integriert worden. Allerdings handelt es sich insoweit nicht um europäische Strafverfolgungsorgane, sondern die in der Schengen-Zusammenarbeit mögliche grenzüberschreitende Strafverfolgung obliegt den zuständigen nationalen Behörden, die einen nationalen Strafanspruch geltend machen. Vgl. hierzu und zum Schengener Durchführungsübereinkommen (Schengen II, BGBl 1990 II, S. 1010) u.a. Scheller, JZ 1992, S. 904 ff.; Bieber, NJW 1994, S. 294 ff.; Holzberger/Schubert, Cilip 59 (1/98), S. 12 ff.

[2] Vgl. Bohnen, DRiZ 1996, S. 411 ff., 411; Bull, KritV 1995, S. 313 ff., 313 f.; Weichert, Cilip 56 (1/97), S. 54 ff., 55; Dix, Jura 1993, S. 571 ff.

[3] Pitschas (NVwZ 1994, S. 625 ff., 626 ff.) fordert u.a. einen „gesamteuropäischen Sicherheitsraum" (dazu krit. Bull, KritV 1995, S. 313 ff., 316 f.). Dannecker (JZ 1996, S. 869 ff., 880) spricht von einer Herausforderung für eine gesamte Strafrechtswissenschaft, d.h. für das Strafrecht unter Einbeziehung von Strafrechtsdogmatik, Kriminologie und Verfassungsrecht. Der vom Europäischen Parlament eingesetzte unabhängige Sachverständigenausschuß hat in seinem „Zweiten Bericht über die Reform der Kommission - Analyse der derzeitigen Praxis und Vorschläge zur Bekämpfung von Mißmanagement, Unregelmäßigkeiten und Betrug" (im Internet abrufbar unter http:/www.europarl.eu.int/experts/report2/en/default.htm, s. v.a. Kapitel 5) die Errichtung einer gemeinsamen Strafverfolgungsbehörde für durch Mitglieder der EU-Institutionen begangene Straftaten in drei Schritten gefordert: Zunächst sollte ein *unabhängiger Europäischer Staatsanwalt* ernannt werden, welcher die uneingeschränkte Zuständigkeit für diese Delikte besitzt und der von einer eigens einzurichtenden Kammer des Europäischen Gerichts Erster Instanz überwacht wird. Die Mitgliedstaaten sollten dann ihrerseits *eigenständige Strafverfolgungsbehörden für EU-Strafsachen* einrichten. Abschluß dieser Entwicklung soll dann eine Europäische Strafverfolgungsbehörde sein, die z.T. aus *abgeordneten Staatsanwälten aus den Mitgliedstaaten* besteht.

[4] BGBL II 1992, S. 1250 ff., 1251.

[5] Europ. Abl. C 316 v. 27.11.1995, S. 1.

[6] Vgl. Gleß, Justizielle Einbindung und Kontrolle des strafrechtlichen Ermittlungsverfahrens, unveröffentlichter Vortrag für den 17. Deutschen Richtertag, S. 9, der dankenswerterweise zur Verfügung gestellt wurde. Europol hat zunächst in Form einer sog. European Drug Unit (EDU) in einem begrenzteren Rahmen für einen grenzüberschreitenden Austausch von Daten gesorgt, vgl. dazu Nicolaus, NVwZ 1996, S. 40 ff., 42; Weichert, Cilip 50 (1/95), S. 72 ff. Ausführlich zur Historie von Europol: Fisahn, Kritische Justiz 1998, S. 358 ff.

[7] Vgl. Boetticher, ZRP 1995, S. 144 ff., 148; Busch, Cilip 53 (1/96), S. 21 ff., 26 f.

allerdings sieht der Amsterdamer Vertrag derartige Befugnisse zukünftig vor.[8] Im Hinblick auf die dafür möglicherweise erforderliche Kontrolle dieser Befugnisse ist entscheidend, was nach den Rechtsordnungen der EU-Mitgliedstaaten beziehungsweise nach europäischem Recht gewährleistet werden muß. Dabei sind die Anforderungen zwischen den nationalen Rechtsordnungen verschieden.[9] Während in Deutschland eine doppelte justizielle Überprüfung der Ermittlungstätigkeit vorgesehen wird, nämlich die Sachleitungsbefugnis der Staatsanwaltschaft und die richterliche Überprüfung bestimmter Ermittlungsmaßnahmen, ist in den Rechtsordnungen von England und Wales keinerlei Kontrolle eingeplant.[10] Die originäre Zuständigkeit für strafrechtliche Ermittlungen liegt hier traditionell bei der Polizei, die nur dem Gesetz verantwortlich ist. Nur aufgrund der derzeitigen eingeschränkten Befugnisse von Europol, also der Informationseingriffe, hat eine europäische Behörde entstehen können, die die Tätigkeiten ihrer Mitarbeiter einer justiziellen Kontrolle entzieht. Damit hat in der Konkurrenz der Rechtssysteme die angelsächsische Variante - so Gleß[11] - faktisch gesiegt.

Eine derartige Betrachtungsweise läßt aber aktuelle Entwicklungen außer Acht und orientiert sich zu sehr an der „Papierform“:

Nur bis zur Reform Mitte der 90er Jahre hatte die Polizei in England und Wales die originäre Zuständigkeit für alle Ermittlungen inne. Sie übernahm sogar vollständig die Strafverfolgung, d.h. sie ermittelte, stellte das Verfahren ein oder verwarnte den Täter oder erhob Anklage und vertrat die Anklage vor Gericht. Dabei handelte es sich um unkontrollierte Entscheidungen auf der Grundlage des Opportunitätsprinzips. Dieses System wurde stark kritisiert und schließlich reformiert. 1986 wurde der Crown Prosecution Service (CPS) eingerichtet, der nunmehr bei Bagatelldelikten die Anklagefunktion ausübt, während die Polizei die Ermittlungen übernimmt. Das gilt ebenfalls für die Kapitaldelikte, wobei der an der Spitze des CPS stehende Director of Public Prosecutions (DPP) selbst die Entscheidung über die Erhebung der Anklage trifft und die Polizei die Ermittlungen durchführt. Allerdings kann der DPP angesichts der Bedeutung oder der Schwierigkeit des Falles in jedem Stadium die Verfahrensleitung von der Polizei übernehmen. Außerdem wurde 1987 das Serious Fraud Office (SFO) eingerichtet, das die Ermittlungs- und Anklagefunktion bei schwerwiegenden Wirtschaftsdelikten wahrnimmt, während die Polizei hier allenfalls unterstützend bei den Ermittlungen tätig wird.

---

[8] Vgl. Art. K 2 des Amsterdamer Vertrages, Europ. Abl. C 340 v. 10.11.1997, S. 17. Dazu im einzelnen auch: Aden, Cilip 58 (3/97), S. 65 ff.; Hölscheidt/Schotten, NJW 1999, S. 2851 ff. S. zur umstrittenen Immunitätenregelung der Europolbeamten u.a.: Hirsch, ZRP 1998, S. 10 ff.; Lisken, DRiZ 1998, S. 75 ff., 76 f. Das Protokoll über die Vorrechte und Immunitäten ist abgedruckt in Cilip 57 (2/97), S. 69 ff.

[9] Vgl. Gleß, Justizielle Einbindung und Kontrolle des strafrechtlichen Ermittlungsverfahrens, unveröffentlichter Vortrag für den 17. Deutschen Richtertag, S. 9. Weigend (ZStW Bd. 105 (1993), S. 774 ff.) ist der Auffassung, daß eine einheitliche europäische Strafrechtsordnung, wobei sich materielles Straf- und Verfahrensrecht nicht trennen lasse, keineswegs das Ziel sei, sondern vielmehr die vertrauensvolle Zusammenarbeit der Staaten auf der Grundlage der Achtung nationaler Traditionen. In die gleiche Richtung geht Wilkitzki, ZStW Bd. 105 (1993), S. 821 ff.

[10] Vgl. Gleß, Justizielle Einbindung und Kontrolle des strafrechtlichen Ermittlungsverfahrens, unveröffentlichter Vortrag für den 17. Deutschen Richtertag, S. 9.

[11] Justizielle Einbindung und Kontrolle des strafrechtlichen Ermittlungsverfahrens, unveröffentlichter Vortrag für den 17. Deutschen Richtertag, S. 9. A.A. Bull (Die Polizei, S. 126), wonach die unverzichtbare Herrschaft der Staatsanwaltschaft auch durch die Einrichtung von Europol nicht beeinträchtigt werde. S. zur Kontrolle von Europol im übrigen: Fisahn, Kritische Justiz 1998, S. 358 ff., 366 ff. Für ein Alternativkonzept: Weichert, Cilip 56 (1/97), S. 54 ff.

Auch in Deutschland hat sich das System weiter, nämlich weg von der gesetzlichen Vorgabe entwickelt. In der Praxis ermittelt die Polizei oftmals selbständig und übergibt das Verfahren erst nach Abschluß der Ermittlungen an die justiziellen Strafverfolgungsbehörden, so daß das Weisungsverhältnis zwischen Staatsanwaltschaft und Polizei nicht zum Tragen kommt.

Diese neuen Systeme werden vorliegend anhand von Grundfällen - Ladendiebstahl, Kreditbetrug und Mord - dargestellt und im Hinblick auf mögliche Defizite analysiert. Abschließend werden die Ergebnisse der Untersuchungen verglichen und Rückschlüsse gezogen.

Demnach gliedert sich die Arbeit wie folgt:

Der 1. Teil beschäftigt sich mit der grundsätzlichen Vergleichbarkeit des englisch/ walisischen mit dem deutschen Strafverfolgungssystem.

Der 2. Teil widmet sich uneingeschränkt dem englischen und walisischen Strafverfolgungssystem. Nach der Erläuterung der Rechtslage vor der Reform befaßt sich der Hauptteil mit der Strafverfolgungspraxis in Einzelfällen und damit, ob die Umstrukturierung erfolgreich war.

Der 3. Teil der Arbeit beschäftigt sich mit dem Strafverfolgungssystem in Deutschland. Die Mängel des Systems und deren Auswirkungen auf das deutsche Rechtsverständnis werden diskutiert.

Im 4. Teil findet sich der eigentliche Rechtsvergleich. Hier wird geklärt, ob aus den Rechtssystemen Rückschlüsse für das jeweils andere Strafverfolgungssystem gezogen werden können. In einem abschließenden Teil werden die Ergebnisse der Untersuchung zusammengefaßt.

1. Teil: Vergleichbarkeit der Strafverfolgungssysteme

Zunächst ist es notwendig zu untersuchen, ob die Rechtssysteme grundsätzlich vergleichbar sind, also welche Gemeinsamkeiten und Unterschiede sie aufweisen, denn nur so kann festgestellt werden, ob Rückschlüsse aus dem englisch/walisischen und deutschen System für das europäische Strafverfolgungssystem gezogen werden können.

A. Kontradiktorisches gegenüber inquisitorischem Rechtssystem

Nach allgemeiner Auffassung[12] gehört das Rechtssystem in England und Wales als angloamerikanisches System zum Common Law, während das deutsche Rechtssystem zum Civil Law, also zum kontinentaleuropäischen Rechtskreis zählt. Insoweit ist zu untersuchen, was diese Zuordnung bedeutet, vor allem ob ein Vergleich von Verfahrensstrukturen überhaupt in Betracht kommt.

Die Grundstruktur des Common-Law-Modells entspricht der Situation in einem Wettstreit. Die Parteien, also Anklage und Verteidigung, tragen einen Disput vor einem Unparteiischen aus, dessen Hauptpflicht der Erlaß eines Urteils ist. Die Parteien übernehmen dabei die Leitung des Verfahrens, während sich der Richter passiv verhält. Daher ist zur Aufnahme eines Prozesses auch immer der Antrag eines Privatklägers erforderlich.[13]

Das Civil-Law-Modell ist dagegen einer öffentlichen Untersuchung entsprechend ausgerichtet. Das Gericht hat die Verfahrensleitung inne und entscheidet auch über die Aufnahme des Prozesses. Der Prozeß kann und wird in der Regel ohne die Beteiligung eines Privatklägers ausgerichtet.[14]

Die Common-Law-Methode wird oftmals als kontradiktorisch oder adversatorisch,[15] im Englischen als adversary oder accusatorial,[16] bezeichnet. Ebenfalls wird der Begriff Parteiverfahren verwendet.[17] Das Civil-Law-Verfahren wird dagegen als inquisitorisches System[18], im Englischen als inquisitorial oder als non-adversary, bezeichnet.[19] Über die Be-

---

[12] Vgl. Huber, England und Wales, in Eser/Perron, Die Beweisaufnahme im Strafverfahrensrecht des Auslands, S. 17 f. S. zu den verschiedenen Begriffsinhalten ferner Blumenwitz, Einführung in das anglo-amerikanische Recht, S. 6 f.; James, Introduction to English Law, S. 15; Leigh/Zedner, Pre-Trial Phase in France and Germany, S. 25 ff.

[13] Vgl. Damaska, The Faces of Justice, S. 3. Dabei entspricht der Begriff des Privatklägers in etwa demjenigen im deutschen Zivilverfahren. Keine öffentliche Behörde verfügt - wie nach §§ 374 ff. StPO - über die Möglichkeit zur Übernahme des Privatklageverfahrens. Vielmehr sind öffentliche Behörden nicht generell zur Strafverfolgung ermächtigt oder verpflichtet. Außerdem soll derjenige, der in keinerlei Zusammenhang zu dem Geschädigten steht, berechtigt sein, Anklage zu erheben. S. dazu im einzelnen Spencer, Machinery of Justice, S. 155ff.; Bentil, JP 1990, S. 324 ff. 344 f.; Romberg, Richter ihrer Majestät. S. 96.

[14] Vgl. Damaska, The Faces of Justice, S. 3. Damit ist nicht gemeint, daß auch ohne einen Kläger ein Verfahren durchgeführt werden kann, insoweit stünde z.B. in Deutschland bereits das Akkusationsprinzip nach § 151 StPO entgegen, sondern daß öffentliche Behörden auch ohne Zustimmung des Betroffenen ein Strafverfahren betreiben können.

[15] Vgl. Wohlers, Entstehung und Funktion der Staatsanwaltschaft, S. 304; Huber, England und Wales, in Eser/Perron, Die Beweisaufnahme im Strafverfahrensrecht des Auslands, S. 17.

[16] Vgl. Bennion, Crim.L.Rev. 1986, S. 6; Sanders, Journal of Law and Society 1987, S. 229 ff., 230; Sanders, 28 Brit.J.Criminol. 1988, S. 513 ff..

[17] Vgl. Damaska, U.Pa.L.Rev. 1973, S. 507 ff., 558.

[18] Dabei darf kein mißverständlicher Zusammenhang zur Inquisition des Mittelalters hergestellt werden. Wesentliches Element des gemeinrechtlichen Inquisitionsprozesses war nämlich die Vereinigung der Tätigkeit des Verfolgens und des Richtens in einer Hand, der des Richters. Der Richter verfügte dadurch aber nicht mehr über die zum Richten gehörende innere Unbefangenheit, so daß im 19. Jahrhundert die Stellung

zeichnung der Modelle besteht daher Streit.[20] Das Civil-Law-Verfahren zeichnet sich durch einen Untersuchungs- und Ermittlungsgrundsatz aus, so daß die Verwendung des Begriffs „inquirieren" im Sinne von „nachforschen/untersuchen" sinnvoll ist. Demgegenüber stehen sich im Common-Law-Verfahren zwei Parteien konträr gegenüber, so dass die Beschreibung „kontradiktorisch" im Sinne von „sich widersprechend" zutreffend ist. Im folgenden werden zur Unterscheidung der Rechtssysteme die Begriffe inquisitorisch und kontradiktorisch verwendet.

Darüber hinaus ist zu beachten, daß es sich bei den dargestellten Grundstrukturen um Modelle, also Idealtypen handelt, die nicht notwendigerweise auch den Ablauf des Strafverfahrens in der Praxis charakterisieren.[21] In modernen Strafprozeßrechtsstrukturen nähern sich vielmehr das kontradiktorische und das inquisitorische System einander an.[22] Während zum Beispiel das italienische Strafprozeßrecht aufgrund des neuen Strafverfahrensgesetzes von 1988 als ein „accusatorial soul in a continental body" bezeichnet wird,[23] enthält das amerikanische System Merkmale des inquisitorischen Systems.[24] Aus diesem Grunde wird es teilweise[25] als „mühsam und fruchtlos" betrachtet, an den von den Modellen geforderten Unterschieden festzuhalten. Nach anderer Auffassung[26] sei die klassische Unterscheidung notwendig für die Erläuterung eines Systems, da es auf diese Weise erst verständlich werde. Insbesondere sei die Abgrenzung erforderlich, um die Art und Weise zu klassifizieren, in der Verfahren geführt werden.[27]

Im Hinblick auf das englische und walisische System einerseits und das deutsche System andererseits soll daher im folgenden untersucht werden, an welche Modelle die Rechtssysteme angelehnt sind und ob eine solche Anlehnung den Vergleich einzelner Strukturen verhindert.

I. Zuordnung der Systeme

Es wird daher zunächst untersucht, welche Modelle den Strafverfahrenssystemen in England und Wales auf der einen und in Deutschland auf der anderen Seite zugrunde liegen.

In England und Wales existiert seit jeher ein Privatklageverfahren, obwohl Strafverfolgungen ausdrücklich im Namen der Krone erfolgen.[28] Sogar jemand, der in keinerlei Zu-

---

als Inquirent und Richter getrennt wurden, s. dazu auch Löwe-Rosenberg-Schäfer, StPO und GVG, Einl. Kapitel 13, Rdn. 3.

[19] Vgl. Home Office, Report, The Royal Commission on Criminal Justice, 1993, S. 3, Rdn. 11.

[20] Vgl. Damaska, U.Pa.L.Rev. 1973, S. 507 ff., 554.

[21] Ebenso Nico/Field/Brants, Inquisitorial and Adversatorial Systems, in Fenell/Harding/Nico/Swart, Criminal Justice in Europe, S. 41 ff., S. 44; Sanders, From Suspect to Trial, in Maquire/Morgan/Reiner, in The Oxford Handbook of Criminology, S. 773 ff., 773.

[22] Vgl. Sigler, A comparative functional analysis, in William, The Prosecutor, S. 54; Sanders/Young, Criminal Justice, S. 209.

[23] Vgl. Amodio/Selvaggi, 62 Temple L.Rev. 1989, S. 1211 ff., 1224.

[24] Vgl. Goldstein, Stanford L.Rev. 1974, S. 1009 ff., 1121.

[25] Vgl. Sigler, A comparative functional analysis, in William, The Prosecutor, S. 54.

[26] Vgl. Damaska, The Faces of Justice, S. 5; Amodio/Selvaggi, 62 Temple L.Rev. 1989, S. 1211 ff., 1213.

[27] Vgl. Damaska, The Faces of Justice, S. 5; Amodio/Selvaggi, 62 Temple L.Rev. 1989, S. 1211 ff., 1213.

[28] Vgl. Spencer, Machinery of Justice, S. 155; ebenfalls Sanders/Young (Crim.L.Rev. 1974, S. 642 ff., 650): „Prosecutions could be initiated by anyone", vgl. dazu auch die Ausführungen im 3. Teil unter A I.

sammenhang zu dem Geschädigten steht, kann Anklage erheben.[29] Die Person, die die Entscheidung über die Durchführung einer Strafverfolgung trifft, verfügt demnach über ein weites Ermessen, ob und inwieweit sie ein Strafverfahren einleitet.[30] Insofern gilt in England und Wales der Opportunitätsgrundsatz[31], während in Deutschland das Legalitätsprinzip Anwendung findet. Gemäß § 152 Abs. 2 StPO leitet der Staatsanwalt als Organ der Rechtspflege das Ermittlungsverfahren. Er stellt keine Partei dar, die der Verteidigung gegnerisch gegenübersteht.[32] Seine Pflicht ist es vielmehr, be- und entlastende Umstände gleichermaßen zu ermitteln, vgl. § 160 Abs. 2 StPO. Selbst in den Fällen, in denen der Angeklagte geständig ist, ist ein Nachweis der Schuld zwingend erforderlich. Eine Erklärung der Schuld (guilty plea) ist im deutschen Strafverfahren nicht zugelassen, da die Erforschung der Wahrheit oberstes Gebot ist.[33] Der Staatsanwalt ist auch verpflichtet, dem Verteidiger die Ermittlungsakte zur Verfügung zu stellen, vgl. § 147 StPO, während der Ankläger der anderen Partei, also der Verteidigung, in England und Wales keine Akteneinsicht gewähren muß.[34]

Für die Hauptverhandlung gilt, daß in England und Wales die Parteien entscheiden, welche Zeugen vernommen werden und in welcher Reihenfolge diese auftreten. Das Kreuzverhör (cross-examination) spielt die entscheidende Rolle.[35] Dabei muß jede Partei die Umstände beweisen, aus denen sie etwas für ihren Standpunkt ableiten will, nicht aber darstellen, was wirklich geschehen ist.[36] Der Richter agiert lediglich als ein passiver, in der Regel schweigender Schiedsrichter, der das ihm präsentierte Beweismittel begutachtet.[37] Das englische und walisische Strafverfolgungssystem kann deshalb mit einem sportlichen Wettkampf verglichen werden.[38] Die Aufgabe des Strafprozesses ist es, primär den Rechtsstreit zwischen Ankläger und Angeklagtem zu entscheiden und nicht unbedingt die Wahrheit zu erforschen.[39]

Der deutsche Richter übt im Gegensatz zum englischen oder walisischen Richter eine aktive Rolle aus. Das zeigt sich zunächst daran, daß der Richter im Zwischenverfahren über die Eröffnung des Hauptverfahrens entscheidet, vgl. §§ 203 ff. StPO. Die „starke Stellung"[40] des Gerichtsvorsitzenden findet seinen Ausdruck in den Vorschriften im fünften und sechsten Abschnitt des zweiten Buches der Strafprozeßordnung, in denen die Vorbereitung und die Durchführung der Hauptverhandlung geregelt ist. Gemäß § 238 StPO obliegt dem Vorsitzenden ausdrücklich die Verfahrensleitung.

---

[29] Vgl. Spencer, Machinery of Justice, S. 155.

[30] Vgl. Card/Cross/Jones, Criminal Law, S. 24.

[31] Vgl. Huber, England und Wales, in Eser/Perron, Die Beweisaufnahme im Strafverfahrensrecht des Auslands, S. 24.

[32] Vgl. BGHSt 15, S. 156 ff., 159.

[33] Vgl. BVerfG NJW 1987, S. 2662; BVerfGE 57, S. 250 ff, 275.

[34] Vgl. Nico/Field/Brants, Inquisitorial and Adversatorial Systems, in Fenell/Harding/Nico/Swart, Criminal Justice in Europe, S. 41 ff., S. 48.

[35] So auch Huber, England und Wales, in Eser/Perron, Die Beweisaufnahme im Strafverfahrensrecht des Auslands, S. 19. Zur Bedeutsamkeit des Kreuzverhörs im Parteiverfahren: Dahm, ZStW Bd. 52 (1932), S. 590 ff., 589 ff. Allgemein zum Kreuzverhör: Herrmann, ZStW Bd. 80 (1968), S. 775 ff., 791 ff.

[36] Vgl. Herrmann, ZStW Bd. 80 (1968), S. 775 ff., 789.

[37] Vgl. Zander, English Legal System, S. 383 ff.

[38] So ebenfalls Herrmann, ZStW Bd. 80 (1968), S. 775 ff., 778 f. m.w.N.; Huber, England und Wales, in Eser/Perron, Beweisaufnahme im Strafverfahrensrecht des Auslands, S. 17 f.

[39] Vgl. Coutts, The Accused, S. 14; Sanders, From Suspect to Trial, S. 773 ff., 773.

[40] Vgl. BVerfGE 57, S. 250 ff., 279.

Abschließend läßt sich festhalten, daß das gegenwärtige Strafverfahrenssystem in England und Wales die klassischen Merkmale des kontradiktorischen Verfahrens aufweist.[41] Es stellt ein Parteiverfahren vergleichbar dem deutschen Zivilverfahren dar, das von der Dispositionsfreiheit der Parteien beherrscht wird. Das deutsche Strafverfahrensrecht ist hingegen an das inquisitorische Modell angelehnt.

II. Bedenken gegen eine grundsätzliche Übernahme einzelner Strafverfahrensstrukturen

Da die vorliegend zu vergleichenden Rechtsbereiche demnach auf unterschiedlichen Modellen basieren, könnten einer Übertragung von Verfahrenselementen aus dem kontradiktorischen System in England und Wales in das inquisitorische System in Deutschland und umgekehrt im Hinblick auf ein europäisches Strafverfolgungssystem Bedenken entgegenstehen. Diese würden allerdings nicht bestehen, wenn die Strafverfahrenssysteme bereits wesentliche Merkmale des jeweils anderen Systems übernommen hätten.

Zunächst einmal ist auch der Ankläger in England und Wales, entgegen seiner Stellung als Partei im kontradiktorischen Verfahren, zur Objektivität und Unparteilichkeit verpflichtet.[42]

Ferner ist die Anklagebehörde gemäß s. 3 (1) Criminal Procedure and Investigation Act 1996 verpflichtet, dem Angeklagten jegliche Beweismittel zu nennen, die die Anklage aus ihrer Sicht stützen. Des weiteren kann das Gericht unter bestimmten Umständen von Amts wegen handeln (the court acts of its own motion). Der Richter kann beispielsweise von einem Beteiligten die Beendigung der Verfahrensteilnahme oder die Erklärung für eine Verspätung verlangen.[43] Der Vorsitzende kann auch aktiv eingreifen, um z.B. zusätzliche Fragen an die von den Parteien aufgerufenen Zeugen zu stellen, oder wenn er der Auffassung ist, daß eine der Parteien gegen eine Bestimmung des Prozeß- oder Beweisrechts verstoßen hat.[44] Theoretisch verfügt er auch über das Recht zur Benennung von Zeugen, gleichwohl übt er diese Befugnisse in der Regel nicht aus.[45] Trotz der Tatsache, daß das typisch kontradiktorische Verfahren eine Verhandlung beinhaltet, enden außerdem zahlreiche Verfahren in England und Wales ohne eine solche; die Verfahrensbeendigung erfolgt dann aufgrund eines guilty plea (Schuldigerklärung).[46]

Demnach existieren im englischen und walisischen Strafprozeßrechtssystem auch Regelungen, die von dem klassischen Modell eines kontradiktorischen Verfahrens abweichen.[47]

In Deutschland gilt für das Ermittlungsverfahren folgendes: Als Durchbrechungen des Legalitätsprinzips sind das in den §§ 374 ff. StPO geregelte Privatklageverfahren, die An-

---

[41] Für viele: Spencer, Machinery of Justice, 8. Auflage, S. 219.

[42] Vgl. Herrmann, ZStW Bd. 80 (1968), S. 775 ff., 783 ff.; Steiner, Das Fairneßprinzip im Strafprozeß, S. 30.

[43] Vgl. Zander, English Legal System, S. 288.

[44] Vgl. Herrmann, ZStW Bd. 80 (1968), S. 775 ff., 791 ff.

[45] Vgl. Zander/Henderson, Crown Court Study, Rdn. 4.3.12.

[46] Vgl. Zander, English Legal System, S. 289.

[47] So ebenfalls Zander, English Legal System, S. 288 f. Diese Abweichungen entwickelten sich im Rahmen zahlreicher Reformen, vgl. Landsmann, Cornell L.Rev. 1990, S. 497 ff.

trags- und Ermächtigungsdelikte sowie die Fälle des §§ 153 ff. StPO, 45 ff. JGG zu sehen. Das Opportunitätsprinzip gilt ebenfalls für die Straftaten, die vom Gesetzgeber durch die Aufnahme in das Ordnungswidrigkeitengesetz (OWiG) aus der StPO ausgegliedert wurden, vgl. § 47 OWiG. Das in §§ 407 ff. StPO geregelte Strafbefehlsverfahren stellt zudem eine Ausnahme vom Untersuchungsgrundsatz dar, da es sich insoweit um ein summarisches Verfahren handelt.

Für die deutsche Hauptverhandlung gilt u.a., daß der Beschuldigte im Ermittlungsverfahren zu seiner Entlastung die Aufnahme von Beweisen beantragen kann, vgl. § 163 a Abs. 2 StPO.[48] Es sind vor allem die Beweisantragsmöglichkeiten der Prozeßbeteiligten nach § 244 Abs. 3 bis 5 StPO bedeutsam, da auf diese Weise eine gewisse Einflußnahme auf den Gang der Verhandlung möglich ist. Der Angeklagte, sein Verteidiger und die Staatsanwaltschaft sind gemäß § 240 StPO auch befugt, die Zeugen oder Sachverständigen zu befragen. Dabei regelt § 239 StPO das Kreuzverhör, also ein typisches Instrument des kontradiktorischen Systems.[49]

Auch in Deutschland bestehen daher Verfahrensvorschriften, die als Ausnahmen vom inquisitorischen Modell gewertet werden können.

Festzuhalten ist daher, daß sich das Rechtssystem in England und Wales auf das kontradiktorische Modell stützt, aber ebenfalls Merkmale des inquisitorischen Modells erkennen läßt,[50] während das deutsche System auf dem inquisitorischen Modell beruht, aber auch Kennzeichen des kontradiktorischen Modells aufweist.[51] Beide Rechtssysteme sind deshalb als Mischmodelle mit Schwerpunkten in eine Richtung einzustufen, so daß sie grundsätzlich vergleichbar sind.

B. Richterrecht gegenüber kodifiziertem Recht

Die Zuordnung des englischen und walisischen Rechtssystems zum Common Law bedeutet darüber hinaus eine Abgrenzung des Fallrechtssystems (Case Law) vom Gesetzesrecht (Statute Law).[52] In England und Wales entwickelte sich das Recht Schritt für Schritt durch die Rechtsprechung,[53] während in Deutschland kodifiziertes Recht besteht. Fraglich ist, ob diese formale Zuordnung ausreichend ist, um von unüberwindbaren Hindernissen für eine Übernahme der anderen Rechtsstrukturen auszugehen.

Dabei muß berücksichtigt werden, daß sich in letzter Zeit in England und Wales die Tendenz abzeichnet, zunehmend das Recht durch den Erlaß von Gesetzen zu regeln. Es wurden

---

48 Allerdings entscheidet die Ermittlungsbehörde, ob diese Beweise von Bedeutung sind, so daß es sich nicht um ein eigenes Beweisantragsrecht handelt, vgl. Richter, AnwBl 1985, S. 431 ff., 438.

49 Dabei ist einzuräumen, daß eine solche Vernehmung in der Praxis äußerst selten stattfindet und das Gericht auch dann nicht zum zuschauenden Unparteiischen wird, vgl. Herrmann, ZStW Bd. 80 (1968), S. 775 ff., 776.

50 So ebenfalls Herrmann, ZStW Bd. 80 (1968), S. 775 ff., 781. Er nennt es ein „gemäßigtes Parteiverfahren".

51 So ebenfalls Wohlers, Entstehung und Funktion der Staatsanwaltschaft, S. 304, der das Modell deshalb auch als „Mischstruktur" bezeichnet; Kleinknecht/Meyer-Goßner, StPO und GVG, Einl. Rdn. 9.

52 Vgl. Huber, Funktion und Tätigkeit des Anklägers in England und Wales, S. 176 f.

53 Vgl. zur Geschichte des Common Law, Fairchild, Comparative Criminal Justice System, S. 32 ff.; Jackson, The Machinery of Justice, 6. Auflage, S. 11.

in England und Wales insbesondere im Strafrecht und Strafverfahrensrecht zahlreiche Gesetze verabschiedet, wobei einige Gesetze neues Recht kreieren, während andere das bestehende Recht regeln.[54] Dabei gilt, daß das Gesetzesrecht vorgeht, wenn in einer Rechtsfrage Common Law und Statute Law anwendbar wäre.[55] Der Grund dafür liegt in dem Grundsatz „Sovereignty of Parliament", der hinsichtlich der Bedeutsamkeit einem Verfassungsgrundsatz im deutschen Recht gleichzusetzen ist. Danach kann jede Rechtsregel durch ein Gesetz geändert werden.[56] Weitere, für das Strafprozeßrecht wichtige Rechtsquellen, sind die in letzter Zeit verstärkt verabschiedeten Codes of Practice.[57] Es handelt sich hierbei um Empfehlungen für die an der Strafverfolgung beteiligten Institutionen.[58] Diese Codes können mit deutschen Richtlinien wie z.B. den Richtlinien für das Strafverfahren und das Bußgeldverfahren (RiStBV) verglichen werden.

Dagegen steigt in Deutschland die Bedeutung der Rechtsprechung. Das gilt vor allem für die Rechtsprechung des Bundesverfassungsgerichts.[59] Es wird behauptet, das Bundesverfassungsgericht übernehme mittlerweile Aufgaben des Gesetzgebers.[60] Das gelte z.B. für den aktuellen Beschluß zur Familienbesteuerung.[61] Die verstärkte Bedeutung der Rechtsprechung in Deutschland resultiert auch aus der zunehmenden Europäisierung des Rechtssystems durch die Rechtsprechung des Europäischen Gerichtshofs (EuGH).[62] Diesbezüglich gilt ohnehin, daß sowohl in England und Wales einerseits als auch in Deutschland andererseits Grundregelungen der Rechtssysteme durch den European Communities Act (ECA) 1972[63], den Maastrichter Vertrag[64] und den Amsterdamer Vertrag[65] zunehmend angeglichen wurden.[66]

---

[54] Vgl. Home Office, Britain, S. 79; Lyall, An Introduction to British Law, S. 138; HEUNI, Criminal Justice System, S. 154.

[55] Vgl. Home Office, The Criminal Justice System, S. 3; Geldart, Elements of English Law, S. 3; Wegner, Strafprozessuale Durchsuchung und körperliche Untersuchung im englischen Recht, S. 10 f.

[56] Vgl. Geldart, Elements of English Law, S. 3; Hartley (The Foundations of European Community Law, S. 256) bezeichnet ihn als „fundamental doctrine of the British constitution". S. zur „Legislative Supremacy of Parliament" im einzelnen Allen/Thompson/Walsh, Constitutional & Administrative Law, S. 45 ff. mwN.

[57] S. dazu z.B. den Code for Crown Prosecutor, der Vorgaben für das Strafverfahren enthält. Auf diesen wird im 3. Teil unter B. Bezug genommen.

[58] Vgl. Zander, English Legal System, S. 104.

[59] Generell gilt das Bundesverfassungsgericht als die „Hüterin der Verfassung", vgl. z.B. NJW 1994, S. 2590 ff., 2594.

[60] Vgl. dazu Scholz, Aus Politik und Zeitgeschichte B 16/99, S. 1 ff.; Lamprecht, Zur Demontage des Bundesverfassungsgerichtes, S. 39 ff.

[61] S. dazu auch die SZ v. 20./21.2.1999: „Übergriffe auf Bonner Hoheitsgebiet". S. in diesem Zusammenhang auch die folgenden umstrittenen Bundesverfassungsgerichtsentscheidungen: „Kruzifix" (BVerfG, NJW 1995, S. 2477 ff., 2477 ff.), „Soldaten sind Mörder" (BVerfG, NJW 1994, S. 2943 f., 2943 f.), „Sitzblockade" (BVerfGE 73, S. 206 ff., 206 ff.; 76, S. 211 ff.) und das „Abtreibungsurteil" (BVerfG, NJW 1993, S. 1751 ff.).

[62] Zum Beispiel stellte der EuGH (EuGHE 1964, S. 1251 ff., 1269) die Eigenständigkeit der Gemeinschaftsordnung fest. In Deutschland war zunächst die Vereinbarkeit von Europäischen Recht mit den Grundrechten problematisch (BVerfGE 37, S. 271 ff., 271 ff., „Solange I"). Mittlerweile sind aber auch diese Bedenken überholt (BVerfGE 73, S. 339 ff., 339 ff., „Solange II"), so daß primäres und sekundäres Gemeinschaftsrecht nunmehr Vorrang vor dem Grundgesetz, insbesondere den Grundrechten hat, vgl. BVerfGE, a.a.O., S. 380 f. S. generell zum Verhältnis Europarecht und deutsches Recht: Jarass/Pieroth, Art. 23 GG, Rdn. 18.

[63] Einheitliche Europäische Akte, vgl. Satorius II Nr. 151. Ebenfalls erst nach einigen Anfangsschwierigkeiten wird in England und Wales die Vorrangigkeit des EU-Rechts auch gegenüber englischen Gesetzen anerkannt, so daß der Grundsatz „Sovereignty of Parliament" beschränkt wird, vgl. Hartley, The Foundations of European Community Law, S. 263.

Somit läßt sich festhalten, daß die Unterschiede zwischen kodifiziertem Recht und Richterrecht zunehmend verwischen. Folglich ist auch aus diesem Grunde das englische und walisische Strafverfahrenssystem vergleichbar.

C. Strafrecht gegenüber Straf- und Ordnungswidrigkeitenrecht

Da im deutschen Recht Ordnungswidrigkeiten und Straftaten unterschieden werden[67], ist im Hinblick auf eine Vergleichbarkeit der Systeme zu überprüfen, ob eine derartige Unterscheidung auch in England und Wales besteht.

In England und Wales sind die meisten und vor allem die aktuelleren Straftatbestände im Gesetz, den Criminal Acts, geregelt. Verstöße gegen dieses Gesetz sind - wie in Deutschland Verstöße gegen das Strafgesetzbuch - Straftaten (offences).[68] Demgegenüber gibt es in England und Wales keine vorwerfbaren Handlungen, die wie die Ordnungswidrigkeiten in Deutschland zwar ebenfalls sanktioniert werden, denen aber das mit der Kriminalstrafe verbundene Unwerturteil von vornherein fehlt.[69]
Die Polizei kann in England und Wales lediglich das Verfahren anders gestalten, womit zum Beispiel die Verwarnung des Täters oder die Einstellung des Verfahrens gemeint sind. Insoweit wird aber nicht per se der Charakter einer kriminellen Handlung als Straftat geändert, sondern es wird aufgrund des in England und Wales geltenden Opportunitätsprinzips im Einzelfall von der Strafverfolgung abgesehen.[70] Allerdings ist auch in England und

---

64 S. zu den Bestimmungen über die Zusammenarbeit in den Bereichen Justiz und Inneres im Maastrichter Vertrag (Satorius II Nr. 152) und die auf dieser Grundlage eingerichtete Institution eines europäischen Polizeiamtes (Europol) bereits die Ausführungen in der Einleitung der Arbeit. Für weitere Informationen dazu v.a.: Bohnen, DRiZ 1996, S. 411 ff., 413; Nicolaus, NVwZ 1996, S. 40 ff., 42; Wittkämper/Krevert/Kohl, Europa und die Innere Sicherheit, S. 146, DRiZ 1998, S. 75 ff.; Boetticher, ZRP 1995, S. 144 ff., 148; Lisken/Denninger, Die Polizei 1998, S. 126; Fisahn, Kritische Justiz 1998, S. 75 ff.; Bull, KritV 1995, S. 313 ff.

65 Europ. Abl. C 340 v. 10.11.1997. Für das Strafverfahrensrecht relevant ist das Protokoll zur Einbeziehung des Schengen-Besitzstands in den Rahmen der Europäischen Union, vgl. die Ausführungen in der Einleitung der Arbeit. Im einzelnen dazu auch: Bieber, NJW 1994, S. 294 ff.; Scheller, JZ 1992, S. 904 ff.; Dix, Jura 1993, S. 571 ff., 577; Holzberger/Schubert, Cilip 59 (1/98), S. 12 ff.

66 Vgl. generell zum Verhältnis Europarecht und Strafrecht: Tiedemann, NJW 1993, S. 23 ff.; Sieber, ZStW Bd. 103 (1991), S. 957 ff., 957 ff.

67 S. zur Abgrenzung im deutschen Recht BVerfGE 27, S. 18 ff., 30 ff.; BVerfGE 22, S. 49 ff., 78 ff.; Göhler, OWiG, Ein. 1 ff.; Brenner, Ordnungswidrigkeitenrecht, S. 3.

68 S. zu den Grundvoraussetzungen eines offence im englischen und walisischen Strafrecht, Robinson, Structure and Function in Criminal Law, S. 23 f. Vorliegend geht es um die prozessuale Einordnung eines Verhaltens als Straftat; für die materielle Einordnung ist generell ein actus reus und ein mens rea notwendig, s. dazu im einzelnen Lyall, Introduction to British Law, S. 140.

69 Bottomley, Understanding crime rates, S. 60 ff. Insoweit ist auch die statistische Klassifizierung als „no crime" gegenüber „crime" mißverständlich, vgl. Huber (Funktion und Tätigkeit des Anklägers in England und Wales, S. 565 f.), die insoweit fälschlicherweise von einer „Nichteinstufung als Straftat spricht". Eine Straftat wird nämlich dann in der englischen und walisischen Polizeistatistik als „no crime" erfaßt, wenn die Straftat bereits, zumindest teilweise, registriert oder irrtümlich angezeigt wurde, vgl. Home Office, Digest, Information on the Criminal Justice System, S. 1.

70 Insoweit ähnelt dieses Verfahren der Einstellung durch die Staatsanwaltschaft nach §§ 153, 153 a StPO. Die Gründe, die die Strafverfolgungsbehörde in England und Wales veranlassen, die Strafverfolgung von vornherein nicht durchzuführen, obwohl kein objektives Verfahrenshindernis entgegensteht und die Beweislage prima facie ausreichend erscheint, sind zahlreich und werden bei den Ausführungen zur Strafverfolgung der einzelnen Delikte dargestellt, vgl. im 3. Teil unter B. S. zur Kriminalpolitik in England und Wales im

Wales eine generelle Handhabung bestimmter Verhaltensweisen erkennbar,[71] beispielsweise werden Drogendelikte stets verfolgt, oder bei Prostitution wird zunächst verwarnt und erst bei mehrmaligem Aufgreifen derselben Frau Strafanzeige erstattet. Insoweit sind einzelne Faktoren ausschlaggebend, es werden aber nicht gesamte Bereiche, wie beispielsweise im deutschen Recht das Straßenverkehrsrecht, aus dem Bereich der Straftaten ausgegliedert.[72]

Damit kann festgehalten werden, daß eine dem deutschen Recht vergleichbare kriminalpolitische Differenzierung zwischen Ordnungswidrigkeiten und Straftaten in England und Wales nicht existiert. Da es sich aber bei den noch im einzelnen zu untersuchenden Fällen allesamt um Straftaten handelt, sind die Rechtssysteme auch aus dieser Sicht vergleichbar.

D. Ergebnis

Abschließend kann festgehalten werden, daß sich das Strafverfahrenssystem in England und Wales einerseits und das Strafverfahrenssystem in Deutschland andererseits vergleichen lassen.

---

allgemeinen Allan, Criminal Law, S. 1 ff.; Ashworth, Crim.L.Rev. 1979, S. 412 ff.; King, The Framework of Criminal Justice, S. 5 ff.

71 Vgl. Huber, Funktion und Tätigkeit des Anklägers in England und Wales, S. 558 ff.

72 Bei kleineren Verletzungen von Straßenverkehrsvorschriften wird die Strafverfolgungsbehörde teilweise gar nicht tätig oder es werden fixed penalties verhängt; eine kriminalpolitische andere Zuordnung als eine Straftat ist aber auch hier nicht gegeben, vgl. Huber, Funktion und Tätigkeit des Anklägers in England und Wales, S. 562. Generell zu den Straßenverkehrsdelikten und ihre Rechtsfolgen im englischen und walisischen Recht: Dobbs/Lucraft, Road Traffic Offences, S. 3 ff.

2. Teil: Strafverfolgungspraxis in England und Wales

In England und Wales existiert seit jeher ein Privatklageverfahren.[73] Aus diesem Grunde gab es bis zum Jahr 1986 auch keine nationale Strafverfolgungsbehörde. Dennoch bestand ein rudimentäres, nationales Strafverfolgungssystem, da die Polizei in fast allen Fällen die Verfolgung der Straftaten übernahm, obwohl sie nicht ausdrücklich dazu ermächtigt oder verpflichtet war. Daneben sorgten auch andere Organe wie zum Beispiel der Director of Public Prosecutions (DPP) für die Durchsetzung des Rechts. Dieses Strafverfolgungssystem wurde stark kritisiert und führte schließlich zur Trennung der Ermittlungs- von der Anklagefunktion innerhalb der Polizei. Deshalb ermittelt seit 1986 die Polizei, während der Crown Prosecution Service (CPS) mit dem DPP an der Spitze die Entscheidung über die Erhebung der Anklage trifft. Der DPP kann allerdings in schweren Fällen jederzeit das Verfahren übernehmen. Daneben wurde 1986 das Serious Fraud Office (SFO) für bedeutsame Fälle der Wirtschaftskriminalität eingerichtet. In diesen Fällen ermittelt das SFO selbst, wobei es von der Polizei und anderen Behörden unterstützt wird und trifft darüber hinaus die Entscheidung über die Erhebung der Anklage. Demnach bedeutet die Reform eine einschneidende Veränderung für die Stellung der Polizei im Strafverfolgungssystem.

Bevor im einzelnen untersucht wird, wie sich die Strafverfolgung in England und Wales gestaltet, ist ein kurzer Rückblick auf das Strafverfolgungssystem vor der grundlegenden Reform im Jahr 1986 erforderlich. Nur so kann sichergestellt werden, daß der Erfolg des neuen Strafverfolgungungssystems richtig eingeschätzt und damit, ob Rückschlüsse im Hinblick auf ein europäisches Strafverfolgungssystems gezogen werden können.

A. Strafverfolgungssystem vor der Reform

Zunächst erfolgt eine Darstellung des Strafverfolgungssystems und der Mängel, die zur Reform geführt haben.

I. Strafverfolgungsorgane

In England und Wales hatte sich bis zur Reform ein sog. „patchwork system of prosecution" entwickelt.[74]

1. Polizei

In der absoluten Mehrzahl der Fälle übernahm die Polizei die Strafverfolgung.[75]

Den Anfang der Polizeigeschichte kennzeichnete die Errichtung der London Metropolitan Police im Jahre 1829. Vorausgegangen war folgendes:

In England und Wales lag die Strafverfolgung zunächst ausschließlich in den Händen der Bürger.[76] Allerdings stellte sich rasch heraus, daß durch eine freiwillige Verfolgung eine Bestrafung der Täter nicht gewährleistet werden konnte, so daß im 16. und 17. Jahrhundert Gemeinden, die zu einer Gewährung von law and order nicht in der Lage waren, Geldstra-

---

[73] „Prosecutions could be initiated by anyone," vgl. Sanders/Young, Criminal Justice, S. 205. Vgl. die Ausführungen im 1. Teil unter A.

[74] Vgl. Sigler, Crim.L.Rev. 1974, S. 642 ff, 650.

[75] Vgl. Home Office, Memorandum No. VIII, The Prosecution Process, S. 8, Rdn. 14.

[76] Es war immer die „cherished tradition that it is the duty of every citizen to preserve the law and order, and that crime and violence can best be kept in check by voluntary efforts of the community, a concept to which Englishmen had clung stubbornly for centuries", vgl. Wilcox, The decision to prosecute, S. 14.

fen auferlegt wurden.[77] Dieses System wurde mangels Erfolg durch watch and ward ersetzt, also durch ein System, in dem Bürger als Wachmänner für Sicherheit und Ordnung sorgen sollten. Allerdings setzten die Bürger ihrerseits bezahlte Wachleute für die Verfolgung von Straftaten ein, die aber mangelhaft qualifiziert und unterbezahlt waren, so daß es zu gewalttätigen Übergriffen und Mißbräuchen kam.[78] Im 18. Jahrhundert bezahlten Privatbürger sog. Blutgeld (blood money), um von Beteiligten der Unterwelt die fehlenden Beweise für eine erfolgreiche Verurteilung zu erhalten.[79] Im Jahr 1790 wurde angesichts dieser Umstände die Einführung einer öffentlichen Strafverfolgungsbehörde nach französischem Vorbild des French Procureur du Roi vorgeschlagen. Damit sollte durch eine nationale Verfolgung der Straftaten eine einheitlichere Verfahrensweise und damit eine gerechtere Strafverfolgung erreicht werden.[80] Nachdem darüber hinaus sieben parlamentarische Kommissionen über Jahrzehnte hinweg über die Einführung einer bezahlten Berufspolizei, die nach kontinentalem Vorbild Delikte aufklären sollte, diskutiert hatten, wurde letztlich eine Patrouille von tausend unbewaffneten Männern in den Straßen von London eingesetzt.[81] Aus dieser Truppe entwickelte sich die spätere Polizei von England und Wales.[82]

Zunächst waren die Befugnisse der Polizeibeamten nicht umfassender als die der normalen Bürger.[83] Die Polizei ermittelte und zeigte die Straftat beim örtlichen Amtsgericht an - lay an information, - wenn sie Anklage erheben wollte. Erachtete das Gericht die Beweise als ausreichend, stellte der Richter einen Haftbefehl aus oder lud den Verdächtigen zu einer Verhandlung.[84] Mit der Zunahme der Anzahl der Polizeibehörden im 19. und 20. Jahrhundert steigerten sich die öffentlichen Erwartungen an die Polizei.[85] Opfer verlangten von der Polizei die Aufnahme von Ermittlungen und die Erhebung der Anklage. Die Befugnisse der Polizei wurden deshalb nach und nach erweitert, insbesondere entwickelte sich die Praxis to charge a suspect.[86] Dabei handelt es sich um die Befugnis der Polizei, nach dem Abschluß der Ermittlungen die Anklagepunkte festzulegen, aufgrund derer die Anklage erhoben wird. Die Polizei war nicht mehr verpflichtet, erst die Entscheidung des Gerichts abzuwarten, sie konnte vielmehr unmittelbar Anklage erheben.[87]

Allerdings bestand noch immer keine ausdrückliche Verpflichtung der Polizei, die Strafverfolgung sicherzustellen. Es war lediglich allgemein anerkannt, daß die Polizei sich an der generellen Pflicht aller Bürger, Straftäter der Justiz zuzuführen, zu beteiligen hatte.[88] 1962 kam die königliche Untersuchungskommission, Royal Commission on the Police, aber zu dem Schluß, daß es eine der Hauptpflichten der Polizei sei, darüber zu entscheiden,

---

[77] Vgl. Wilcox, The decision to prosecute, S. 14.

[78] Vgl. Wilcox, The decision to prosecute, S. 14 ff.; Emsley, The history of crime and crime control institutions, S. 149 ff.

[79] Vgl. Wilcox, The decision to prosecute, S. 14.

[80] Vgl. Wilcox, The decision to prosecute, S. 15.

[81] Vgl. Wilcox, The decision to prosecute, S. 15; Devlin, Criminal Prosecution, S. 7.

[82] Vgl. Devlin, Criminal Prosecution, S. 7; Hart, Police, in Cornish, Crime and Law in Neineteenth Century, S. 179 ff., S. 179 ff.

[83] Vgl. Sanders/Young, Criminal Justice, S. 205.

[84] Vgl. Sanders/Young, Criminal Justice, S. 205.

[85] Vgl. Hart, Police, in Cornish, Crime and Law in Neineteenth Century, S. 179 ff., 180.

[86] Vgl. Sanders/Young, Criminal Justice, S. 205.

[87] Vgl. Sanders/Young, Criminal Justice, S. 205.

[88] Vgl. Home Office, Memorandum No. VIII, The Prosecution Process, S. 13, Rdn. 14.

ob angeklagt werden sollte oder nicht.[89] Deshalb erhielt nach den Vorschriften des Police Act 1964 jede Grafschaft (county) und jede kreisfreie Stadt (county bourough) ihre eigene Polizeibehörde, die von einem chief constable geleitet wurde.

Auch die Rechtsprechung erkannte nunmehr ausdrücklich die Verpflichtung des Polizeibeamten zur Strafverfolgung an. In dem Fall, R v Commissioner of Police of the Metropolis ex parte Blackburn erklärte der zuständige Richter, Lord Denning, daß die Pflicht der chief constables darin bestehe, das Recht des Staates durchzusetzen (to enforce the law of the land).[90] Dabei betonte er das weite Ermessen der Polizei. Sie sei - so Denning - frei darin, wie sie ihre Entscheidung über die Erhebung der Anklage treffe.[91]

Aus den vorstehenden Angaben ist zu entnehmen, daß die Polizei auch ohne ausdrückliche Legitimation im Common Law oder im Gesetz sowohl als Ermittlungsbehörde als auch als Anklagebehörde tätig wurde.[92] Im einzelnen ging sie dabei wie folgt vor:

Der Grundsatz der constabulary independence bestimmte das Verhalten der Polizeibeamten.[93] Dieses Prinzip resultierte aus dem im englischen und walisischen Recht geltenden Opportunitätsgrundsatz.[94] Gemeint ist damit, daß die chief constables hinsichtlich der Art und Weise der Durchsetzung des Rechts über einen weiten Ermessensspielraum verfügten.[95] Sie konnten bspw. entscheiden, wie die Polizeigewalt ausgeübt wurde, also ob und wie Ermittlungen durchgeführt werden sollten und ob und wegen welcher Delikte Anklage zu erheben war.[96] Das Ermessen wurde auf verschiedenen Ebenen ausgeübt: einerseits, durch den einzelnen Polizeibeamten, der eine konkrete Entscheidung traf und andererseits, durch die generelle Festlegung, wie bestimmte Delikte oder Deliktsgruppen verfolgt werden.[97] Hinsichtlich der generellen Verfolgungspolitik verkündete der chief constable sog. standing orders, also Richtlinien, wie konkrete Delikte zu behandeln seien. Es existierten bspw. standing orders für minder schwere Sexualdelikte, Verkehrsdelikte, Ladendiebstähle und minder schwere Körperverletzungen.[98]

Für Straftaten, für die keine Richtlinien existierten, entwickelte die Polizei ein eigenes System:

Zunächst prüfte sie, ob ausreichend Beweise für die Erhebung einer Anklage zur Verfügung standen. Danach wurde die Zulässigkeit der Beweise überprüft. Weiterhin mußte eine „vernünftige“ Jury oder ein Amtsgericht aufgrund der Beweise zu einer Verurteilung des

---

[89] Vgl. Home Office, Report 1962, The Royal Commission on the Police, S. 22, Rdn. 59.

[90] Vgl. R v Commissioner of Police of the Metropolis ex parte Blackburn, W.L.R. 1968, S. 893 ff., 902.

[91] „But in all these things he (the Commissioner of Police) is not the servant of anyone, save of the law itself.“, vgl. R v Commissioner of Police of the Metropolis ex parte Blackburn, W.L.R. 1968, S. 893 ff., 902.

[92] Vgl. Davies/Corall/Tyrer, Prosecution and Diversion, S. 115 ff., 115.

[93] Vgl. Reiner, Policing and the Police, in Maquire/Morgan/Reiner, The handbook of Criminology, S. 705 ff., 742 f.; Sanders/Young, Criminal Justice, S. 209.

[94] Vgl. dazu die Ausführungen im 1. Teil unter A.

[95] Vgl. Williams, Crim.L.Rev. 1968, S. 351 ff., 356. S. zur Kontrolle der Polizei: Leigh, Police Powers, S. 265 ff.

[96] Vgl. Williams, Crim.L.Rev. 1968, S. 351 ff., S.356 ff.

[97] Vgl. Reiner, Policing and the Police, in Maquire/Morgan/Reiner, The handbook of Criminology, S. 705 ff., 743.

[98] Vgl. Sigler, Crim.L.Rev. 1974, S. 642 ff., 648.

Straftäters kommen können.[99] Eine Verurteilung durfte insoweit nicht völlig ausgeschlossen sein, ein höherer Maßstab an die Wahrscheinlichkeit der Verurteilung wurde nicht verlangt.[100] Es handelte sich somit lediglich um einen sog. prima facie Beweis.[101]

Ferner war Voraussetzung für die Erhebung einer Anklage, daß ein öffentliches Interesse an der Strafverfolgung, also ein public interest, bestand.[102] Bedeutsam in diesem Zusammenhang war das Persönlichkeitsprofil des Täters, demnach das Alter, der physische oder psychische Zustand des Täters oder der Umstand, daß der Täter seinerseits einen Schaden erlitten hatte.[103] Auch politische Überlegungen konnten in die Prüfung mit einbezogen werden, ob das öffentliche Interesse an der Erhebung der Anklage vorlag. Insoweit war bspw. relevant, ob der Täter aufgrund der Verurteilung zum Märtyrer werden würde.[104] Ein weiterer Aspekt für die Nichtverfolgung einer Straftat mangels öffentlichem Interesses war, daß die begangene Tat zu trivial war[105] oder lediglich einen technischen Verstoß darstellte.[106] An einem derartigen Interesse fehlte es ebenso bei der Durchsetzung von obsoleten Straftatbeständen, wozu bspw. Bigamie, Unsittlichkeit, Homosexualität oder Obszönität zählten.[107] Die Polizei berücksichtigte im Rahmen ihres Ermessens auch, ob die fraglichen Straftatbestände derzeit im Parlament diskutiert wurden.[108] Davon zu unterscheiden waren wiederum Gesetze, die zwar der Zeit angemessen, aber dennoch nicht allzu populär waren.[109]

Die chief constables waren aufgrund der doctrine of constabulary independence nicht verpflichtet, hinsichtlich ihrer Strafverfolgungsentscheidungen einheitlich zu agieren.[110] Es fanden lediglich Treffen zwischen den einzelnen chief constables statt, bei denen sie sich gegenseitig informierten und berieten; aber nicht, um verbindlich eine einheitliche Strafverfolgungspolitik zu beschließen.[111] Die Polizei war nur dem Recht gegenüber verantwortlich. Nur insoweit konnte das Gericht das Verhalten der Polizeibeamten bei ihrer

---

99 Vgl. Mansfield/Peay, DPP, S. 4; Williams, Crim.L.Rev. 1956, S. 222 ff., 226.

100 Vgl. Sanders/Young, Criminal Justice, S. 215.

101 Vgl. Mansfield/Peay, DPP, S. 4; Hampton, Criminal Procedure, S. 24.

102 Vgl. Mansfield/Peay, DPP, S. 4. Sir Hartley Shawcross, der frühere Attorney General, sagte hierzu: „It has never been the rule in this country - I hope it never will be - that suspected criminal offences must automatically subject of prosecution. The public interest [...] is the dominant consideration," vgl. HC debates, vol. 483, col, 681, 29.1.1951.

103 Vgl. Wilcox, The decision to prosecute, S. 79 ff.

104 Vgl. Wilcox, The decision to prosecute, S. 90.

105 Bestrafung eines Nachbarn, der kurzfristig auf einen fremden Hund aufpaßte, weil ihm die Hundehalterlizenz fehlt, vgl. Wilcox, The decision to prosecute, S. 70; Williams, Prosecution, in Hood, Crime, Criminology and Public Policy, S.. 161 ff., 175.

106 Der Verstoß gegen Geschwindigkeitsbeschränkungen, vgl. Wilcox, The decision to prosecute, S. 70 ff.; Williams, Prosecution, in Hood, Crime, Criminology and Public Policy, S. 161 ff., 175.

107 Vgl. Wilcox, The decision to prosecute, S. 50 ff.; Williams, Crim.L.Rev. 1956, S. 222 ff., 223 ff.

108 Vgl. Wilcox, The decision to prosecute, S. 56.

109 Dazu zählten bspw. die Gesetzesvorschriften, die Trunkenheit sanktionierten wie der Licensing Act, vgl. Wilcox, The decision to prosecute, S. 57.

110 Vgl. Arrowsmith v Jenkins, 2 QB 1963, S. 561 ff., 566 f.; R v Inland Revenue Commissioner, ex parte Mead, 1 All E.R. 1993, S. 772 ff., 773 f. In diesen Fällen wurde der Polizei vorgeworfen, sie habe entgegen ihrer sonst üblichen Verfolgungspraxis Anklage erhoben. Die Gerichte wiesen die Klagen gegen die Polizei mit der Begründung ab, die Polizei sei in ihrer Strafverfolgungspolitik frei. Daß sie unterschiedlich in verschiedenen Fälle entscheide, falle in ihren nicht kontrollierbaren Ermessensspielraum.

111 Vgl. Williams, Crim.L.Rev. 1956, S. 222 ff., 228.

Strafverfolgungstätigkeit kontrollieren.[112] Auch der Minister der Krone konnte der Polizei keine Vorgaben machen. Das galt auch für die einzelnen Polizeibehörden untereinander. Niemand war befugt, die Entscheidung der chief constables über die Art und Weise der Ermittlungen sowie der Anklageerhebung zu beeinflussen.[113]

Die Polizei führte die Ermittlungen also eigenständig durch und entschied aufgrund des Ermittlungsergebnisses, ob das Verfahren eingestellt (take no further action), der Straftäter verwarnt (formal or informal caution) oder ob Anklage erhoben werden sollte (charge).

Polizeibeamte übernahmen auch selbst die Prozeßvertretung bei Amtsgrichtsprozessen (Magistrates` Court).[114] Dabei wurden immer wieder dieselben Polizeibeamten forensisch tätig. Die Prozeßvertretung vor Gerichten der höheren Instanzen, führten private Kanzleien für die Polizei durch.[115] Insoweit wurde im Jahre 1935 die Rechtsabteilung der Metropolitan Police, a Solicitor's Branch at New Scotland Yard, eingerichtet. Das war der Beginn eines Strafverfolgungssystem unter Zuhilfenahme von eigenen Rechtsanwälten.[116] Drei Viertel aller Polizeibehörden verfügten vor der Einführung des CPS im Jahr 1986 über solche in-house solicitor's departments, die Rechtsbeistand leisteten, die Anklage vor dem Amtsgericht vertraten oder einen Prozeßanwalt für höhere Instanzen instruierten.[117] Die übrigen Polizeibehörden beauftragten private Kanzleien.[118] Allerdings übernahm die Polizei auch in diesen Fällen im Magistrates` Court noch selbst die Prozeßvertretung, zumindest soweit keine speziellen juristischen Kenntnisse gefordert waren.[119]

Das Verhältnis zwischen der Polizei und den solicitors entsprach dem normalen Anwalt-Mandant-Verhältnis. Der Grund hierfür lag darin, daß die Letztentscheidungsbefugnis bei der Polizei blieb und sie den Anwalt auch bezahlte.[120] Bestand bspw. die Polizei auf der Erhebung der Anklage, konnten auch die Anwälte eine solche nicht verhindern, sondern allenfalls das Mandat niederlegen.[121] Allerdings konnte die Polizei ohne die Genehmigung des Gerichts die erhobene Anklage nicht wieder zurücknehmen[122] und das Opfer war berechtigt, mit der sog. Mandamus-Klage gegen eine unterlassene Strafverfolgung vorzugehen.[123]

Wie sich aus den vorstehenden Angaben ergibt, führte die Polizei selbständig das Ermittlungsverfahren durch und erhob gegebenenfalls Anklage, wobei sie letztlich auch selbst die Prozeßvertretung übernahm. Dabei verfügte sie aufgrund des im englischen und walisischen Rechtssystem geltenden Opportunitätsgrundsatzes über ein weitgehend unkontrol-

---

[112] Vgl. R v Commissioner of Police of the Metropolis ex parte Blackburn, W.L.R. 1968, S. 893 ff., 903.
[113] Vgl. Spencer, Machinery of Justice, S. 158.
[114] S. allgemein zum Instanzenzug in England und Wales: Fairchild, Comparative Criminal Justice System, S. 166.
[115] Vgl. Sanders/Young, Criminal Justice, S. 205.
[116] Vgl. Spencer, Machinery of Justice, S. 160.
[117] Vgl. Blackstone`s Criminal Practice, Rdn. D. 2.33.
[118] Vgl. Blackstone`s Criminal Practice, Rdn. D. 2.33.
[119] Vgl. Spencer, Machinery of Justice, S. 158.
[120] Vgl. Mansfield/Peay, DPP, S. 5.
[121] Vgl. Home Office, Report 1981, The Royal Commission on Criminal Procedure, Rdn. 6.21.
[122] Vgl. Williams, Crim.L.Rev. 1956, S. 222 ff., S. 226.
[123] Vgl. R v Commissioner of Police of the Metropolis ex parte Blackburn, W.L.R. 1968, S. 893 ff., 912; Williams, Crim.L.Rev. 1968, S. 351 ff., 353 ff.

lierbares Ermessen.[124] Zusammenfassend läßt sich daher feststellen, daß sich die Polizei sukzessive zu einer nationalen Strafverfolgungsbehörde entwickelt hatte, wobei dennoch jede ihrer Strafverfolgungen eine private Strafverfolgung darstellte.[125]

2. Director of Public Prosecutions (DPP)

Im Zeitpunkt der Umstrukturierung im Jahre 1986 führte der DPP jährlich etwa 2000 Strafverfolgungen durch.[126]

Die Behörde des DPP wurde im Jahr 1879 eingerichtet. Trotz der irreführenden Bezeichnung Director of *Public* Prosecutions (Direktor der *öffentlichen* Anklagen), verfolgte der Gesetzgeber nicht das Ziel, den Charakter des englischen und walisischen Strafverfolgungssystems als Privatklageverfahren zu ändern. Das Amt des DPP sollte vielmehr das Problem überwinden, daß die Verfolgung besonders schwerwiegender und komplexer Fälle der Polizei Schwierigkeiten bereitete.[127] Aufgrund einer mangelhaften Vorbereitung und Präsentation der Fälle wurden nämlich insbesondere in diesen Deliktsbereichen zahlreiche vermeintliche Straftäter freigesprochen. Dabei scheiterte der Versuch der Polizei, sich beim Home Office (Innenministerium) beraten zu lassen, weil dieses sich als unzuständig ansah.[128]

Der erste DPP[129] wurde 1880 von dem Home Secretary aus dem Home Office ernannt. Die Hauptaufgabe des DPP bestand damals darin, die Polizei bei ihrer Tätigkeit zu beraten. Daneben war er für die Anklage besonders schwieriger oder bedeutsamer Fälle zuständig, wobei es sich aber insoweit lediglich um eine geringe Anzahl der Fälle handelte. Nachdem die Entscheidung für eine Anklage vom DPP getroffen war, beauftragte der DPP den sog. Treasury Solicitor mit der Vertretung der Anklage vor Gericht. Im Jahr 1884 wurde dann der Treasury Solicitor selbst verpflichtet, die Aufgaben des DPP wahrzunehmen, so daß sich in dieser Person beide Funktionen vereinigten. Die Zuständigkeit des DPP erweiterte sich 1907, so daß er nunmehr für die Prozeßvertretung von Berufungen vor dem Court of Appeal zuständig war. Auf der Grundlage des Prosecution of Offences Act 1908 wurden die Funktionen des Treasury Solicitor und DPP erneut getrennt. Diese Trennung besteht bis heute.[130]

Die Zusammensetzung der Mitarbeiter des DPP regelten vor der Reform die Prosecution of Offences Regulations aus dem Jahre 1978. Nach s. 5 der Regulations wurden sowohl barristers als auch solicitors für die Behörde tätig. Trotz dieser juristischen Qualifikation

---

[124] „The discretion of law enforcement is near absolute", vgl. Sanders/Young, Criminal Justice, S. 208.

[125] So auch Devlin, Criminal Prosecution, S. 17.

[126] Vgl. Zander, English Legal System, S. 183.

[127] Vgl. Wilcox, The decision to prosecute, S. 16.

[128] Vgl. Wilcox, The decision to prosecute, S. 16.

[129] Folgende DPP waren bisher tätig: Sir John Maule (1880), Sir Augustus Stephenson (1884), Sir Hamilton Cuffe (1894), Sir Charles Mathews (1908), Sir Archibald Bodkin (1920), Sir Edward Tindkal Atkinson (1930), Sir Theobald Mathew (1944), Sir Norman Skelhorn (1964), Sir Thomas Hetherington (1977), Sir Allan Green (1987), Barbara Mills (1992), David Calvert-Smith (1998), vgl. CPS, What is the CPS?, www.cps.gov.uk.

[130] S. zu allem: CPS, What is the CPS?, www.cps.gov.uk.

mußten sie mangels right of audience externe lawyer mit der forensischen Tätigkeit beauftragen.[131]

Nach s. 2 Prosecution of Offences Act 1979 in Verbindung mit s. 3 Prosecution of Offences Regulations 1978 war der DPP verpflichtet, in denjenigen Fällen die Anklage selbst durchzuführen, die ihm besonders schwierig oder komplex erschienen oder aus einem anderen Grund seiner Intervention bedurften.[132] Die Polizeibeamten mußten ihn dann nach s. 6 Prosecution of Offences Regulations 1978 entsprechend über das Verfahren informieren. Ferner war der DPP nach s. 2(b) Prosecution of Offences Act 1979 in Verbindung mit s. 4 Prosecution of Offences Regulations 1978 verpflichtet, Polizeibehörden im Hinblick auf die Entscheidung zu beraten, ob angeklagt werden sollte. Dabei war der DPP berechtigt, jederzeit die Strafverfolgung zu übernehmen oder dem Attorney General[133] Bericht zu erstatten, der die Strafverfolgung durch die Einlegung des nolle prosequi, einer Art der Verfahrenseinstellung, beenden konnte.[134] Außerdem verabschiedete der Gesetzgeber bis zum Jahr 1985 mehr als 60 Straftatbestände, die nur mit der Zustimmung des DPP angeklagt werden konnten. Hierzu gehörten bspw. Verstöße gegen Vorschriften des Official Secrets Act 1911, in dem die Anforderungen an die Verschwiegenheit im Amt geregelt sind.[135]

Generell erhob der DPP immer nur dann Anklage, wenn a reasonable prospect of conviction, eine vernünftige Aussicht auf eine Verurteilung, bestand.[136] Es handelte sich um die sog. 51 %-rule.[137] Es war also erforderlich, daß eine Verurteilung angesichts der Beweislage wahrscheinlicher war als ein Freispruch.[138] Gleichwohl war aber in allen Fällen das Vorliegen des öffentlichen Interesses notwendig.[139]

3. Attorney General

Neben der Polizei und dem DPP nahm der Attorney General Aufgaben der Strafverfolgung wahr.

Das Amt des Attorney General besteht seit dem Mittelalter. Zunächst hatte der Attorney General eine Doppelfunktion als Anwalt der Krone und als privater Anwalt. Seit dem Jahr 1894 ist er nur noch für die Krone tätig.[140] Der Attorney General ist ein Mitglied der Regierung. Allerdings ist er in seinen non-political functions, also auch im Hinblick auf das Strafverfahren, unabhängig.[141] Er ist nur dem Recht gegenüber verantwortlich.[142] Zusam-

---

131 Vgl. Sigler, Crim.L.Rev. 1974, S. 642 ff., 646.

132 S. dazu die in der Vorschrift aufgezählten Straftaten. Es handelt sich zum Beispiel um Tötungsdelikte, Abtreibung und Verbrechen gegen die Staatssicherheit.

133 S. im einzelnen zum Attorney General die Ausführungen in diesem Teilabschnitt unter 3. S. generell zum Verhältnis DPP und Attorney General: Dickens, P.L. 1974, S. 50 ff., 50 f.

134 Vgl. Spencer, Machinery of Justice, S. 163.

135 Vgl. zum Ganzen: Zander, English Legal System, S. 183.

136 Vgl. Mansfield/Peay, DPP, S. 4.

137 Vgl. Sanders, Crim.L.Rev. 1985, S. 4 ff., 5.

138 Vgl. Hampton, Criminal Procedure, S. 24.

139 Vgl. Zander, English Legal System, S. 183.

140 Vgl. Edwards, The Law Officers of the Crown, S. 392 ff.; Kopp, VerwArch Bd. 71 (1980), S. 345 ff., 346.

141 Vgl. Blackstone`s Criminal Practice, Rdn. 2.33; Devlin, Criminal Prosecution, S. 18; Dickens, P.L. 1974, S. 50 ff., 66 ff.; Kopp, VerwArch Bd. 71 (1970), S. 345 ff., 349 ff.

142 Vgl. Sigler, Crim.L.Rev. 1974, S. 642 ff., 647.

men mit seinem Stellvertreter, dem Solicitor General, wird der Attorney General als Law Officer of the Crown bezeichnet.[143] Der Solicitor-General wird nach s. 1 Law Officers Act 1944 dann tätig, wenn die Stelle des Attorney General unbesetzt ist, der Attorney General krankheitsbedingt oder aus sonstigen Gründen verhindert ist und der Attorney General den Solicitor-General bevollmächtigt hat, ihn in einem Fall zu vertreten.[144]

Der Attorney General besitzt nach dem Common Law die Befugnis, durch das bereits erwähnte Institut nolle prosequi eine Strafverfolgung zu beenden. Allerdings steht ihm diese Möglichkeit nur in den Fällen zur Verfügung, in denen eine Anklageschrift eingereicht worden ist, also in allen Verfahren vor dem Crown Court.[145] Der Attorney General verfügt insoweit über ein Ermessen, ob und wann er von dem nolle prosequi Gebrauch macht.[146] Ein Rechtsmittel hiergegen besteht nicht und eine Begründung für den Einsatz des nolle prosequi ist ebenfalls nicht erforderlich.[147] Rechtstechnisch gesehen handelt es sich um eine unbefristete Aussetzung der Strafverfolgung, nicht um eine Einstellung.[148]

Sowohl die Anklage als auch die Verteidigung kann einen informellen Antrag auf einen nolle prosequi stellen.[149] Diesem wird z.B. dann stattgegeben, wenn eine oppressive Strafverfolgung beendet werden soll,[150] also bspw. wenn der Angeklagte physisch oder psychisch krank und deshalb nicht in der Lage ist, vor Gericht aufzutreten.[151] Die Beendigung eines Verfahrens aufgrund eines nolle prosequi des Attorney General kommt auch dann zum Tragen, wenn der Angeklagte bspw. gegen einen Mittäter ausgesagt hat und ihm dafür Immunität zugesichert worden ist.[152]

Der Attorney General darf mittels nolle prosequi dem Angeklagten nicht die Möglichkeit verwehren, freigesprochen zu werden. Deshalb kann er diese Verfahrensmaßnahme nicht bei einer schwachen Beweislage der Anklage verwenden.[153]

Des weiteren ist in mehr als 40 Delikten, bspw. Inzest, die Zustimmung des Attorney General, das sog. fiat, für die Anklageerhebung erforderlich.[154]

4. Öffentliche Organisationen

Vor der Reform wurden etwa ein Viertel aller Fälle von öffentlichen Organisationen, wie bspw. Regierungsabteilungen, Industrien in öffentlicher Hand oder Gemeinden, Straftaten, strafrechtlich verfolgt.[155]

---

143 Vgl. Zander, English Legal System, S. 183.
144 Vgl. Blackstone's Criminal Practice, Rdn. 2.33.
145 Vgl. Samuels, Crim.L.Rev. 1986, S. 33 ff., 41; Zander, English Legal System, S. 183.
146 Vgl. Blackstone's Criminal Practice, Rdn. 2.35.
147 Vgl. Dickens, P.L. 1974, S. 50 ff., 52.
148 Vgl. Samuels, Crim.L.Rev. 1986, S. 33 ff., 41.
149 Vgl. Blackstone's Criminal Practice, Rdn. 2.35.
150 Vgl. Home Office, Memorandum No. VIII, The Prosecution Process, S. 8, Rdn. 17.
151 Vgl. Blackstone's Criminal Practice, Rdn. 2.35.
152 Vgl. Samuels, Crim.L.Rev. 1986, S. 33 ff., 41.
153 Vgl. Samuels, Crim.L.Rev. 1986, S. 33 ff., 41.
154 Vgl. Zander, English Legal System, S. 183.
155 Vgl. Zander, English Legal System, S. 184.

Voraussetzung für eine solche Strafverfolgung war ein Verstoß gegen eine Vorschrift, in der die Sachverhalte geregelt waren, die in den Verantwortungsbereich der bezeichneten Organisationen fielen.[156]

Einige dieser Behörden, wie z.B. die Post und der Zoll, hatten hausinterne Rechtsabteilungen, die über die Einleitung der Ermittlungen und Erhebung der Anklage entschieden.[157] Die Organisationen verfügten im Einklang mit dem Opportunitätsprinzip über einen weiten Ermessensspielraum, so daß sie auch andere Ziele als bspw. die Polizei oder der DPP verfolgten. Ihnen kam es in erster Linie darauf an, den mit der verletzten Vorschrift beabsichtigten Zweck zu erreichen. So war es für das Finanzamt bspw. bedeutsamer, daß die hinterzogene Steuer gezahlt wurde, als daß der Täter wegen Steuerhinterziehung bestraft wurde.[158]

5. Privatklage

Im Jahr 1985 wurden lediglich 2,4 % aller Fälle, vor allem Ladendiebstähle und einfache Körperverletzung, im eigentlichen Privatklageverfahren verfolgt.[159]

Dabei ist noch einmal darauf hinzuweisen, daß auch die Anklageerhebung durch die vorstehend unter Punkt 1-4 bezeichneten Strafverfolgungsbehörden als Privatklage geführt wurden. Insofern sind vorliegend lediglich diejenigen Verfahren gemeint, die tatsächlich von Privatpersonen vollständig durchgeführt werden.

Dazu zählen ebenfalls Privatorganisationen wie die N.S.P.C.C., die die Verwahrlosung und Mißhandlung von Kindern sanktioniert[160] und die R.S.P.C.A., die Gewalt gegen Tiere ahndet.[161]

Die Anzahl der reinen, d.h. in alleiniger Verantwortung einzelner Personen stehenden, Privatklageverfahren ist in den letzten Jahrzehnten drastisch zurückgegangen.[162] Diese abnehmende Tendenz läßt sich vor allem mit den in den letzten Jahren zahlreich verabschiedeten Gesetzen erklären, wonach die Zustimmung des DPP oder des Attorney General für die Anklageerhebung erforderlich ist. Dabei war es die Intention des Gesetzgebers, bestimmte Strafverfolgungen in allen Teilen des Landes einheitlich durchzuführen.[163] Eine weitere Ursache für die geringe Anzahl der Privatklageverfahren war die hohen Kosten, die für die Durchführung eines Strafverfahrens aufgewendet werden mußten. Zum Beispiel war die Anklage in Verfahren vor dem Crown Court verpflichtet, sich durch einen barrister vertre-

---

[156] Vgl. Zander, English Legal System, S. 183.

[157] Vgl. Sigler, Crim.L.Rev. 1974, S. 642 ff., 644.

[158] Vgl. Home Office, Memorandum No. VIII, The Prosecution Process, S. 21, para 51.

[159] Vgl. Zander (English Legal System, S. 184), der sich auf eine Untersuchung der Royal Commission on Criminal Procedure bezieht.

[160] Die Anzahl dieser Strafverfolgungen läßt sich nicht anhand von statistischen Angaben feststellen. Diese Privatorganisation veröffentlicht keine Zahlen, vgl. dazu Huber, Funktion und Tätigkeit des Anklägers in England und Wales, S. 551. Wilcox (The decision to prosecute, S. 2 ff.) nennt für das Jahr 1972 insgesamt 50 Fälle.

[161] Auch diese Privatorganisation veröffentlicht keine Zahlen, vgl. dazu Huber, Funktion und Tätigkeit des Anklägers in England und Wales, S. 551. Wilcox (The decision to prosecute, S. 2 ff.) zählt für das Jahr 1972 insgesamt ca. 1000 Fälle.

[162] Vgl. Wilcox, The decision to prosecute, S. 17.

[163] Vgl. Wilcox, The decision to prosecute, S. 18.

ten zu lassen. Zudem verfügte der Privatbürger im Gegensatz zu den öffentlichen Behörden nicht über die technischen Mittel und personellen Kapazitäten für eine erfolgreiche Ermittlungstätigkeit. Ferner fehlten ihm die notwendigen Befugnisse für die Durchführung von Zwangsmaßnahmen und die rechtlichen und wirtschaftlichen Kenntnisse, die je nach Art der Straftat erforderlich waren.[164] Des weiteren hatte die Privatpartei, nachdem eine Anklageschrift unterzeichnet worden war, keinen Prozeßstatus (local standing) mehr. Daraus folgte aber der Fortgang des Verfahrens im Namen der Krone und im öffentlichen Interesse. Dem Prosecuting Counsel war deshalb lediglich der Öffentlichkeit, nicht aber der Privatperson gegenüber verpflichtet, die das Verfahren eingeleitet hatte.[165]

II. Kritik

Dieses Strafverfolgungssystem wurde zunehmend kritisiert. JUSTICE, die Britische Abteilung der Internationalen Juristenkommission, äußerte sich 1970 wie folgt:

> „[...] Nevertheless abuses do occurr and the system (or in certain respects lack of system) which has grown up in a haphazard and piecemeal fashion, produces anomalies and variations which have, from time to time, resulted in errors and miscarriages of justice, sometimes of a very serious nature. [...]“[166]

1. Mangelnde Objektivität der Polizei

Der Hauptkritikpunkt des englischen und walisischen Strafverfolgungssystems war die Doppelrolle der Polizei als Ermittlungs- und Anklagebehörde.[167]

Sowohl JUSTICE als auch die Kommission kamen zu dem Ergebnis, daß die Polizei aufgrund der Ermittlungstätigkeit voreingenommen sei. Ihre Ermittlungen seien von vornherein auf eine Anklageerhebung ausgerichtet. Die Polizei verfüge nicht über die für die Erhebung einer Anklage erforderliche Objektivität.[168] Insbesondere fehle diese bei der Auswertung der Beweise, da sie selbst in den Fällen, in denen die Beweise offensichtlich nicht für eine Verurteilung ausreichten, bestrebt sei, Anklage zu erheben. Das habe zudem zur Folge, daß sie der Verteidigung nicht das gesamte Beweismaterial zeige. Die Beteiligung der Anklagebehörde im Ermittlungsverfahren verhindere also eine unabhängige und unparteiische Entscheidung über die Anklage. Aus diesem Grunde könnten Fehlentscheidungen nicht vermieden werden.[169]

---

[164] Vgl. Williams, Prosecution, in Hood, Crime, Criminology and Public Policy, S. 161 ff., 166; Hampton, Criminal Procedure, S. 21.

[165] Vgl. Hampton, Criminal Procedure, S. 21.

[166] „[...] Trotzdem geschahen Mißbräuche und das System (oder das Fehlen eines Systems), welches in einer wahllosen und unsystematischen Weise entstanden war, führte zu Anomalien und Variationen, welche ab und an Fehlurteile, z.T. in besonders ernstem Ausmaß, zur Folge hatten. [...], vgl. JUSTICE, The Prosecution Process, S. 1.

[167] Vgl. JUSTICE, The Prosecution Process, S. 7 ff.

[168] Vgl. JUSTICE, The Prosecution Process, S. 7 ff.

[169] Vgl. JUSTICE, The Prosecution Process, S. 1.

Daran ändere auch die Einbeziehung des DPP nichts, da dieser ohnehin nur selten an den Strafverfolgungsentscheidungen mitwirke. Außerdem ermögliche bereits die hohe Arbeitsbelastung aufgrund der Vielzahl der eingehenden Polizeiberichte nicht die erforderliche Kontrollmöglichkeit.[170] Zudem sei eine sinnvolle Entscheidung des DPP nur möglich, wenn die Grundlagen für die polizeiliche Entscheidung bekannt seien. Gerade aufgrund des weiten Ermessenspielraums der Polizei verfüge der DPP aber nicht über diese Kenntnis.[171]

Auch die mit der Prozeßvertretung betrauten solicitors und barristers könnten die erforderliche Kontrolle nicht garantieren. Sie bewerteten die von der Polizei vorgelegten Beweise bereits deshalb nicht objektiv, weil die Rechtsanwälte des Counsel von der Polizei bezahlt werden. Es sei für sie also nicht erstrebenswert, eine Entscheidung entgegen der polizeilichen Vorgabe zu treffen oder anzuraten, wenn sie erneut von der Polizei mit der Vertretung der Anklage beauftragt werden wollten. Schließlich verfüge die Polizei in den von ihr ermittelten Fällen ohnehin über die Letztentscheidungbefugnis.[172]

2. Uneinheitlichkeit des Strafverfahrens

Ein weiterer Anlaß für Kritik war, daß es aufgrund des weiten Ermessensspielraums in den verschiedenen Polizeibehörden, aber auch innerhalb einer Polizeibehörde zu völlig unterschiedlichen Strafverfolgungsentscheidungen kam.[173]

Durch regelmäßige Versammlungen der einzelnen chief constables und des DPP wurde versucht, Einheitlichkeit der Strafverfolgungspraxis zu erreichen.[174] Weiterhin sollte dadurch, daß die Polizei den DPP über die Verfolgung bestimmter Straftaten unterrichten und dieser die Polizei beraten sollte, Kontinuität erlangt werden.[175] Auch die für die Anklageerhebung notwendige Zustimmung des DPP oder des Attorney Generals sollte die Einheitlichkeit der Entscheidungen fördern.[176]

Trotzdem belegten Untersuchungen, daß die Strafverfolgungspolitik bereits innerhalb verschiedener Polizeibehörden auffällig variierte.[177] Ein Grund hierfür war das weite Ermessen der Polizeibeamten, also der Grundsatz der constabulary independence. Eine wirkliche Kontrolle ihrer Entscheidungen fand also weder innerhalb der Polizeihierarchie statt noch durch die Rechtsprechung. Die Polizeibehörden waren auch an den Rat des DPP nicht zwingend gebunden.[178] Zudem wurde auch innerhalb der verschiedenen für die Polizei tätigen Kanzleien eine unterschiedliche Strafverfolgungspolitik verfolgt.[179]

---

[170] Vgl. Sigler, Crim.L.Rev. 1974, S. 642 ff., 646.

[171] Vgl. Reiner, Policing and the Police, in Maquire/Morgan/Reiner, The Handbook of Criminology, S. 705 ff., 730.

[172] Vgl. JUSTICE, The Prosecution Process, S. 7.

[173] Vgl. Home Office, Memorandum No. VIII, Prosecution Process, S. 13, Rdn. 30.

[174] Vgl. Williams, Crim.L.Rev. 1956, S. 222 ff., 226.

[175] Vgl. Williams, Prosecution, in Hood, Crime, Criminology and Public Policy, S. 190.

[176] Vgl. Dickens, P.L. 1974, S. 50 ff., 50.

[177] Vgl. Home Office, Memorandum No. VIII, Prosecution Process, S. 16, Rdn. 37.

[178] Vgl. Dickens, P.L. 1974, S. 50 ff., 63.

[179] Vgl. Home Office, Memorandum No. VIII, Prosecution Process, S. 16, Rdn. 37.

3. Ungerechtigkeit des Strafverfahrens

Untersuchungen belegten auch, daß das Verhalten der Polizei nicht dem Fairnessprinzip entsprach.[180] Fairness verlangt eine Gleichbehandlung der Verdächtigen, Willkür ist weder im Interesse des Individuums noch der Öffentlichkeit.[181]

Die uneinheitliche Strafverfolgungspolitik führte aber zu unterschiedlichen Behandlungen der Verdächtigen. Insbesondere wurden bestimmte Gruppen, wie bspw. arbeitslose junge Männer der unteren Gesellschaftsschicht, anderen Gruppen gegenüber benachteiligt. Die Wahrscheinlichkeit, daß gegen sie ein Ermittlungsverfahren eingeleitet wurde, war größer als bei anderen Verdächtigen.[182] Auch Rassendiskriminierungen wurden nachgewiesen. So übte die Polizei ihr Ermessen zum Nachteil Dunkelhäutiger und Männer aus, während sie bei Hellhäutigen und Frauen großzügiger verfuhr.[183]

Weitere Ursache für die Ungerechtigkeit des damals praktizierten Strafverfolgungssystems war die hohe Freispruchrate. Da viele Freisprüche aufgrund fehlender Adäquanz der Beweismittel vermeidbar gewesen waren, wurde der Beschuldigte unnötig den Qualen der Strafverfolgung ausgesetzt.[184] Die hohe Freispruchrate folgte nämlich daraus, daß die Polizei auch diejenigen Fälle anklagte, in denen die Beweislage nicht überzeugend war.[185] Außerdem kam es aufgrund der „prima-facie" Beweisführung der Polizei zu Freisprüchen, da das Gericht für eine Verurteilung einen strengeren Maßstab ansetzte.[186] Die Freisprüche waren auch deshalb vermeidbar, weil sie auf eine schlechte Vorbereitung der Fälle und eine mangelhafte Präsentation derselben in der Hauptverhandlung zurückzuführen waren. Jüngere Anwälte ohne die notwendigen Erfahrungen und in der Regel erst in allerletzter Minute mit dem Sachverhalt vertraut, waren teilweise für diese Mängel verantwortlich.[187] In den Fällen, in denen die Polizei selbst die Anklage in der Hauptverhandlung übernahm, fehlte ihr hingegen bereits die erforderliche rechtliche Qualifikation. Außerdem verfügte der Polizeibeamte oftmals nicht über die forensische Erfahrung, um den Fall erfolgreich zu präsentieren. Dies galt besonders im Hinblick auf Kreuzverhöre.[188]

4. Ineffizienz des Strafverfahrens

Das englische und walisische Strafverfolgungssystem war schließlich ineffizient.

In diesem Zusammenhang wurde erneut die hohe Freispruchrate kritisiert, da die Freisprüche vermeidbar gewesen waren und somit Sach- und Personalmittel unnötig verschwendet wurden.[189] Es war ungünstig, unerfahrene Anwälte einzusetzen bzw. erst in letzter Minute

---

180 Vgl. JUSTICE, Prosecution Process, S. 8.

181 Vgl. Home Office, Memorandum No. VIII, Prosecution Process, S. 14, Rdn. 31; Hilson, Crim.L.Rev. 1993, S. 739 ff., 747.

182 Vgl. Reiner, Policing and the Police, in Maquire/Morgan/Reiner, Handbook of Criminology, S. 705 ff., 726 ff.

183 Vgl. Reiner, Policing and the Police, in Maquire/Morgan/Reiner, Handbook of Criminology, S. 705 ff., 725 ff.

184 Vgl. JUSTICE, Prosecution Process, S. 7.

185 Vgl. Mansfield/Peay, DPP, S. 6.

186 Vgl. Mansfield/Peay, DPP, S. 6.

187 Vgl. Spencer, Machinery of Justice, S. 160.

188 Vgl. JUSTICE, Prosecution Process, S. 7.

189 Vgl. Home Office, Memorandum No. VIII, Prosecution Process, S. 29, Rdn. 66c.

Instruktionen an die Prozeßanwälte zu erteilen.[190] Das galt ebenfalls für die Prozeßvertretung durch die Polizei selbst, der ohnehin die erforderliche rechtliche Qualifikation und forensische Erfahrung für eine erfolgreiche Präsentation fehlte.[191] Dabei führte auch die Konsultation des Counsel nicht zu einer Einsparung der Kosten der Strafverfolgung, weil die Polizei aufgrund des Anwalt-Mandant-Verhältnisses bei einer Beendigung der Strafverfolgung zunächst um Zustimmung ersucht werden mußte.[192] Insoweit befürchteten die Anwälte aber den Verlust weiterer Mandate, denn oftmals hatte die Polizei eine Einstellung als unbefriedigendes Ergebnis bewertet und deshalb im nächsten Fall andere Anwälte mit der Prozeßvertretung beauftragt. Außerdem entsprach das Verfahren nicht dem Wirtschaftlichkeitsgrundsatz, weil aufgrund der Abhängigkeit der Anwälte von der Polizei keine besonders erfahrenen und qualifizierten Anwälte für den Counsel tätig wurden.[193] Die mangelnde Attraktivität dieses Berufsfeldes resultierte darüber hinaus aus der fehlenden Berechtigung, unmittelbar für die Anklage im Crown Court aufzutreten. Für diese Instanz war die Einschaltung eines anderen Prozeßanwaltes notwendig, so daß viele qualifizierte Anwälte keine Anstellung bei dem Prosecution Counsel suchten.[194] Eine weitere Ursache dafür, daß Anwälte ohne die notwendige Erfahrung und Qualifikation im Namen der Anklage die Prozeßvertretung übernahmen, war, daß keine einheitliche Karrierestruktur für diesen Beruf existierte.[195]

III. Reformvorschläge

Es wurden verschiedene Reformvorschläge vorgebracht, um das Strafverfolgungssystem hinsichtlich der aufgezeigten Mängel zu verbessern.

1. JUSTICE 1970

Die bereits erwähnte britische Abteilung der Internationalen Juristenkommission, JUSTICE, empfahl die Einführung des Schottischen Systems.[196]

Danach sollte eine neue, von der Polizei unabhängige Strafverfolgungsbehörde entwickelt werden. An deren Spitze sollte ein Director stehen, der sich lediglich gegenüber dem Attorney General zu verantworten hätte. Die neue Behörde sollte die Entscheidung über die Anklage in allen Fällen treffen. Außerdem sollte sie die Ermittlungen in Fällen der mittleren und schweren Kriminalität leiten. Der Bereich der Bagatelldelikte sollte weiterhin selbständig von der Polizei ermittelt werden. Ferner sollte der Public Prosecutor ermächtigt sein, zukünftige Richtungen für bestimmte Deliktsgruppen festzuschreiben, die die Polizei zu befolgen habe. Auch sollten Zeugenvernehmungen direkt durch die neue zentrale Strafverfolgungsbehörde möglich sein.

---

190 Vgl. Spencer, Machinery of Justice, S. 160.

191 Vgl. JUSTICE, Prosecution Process, S. 7.

192 Vgl. McConville/Sanders/Leng, The case for the prosecution, S. 151.

193 Vgl. Home Office, Memorandum No. VIII, The Prosecution Process, S. 16, Rdn. 37.

194 Vgl. Home Office, Memorandum No. VIII, The Prosecution Process, S. 16, Rdn. 37.

195 Vgl. Home Office, Memorandum No. VIII, The Prosecution Process, S. 16, Rdn. 37.

196 Vgl. JUSTICE, Prosecution Process, S. 12 ff. Danks, JP 1976, S. 19 ff.; S. generell zum Schottischen System: Tombs/Moody, Crim.L.Rev. 1993, S. 357 ff.; Robb, A Scottish Constitution, in Williams, The Role of the Prosecutor, S. 27 ff.; McCluskey, International Journal of Medicine and Law, S. 5 ff.

Strafverfolgungen seitens öffentlicher oder privater Organisationen und Privatbürger sollten zwar aufgrund des grundsätzlich geltenden kontradiktorischen Verfahrens weiterhin zulässig sein, allerdings sollte die neue Behörde jederzeit berechtigt sein, das Verfahren zu übernehmen.

2. Royal Commission on Criminal Procedure 1981

1977 wurde eine königliche Untersuchungskommission, Royal Commission on Criminal Procedure, eingesetzt.[197] Nach vier Jahren umfangreicher Untersuchungen, einschließlich Studien anderer Rechtssysteme, empfahl die Kommission 1981 in ihrem Bericht, die Errichtung eines Strafverfolgungssystem mit lokalen Strafverfolgungsbehörden.[198]

Die polizeiliche Tätigkeit sollte sich auf die Leitung des Ermittlungsverfahrens beschränken, während der Anklagebehörde die Entscheidung über Anklage oder Einstellung obliegen sollte. Der Ankläger (Prosecutor) sollte auf der gleichen Ebene wie der Chief Constable stehen. Beide sollten einer übergeordneten Behörde, der Police Authority und einer Prosecution Authority, gegenüber verantwortlich sein, die sich in der gleichen Region befinden sollte. Das Institut der Privatklage sollte aufgrund des in England und Wales geltenden Parteiverfahrens aufrechterhalten bleiben.

3. White Paper 1983

1982 setzte die Regierung die Inter-departmental Working Party on Prosecution Arrangements ein, die 1983 einen Abschlußbericht verfaßte.[199] Das Home Office veröffentlichte auf dieser Grundlage ein White Paper mit dem Titel „An Independent Prosecution Service for England and Wales“. Darin lehnte die Regierung den Vorschlag ab, ein Verfolgungssystem auf der Basis von lokalen Strafverfolgungsbehörden zu errichten. Vielmehr favorisierte sie eine nationale Anklagebehörde, die unabhängig von der Polizei sein sollte, deren Leitung und Kontrolle aber der derzeitige DPP übernehmen sollte.[200] Es hieß dort:

> „The establishment of an independent prosecution service on this basis would promote consistency and fairness; would reduce the proportion of cases pursued despite lack of sufficient evidence; would improve the preparation and presentation of cases in court; would provide an attractive career structure, and would lead to greater efficiency and better accountability for the use of resources.“[201]

---

[197] Vgl. Fionda, Public Prosecutors, S. 17.

[198] Vgl. Home Office, Report 1981, Royal Commission on Criminal Procedure, S. 144 ff.

[199] Home Office, White Paper, An Independent Prosecution Service for England and Wales, Anhang: Report of the Working Party on Prosecution Arrangements, S. 11 ff.

[200] Vgl. Home Office, White Paper, An Independent Prosecution Service for England and Wales, S. 9.

[201] „Die Errichtung einer unabhängigen Strafverfolgungsbehörde auf dieser Grundlage fördere Kontinuität und Gerechtigkeit, reduziere die Anzahl der Fälle, die trotz fehlender Beweise weiterverfolgt werden, verbessere die Vorbereitung und Darstellung der Fälle in der Hauptverhandlung, eröffne eine attraktive Karrierestruktur und resultiere in größerer Effizienz und besserer Verantwortlichkeit für den Gebrauch der Ressourcen.“, vgl. Home Office, White Paper, An Independent Prosecution Service for England and Wales, S. 7 ff.

Außerdem wurde entschieden, daß hinsichtlich der „rein privaten" Strafverfolgungen keine Veränderungen eintreten sollte.[202]

B. Strafverfolgungssystem nach der Reform

Mit der Verabschiedung des Prosecution of Offences Act 1985 wurde deshalb eine nationale Strafverfolgungsbehörde errichtet. Seither übernimmt der Crown Prosecution Service (CPS) die Anklagefunktion in allen Fällen, während die Polizei ausschließlich die Aufgabe als Ermittlungsbehörde wahrnimmt. Dabei stehen beide Behörden unabhängig nebeneinander. Der CPS kann der Polizei keine konkreten Ermittlungsaufträge erteilen, allenfalls Anregungen geben, die die Polizei nicht beachten muß. Dafür verfügt die Polizei nicht mehr über die bei einem typischen Anwalt-Mandant-Verhältnis bestehende Letztentscheidungsbefugnis gegenüber dem CPS. Erhebt der CPS nicht - wie von der Polizei möglicherweise beabsicht - die Anklage, kann dies die Polizei weder unmittelbar durch Mandatsniederlegung noch durch Drohung mit Nichtbezahlung der Strafverfolgungstätigkeit verhindern. Das gilt nach der neuen Regelung auch für besonders schwerwiegende Straftaten. In diesen Fällen ermittelt die Polizei, während der CPS, an dessen Spitze der DPP steht, über die Erhebung der Anklage entscheidet. Außerdem wurde 1986 das Serious Fraud Office (SFO) eingerichtet, das die Ermittlungs- und Anklagefunktion im Bereich der schwerwiegenden Wirtschaftskriminalität übernimmt. Daneben ist noch immer die Privatklage zulässig.

I. Strafverfolgung in Einzelfällen

Die bisherigen Ausführungen haben ergeben, daß die Zuständigkeit der Ermittlungs- und Anklagebehörden vor allem von der Art der Straftat abhängt. Deshalb wird - bevor die Strafverfolgung von den Grundfällen des Ladendiebstahls, Kreditbetrugs und Mords, die exemplarisch für die Fallgruppen Bagatell-, Kapital- und Wirtschaftsdelikte stehen, anhand derer die Neuregelung dargestellt wird -, die in England und Wales bestehende Differenzierung zwischen den einzelnen Straftaten im Hinblick auf die Zuständigkeit der jeweiligen Strafverfolgungsbehörden erläutert.

1. Einteilung der Straftaten in Deliktsgruppen

Im deutschen Recht ergeben sich für die Einteilung in einzelne Deliktsgruppen bereits Anhaltspunkte aus § 12 StGB, der Vergehen und Verbrechen unterscheidet.[203] Eine derartige Einteilung existiert in England und Wales allerdings nicht.[204] In Deutschland wird ebenfalls vorgeschlagen, die Grenzlinie zwischen kleinen, mittleren und schweren Delikten anhand der Strafzumessung zu ziehen.[205] Insoweit enthält der Criminal Justice Act 1991

---

[202] Vgl. Home Office, White Paper, An Independent Prosecution Service for England and Wales, S. 9.

[203] Früher gab es noch die dritte Deliktsgruppe „Übertretungen", vgl. dazu Krümpelmann, Bagatelldelikte, S. 155 ff.; Göhler, OWiG, Einl. Rdn. 4 ff. S. zur Beurteilung der Schwere der Kriminalität anhand objektiver Fallmerkmale wie die Zahl der betroffenen Opfer, die Schadenshöhe etc. Steffen, Analyse polizeilicher Ermittlungstätigkeit, S. 137 ff.; vgl. zur Klassifizierung von Delikten anhand der Kriminalstatistik, insbesondere anhand der Anzeigenbereitschaft, Schindhelm, Sellin-Wolfgang-Index, S. 46 ff.

[204] Ehemals wurden die Straftatbestände allerdings in treason (Hochverrat), felony (Verbrechen) und misdemeanor (Vergehen) unterteilt, vgl. Willms, Strafbarkeit der „company" im englischen Recht, S. 24; James, Introduction to English Law, S. 184 ff.

[205] Wolter, Aspekte einer Strafprozeßreform, in Albrecht, Informalisierung des Rechts, S. 51.

ebenfalls Strafzumessungsregeln, allerdings gelten diese nicht abschließend.[206] Vielmehr formuliert der Lord Chief Justice als Präsident des Court of Appeal ein sog. guideline judgement, das die Eckpunkte für die Strafzumessung festlegt und auch Angaben zu den Verschärfungs- und Milderungsgesichtspunkten enthält.[207] Diese Ausführungen werden dann von den übrigen Gerichten bei ihrer Rechtsprechung beachtet.[208] Der Criminal Justice Act 1991 regelt außerdem, daß bei der Strafzumessung die Proportionalität zwischen Schuld und Strafe zu beachten ist. Die Strafzumessung bleibt demnach der Einschätzung der Gerichte überlassen, wobei die Freiheitsstrafe immer ultima ratio sein soll.[209]

In England und Wales werden Straftaten in summary offences, triable either way offences und indictable offences unterteilt:[210]

a. Summary offences

Bei den sog. summary offences handelt es sich um leichtere Vergehen, die entweder eine Strafandrohung von maximal drei Monaten Haft haben oder im Gesetz ausdrücklich als summary offences bezeichnet werden.[211] Dazu zählen z.B. alle Straftaten wegen Fahrens bei alkoholbedingter Fahruntauglichkeit, Straßenprostitution, Autodiebstahl, Bedrohung und Beleidigung nach s. 5 Public Order Act, seit 1988 (Criminal Justice Act) auch tätliche Beleidigung, und seit 1994 (Criminal Justice and Public Order Act) auch Sachbeschädigungen mit einem maximalen Schaden in Höhe von 5.000 Pfund.[212] Diese Delikte werden in einem summarischen Verfahren vor dem Magistrates' Court behandelt, vgl. s. 12 Magistrates' Court Act 1980.[213] Der Angeklagte kann sich, ohne vor Gericht erscheinen zu müssen, schuldig bekennen.[214]

b. Indictable offences

Davon zu unterscheiden sind die schwerwiegenden indictable offences. Der Begriff indictable bedeutet, daß eine Anklageschrift - indictment - notwendig ist.[215]

Der Lord Chief Justice, der Präsident des Crown Court, hat zusammen mit dem Lord Chancellor, dem Justizminister, Richtlinien herausgegeben, wonach die indictable offences in vier Unterkategorien eingeteilt werden:[216]

---

[206] So auch Ashworth, ZStW Bd. 106 (1994), S. 605 ff., 617.

[207] Vgl. Ashworth, ZStW Bd. 106 (1994), S. 605 ff., 606; Rössner, Bagatelldiebstahl und Verbrechenskontrolle, S. 160.

[208] Vgl. Ashworth, ZStW Bd. 106 (1994), S. 605 ff., 606.

[209] Vgl. Ashworth, ZStW Bd. 106 (1994), S. 605 ff., 615.

[210] Vgl. Criminal Law Act 1977, ch. 45. Früher wurden nur summary offences und indictable offences unterschieden, vgl. Willms, Strafbarkeit der „company" im englischen Recht, S. 22 ff.

[211] Vgl. Criminal Law Act 1977, ch. 45.

[212] Vgl. Zander, English Legal System, S. 19.

[213] In der Regel handelt es sich insoweit um drei unbezahlte Laienrichter (lay magistrates oder auch justices of the peace), die von einem juristisch qualifizierten clerk bei ihren Entscheidungen beraten werden. Wenn die Arbeitsbelastung besonders stark ist, so bspw. in London, ist die Spruchinstanz beim untersten Gericht nur mit einem bezahlten Berufsrichter (stipendiary magistrate) besetzt, der allein entscheidet, Home Office, Britain, S. 89 ff.

[214] Vgl. Zander, English Legal System, S. 19.

[215] Vgl. Zander, English Legal System, S. 19.

[216] Vgl. Practice Notice, 2 All.E.R. 1995, S. 90.

a. Mord, Landesverrat und Spionage, für die der High Court judge[217] zuständig ist;
b. Totschlag, Vergewaltigung und Abtreibung, die entweder ebenfalls vor diesem, einem circuit judge oder einem recorder verhandelt werden;[218]
c. Raub und vorsätzliche schwere Körperverletzung, die von einem circuit judge oder einem recorder abgeurteilt werden und
d. die restlichen indictable offences, die von allen drei Berufsrichtern abgewickelt werden.

Insoweit ist immer der Crown Court mit einer 12köpfigen Jury, also einer Geschworenenbank, die mit Laienrichtern besetzt ist, Eingangsinstanz für die indictable offences.[219] Dabei begann dieses Verfahren bis 1994 mit einem Vorverfahren beim Magistrates' Court. In diesem committal proceeding wurde geprüft, ob prima facie die Beweise für die Eröffnung der Hauptverhandlung vor dem Crown Court ausreichten.[220] Allerdings zeigte sich, daß trotz dieses Vorverfahrens Fälle mit einer schwachen Beweislage nicht frühzeitig ausgesondert wurden, so daß das committal proceeding nach s. 4 Criminal Justice and Public Order Act 1994 abgeschafft wurde.[221] Derzeit werden statt dessen paper committals gemäß s. 6 (2) Magistrates' Courts Act 1980 durchgeführt, wonach anhand von schriftlichen Zeugenaussagen und anderen Dokumenten eine Beweisbewertung vorgenommen und nach dem Ergebnis dieser Analyse die Eingangsinstanz bestimmt wird.[222]

c. Triable either way offences

Die dritte Deliktskategorie, die sog. triable either way offences, umfaßt Delikte, die weder eindeutig zu den summary offences noch zu den indictable offences zählen. Deshalb werden sie auch hybrid offences genannt.[223] Diese Kategorie umfaßt 90 % aller Fälle,[224] zum Beispiel den Diebstahl, leichtere Körperverletzungen und Raubüberfälle.[225] Für das Verfahren gilt, daß sie entweder vor dem Magistrates' Court oder vor dem Crown Court verhandelt werden. In allen Fällen wird aber das Verfahren für diese Straftaten immer vor dem Magistrates' Court eingeleitet. Der Angeklagte kann dann in einer mündlichen Verhandlung äußern, vor welchem Gericht das Verfahren durchgeführt werden soll, wobei ihn das Gericht aber unter Umständen überstimmen kann.[226]

---

217 Dabei handelt es sich um einen Berufsrichter, der am High Court, dem höchsten Gericht Englands zugelassen ist, vgl. Zander, English Legal System, S. 3.

218 Ein circuit judge besitzt eine, der Zulassung zum OLG in Deutschland vergleichbare Zulassung, während es sich bei dem recorder um einen normalen Berufsrichter handelt, vgl. Zander, English Legal System, S. 11. Vgl. dazu auch: Pitchers/Bohlander, AnwBl 1998, S. 626 ff., 627.

219 Der Crown Court ist aber ebenfalls Berufungsinstanz für die Verfahren vor dem Magistrates' Court, vgl. Home Office, Britain, S. 87.

220 Vgl. Zander, English Legal System, S. 262.

221 S. dazu Home Office, Report 1981, Royal Commission on Criminal Procedure, Rdn. 8.24 ff. und Home Office, Report 1993, Royal Commission on Criminal Justice, Rdn. 90 ff. und 25 ff.

222 Zu allem Zander, English Legal System, S. 265.

223 Vgl. Lyall, An Introduction to British Law, S. 160; Fairchild, Comparativie Criminal Justice System, S. 166.

224 Vgl. Zander, English Legal System, S. 11.

225 Vgl. Fairchild, Comparativie Criminal Justice System, S. 166. Zu den triable either way offences zählen neuerdings auch Sachbeschädigung, wenn der Schaden 5.000 Pfund oder mehr beträgt, vgl. den Criminal Justice Public Order Act 1994.

226 Welche Faktoren der Amtsrichter bei dieser Entscheidung zu berücksichtigen hat, richtet sich nach der Practice Note, 3 All.ER 1990, S. 979. Es wird seit einigen Jahren überlegt, ob das Gericht nicht generell diese Entscheidung treffen soll, da dann berücksichtigt werden könnte, daß das Verfahren vor dem Crown

d. Ergebnis

Demnach lassen sich anhand dieser Einteilung Anhaltspunkte für die generelle Bedeutung bestimmter Delikte entnehmen. Zusammenfassend können aufgrund dieser Klassifizierung folgende Rückschlüsse für die Zuständigkeit der Strafverfolgungsbehörden in den folgenden Grundfällen gezogen werden:

Fall 1:

T entnimmt aus dem Regal in dem Kaufhaus X eine Uhr und steckt sie in seine Jackentasche. Dann verläßt er unentdeckt das Kaufhaus.

In diesem Fall könnte es sich um einen Diebstahl nach s. 1 Theft Act 1968 handeln.[227] Danach hat eine Person einen Diebstahl begangen,

> „if he dishonestly appropriates property belonging to another with the intention of permanently depriving the other of it; [...]“[228]

T hat die Uhr in der Absicht weggenommen, sie dem Eigentümer auf Dauer zu entziehen. Demnach hat er einen Diebstahl im Sinne dieser Vorschrift begangen.

Gegen eine - möglicherweise naheliegende - Einschätzung des Ladendiebstahls als summary offence spricht zunächst, daß die Strafandrohung für den Diebstahl über die maximale Strafandrohung von drei Monaten beim summary offence hinausgeht. Nach s. 7 Theft Act 1968 in Verbindung mit s. 26 (1) Criminal Justice Act 1991 kann ein Dieb nämlich zu sieben Jahren Freiheitsstrafe verurteilt werden.[229] Außerdem ist in dieser Vorschrift die Verurteilung gemäß einer Anklageschrift (conviction on indictment) ausdrücklich genannt. Ferner ist der Diebstahl in der Statistik als indictable offence aufgeführt.[230] Die Statistik unterscheidet allerdings nicht mehr zwischen triable either way offences und indictable offences.[231] Folglich ist der Ladendiebstahl unter Zugrundelegung der aufgeführten Kriterien als triable either way offence anzusehen.[232]

---

[227] Vgl. zur Geschichte des Diebstahls im englischen und walisischen Recht: Rössner, Bagatelldiebstahl und Verbrechenskontrolle, S. 160 und Pollock/Maitland, The history of English law, S. 494 ff. S. generell zu den Unterschieden des Diebstahls in England und Wales einerseits und Deutschland andererseits: Hagel, Der einfache Diebstahl im englischen und deutschen Recht.

[228] „wer sich fremdes Eigentum unehrlich in der Absicht aneignet, dasselbe dem anderen dauerhaft zu enteignen; [...]“. S. zur Bedeutung der Tatbestandsmerkmale im einzelnen z.B. James, Introduction to English Law, S. 202 ff.

[229] Dabei sah der King William' s Act (Act of Parliament 10 William III c. 12 (1698) die Todesstrafe für die Begehung eines Ladendiebstahls vor. Diese wurde erst 1820 abgeschafft. Der Larcency Act 1916 löste aber auch diese Rechtslage ab und wurde seinerseits durch den Theft Act 1968 ersetzt. Dieser sah zunächst maximal zehn Jahre Freiheitsstrafe für einen Ladendiebstahl vor. Vgl. zu allem Walsh, Shoplifting, S. 23 ff.

[230] Vgl. Huber, England und Wales, in Eser/Perron, Die Beweisaufnahme im Strafverfahrensrecht des Auslands, S. 552.

[231] Vgl. Huber, England und Wales, in Eser/Perron, Die Beweisaufnahme im Strafverfahrensrecht des Auslands, S. 552. S. allgemein zu den Statistiken in England und Wales: Home Office, Report 1998, Review of the CPS, S. 71 ff. Das Home Office gelangt aufgrund einer Untersuchung der Statistiken zu der Auffassung, daß diese untereinander nicht kompatibel sind und sich widersprechen. Es fordert deshalb, daß die Institutionen, die Zahlen sammeln und veröffentlichen, ihre Systematik absprechen, so daß zumindest Kernelemente verglichen werden können, vgl. Home Office, a.a.O., S. 17 und 71 ff.

[232] Vgl. Criminal Law Act 1977, s. 16 (2) und sch. 3.

Unstreitig übernimmt die Polizei die Ermittlungen des Diebstahls ohne Kontrolle von außen. Fraglich ist aber, ob der von T begangene Ladendiebstahl als triable either way offence in die Zuständigkeit des CPS als Anklagebehörde fällt oder ob der DPP diese Aufgabe selbst übernimmt.

Im Prosecution of Offences Act 1985 heißt es dazu:

> 3.(1) [...]
> (2) It shall be the duty of the Director, [...]
> (a) to take over the conduct of criminal proceedings, other than specified proceedings instituted on behalf of the police force [...]
> (b) to institute[233] and have the conduct of criminal proceedings in any case where it appears to him that -
> (i) the importance or difficulty of the case makes it appropriate that proceedings should be instituted by him; or
> (ii) it is otherwise appropriate for proceedings to be instituted by him; [...][234]

Demnach soll der DPP die Fälle selbst anklagen, die aus seiner Sicht bedeutsam oder schwerwiegend sind oder in denen es ihm angemessen erscheint.

Vergleicht man den Ladendiebstahl mit den genannten schwerwiegenden indictable offences, in denen der DPP für die Anklageerhebung zuständig ist, so wird offensichtlich, daß der CPS die Erhebung der Anklage ohne Einbeziehung des DPP übernimmt. Insoweit ist auch folgendes zu beachten:

1979 wurde in einem Gesetzesentwurf[235] angeregt, Diebstähle als summary offence zu bewerten, wenn der Schaden nicht mehr als 20 Pfund beträgt. Dieser Entwurf wurde aber nicht angenommen.[236] 1986 beabsichtigte das Home Office[237] im Rahmen eines Consultation Papers, Diebstähle von Gegenständen im Wert unter 50 Pfund als summary offences anzusehen. Der Grund dafür war, daß diese Diebstähle 10 % der Fälle vor dem Crown Court umfaßten. Aber auch insoweit blieb es bei einem Vorschlag.[238] Im Juli 1995 veröffentlichte die Regierung ein Diskussionspapier, worin empfohlen wurde, Diebstähle von Gegenständen im Wert unter 100 Pfund als summary offence zu bewerten, da so jährlich

---

233 Dabei regelt s. 15 (2) Prosecution of Offences Act 1985 wann ein Verfahren als „instituted" angesehen werden kann. Das soll zum Beispiel dann der Fall sein, wenn der Amtsrichter, nachdem ihm die Straftat angezeigt wurde (lay an information) den Angeklagten vorlädt oder einen entsprechenden Haftbefehl erläßt. S. dazu ebenfalls: Bernstorff, Einführung in das englische Recht, S. 197.

234 3. (1) [...]
(2) Der Director soll, [...]
(a) die Anklage übernehmen, außer in den Fällen, in denen die Verfolgung aufgrund spezieller Vorschriften unmittelbar von der Polizei gerichtlich eingeleitet wurde [...]
(b) Verfahren gerichtlich einleiten und zu jeder Zeit übernehmen, soweit das nach seiner Auffassung angesichts -
(i) der Bedeutung oder der Schwierigkeit des Falles angemessen, oder
(ii) aus anderen Gründen angemessen ist; [...]

235 Vgl. den Entwurf des James Committee, zitiert bei Zander, English Legal System, S. 18 ff.

236 Vgl. Zanders, English Legal System, S. 21.

237 The Distribution of Business between the Crown Court and Magistrates` Courts, 1986, Rdn. 21.

238 Vgl. Zanders, English Legal System, S. 21.

9.000 Fälle weniger vor dem Crown Court verhandelt werden könnten.[239] Ferner sollte damit berücksichtigt werden, daß ohnehin 89 % aller Urteile des Crown Court den vom Amtsgericht vorgegebenen Strafrahmen nicht überschritten.[240] Bis heute wurde die Einordnung kleinerer Diebstähle aber nicht neu geregelt, so daß der Ladendiebstahl noch immer ein sog. triable either way offence darstellt.[241] Allerdings wird derzeit in 19 von 20 Fällen das Verfahren beim Magistrate's Court verhandelt, so daß die Bedeutung der Verfahren vor dem Crown Court für den Ladendiebstahl in den Hintergrund tritt.[242]

Mithin handelt es sich bei dem Ladendiebstahl nicht um ein schwerwiegendes Delikt im Sinne des 3.(2)(b), so daß der CPS - nicht der DPP selbst - für die Entscheidung über die Erhebung der Anklage zuständig ist.

Fall 2:

T, der Geschäftsführer der X-GmbH, beantragt bei der Bank B einen Kredit in Höhe von 20 Millionen DM für die X-GmbH. Mit dem Kreditantrag legt er eine Handelsbilanz der X-GmbH vor, in der die Forderungen gegenüber Kunden überhöht, Verbindlichkeiten gegenüber Lieferanten hingegen zu niedrig ausgewiesen sind. Dadurch verschleiert er, daß die X-GmbH kurz vor dem Konkurs steht. Aufgrund der scheinbar günstigen Vermögenslage der X-GmbH bewilligt die Bank B den Kredit und zahlt ihn an T aus.[243]

Möglicherweise handelt es sich um einen Betrug im Sinne des s. 17 (1)(b) Theft Act 1968 false accounting:[244]

> „(1) Where a person dishonestly, with a view to gain for himself or another or with intent to cause loss to another,-
>
> (a) [...]
>
> (b) in furnishing information for any purpose produces or makes use of any account, or any such record or document as aforesaid, which to his knowledge is or may be misleading, false or deceptive in a material particular;
>
> he shall, on conviction on indictment, be liable to imprisonment for a term not exceeding seven years. [...]“[245]

---

[239] Vgl. Zanders, English Legal System, S. 21.

[240] Vgl. Zanders, English Legal System, S. 21.

[241] Vgl. Zanders, English Legal System, S. 21.

[242] Vgl. Rössner, Bagatelldiebstahl und Verbrechenskontrolle, S. 165.

[243] S. den ähnlich gelagerten Fall bei Otto, Jura 1983, S. 16 ff., 16.

[244] Dieser Spezialfall des Betruges entspricht am ehesten dem Kreditbetrug nach § 265 b StGB, vgl. LK-Tiedemann, § 265 b StGB, Rdn. 8. S. zur Geschichte dieses Straftatbestandes: Smith, The law of theft, S. 131 ff. und Home Office, Report, Theft and Related Offences, S. 51 ff. False accounting heißt dabei wörtlich übersetzt: falsche Rechnungslegung.

[245] „(1) Wer unehrlich, in der Absicht sich selbst oder einem anderen einen Vorteil zu verschaffen oder mit der Intention, einem anderen einen Schaden zuzufügen,-
(a) [...]
(b) indem er Kontounterlagen, ähnliche Aufzeichnungen oder Dokumente vorlegt, herstellt oder gebraucht, die nach seiner Auffassung hinsichtlich einer bestimmten Angelegenheit mißverständlich, falsch oder irreführend sein könnten;
wird, auf der Grundlage einer Anklageschrift mit einer Freiheitsstrafe bis zu sieben Jahren bestraft. [...]“

T hat die verfälschte Handelsbilanz vorgelegt, um sich zum Nachteil der Bank B einen Kredit für die X-GmbH zu verschaffen, deren Geschäftsführer er ist. Mithin hat er Kontounterlagen im Hinblick auf die Gewährung eines Kredits gebraucht, obwohl er wußte, daß diese falsch und irreführend waren. Das tat er, um sich selbst zu bereichern. Der Straftatbestand des false accounting verlangt dabei nicht das Eintreten eines Vermögensschadens, sondern angesichts der Vermögensgefährdung soll der Gebrauch der falschen Unterlagen ausreichen. S. 17(1)(b) Theft Act 1968 stellt nämlich einen Auffangtatbestand dar.[246] Die Voraussetzung des Kreditbetruges nach s. 17 (1)(b) Theft Act 1968 liegen demnach vor.

Es handelt sich dabei um ein indictable offence, weil es bereits als ein solches im Gesetz bezeichnet wird. Da die vorgesehene Strafe wie beim Ladendiebstahl sieben Jahre nicht überschreiten darf, und da der Kreditbetrug wie auch der Ladendiebstahl im Theft Act 1968 geregelt sind, ist auch der 2. Grundfall ein triable either way offence.[247] Dafür spricht auch, daß es sich bei den indictable only offences nur um die schwerwiegendsten Fälle wie Mord, Landesverrat und Spionage handelt.[248]

Damit ist aber noch immer nicht endgültig geklärt, ob ein Delikt gegeben ist, für das der CPS zuständig ist, oder ob es sich um einen Fall des serious fraud handelt, der zur Zuständigkeit des SFO führt.

Der Criminal Justice Act 1987 enthält keine Definition von fraud. Das SFO[249] ist der Auffassung, es sei angesichts der in den verschiedensten Gesetze geregelten Materie unklar, was erfaßt sei. Nach *Halsbury's*[250] soll der Betrug im Sinne des Berichtes des Fraud Trials Committee aus dem Jahre 1986 interpretiert werden. Dort wird darauf hingewiesen, daß es im Englischen Recht niemals eine Straftat criminal fraud gegeben habe.[251] Allerdings existieren mehrere hundert verschiedene Straftaten, vor allem im Common Law, die eine Anklage wegen fraud nach sich ziehen.[252] Voraussetzung für eine solche sei, daß eines der Hauptkriterien vorliege, bei denen generell fraud bejaht wird. Dazu zähle unter anderem dishonest practice (unredliches Verhalten), deception (Täuschung), false disclosure (falsche Veröffentlichung), concealment of assets (Verheimlichung von Vermögenswerten). Außerdem nennt der Bericht diejenigen Delikte, die aufgrund dieser Hauptkriterien in jedem Fall als fraud offences angesehen werden können: obtaining property by deception (Erhalt von Vermögensgegenständen aufgrund einer Täuschung), fraudulent trading (arglistiger Handel), theft (Diebstahl) und conspiracy to defraud (Verschwörung zum Betrug).[253] Außerdem wird auch der Tatbestand des s. 17 (1)(b) Theft Act 1968 false accounting im Sinne

---

[246] S. dazu Griew, The Theft Acts 1968 & 1978, 11-01.

[247] Vgl. Halsbury' s Statutes of England, vol. 12, s. 7, S. 495.

[248] Vgl. die Angaben unter 2 b.

[249] „Betrug sei von seiner Natur her innovativ und entsprechend hänge die Gesetzgebung den Tätern hinterher", so die Mitteilung des SFO im neuesten Jahresbericht, vgl. Annual Report 1997/1998, S. 9. In diesem Zusammenhang verweist das SFO auf einen Freispruch, der erfolgte, weil im Wege des elektronischen Geschäftsverkehrs derzeit kein Betrug begangen werden könne, vgl. R v Peddy 3 [1996] W.L.R. S. 255 ff., 266. Das SFO selbst fordert deshalb einen einzigen Betrugstatbestand, der weit gefaßt sein soll und sich vorrangig auf die Täuschung stützen soll, vgl. SFO, a.a.O., S. 9.

[250] Vgl. Halsbury's, Law of England, vol. 12, S. 1103.

[251] Vgl. Halsbury's, Law of England, vol. 12, S. 1103. S. zur Bedeutung von fraud im englischen und walisischen Recht auch Arlidge/Parry, Fraud, S. 1 f ff.

[252] Vgl. Halsbury's, Law of England, vol. 12, S. 1103.

[253] Vgl. Halsbury's, Law of England, vol. 12, S. 1103.

des Berichtes des Fraud Trial Committees als fraud interpretiert.[254] Angesichts der unstreitig für einen Betrug erforderlichen Täuschung ist demnach von einem Betrug im Sinne der serious fraud offences des SFO auszugehen.

Darüber hinaus muß der Betrug serious gewesen sein, da ansonsten nicht das SFO sondern die Fraud Investigation Group des CPS für die Strafverfolgung zuständig ist.[255] 1992 lag der Wert, auf den sich der Betrug insoweit beziehen mußte, bei fünf Millionen englischen Pfund,[256] wobei das SFO bei der Entscheidung, ob es im konkreten Fall seine Zuständigkeit bejaht, Ermessen ausübt.[257] Da es sich vorliegend um einen Betrugsfall mit einer Summe von zwanzig Millionen DM handelt, kann unterstellt werden, daß das SFO sein Ermessen insoweit ausübt, daß es sowohl als Ermittlungs- als auch als Anklagebehörde tätig wird.[258]

Fall 3:
T bringt aus Geldsucht den Unbekannten U um und hinterläßt dabei eine Fußspur in der Blutlache.

Homicide, also Tötungsdelikte, setzen in England und Wales zunächst einen Tötungsvorsatz (malice aforethought) voraus, also daß der Täter absehen konnte, daß sein Verhalten eine Tötung zur Folge haben würde.[259] Dieser Tötungsvorsatz liegt im Fallbeispiel vor. Auch die weiteren Tatbestandsvoraussetzungen, wie der Eintritt des Todes innerhalb eines Jahres nach der Tathandlung, die Kausalität und die Ungesetzlichkeit der Tötung können unterstellt werden.[260] Im englischen und walisischen Recht werden innerhalb der Tötungsdelikte murder und manslaughter unterschieden.[261] Dabei gilt, daß jede ungesetzliche Tötung als manslaughter angesehen wird, soweit sie keinen murder darstellt.[262] Entscheidend ist dabei, ob mildernde Tatumstände gegeben sind.[263] Da deren Vorliegen nicht aus dem Sachverhalt ersichtlich sind, hat T einen murder begangen.

---

254 Vgl. Halsbury's, Law of England, vol. 12, S. 1103.

255 Wobei die Abgrenzung oftmals nicht einfach zu treffen ist, s. Padfield, Criminal Justice Proccess, S. 149. 1994 wurde diskutiert, ob die Fraud Division of Headquarter Casework der CPS mit dem SFO zusammengeschlossen werden sollte, 1995 wurde dieser Vorschlag abgelehnt, vgl. Home Office, Report 1998, Review of the CPS, S. 151.

256 Vgl. Blackstone's Criminal Practice, Rdn. 2.35. Im Gegensatz dazu wird serious fraud im Zusammenhang mit dem Special Compliance Office Serious Fraud bereits bei einem Steuerverlust in Höhe von 50.000 Pfund angesehen, vgl. www.grant-thornton.co.uk.

257 Vgl. Levi, Investigation, Prosecution and Trial of Serious Fraud, S. 69 ff.

258 Im einzelnen s. die Ausführungen unter 3.

259 Vgl. Card/Cross/Jones, Criminal Law, S. 151. Zur Geschichte der Tötungsdelikte s. Pollock, The history of English Law, S. 494 ff.485 ff. und Bunchanan, Society and Homicide in Thirteenth Century England.

260 Vgl. Card/Cross/Jones, Criminal Law, S. 128 ff.

261 Murder ist nach Common Law strafbar, s. dazu Carter/Harrison (Offences of Violence, Rdn. 4.01) mit weiteren Nachweisen auf verschiedene Fälle, während manslaughter nach dem The Homicide Act 1957 und The Offences Against The Person Act 1981 strafbar ist. S. zu allem auch James, Introduction to English Law, S. 192 ff. und HEUNI, Criminal Justice Systems, S. 154.

262 S. 1 The Homicide Act 1957; s. dazu auch Cross/Jones/Richard, Introduction to Criminal Law, S. 151.

263 S. 2, 3 und 4 The Homicide Act, wozu Fälle der verminderten Schuldfähigkeit, Provokationen und gemeinsamer Selbstmord zählen. S. im einzelnen zum manslaughter auch Halsbury's Laws, vol. 12, Rdn. 436.

Da T den U aus Geldgier umgebracht hat, handelt es sich auch um einen capital murder im Sinne des s. 5(a) The Homicide Act 1957.

The Homicide Act 1957 sah ursprünglich die Todesstrafe für die Begehung eines capital murder vor. Allerdings wurde durch den Murder (Abolition of Death Penalty) Act 1965 die Todesstrafe durch eine lebenslange Freiheitsstrafe ersetzt.[264] Das gilt ebenfalls für den murder.[265] Dabei handelt es sich um Straftaten, die indictable only offences darstellen.[266]

Vorliegend stellt das von T begangene Delikt einen Mord dar. Dabei handelt es sich um ein indictable offence nicht in der Form des triable either way offence sondern als indictable only.[267]

Da diese Delikte als besonders schwerwiegend angesehen werden, erhebt der DPP nach s. 3(1)(b) Prosecution of Offences Act 1985 selbst Anklage, während die Polizei die Ermittlungen übernimmt.

2. Ladendiebstahl

Aus den vorangegangenen Ausführungen ergibt sich, daß die Polizei beim Ladendiebstahl die Ermittlungs- und der CPS die Anklagebehörde ist. Es ist nunmehr zu prüfen, wie sich die Verfolgung des T tatsächlich im einzelnen gestaltet.

a. Ermittlungen durch die Polizei

(1). Einleitung der Ermittlungen

Nach s. 3 (1)(a) Prosecution of Offences Act 1985 ist die Polizei zunächst berechtigt, Ermittlungen gegen den Ladendieb T einzuleiten, also eine Akte anzulegen und den Sachverhalt aufzunehmen. Zu untersuchen ist aber, ob sie dazu verpflichtet ist, oder ob sie unter Umständen gänzlich von der Einleitung der Ermittlung absehen kann.

Wie bereits festgestellt worden ist[268], gilt im englischen und walisischen Strafverfahrensrecht das Opportunitätsprinzip, auf welchem der Grundsatz des constabulary independence beruht. Dieser Grundsatz wurde auch nach der Einführung des CPS aufrechterhalten. Danach sind die chief constables noch immer berechtigt, die Art und Weise der Durchsetzung des Rechts zu bestimmen. Sie können also entscheiden, wie die Polizeigewalt ausgeübt wird, also auch ob überhaupt Nachforschungen angestellt werden. Dabei wird das Ermessen der Polizei - wie dargestellt wurde - auf verschiedenen Ebenen ausgeübt: die Polizeibehörde kann festlegen, ob bestimmte Delikte oder Deliktsgruppen verfolgt werden, und der einzelne Polizeibeamte trifft für sich eine Ermessensentscheidung.

---

264 Vgl. Simson/Geerds, Straftaten gegen die Person, S. 19.

265 Vgl. Card/Cross/Jones, Criminal Law, S. 139.

266 Vgl. Card/Cross/Jones, Criminal Law, S. 139.

267 So auch Card/Cross/Jones, Criminal Law, 11.21.

268 Vgl. im einzelnen die Ausführungen in diesem Teilabschnitt unter A I. 1.

(a). Kriterien der einzelnen Polizeibehörde

Wie erläutert wurde, existierten vor der Errichtung des CPS behördeninterne Vorgaben der chief constables, wie konkrete Delikte zu behandeln waren. Insoweit gab es in den verschiedenen Polizeibehörden auch standing orders für Ladendiebstähle (shoplifting).[269] Ein genereller strafverfahrensrechtlicher Umgang mit dem Ladendiebstahl und damit für die Verfolgung des T läßt sich anhand der standing oders aber aus zwei Gründen nicht herleiten: einerseits stimmten sich die chief constables bei ihrer Strafverfolgungspolitik trotz gemeinsamer gelegentlicher Treffen nicht ab, so daß die Verfolgung je nach Polizeibehörde variierte, andererseits sind standing orders, gerade aufgrund dieser uneinheitlichen Strafverfolgungspolitik heutzutage nicht mehr anwendbar.[270]

Seit 1995 existieren statt dessen nicht veröffentlichte Dienstvorschriften, die sog. Policy Manuals.[271] Es handelt sich dabei um Richtlinien, die von der Metropolitan Police, der Association of Chief Police und dem CPS gemeinsam, ohne Diskussion in der Öffentlichkeit oder im Parlament, beschlossen wurden.[272] Diese Vorschriften sind nur für den internen Gebrauch der Polizeibeamten bestimmt.[273]

Nach den Policy Manuals lassen sich alle Straftaten in fünf Kategorien einteilen:[274]

a. Delikte, der obersten Kategorie - bspw. Mord -, müssen immer angeklagt werden.
b. Bei Straftaten der vierten Kategorie spricht a high probability of prosecution für die Erhebung einer Anklage, so daß es einer Rechtfertigung bedarf, wenn diese nicht erhoben wird. In dieser Kategorie befinden sich unter anderem Raub, Urkundenfälschung, Vergiftung und Meineid.
c. Bei den Delikten der dritten Deliktsklasse kann der Polizeibeamte frei anhand der individuellen Umstände entscheiden, ob und wie die Straftat verfolgt werden soll. Zu dieser Gruppe zählen unter anderem Diebstahl, Hehlerei, sexuelle Nötigung, Prostitution, Widerstand gegen Vollstreckungsbeamte und Körperverletzung.[275]
d. Bei Straftaten der zweiten Kategorie, also bei Trunkenheitsdelikten oder Störungen der öffentlichen Ordnung, soll in der Regel keine Anklage erfolgen, es sei denn es liegen schwerwiegende strafverschärfende Umstände vor. In der Regel gilt letzteres, wenn der Täter innerhalb von vier Wochen fünf Mal eine dieser Straftaten begangen hat.[276]
e. Straftaten in der untersten Kategorie erfordern nach den Dienstvorschriften allenfalls eine formale Verwarnung. Das gilt für Delikte wie die Verschmutzung der Straße durch Abfall oder die Beauftragung eines anderen, Alkohol zu kaufen für jemanden, der dazu selbst nicht berechtigt ist.[277]

---

[269] Vgl. Sigler (Crim.L.Rev. 1974, S. 642 ff., 648), der allerdings keine Einzelheiten über diese Behördenangaben bekanntgibt. Zum Begriff „shoplifting" s. Walsh, Shoplifting, S. 23 ff.

[270] Im Hinblick auf den Zusammenhang zwischen standing oders und der uneinheitlichen Strafverfolgungspolitik s. erneut Sigler, Crim.L.Rev. 1974, S. 642 ff., 648 und auf die Ausführungen unter A II. 2.

[271] Vgl. Zander, English Legal System, S. 187 ff.; Rose, The Collapse of Criminal Justice, S. 145.

[272] Vgl. Rose, The Collapse of Criminal Justice, S. 164.

[273] Vgl. Ashworth, Crim.L.Rev. 1987, S. 595 ff., 596.

[274] Vgl. Rose, The Collapse of Criminal Justice, S. 162; Zander, English Legal Systems, S. 199.

[275] Nach Auffassung von Rose (The Collapse of Criminal Justice, S. 162) handelt es sich um eine große Anzahl von Delikten, in denen ehemals eine Verwarnung undenkbar gewesen wäre.

[276] Vgl. Rose, The Collapse of Criminal Justice, S. 162; Zander, English Legal Systems, S. 199.

[277] Vgl. Zander, English Legal Systems, S. 199.

Nach den Manuals, also den internen Dienstvorschriften, sollen die Polizeibeamten bevor sie letztlich die Straftat durch den CPS anklagen lassen, mildernde und schärfende Umstände berücksichtigen.[278] Dazu zählt bspw. der soziale Hintergrund des Täters, der Einfluß des Opfers, die voraussichtliche Höhe der Strafe bei einer Verurteilung und die lokalen Umstände. Zum Beispiel kann bei Vorliegen genügend mildernder Umstände selbst bei den Delikten der vierten Kategorie eine Verwarnung ausgesprochen werden.[279]

Es existieren aber auch Kriterien, die für konkrete Straftaten eine bestimmte Vorgehensweise vorschreiben.[280] Angesichts der Nichtveröffentlichung der Manuals ist jedoch unklar, für welche Straftaten Spezialregelungen bestehen und wie diese aussehen.

Für den Ladendiebstahl des T gilt danach folgendes: Da dieses Delikt zur dritten Kategorie in den Policy Manuals gehört, kann der Polizeibeamte frei anhand der individuellen Umstände entscheiden, ob der Ladendiebstahl verfolgt werden soll. Somit wird er überprüfen, ob mildernde oder schärfende Umstände vorliegen. Bekannt ist allerdings mangels Veröffentlichung der Policy Manuals nicht, ob die Vorgehensweise der Polizei beim Ladendiebstahl ausdrücklich geregelt ist.[281]

Insofern nehmen Polizeibeamte ohne Absprache mit dem CPS oder andere Polizeibeamte die Bewertung der Straftat vor und bestimmen so die Verfahrensweise.[282]

(b). Kriterien des einzelnen Polizeibeamten

Demnach ist zu prüfen, welche Kriterien der einzelne Polizeibeamte in seine Entscheidung, ob er Ermittlungen einleiten soll, einfließen läßt. Insoweit gilt, daß sich auch nach der Einführung des CPS die maßgeblichen Faktoren der Entscheidungsfindung nicht geändert haben[283]. Der Polizeibeamte prüft zunächst die Beweislage, d.h. er analysiert, ob die Beweise zulässig sind und ob das Gericht aufgrund der Beweise zu einer Verurteilung des Straftäters kommen könnte. Entscheidend ist letztlich der prima facie Beweis. Darüber hinaus prüft der Polizeibeamte in allen Fällen, ob das öffentliche Interesse an der Strafverfolgung, also ein public interest, vorliegt.

---

[278] Vgl. Zander, English Legal Systems, S. 199; Rose, The Collapse of Criminal Justice, S. 162.

[279] Vgl. Rose, The Collapse of Criminal Justice, S. 162.

[280] Vgl. Rose, The Collapse of Criminal Justice, S. 163.

[281] Aus diesem Grunde wurden die Dienstvorschriften in der Öffentlichkeit stark kritisiert, so bspw. Rose, The Collapse of Criminal Justice, S. 163. Allerdings wurde dem entgegengehalten, daß bei einer Veröffentlichung der Manuals Straftäter „grünes Licht" für die Begehung bestimmter Delikte bekommen würden, z.B. gelte das für die Nichtahndung eines Diebstahl in dem Fall, daß der gestohlene Gegenstand einen geringeren Wert als ein Pfund hat, vgl. Hilson, Crim.L.Rev. 1993, S. 739 ff., 743 ff.; s. auch Sanders/Young, Criminal Justice, S. 212.

[282] Daß die Policy Manuals der Polizei einen derart weiten Ermessensspielraum ausdrücklich zubilligen war ein weiterer Streitpunkt. Die Einschätzung, ob eine Straftat nicht verfolgungswürdig ist, beruhe letztlich auf der subjektiven Auffassung des Beamten, der Arbeitsbelastung der Polizei und der Möglichkeit, daß der Täter bei einer Einstellung zu einem wichtigen Informanten werden könnte, vgl. Rose, The Collapse of Criminal Justice, S. 163. Darauf wird aber unter C. noch im einzelnen zurückzukommen sein.

[283] S. dazu die Ausführungen in diesem Teilabschnitt unter A. I.

Eine empirische Untersuchung[284] nach der Reform kam zu dem Ergebnis, daß die Polizei darüber hinaus regelmäßig die folgenden Kriterien berücksichtigt: Strafauffälligkeit des Verdächtigen, Verhalten gegenüber der Polizei, Interessen und Wünsche des Opfers, vorliegende Fakten, Arbeitsbelastung[285] der Polizei und Verdachtsgrad.

Seit 1997 soll die Polizei bei ihrer Ermessensentscheidung außerdem die Vorgaben des Code für Crown Prosecutor 1994 mit einbeziehen.[286] Da sich dieser aber in erster Linie an den CPS wendet und unklar ist, inwieweit die Vorgaben tatsächlich bereits die Entscheidungspraxis der Polizei prägen, wird der Code erst im Rahmen der strafverfahrensrechtlichen Behandlung des Ladendiebstahls durch den CPS erläutert.[287]

(2). Durchführung der Ermittlungen

Aus s. 3 (1)(a) Prosecution of Offences Act 1985 ergibt sich ebenfalls, daß die Polizei beim Ladendiebstahlsverfahren die Durchführung der Ermittlungen übernimmt.

In diesem Zusammenhang gilt aber erneut der Grundsatz des constabulary independence, wonach die chief constables nämlich nicht nur darüber frei entscheiden können, ob sie Ermittlungen einleiten, sondern auch welche Ermittlungen sie durchführen wollen. Aus diesem Grund kann auf die vorangegangenen Ausführungen verwiesen werden.

Die Polizei kann also bestimmen, ob und wen sie als Zeugen befragen möchte, ob und wie intensiv sie den Beschuldigten T vernehmen will und ob der Geschädigte eine Aussage machen soll. Sie entscheidet demnach frei darüber, wie die Ermittlungen durchgeführt werden.

Die Berechtigung zur Vornahme einzelner Zwangsmaßnahmen ergibt sich aus dem Police and Criminal Evidence Act 1984:[288]

- Part I regelt das Festhalten und die Durchsuchung des Täters (stop and search),
- Part II den Eintritt in die Wohnung, die Durchsuchung derselben und eine eventuelle Beschlagnahme (entry, search and seizure),
- Part III die vorläufige Festnahme (arrest),
- Part IV die Haft (detention) und
- Part V die Vernehmung und andere Behandlungsweisen des Beschuldigten (questioning and treatment of persons by police).

Die einzelnen Maßnahmen sind in den entsprechenden Codes of Practice[289] erläutert.

---

284 Vgl. Sanders, From Suspect to Trial, S. 773 ff., 779, der sich auf eine Studie von McConville aus dem Jahr 1991 bezieht.

285 Im Jahr 1997 hat die Polizei 274.077 Ladendiebstähle registriert, s. Home Office, Statistical Bulletin 1997.

286 S. dazu auch den Bericht des Metropolitan Police Committee (Annual Report 1996/97), der die neuesten Ziele, also den Policing Plan, der Polizei enthält. Vgl. auch unter www.mpc.home office.gov.uk.

287 S. dazu die Ausführungen unter b.

288 Das Gesetz war ebenfalls auf der Grundlage des Untersuchungsberichtes verabschiedet worden, der letztlich zum Erlaß des Prosecution of Offences Act 1985 und damit zur Errichtung der CPS geführt hat. S. zur Geschichte des PACE insbesondere: Zander, PACE, S. IX; ders., English Legal System, S. 103 ff.

(3). Abschluß der Ermittlungen

Die Polizei entscheidet auch nach der Reform über den Abschluß der Ermittlungen beim Ladendiebstahl. Insoweit gilt erneut der Grundsatz der constabulary independence, so daß die Polizei auch im Hinblick auf die Auswahl der Abschlußentscheidung über ein weites Ermessen verfügt. Nichts anderes ergibt sich aus den Policy Manual. Diese Richtlinien stufen den Ladendiebstahl in die dritte Kategorie ein und geben deshalb einen Anhaltspunkt für die Abschlußentscheidung vor[290], allerdings soll der einzelne Polizeibeamte darüber hinaus mildernde und strafschärfende Gesichtspunkte bei seiner Entscheidung berücksichtigen. Im einzelnen verfügt er damit über folgende Möglichkeiten:

(a). Einstellung

Die Polizei kann, auch nachdem sie die Ermittlungen vollständig abgeschlossen hat, auf weitere Verfolgungsmaßnahmen verzichten (take no further action).[291] Grundlage für die Einstellung eines Verfahrens sind neben mangelnden Beweisen und dem fehlenden öffentlichen Interesse die Möglichkeit, deals abzuschließen. Damit ist z.B. gemeint, daß Verdächtige zukünftig als Informanten arbeiten oder Anklagen gegen Polizeibeamte wegen standeswidrigem Verhaltens (malpractice) unterstützen.[292]

Diese Diversionsentscheidungen der Polizei werden nicht statistisch registriert.[293] Es wurde anhand von empirischen Untersuchungen[294] geschätzt, daß in 25 % der Fälle die Ermittlungsverfahren durch ein take no further action oder eine informal warning beendet werden. Dabei variieren allerdings die Entscheidungen zwischen den einzelnen Polizeiregionen. Eine Studie[295] wies Unterschiede zwischen 0 % und 24 % nach, also eine durchschnittliche Einstellungsrate von 10,6 %. Mangels statistischer Erfassung ist deshalb auch nicht bekannt, wie viele Ladendiebstähle von der Polizei durch ein take no further action eingestellt wurden.

(b). Verwarnung

Die Polizei kann Ladendiebe zudem verwarnen, da es sich nicht um ein indictable only offence handelt.[296] Die Einzelheiten der Verwarnung sind in einem Runderlaß des Home Office[297] geregelt: Insoweit muß die Polizei zunächst den Sinn der Verwarnung berücksichtigen. Durch eine solche Sanktion soll das Verfahren schneller und einfacher abge-

---

289 Abgedruckt bei Zander, PACE 1984, S. 439 ff.: Code A: The Exercise by Police Officers of Powers on Stop and Search; Code B: The Searching of Premises and the Seizure of Property; Code C: The Detention, Treatment and Questioning of Persons by the Police; Code D: The Identification of Persons by Police Officers und Code E: Tape Recording. Wenn die Polizei gegen die Vorschriften der Codes verstoßen hat, können die so erlangten Beweismittel durch den Richter in der Hauptverhandlung ausgeschlossen werden, vgl. Zander, English Legal System, S. 104.

290 Vgl. die Ausführungen in diesem Teilabschnitt unter (1).

291 Diese Entscheidung wird auch vereinfacht als sog. „nfa" bezeichnet.

292 Vgl. Sanders, From Suspect to Trial, in Maquire/Morgan/Reiner, The Oxford Handbook of Criminology, S. 773 ff., 795.

293 Vgl. Davies/Croall/Tyrer, Prosecution and Diversion, S. 116.

294 Vgl. Sanders, From Suspect to Trial, S. 773 ff., 795; Davies/Croall/Tyrer, Prosecution and Diversion, S. 116.

295 Vgl. Davies/Croall/Tyrer, Prosecution and Diversion, S. 116, die sich auf eine nicht veröffentlichte Studie von Evans und Wilkinson aus dem Jahr 1990 beziehen.

296 Vgl. Sprack, Criminal Procedure, S. 15.

297 Vgl. Home Office Circular 18/1994

schlossen werden, dem Straftäter soll ein unnötiges Erscheinen in der Hauptverhandlung erspart und die Gefahr einer Wiederholungstat soll gering sein.[298]

Ferner ist erforderlich, daß angesichts der zur Verfügung stehenden Beweise eine Verurteilung realistisch ist, der Täter die Tat gestanden hat und mit einer Verwarnung einverstanden ist.[299] Damit soll gewährleistet werden, daß nicht bereits dann eine Verwarnung ausgesprochen wird, wenn zwar die Polizei von der Schuld des Täters überzeugt ist, diese aber nicht bewiesen werden kann.[300] Dabei kann die Verwarnung nicht mit einer Auflage verbunden werden.[301]

Grundsätzlich werden die formal caution und die informal caution unterschieden. Die formal caution wird von einem uniformierten Polizeibeamten in der Polizeibehörde ausgesprochen und mit einem Kassettenrecorder aufgenommen[302] Nur sie - im Gegensatz zur informal caution – kann in einem späteren Gerichtsverfahren berücksichtigt werden. Dagegen handelt es sich bei der informal caution um eine mündliche Verwarnung ohne bestimmte Rechtsqualität.[303]

Nach s. 3 Home Office Circular 18/1994 ist weiter erforderlich, daß die Verwarnung im öffentlichen Interesse erfolgt, wobei wiederum auf den Code for Crown Prosecutors verwiesen wird.[304] Ein Beispiel für ein öffentliches Interesse an einer Verwarnung wäre, daß der Täter unter einer psychischen Krankheit leidet oder sich beim Opfer entschuldigt hat.[305] Die Interessen des Opfers sind generell nach s. 4 Home Office Circular 18/1994 zu berücksichtigen, also zum Beispiel der Schaden, der durch die Tatbegehung entstanden ist und ob der Täter Ausgleichszahlungen geleistet hat.

Außerdem heißt es im Runderlaß weiter:[306]

> „Where there is a doubt about whether a prosecution should be brought or a caution given in a particular case, it will often be useful to seek the opinion of the Crown Prosecution Service at an early stage in order to avoid disagreement [...] .“[307]

Im Jahr 1991 wurde in ca. 13 % der von der Polizei eingeleiteten Ermittlungen eine Verwarnung ausgesprochen.[308] Dabei regelte der Runderlaß aus dem Jahr 1990[309] ausdrück-

---

[298] Vgl. S. 1 Home Office Circular 18/1994; Evans, Crim.L.Rev. 1991, S. 598 ff., 599.

[299] Vgl. S. 2 Home Office Circular 18/1994.

[300] Vgl. Sanders/Young, Criminal Justice, S. 231.

[301] Vgl. Gibson u.a., Criminal Justice, S. 286.

[302] S. S. 2 und 6 Home Office Circular 18/1994, wonach die Kassetten mindestens drei Jahre aufbewahrt werden; s. dazu auch Sprack, Criminal Procedure, S. 14.

[303] Vgl. Sprack, Criminal Procedure, S. 15.

[304] Vgl. insoweit die Ausführungen in diesem Teilabschnitt unter b.

[305] Vgl. Gibson u.a., Criminal Justice, S. 286 ff.

[306] S. 10 Home Office Circular 18/1994

[307] „Wenn Zweifel bestehen, ob der Täter angeklagt oder verwarnt werden soll, ist es um Unstimmigkeiten zu vermeiden oftmals nützlich, frühestmöglich den Rat des CPS einzuholen [...].“

[308] Vgl. Sanders, From Suspect to Trial, in Maquire/Morgan/Reiner, The Oxford Handbook of Criminology, S. 773 ff., 796.

[309] Vgl. Home Office Circular 51/1990; dazu Evans, Crim.L.Rev. 1991, S. 598 ff., 599.

lich, daß von der Möglichkeit der Verwarnung häufiger Gebrauch gemacht werden soll.[310] Dieses Gebot wird allerdings im neuesten Runderlaß wieder eingeschränkt.[311] Eine Verwarnung soll nunmehr nur noch ausgesprochen werden, wenn sie präventive Wirkungen entfalten kann und im Hinblick auf die Straftat angemessen ist.[312] Eine wiederholte Verwarnung soll nur ausnahmsweise möglich sein, und zwar dann, wenn die neue Tat trivial ist oder seit der vorausgegangenen Verwarnung ausreichend Zeit vergangen ist.[313]

Exakte Zahlen zur Verwarnung bei Ladendiebstählen liegen nicht vor. Das liegt einerseits bereits daran, daß Verwarnungen statistisch nicht erfaßt werden.[314] Die Polizei erfasst nur die Straftaten, die sie als notifiable klassifiziert. Dabei wird aber nicht danach unterschieden, welche Straftäter verwarnt werden und welche Verfahren an den CPS zur Anklage weitergeleitet werden.[315] Demnach ist aus der Polizeistatistik nur ersichtlich, daß im Jahr 1997 insgesamt 274.077 Ladendiebstähle begangen worden sind, also 2,7 % weniger als im vorangegangenen Jahr.[316] Außerdem ist bekannt, daß gerade für Ladendiebstähle eine urteilsvermeidende Sanktion gesucht wird.[317] Deshalb kann gefolgert werden, daß eine große Anzahl der Ladendiebstähle verwarnt wird. Das gilt, trotz der rückläufigen Tendenz seit dem Appell im letzten Rücklauf, v.a. für jugendliche Täter. Insoweit regelte der Runderlaß des Home Offices[318] aus dem Jahr 1985 auch, daß gegen Jugendliche möglichst eine Verwarnung auszusprechen sei, die Anklage solle ultima ratio sein.

Walsh[319] führte in Exeter, einer 100.000 Einwohner zählenden Stadt, Interviews mit Ladendieben, Bestohlenen und Polizeibeamten durch. Zudem wertete er verschiedene Statistiken zum Ladendiebstahl in Exeter aus und analysierte Polizeiakten. *Walsh*[320] stellte fest, daß es sich beim Ladendiebstahl um eine typische Jugendverfehlung handelt. Ferner kam er zu dem Ergebnis, daß 44,6 % der Ladendiebe verwarnt werden. [321]

(c). Weiterleitung des Ermittlungsergebnisses an den CPS

Nachdem die Polizei - wie sich aus den vorstehenden Angaben ergibt - jahrzehntelang ermittelt und angeklagt hat, wurde ihr die Rolle als Anklagebehörde durch den Prosecution of Offences Act 1985 entzogen. Wenn die Polizei aufgrund ihrer Ermittlungen zu dem Er-

---

310 S. dazu auch Uglow/Dart/Bottomley/Hale, Crim.L.Rev. 1992, S. 632 ff.; Westwood, Crim.L.Rev. 1991, S. 591 ff.

311 „The purposes of this Circular are to provide guidance on the cautioning of offenders, and in particular - to discourage the use of cautions in appropriate cases, for example for offences which are triable on indictment only - [...]„ vgl. S. 1 Home Office Circular 18/1994. S. insgesamt zur Tendenz in den letzten Jahren gegenüber Straftätern härter durchzugreifen: Ashworth, ZStW Bd. 109 (1997), S. 677 ff. und zur Prävention im englischen und walisischen Recht Bright, Crime Prevention, in Stenson/Corvell, The politics of crime control, S. 62 ff.

312 S. 4 Home Office Circular 18/1994.

313 S. 8 Home Office Circular 18/1994.

314 Vgl. dazu die Ausführungen unter (a).

315 Vgl. Home Office, Statistical Bulletin, 1997, S. 2.

316 Vgl. Home Office, Statistical Bulletin, 1997, S. 14. Vgl. zum Hintergrund dieser Zahlen: Home Office, Report 1998, Review of the CPS, S. 72.

317 Vgl. Rössner, Bagatelldiebstahl und Verbrechenskontrolle, S. 168.

318 Vgl. Circular 14/1985.

319 Shoplifting, S. 57.

320 Shoplifting, S. 91.

321 Shoplifting, S. 76.

gebnis gelangt, Anklage soll erhoben werden, kann sie deshalb heutzutage nur noch die folgenden Wege wählen:

Sie übergibt die Fälle, die aus ihrer Sicht von dem CPS angeklagt werden sollen[322], an diesen. Dafür benennt der arresting officer oder der custody officer zunächst die Anklagepunkte (charges).[323] Dabei regelt s. 3.1 des Codes for Crown Prosecutors aus dem Jahre 1994, daß die Polizei den CPS vor dem charging konsultieren soll. Das charge sheet übergibt sie dann an den CPS, der das Verfahren übernimmt und seinerseits verpflichtet ist, zu überprüfen, ob die Voraussetzungen für eine Anklage gegeben sind[324].

Die Polizei ist ebenfalls berechtigt, direkt ein gerichtliches Verfahren einzuleiten (to institute a proceeding) im Sinne des s. 15 (2) Prosecution of Offences Act 1985. Dann zeigt sie die Tat bei Gericht an und der Richter prüft ob prima facie ausreichend Beweise vorliegen, um den Täter vorzuladen oder ihn verhaften zu lassen. Dabei ist unstreitig, daß es sich bei dieser Option um einen Ausfluß des Common Law handelt.[325] S. 15 (2) Prosecution of Offences Act sieht aber ebenfalls vor, daß ein Verfahren instituted wird, wenn der Richter davon Kenntnis erlangt, daß die Polizei den Täter gecharged hat, nachdem der Täter ohne Haftbefehl zunächst festgehalten worden ist. Ob tatsächlich allein charges ausreichen, damit sich die Polizei unmittelbar, also ohne Einbeziehung des CPS, an das Gericht wenden kann, ist allerdings streitig.[326]

Jedenfalls ist der Regelfall, daß die Polizei die charges zur Anklageerhebung an den CPS weiterleitet.[327] Insoweit kann, da empirische Studien oder statistisches Material fehlt, angenommen werden, daß das ebenfalls für die Ladendiebstähle gilt.[328]

(d). Geldstrafe

Zu prüfen ist, ob die Polizei beim Ladendiebstahl auch eine Geldstrafe gegen den Täter verhängen kann.[329]

Generell ist diese Sanktion in England und Wales lediglich bei leichteren Verstößen gegen Verkehrsvorschriften, z.B. den Road Traffic Offenders Act 1987, möglich.[330] Dabei ziehen

---

322 S. dazu im einzelnen in diesem Teilabschnitt unter C. I. 2.

323 Vgl. Sanders, From Suspect to Trial, in Maquire/Morgan/Reiner, The Oxford Handbook of Criminology, S. 773 ff., 799.

324 S. dazu im einzelnen in diesem Teilabschnitt unter b.

325 Vgl. Hill v Anderton, 2 All.E.R [1982], S. 963 ff., 971.; Sanders, Legal Studies 1986, S. 257 ff., 258; Card/Cross/Jones (Criminal Law, S. 26), wonach es sich lediglich um eine kurze Mitteilung über die begangene Straftat, den Namen des Verdächtigen, die Beweismittel und den Namen des Anzeigenden handelt. S. dazu ebenfalls die Ausführungen unter A I. 1.

326 Ursprünglich kam die Royal Commission on Criminal Procedure (Home Office, Report 1981, The Royal Commission on Criminal Procedure, Rdn. 175) zu dem Schluß, daß charge nur dann mit institute proceedings gleichzusetzen sei, wenn eine Strafanzeige in der Form des laying an information vorausgegangen sei. Allerdings findet diese Auffassung nun keinen Rückhalt mehr. Nach s. 15 (2) Prosecution of Offences Act 1985 ist ein charge ausdrücklich ausreichend für institute proceedings. Es ist demnach umstritten, ob die gesetzliche Regelung das Common law ändert oder ob charge eine neue Bedeutung erlangt hat.

327 Vgl. Sanders, Legal Studies 1986, S. 257 ff., 269 ff.; Davies/Croall/Tyrer, Criminal Justice, S. 115 ff.

328 S. dazu die Ausführungen in diesem Teilabschnitt unter (b).

329 S. allgemein zur Geldstrafe im englischen Recht, Huber, England und Wales, in Jescheck, Die Gelstrafe im deutschen und ausländischen Recht, S. 341 ff.

sog. parking offences, also bspw. Parken im Halteverbot, immer eine Geldstrafe nach sich. Bei kleineren sog. motoring offences, also Verkehrsdelikten, kann der Beschuldigte, wenn der Polizeibeamte ihn dazu auffordert, zwischen einer Hauptverhandlung und einer fixed penalty wählen.[331] Dabei kann nur ein uniformierter Polizeibeamter eine Geldstrafe verhängen.[332] Die Tatsache, daß er eine Geldsumme verlangen kann, bedeutet aber nicht, daß er dazu verpflichtet ist. Daneben stehen ihm die unter (a)-(c) genannten Möglichkeiten zur Verfügung. Es handelt sich also um eine Ermessensentscheidung.[333] Das gilt auch für die Höhe der Geldstrafe.[334]

Da es sich vorliegend nicht um ein Verkehrsdelikt handelt, kann die Polizei gegen T keine Geldstrafe verhängen.

(e). Ergebnis

Der Ladendiebstahl ist demnach regelmäßig dadurch gekennzeichnet, daß die Polizei aufgrund eines Verdachts, der ihr in der Regel vom Geschädigten mitgeteilt wird, den Beschuldigten nach s. 24 PACE in Gewahrsam nimmt. Der Verdächtige wird dann mit zur Polizeistation genommen und dort befragt. Wenn die Polizei der Auffassung ist, daß genügend Beweismittel vorliegen, verwarnt sie ihn oder spricht charges aus. Im letzteren Fall schreibt sie die Anklagepunkte auf und der custody officer liest diese dem Beschuldigten vor. Dabei wird der „charged" darüber belehrt, daß er keine Aussage machen muß. Dann wird das charge sheet an den CPS übergeben. Der Beschuldigte wird zum „accused".

Folglich kann festgehalten werden, daß die Polizei einen weiten Ermessensspielraum dahingehend hat, ob sie überhaupt Ermittlungen einleitet, wie sie diese durchführt und wie sie das Verfahren abschließt.[335] Sie unterliegt dabei auch keiner Kontrolle von außen, bspw. durch den CPS. Sie soll den CPS aber zumindest vor zweifelhaften Entscheidungen konsultieren.

b. Entscheidung über die Erhebung der Anklage durch den CPS

Der CPS übernimmt beim Ladendiebstahl die Funktion einer Anklagebehörde. Im einzelnen gilt für seine Tätigkeit folgendes:[336]

---

330 Vgl. Huber, England und Wales, in Jescheck, Die Gelstrafe im deutschen und ausländischen Recht, S. 341 ff., 345; Lyall, An Introduction to British Law, S. 149.

331 Vgl. Lyall, An Introduction to British Law, S. 149.

332 Vgl. Sprack, Criminal Procedure, S. 15.

333 Vgl. Sprack, Criminal Procedure, S. 15.

334 Vgl. Sprack, Criminal Procedure, S. 15 ff.

335 „The discretion of law enforcement is near absolute", vgl. Sanders/Young, Criminal Justice, S. 208.

336 Der Aufbau der CPS ergibt sich im einzelnen aus dem Prosecution of Offences Act 1985. Seit April 1999 bestehen nach mehrfacher Umstrukturierung und auf Empfehlung des Untersuchungsberichtes von Sir Iain Glidewell (Home Office, Report 1998, Review of the CPS, S. 153 ff.) 42 CPS-Bezirke, so daß in jedem Polizeibezirk eine CPS-Behörde mit jeweils einem Chief Crown Prosecutor existiert. Die CPS-Bezirke sind in derzeit 93 lokale Abteilungen untergliedert, die von je einem Branch Crown Prosecutor geleitet werden. Jede branch verfügt über mindestens zwei Strafverfolgungsteams, wobei jedes Team für einen bestimmten Aufgabenbereich zuständig ist. Besonders schwierige und komplexe Fälle werden unmittelbar vom Central Casework bearbeitet, die sich in London und York befinden. Diese headquarters unterteilen sich in Legal Services, also einen Bereich für die generelle Strafverfolgungspolitik, grundsätzliche Rechtsfragen und Informationen sowie die Bearbeitung besonders schwerwiegender und komplexer Fälle, in Field Management, das die

(1). Prüfung des polizeilichen Ermittlungsergebnisses

Der CPS muß nach s. 3 (1) Prosecution of Offences Act 1985 alle Strafverfahren other than specified proceedings übernehmen, die von der Polizei eingeleitet worden sind.[337]

„Specified Proceedings" werden als „proceedings which fall within any category for the time being specified by order made by the Attorney General for the purposes of this section", verstanden.[338] Demnach bestimmt der Attorney General, welche Delikte nicht von dem CPS angeklagt werden. Insoweit ist auf den Prosecution of Offences Act (Specified Proceedings) Order 1985 Bezug zu nehmen. Im Anhang dieser Vorschriften[339] befindet sich eine Liste dieser vom Regelfall ausgenommenen Straftaten. Danach unterliegen bspw. Delikte nach dem Transport Act 1982, Vehicles Excise and Registration Act 1994 und nach Road Traffic Act 1988 nicht der Anklagekompetenz des CPS. Der Ladendiebstahl ist darin aber nicht genannt und daher nicht von der Strafverfolgungskompetenz des CPS ausgenommen.

Folglich überprüft der CPS das polizeiliche Ermittlungsergebnis. Dabei legt er die Kriterien zugrunde, die der DPP im bereits erwähnten Code für Crown Prosecutors 1994 aufgestellt hat. Die Berechtigung des DPP, einen solchen „Test" zu verlangen, ergibt sich aus s. 10 Prosecution of Offences Act 1985. Der aktuelle Code stammt aus dem Jahr 1994 und stellt bereits das dritte Regelwerk dar, das seit der Existenz des CPS erlassen wurde. Der erste Code wurde 1985 aufgestellt, der darauf folgende stammt aus dem Jahr 1992. Die Zielsetzung des derzeitigen Codes war es vor allem, die einzelnen Regelungen für jedermann verständlich zu machen.[340]

Bei der Entscheidung, ob Anklage erhoben werden soll, untersucht der Crown Prosecutor - wie die Polizei im Ermittlungsverfahren - die zur Verfügung stehenden Beweismittel und das öffentliche Interesse an der Strafverfolgung. Bevor diese Kriterien im einzelnen erläutert werden, ist darauf hinzuweisen, daß der CPS darüber hinaus immer die Gerichtsbarkeit, Exterritorialität und Immunität, Verjährung sowie die eventuell erforderliche Zustimmung des Attorney General prüft.[341]

Struktur der CPS laufend überprüft und Verbesserungen vorschlägt, und Support Services, das finanzielle, personelle und Management Dienstleistungen anbietet. S. dazu im einzelnen auch den Jahresbericht der CPS, Annual 1996/97, S. 5 ff.

337 Diese Version wurde durch den Zusatz „subject to any provisions contained in the Criminal Justice Act 1987" ergänzt, so daß die CPS neben den specified proceedings keine Strafverfahren wegen sog. serious fraud offences nach dem Criminal Justice Act 1987 überprüft. Im Hinblick auf die Ahndung dieser Wirtschaftsstraftaten verweise ich aber auf die Ausführungen unter 3., da dort das Sonderverfahren anhand eines zweiten Fallbeispiels dargestellt wird.

338 Vgl. Archbold, Criminal Pleading, vol. I, Rdn. 285; Blackstone' s Criminal Practice, Rdn. 2.32.

339 Diese Vorschriften sind ihrerseits durch den Prosecution of Offences (Specified Proceedings) (Amendment) Order 1988 geändert worden.

340 Vgl. Mills, NLJ 1994, S. 899 ff, 899. Dagegen kritisieren Sanders (NLJ 1994, S. 946 ff.), Fionda (Public Prosecutors, S. 27 ff.) und Ashworth/Fionda (Crim.L.Rev. 1994, S. 894 ff., 902 ff.), daß die ursprünglich vorhandenen Kriterien eine gewisse Überprüfbarkeit ermöglicht hätten, die jetzt nicht mehr vorhanden sei. Statt dessen fänden sich diese in den nichtveröffentlichten Policy Manuals. A.A. Daw, Crim.L.Rev. 1994, S. 904 ff.

341 Vgl. Sprack, Criminal Procedure, S. 19 ff.; May, The responsibility of the prosecutor, in Williams, The Role of the Prosecutor, S. 90 ff., 92; Card/Cross/Jones, Criminal Law, S. 25 ff. S. zu den Strafverfolgungskompetenzen des Attorney General die Ausführungen in diesem Teilabschnitt unter A. I. 3., da sich dessen Kompetenzen auch nach der Reform nicht geändert haben. Die CPS ist dem Attorney General gegenüber verantwortlich.

(a). Beweismittel

Nach Paragraph 5 des Codes überprüft der Crown Prosecutor, ob ausreichend Beweise vorliegen. Das ist abweichend von dem prima facie Beweis der Polizei im Ermittlungsverfahren nur dann gegeben, wenn eine realistische Aussicht auf eine Verurteilung - a realistic prospect of conviction - vorliegt. Dabei handelt es sich um die sog. 51 %-Regel[342], wonach die objektive Prüfung der Beweislage ergeben muß, daß mit einer Verurteilung eher zu rechnen ist als mit einem Freispruch.

Der Crown Prosecutor ist dabei verpflichtet zu berücksichtigen, ob ein Ausschluß der Beweismittel durch das Gericht in der Hauptverhandlung wahrscheinlich ist (evidence can be used). Die Beweise werden bspw. dann ausgeschlossen, wenn sie illegal, also nicht im Einklang mit den Vorschriften des Police and Criminal Evidence Act 1984 oder der auf dieser Grundlage verabschiedeten Codes, gewonnen wurden.[343] Ein weiteres Beispiel für ein Beweisverwertungsverbot liegt vor, wenn gegen den Grundsatz des hearsay verstoßen wurde, also gegen das Verbot der Zulassung des Zeugen vom Hörensagen.[344]

Der Prosecutor wird bei einem Ausschluß eines Beweismittels aber immer noch in Betracht ziehen, ob die restlichen Beweise der 51 % - rule entsprechen und damit die Verurteilung wahrscheinlicher erscheinen lassen als einen Freispruch.[345]

Wenn der CPS die Frage - evidence can be used?- verneint hat, stellt sie das Verfahren hinsichtlich der nicht nachweisbaren Tat ein. Wird die Frage hingegen bejaht, wird weiter geprüft, ob das Beweismittel zuverlässig ist (evidence is reliable?).

Der Code nennt konkrete Umstände in der Person des Aussagenden, aufgrund derer sich Bedenken hinsichtlich der Zuverlässigkeit des Zeugen ergeben können. Dazu zählt bspw. das niedrige oder sehr hohe Alter, die mangelnde Intelligenz oder Verständnisprobleme des Zeugen. Auch eine Vorbestrafung des Zeugen wegen Falschaussage oder Interessenkonflikte können die Glaubwürdigkeit des Zeugen beeinträchtigen. Der CPS ist auch verpflichtet, die Vorschriften des Police and Criminal Evidence Act 1984 und die darauf basierenden Codes zu berücksichtigen.[346]

Wenn das konkrete Verfahren diesem evidential-test nicht genügt, muß die Strafverfolgung eingestellt werden, und zwar unabhängig von der Bedeutung des Falles, vgl. Paragraph 4.1. des Codes von 1994. Vorliegend enthält der Sachverhalt keine Anhaltspunkte dahingehend, daß die Beweismittel nicht verwertet werden dürfen oder daß eventuelle Zeugen unglaubwürdig sind. Insoweit ist zu fragen, wie der CPS weiter vorginge, wenn die Beweislage entsprechend der 51 % - Regel für eine Anklageerhebung sprechen würde.

---

342 Vgl. Williams, Crim.L.Rev. 1985, S. 115 ff., 115; s. zu diesem Beweiserfordernis ebenfalls die Ausführungen in diesem Teilabschnitt unter A. II. 2.

343 Vgl. bspw. s. 76 PACE, der regelt unter welchen Umständen Geständnisse als Beweise ausgeschlossen werden können.

344 Sprack, Criminal Procedure, S. 16; Davies/Croall/Tyrer, Criminal Justice, S. 125.

345 Vgl. Sprack, Criminal Procedure, S. 16; Nach Worboys' Auffassung (Crim.L.Rev. 1985, S. 764 ff., 765 ff.) sei die 51 % - rule generell der richtige Maßstab, während Williams (Crim.L.Rev. 1985, S. 115 ff.) der sog. belief rule folgt, wonach der prosecutor zunächst von der Schuld der Verdächtigen überzeugt sein muß.

346 Vgl. Williams, The Role of the Prosecutor, S. 13.

(b). Öffentliches Interesse
Liegen die Voraussetzungen für die Anklage gemessen an diesem Beweistest vor, muß der Crown Prosecutor prüfen, ob eine Anklageerhebung auch im öffentlichen Interesse geboten ist.

(aa). Pro- und contra-Faktoren
Grundsätzlich gilt, daß in Fällen der schweren Kriminalität eine Anklage erhoben wird, es sei denn eine Abwägung ergibt, daß öffentliche Interessen, die gegen eine Anklage sprechen, eindeutig gegenüber denjenigen, die eine solche fordern, überwiegen, vgl. Paragraph 6.2. des Codes. Als Grundregel gilt diesbezüglich, je schwerwiegender die Straftat, um so eher wird das öffentliche Interesse an einer Erhebung der Anklage vorliegen.[347] Der Ladendiebstahl stellt bekanntermaßen ein triable either way offence dar, dessen Zuordnung zu den summary offences immer wieder diskutiert wird,[348] also kein besonders schwerwiegendes Delikt.

Der Code bestimmt aber auch im einzelnen konkrete Faktoren, die für und gegen das Vorliegen des öffentlichen Interesses an einer Anklageerhebung vorzubringen sind.[349] Paragraph 6.4 regelt, daß z.B. eine voraussichtlich hohe Strafe, die Verwendung einer Waffe, die Begehung einer Tat gegen Vertreter der Öffentlichkeit oder in einer Gruppe, Vorstrafen und die Wiederholungsgefahr für ein öffentliches Interesse an der Erhebung der Anklage sprechen. Im Gegensatz dazu sollen eine voraussichtlich geringe Strafe, ein Irrtum bei der Tatbegehung, der Eintritt eines Schadens beim Täter, physische oder psychische Beeinträchtigungen des Täters[350] und eine Wiedergutmachung gegen das Vorliegen des öffentlichen Interesses an der Anklageerhebung zu berücksichtigen sein, vgl. Paragraph 6.5 des Codes.

Ausdrücklich wird in Paragraph 6.6 darauf hingewiesen, daß die im Code genannten Kriterien nicht abschließend sind. Außerdem sollen die Merkmale nicht lediglich addiert werden, vielmehr soll der Crown Prosecutor die Bedeutung der einzelnen Faktoren im konkreten Fall abschätzen und dann auf der Grundlage der Einschätzung eine Gesamtbetrachtung vornehmen.[351]

Insoweit orientiert sich die Tat von T an s. 7 Theft Act 1968 in Verbindung mit s. 26 (1) Criminal Justice Act 1991, wonach ein Dieb zu sieben Jahren Freiheitsstrafe verurteilt werden kann. Allerdings gilt angesichts der bereits erwähnten guideline judgement für die Strafzumessung erneut der Einzelfall.[352] Der CPS wird also überprüfen, ob Anhaltspunkte

---

[347] Vgl. dazu auch Davies/Croall/Tyrer, Prosecution and Diversion, S. 126.

[348] S. die Ausführungen unter 1.

[349] In den vorangegangenen Codes aus den Jahren 1985 und 1992 waren lediglich die Faktoren geregelt, die zur Ablehnung des öffentlichen Interesses an der Erhebung einer Anklage führen konnten. Dabei ähnelte der Code den Richtlinien für das Straf- und Bußgeldverfahren (RiStBV).

[350] Insoweit bestehen ebenfalls Richtlinien des Home Offices, s. dazu auch Peay, Mentally Disordered Offenders, in Mcquire/Morgan/Reiner, The Oxford Handbook of Criminology, S. 1119 ff.

[351] S. dazu Davies/Croall/Tyrer (Prosecution and Diversion, S. 126), die der Auffassung sind, der Crown Prosecutor übe eine quasi-richterliche Funktion aus, weil die Straftaten, die eine sehr geringe Strafe zur Folge haben könnten, oftmals von vornherein mangels öffentlichen Interesses einer Strafverfolgung nicht zugeführt würden.

[352] Insoweit verweise ich auf meine Ausführungen unter 1.

für eine Strafschärfung oder Milderung gegeben sind. Darüber hinaus wird sich der CPS nach den Vorstrafen des T erkundigen und den Wert der gestohlenen Uhr ermitteln.

(bb). Interessen des Opfers

Ferner ist der Crown Prosecutor auf der Grundlage des Codes verpflichtet, die Interessen des Opfers im Rahmen des öffentlichen Interesses zu berücksichtigen. Allerdings stellt Paragraph 6.7 des Codes ausdrücklich klar, daß der CPS im öffentlichen und nicht im Individualinteresse handelt.

In diesem Zusammenhang sind bspw. Fälle der häuslichen Gewaltanwendung (domestic violence[353]) relevant. Der CPS hat für diese folgende Regel aufgestellt: Wenn das Opfer bereit ist, die Beweise zu liefern, bspw. gegen den Familienangehörigen auszusagen, überwiegt das öffentliche Interesse an der Erhebung der Anklage.[354] Wenn das Opfer in einem Fall des domestic violence kein Interesse an der Strafverfolgung hat, weil es weitere Verletzungen fürchtet oder das Verhältnis zu dem Täter nicht vollständig zerstören möchte, wird das öffentliche Interesse nur bejaht, wenn die Verletzungen sehr ernst sind, eine Waffe verwendet wurde oder der Angreifer seit dieser Tat weitere gleichartige Straftaten begangen hat.[355] Folglich wird das Interesse an der Verfolgung der Straftat gegen das Interesse an dem Erhalt einer intakten Familie abgewogen. Grundsätzlich gilt aber auch hier, um so schwerwiegender der Angriff, desto eher wird das öffentliche Interesse an einer Strafverfolgung bejaht.[356]

Für den vorliegenden Ladendiebstahl können im Hinblick auf das öffentliche Interesse aber keine Rückschlüsse aus den Interessen des Geschädigten gezogen werden. Stattdessen wird der CPS den Wert der Uhr ermitteln und beispielsweise prüfen, ob sich T entschuldigt hat.

(cc). Jugendliche Täter

Außerdem hat der Crown Prosecutor nach Paragraph 6.8 des Codes bei der Überprüfung, ob eine Strafverfolgung im öffentlichen Interesse geboten ist, die Interessen des jugendlichen Täters zu berücksichtigen. Zur Begründung wird angeführt, daß das Stigma einer Verurteilung weitreichende negative Konsequenzen für die Zukunft eines young offenders oder eines young adult mit sich bringen könne.[357] Deshalb regelt der Runderlaß des Home

---

353 „Any form of physical, sexual or domestic abuse which takes place within the context of a close relationship. In most cases the relationship will be between partners (married, cohabiting, or otherwise) or expartners", vgl. CPS, Policy for Prosecuting Cases of Domestic Violence, S. 1.

354 Vgl. CPS, Policy for Prosecuting Cases of Domestic Violence, S. 1.

355 CPS, Victims & witnesses, www.cps.gov.uk, S. 7 ff.; CPS, Policy for Prosecuting Cases of Domestic Violence, S. 5.

356 Vgl. CPS, Policy for Prosecuting Cases of Domestic Violence, S. 5.

357 Es heißt dort: „Young offenders can sometimes be dealt with without going to court." Im englischen und walisischen Recht regelt s. 107 Young Persons Act 1933 die Altersgruppen, die für die Zuständigkeit des youth court und die Höhe des Strafmaßes entscheidend sind. Unter 14 Jahren ist der Täter ein child, zwischen 14 und 18 eine young person, zwischen 18 und 20 Jahren ein young adult. Alle Straftäter zwischen 15-18 Jahre werden als young offender bezeichnet. S. zur unterschiedlichen Kriminalpolitik je nach Alter des Täters: Home Office, Report, Crime Justice and protecting the public, S. 40 ff. Zur Entwicklung des Strafprozeßrechts in England und Wales für junge Täter und zur gegenwärtigen Rechtslage: Davies/Croall/Tyrer, Criminal Justice, S. 135 ff. und Evans, Crim.L.Rev. 1991, S. 598 ff.

Offices aus dem Jahr 1994[358], daß gegen Jugendliche möglichst eine Verwarnung auszusprechen sei, die Anklage sollte ultima ratio sein.

Allerdings stellt Paragraph 6.8 des Codes ausdrücklich klar, daß das jugendliche Alter allein nicht als Ursache für eine Nichtverfolgung ausreicht. Die Schwere der Tat oder Vorstrafen können zum Beispiel trotz des jugendlichen Alters des Täters für eine Verurteilung ausschlaggebend sein.

Vorliegend ist unbekannt, ob es sich bei T um einen jugendlichen Täter handelt, was aber bei der Prüfung des öffentlichen Interesses berücksichtigt werden müßte.

(dd). Ergebnis

Nur wenn auch der public-interest-test positiv verlaufen ist, wird der Crown Prosecutor Anklage erheben; ansonsten stellt er das Verfahren ein.

Vorliegend ergeben sich mangels Sachverhaltsangaben keine Anhaltspunkte, wie der CPS das öffentliche Interesse bei einer Anklageerhebung gegen T beurteilen würde. Folglich ist zu untersuchen, welche Abschlußentscheidungen ihm generell zur Verfügung stehen.

(2). Abschlußentscheidung

Nach dem Prosecution of Offences Act 1985 in Verbindung mit dem Code hat der Crown Prosecutor nach der Überprüfung des polizeilichen Ermittlungsergebnisses folgende Entscheidungsmöglichkeiten:

(a). Einstellung

Der CPS kann, wie sich bereits aus den vorstehenden Erläuterungen ergibt, das Verfahren aus Mangel an Beweisen oder mangels öffentlichen Interesses einstellen. Diese Einstellung kann sich auf die gesamten charges oder nur auf einen Teil der Anklagepunkte beziehen.[359] Eine Einstellung in Verbindung mit einer Auflage existiert im englischen und walisischen Recht nicht.

Bedeutsam ist aber, daß gemäß der Vorschriften des Codes for Crown Prosecutors 1994, der CPS vor der Einstellung in Kontakt mit der Polizei treten soll. Dadurch soll die Polizei die Möglichkeit erhalten, zusätzliche Informationen zu beschaffen, die diese Entscheidung beeinflussen können. Die Polizei ist aber zur Konsultation des CPS nicht verpflichtet. Weigert sie sich bspw. eine von dem CPS als erforderlich angesehene Zeugenvernehmung durchzuführen, bleibt dem CPS kein Mittel zur zwangsweisen Durchsetzung. Er wird das Verfahren mangels Beweises einstellen.[360]

Neben der generellen Befugnis nach Common Law, das Verfahren dadurch zu beenden, daß keine weiteren Beweismittel angeboten werden[361], besteht auch die Möglichkeit, das Verfahren nach s. 23 Prosecution of Offences Act 1985 einzustellen:

---

[358] Vgl. Home Office Circular 18/1994.

[359] Vgl. Blackstone's Criminal Practice, Rdn. 2.35.

[360] Vgl. Home Office, Report, 1993, The Royal Commission on Criminal Procedure, S. 65, Rdn. 3.

[361] Vgl. Sanders, Crim.L.Rev. 1986, S. 16 ff., 19 f.

Dazu ist der Crown Prosecutor zunächst vor der Erhebung einer Anklage berechtigt. Es handelt sich demnach um den Verfahrensabschnitt, in dem zwar die Polizei gegenüber dem Tatverdächtigen charges ausgesprochen hat, der CPS die Einschaltung des Gerichts durch die Erhebung einer Anklage aber nicht als notwendig ansieht. Ist somit der Tatverdächtige noch nicht vor Gericht erschienen, kann der CPS ihm mitteilen, daß das Verfahren gegen ihn nicht weiter fortgeführt wird, vgl. s. 23 (4) Prosecution of Offences Act 1985. Diese Entscheidung muß gemäß s. 23 (5) Prosecution of Offences Act 1985 nicht begründet werden. Rechtsfolge einer solchen notice of discontinuance ist, daß das Verfahren unmittelbar nach Zugang des Bescheids beendet ist.[362] Der Tatverdächtige kann gegen diese Einstellung kein Rechtsmittel einlegen.[363] Strafklageverbrauch tritt allerdings nach s. 23 (9) Prosecution of Offences Act 1985 nicht ein. Der CPS kann das Verfahren wieder aufnehmen, wenn neue Beweismittel eine solche Wiederaufnahme rechtfertigen.

Der CPS hat nach s. 23 Prosecution of Offences Act 1985 ebenfalls die Möglichkeit der Verfahrensbeendigung, wenn die Anklage bereits erhoben worden ist, sich das Verfahren aber noch in der preliminary stage befindet. s. 23 (2) Prosecution of Offences Act 1985 regelt, wann das der Fall ist. Danach endet dieser Verfahrensabschnitt bei einem Verfahren vor dem Magistrates' Court, also wegen eines summary offence, mit dem Beginn der Beweisaufnahme. Bei einem Verfahren wegen indictable offences endet die preliminary stage, wenn entschieden worden ist, daß der Crown Court zuständig ist oder wenn das Gericht mit der Beweisaufnahme begonnen hat.

Der CPS ist verpflichtet, dem clerk des Magistrates' Court, bei dem das Verfahren anhängig ist, mitzuteilen, daß das Verfahren nicht fortgesetzt wird, vgl. s. 23 (3) Prosecution of Offences Act 1985. Nach s. 23 (5) des vorstehend bezeichneten Gesetzes muß der Einstellungsbescheid eine Begründung enthalten. Außerdem ist der CPS verpflichtet, den Tatverdächtigen von dieser Entscheidung zu benachrichtigen und auf bestehende Rechtsmittel hinzuweisen.[364]

Abgesehen von der Befugnis des CPS nach s. 23 (9) Prosecution of Offences Act 1985, die Wiederaufnahme des Verfahrens zu beantragen, ist in diesem Verfahrensabschnitt dazu auch der Tatverdächtige berechtigt. Er muß dann innerhalb von 35 Tagen nach dem Einstellungsbescheid des CPS einen Antrag auf Fortsetzung des Verfahrens stellen, vgl. 23 (3) und (7) Prosecution of Offences Act 1985 in Verbindung mit s. 3 Magistrates' Courts (Discontinuance of Proceedings) Rules 1986.

In der Hauptverhandlung kann der Crown Prosecutor nur noch mit Zustimmung des Gerichts das Verfahren beenden.[365]

(b). Zurückweisung an die Polizei

Nach Paragraph 6.9. des Codes ist der CPS verpflichtet, das Verfahren an die Polizei zurückzuverweisen, wenn aus seiner Sicht eine Verwarnung eine angemessenere Sanktion

---

[362] Vgl. Blackstone's Criminal Practice, Rdn. 2.35.

[363] Vgl. Blackstone's Criminal Practice, Rdn. 2.35.

[364] S. 6 Prosecution of Offences Act 1985.

[365] Vgl. Samuels, Crim.L.Rev. 1986, S. 33 ff., 42.

darstellen würde als eine Verurteilung. Der CPS kann demnach nicht selbst den Täter verwarnen. Andererseits muß die Polizei der Aufforderung des CPS nicht Folge leisten.

Auch kann der CPS das Verfahren nicht an die Polizei zurückweisen, um die nach seiner Auffassung noch erforderlichen Beweismittel zu beschaffen. Wie bereits mehrfach festgestellt worden ist, führt die Polizei das Ermittlungsverfahren selbständig durch; sie kann sich allenfalls von dem CPS beraten lassen. Der CPS ist verpflichtet, den Polizeibeamten diesen Rat nach s. 3 (1)(e) Prosecution of Offences Act 1985 zu erteilen, die Polizei muß ihn aber nicht befolgen. Deshalb kann der CPS auch nach Abschluß der polizeilichen Ermittlungen keine konkreten Ermittlungen verlangen, sondern diese allenfalls anregen. Weigert sich die Polizei, diese durchzuführen, stehen dem CPS keine Mittel zur Durchsetzung zur Verfügung.

(c). Anklage

Wenn der CPS nach der Überprüfung des Falls Anklage erhebt, wählt er seinerseits charges aus und setzt sie auf eine Liste zur Anhörung beim Magistrates' Court.

In Paragraph 7 des Codes für Crown Prosecutors 1994 ist geregelt, daß solche Anklagepunkte gewählt werden sollen, die die Schwere des Deliktes reflektieren, dem Gericht die Möglichkeit eröffnen, ein adäquates Urteil zu fällen und durch die der Sachverhalt in einer klaren und einfachen Weise präsentiert wird. Außerdem soll der CPS die charges wählen, die am ehesten bewiesen werden können.[366]

Ferner soll der CPS gemäß Paragraph 7 des Codes nicht automatisch die charges entsprechend der schwersten anklagbaren Straftat bestimmen. Damit ist gemeint, daß der Crown Prosecutor nicht die schwerer wiegenden Anklagetatbestände wählen soll, um ein guilty plea für weniger schwerwiegende zu erreichen. Der Crown Prosecutor soll nach Paragraph 9 des Codes ein guilty plea also nur annehmen, wenn nach seiner Auffassung die Strafe der Straftat tatsächlich entspricht.

Somit kann der CPS die von der Polizei vorgeschlagenen charges übernehmen oder sie abändern (downgrading). Wenn der CPS die Anklagepunkte abweichend von denjenigen der Polizei festlegen möchte, soll er - soweit möglich - nach Paragraph 3.2 des Codes zunächst die Polizei davon informieren. Diese erhält so die Gelegenheit, weitere entscheidungserhebliche Informationen zu beschaffen.

Mit der Auswahl der charges schlägt der CPS auch das zuständige weiterführende Gericht vor.[367] Das ist - wie bereits erläutert - der Magistrates' Court, wenn es sich um ein summary offence handelt, oder der Crown Court, wenn es sich um ein indictable offence handelt.[368] Die dritte Möglichkeit eröffnen die offences triable either way, für welche bekanntermaßen sowohl der Magistrates' Court als auch der Crown Court zuständig sein kann. Insoweit verfügt der Crown Prosecutor über ein Ermessen, welchen mode of trial er be-

---

366 Vgl. May, The responsibility of the prosecutor, in Williams, The Role of the Prosecutor, S. 90 ff., 92.

367 Vgl. Lyall, An Introduction to British Law, S. 165. Fionda (Public Prosecutors, S. 51) sieht die rein konsultative Funktion des Prosecutors als nicht ausreichend an.

368 Vgl. die Ausführungen in diesem Teilabschnitt unter 1.

stimmt.[369] Nach Paragraph 8 des Code for Prosecutor 1994 berücksichtigt er in diesem Zusammenhang die National Mode of Trial Guidelines des Lord Chief Justice sowie die Verfahrensdauer.[370]

Für einen Ladendiebstahl stehen ihm - wie unter I.1.c. erläutert, - da es sich um ein triable either way offence handelt, beide Gerichte als Eingangsinstanzen zur Verfügung.

(d). Geldstrafe

Es wird darauf hingewiesen, daß ein Strafbefehlsverfahren oder ein beschleunigtes Verfahren im Sinne von §§ 417 ff. StPO im englischen und walisischen Strafprozeßrecht nicht existiert.[371] Mithin kann auch der CPS keine Geldstrafe verhängen.

(3). Prozeßvertretung

Nunmehr ist zu prüfen, ob der CPS befugt ist, die Anklage im Prozeß selbst zu vertreten. Seit Februar 1997 ist der CPS berechtigt, nicht nur vor dem Magistrates' Court, sondern auch vor dem Crown Court die Prozeßvertretung zu übernehmen.[372] Allerdings gilt dieses Audienzrecht noch immer nicht für alle Jury-Verfahren vor dem Crown Court[373], so daß diese Aufgabe zum Teil nach wie vor von dem Prosecution Counsel erledigt wird.

Der Anwaltsverein hat nach der Errichtung des CPS eigene Richtlinien im sog. Farquharson Committee Report festgelegt, die das Verhältnis zwischen dem Counsel und dem CPS regeln.[374] So besteht bspw. für den Counsel bei Ermessensentscheidungen die Pflicht, den instruierenden Prosecutor zu konsultieren.[375] Außerdem kann der Crown Prosecutor das Mandat vor Beginn der eigentlichen Verhandlung zurücknehmen.[376]

(4). Rechtsmittel

Die Entscheidungen des CPS sind im Hinblick auf eine ungesetzliche Verfahrensweise (unlawful policy), auf Verstöße gegen die Vorschriften des Codes oder auf eine „perverse" Entscheidung hin überprüfbar.[377] Allerdings wurde von diesen Rechtsmitteln bisher nur

---

[369] Vgl. Ashworth, Crim.L.Rev. 1987, S. 595 ff., 599.

[370] Nach s. 18 des Code for Prosecutors aus dem Jahr 1985 waren auch die Verfahrenskosten zu berücksichtigen. Es kann vermutet werden, daß sich in den neuen Manuals dieses Kriterium wiederfindet.

[371] Die generelle Möglichkeit, also auch bei anderen Delikten als bei leichten Verstößen gegen Verkehrsvorschriften, eine Geldstrafe durch die CPS festzusetzen, wurde von der Royal Commission on Criminal Procedure vorgeschlagen, allerdings von der Regierung abgelehnt, Vgl. Home Office, Report 1993, The Royal Commission on Criminal Justice, Rdn. 5.63 und Sanders/Young (Criminal Justice, S. 212), die Befürworter solcher prosecution fines sind. Grundsätzlich zu den Empfehlungen der Untersuchungskommission verstärkt Geldstrafen zu verhängen: Home Office, Report, Crime Justice and protecting the public, S. 25 ff. Dazu ebenfalls: Fionda, Public Prosecutors, S. 14 ff.

[372] Vgl. Annual Report 1996/97, S. 24.,

[373] Vgl. Annual Report 1996/97, S. 24; S. zu den Einzelheiten des right of audience seit Februar 1997: Home Office, Report 1998, Review of the CPS, S. 110 ff.

[374] Vgl. Farquharson Committee, L.S.Gaz. 1986, S. 3599 ff.

[375] Vgl. Farquharson Committee, L.S.Gaz. 1986, S. 3599ff, 3599 ff.

[376] Vgl. Farquharson Committee, L.S.Gaz. 1986, S. 3599ff, 3599 ff.

[377] Vgl. R v DPP, ex parte C, Cr.App.R 1995, S. 136ff, 141.

selten Gebrauch gemacht.[378] Das ist darauf zurückzuführen, daß die Rechtsmittel im Zusammenhang mit Verfahren gegen einen Erwachsenen selten zulässig und gegen einen Jugendlichen selten begründet sind.[379] In dem zuletzt genannten Verfahren ist es nämlich notwendig, eine eindeutige Nichtbeachtung des Codes oder Mängel innerhalb der Untersuchungen im Hinblick auf persönliche Umstände des Verdächtigen, insbesondere hinsichtlich seiner Vorstrafen, nachzuweisen.[380] In einem Verfahren gegen einen Erwachsenen sind die Erfolgsaussichten eines Rechtsmittels noch geringer, da das Ermessen umfangreicher und die Entscheidung damit weniger justitiabel ist.[381]

c. Privatklageverfahren

Vor der Reform wurden Ladendiebstähle außerdem in 2,4 % der Fälle von Privatbürgern verfolgt.[382] Auch nach der Errichtung des CPS ist - wie bereits festgestellt - die Privatklage nicht ausgeschlossen. In s. 6 (1) Prosecution of Offences Act 1985 heißt es:

> „Nothing [...] shall preclude any person from instituting any criminal proceedings or conducting any criminal proceedings to which the Directors duty to take over the conduct of proceedings does not apply.“[383]

Demnach setzt ein zulässiges Privatklageverfahren voraus, daß der DPP nicht verpflichtet ist, das Verfahren zu übernehmen. Dabei ist in s. 6. (2) Prosecution of Offences Act 1985 weiter geregelt, daß der DPP eine von einer Privatperson eingeleitete Strafverfolgung zu jedem Zeitpunkt übernehmen darf. Die Berechtigung steht ihm sogar dann zu, wenn die Übernahme lediglich den Zweck erfüllt, das Verfahren gleich wieder mangels öffentlichen Interesses zu beenden.[384] Da der Anteil der reinen Privatklagen bereits 1985 aufgrund der Probleme, die eine Privatklage für den Ankläger darstellte, gering war, wird die Errichtung einer nationalen Strafverfolgungsbehörde mit den vorbezeichneten Befugnissen die Bedeutung des Privatklageverfahrens in England und Wales noch zusätzlich senken.

d. Ergebnis

Abschließend kann daher festgehalten werden, daß die Polizei aufgrund ihrer constabulary independence auch nach der Reform nach freiem Ermessen darüber entscheiden kann, ob sie überhaupt Ermittlungen gegen T einleiten, welche Ermittlungen sie durchführen und welche Abschlußentscheidung sie treffen möchte. Dabei unterliegt sie keiner Kontrolle von außen. Die Polizei kann und soll sich allenfalls von dem CPS bei ihrer Ermittlungstätigkeit beraten lassen. Allerdings muß sie nur die Verfahren, die aus ihrer Sicht eine Anklage

---

[378] Vgl. R v DPP, ex parte C, Fn. 391, S. 136.

[379] Vgl. R v Chief Constable of the Kent Constabulary and other, ex parte L and B (minors), ALL E.R. 1993, S. 756ff, 770 ff.

[380] Vgl. R v Chief Constable of the Kent Constabulary and other, ex parte L and B (minors), ALL E.R. 1993, S. 756ff, 770 ff.

[381] Vgl. R. v. Inland Revenue Commissioners, ex parte Mead ALL E.R. 1993, S. 772ff, 783 ff.

[382] S. die Ausführungen in diesem Teilabschnitt unter A. I. 5. Dabei ist nochmals darauf hinzuweisen, daß auch die Strafverfolgung durch die Polizei und den CPS als Privatklage geführt werden, so daß vorliegend lediglich die Anklagen von privaten Bürgern gemeint sind.

[383] „Nichts [...] soll einen Privatkläger daran hindern, ein Strafverfahren, daß der Director nicht selbst durchführt, einzuleiten oder zu übernehmen.“

[384] Vgl. Card/Cross/Jones, Criminal Law, S. 24. Im einzelnen zu den Kompetenzen des DPP s. unter 4.

rechtfertigen, an den CPS weiterleiten. Der CPS prüft dann in diesen Fällen auf der Grundlage des polizeilichen Ermittlungsergebnisses die Beweise und das öffentliche Interesse und stellt das Verfahren gegen T entsprechend ein oder erhebt Anklage. Daneben kann er das Verfahren auch zur Verwarnung des Täters an die Polizei zurückverweisen, allerdings ist die Polizei nicht verpflichtet, die Anregungen des CPS zu befolgen. Das gilt insbesondere, wenn der CPS weitere Ermittlungen empfiehlt. Die Polizei und der CPS stehen damit als Ermittlungs- und Anklagebehörde unabhängig nebeneinander.

3. Kreditbetrug

Im Zusammenhang mit dem Kreditbetrug gestaltet sich die Zusammenarbeit mit der Polizei anders als beim Ladendiebstahl. Das Serious Fraud Office (SFO)[385] hat eine Doppelrolle als Ermittlungs- und Anklagebehörde inne.[386] Die Polizei wird insoweit nur unterstützend bei den Ermittlungen tätig. Für die Verfolgung im 2. Fallbeispiel[387] gilt dementsprechend folgendes:

a. Ermittlungen durch das SFO mit Unterstützung anderer Behörden

T hat einen schwerwiegenden Kreditbetrug begangen. Nach s. 3. Criminal Justice Act 1987[388] ermittelt das SFO - im Gegensatz zum CPS beim Ladendiebstahl - selbst.

Die Maßnahmen, die der Director zu diesem Zweck ergreifen kann, sind im einzelnen in s. 2 Criminal Justice Act 1987 geregelt. Danach ist das SFO berechtigt, den Verdächtigen oder andere Personen zu vernehmen, die über relevante Informationen verfügen könnten. Die Behörde kann auch die Herausgabe bestimmter Unterlagen verlangen oder sich an Eides Statt versichern lassen, daß diese nicht existieren. Kommt der Aufgeforderte seinen gesetzlichen Pflichten nicht nach, so macht er sich strafbar, vgl. s. 14 ff. Criminal Justice Act 1987. Der Justice of the Peace kann zudem zur Durchsetzung der Befugnisse des SFO einen Durchsuchungsbefehl ausstellen.

---

385 Gemäß s. 1 Criminal Justice Act 1987 wurde für England und Wales je ein SFO eingerichtet. An der Spitze des SFO steht der „Director", der vom Attorney General ernannt wird und diesem gegenüber verantwortlich ist. Dabei ist, unabhängig von s. 8 Serious Fraud Office Law Act 1993, der die authority des Attorney General regelt, das SFO unabhängig von der Regierung, vgl. www.ghama.com. Der Director ernennt die Mitarbeiter des SFO, die sowohl barrister als auch solicitor sind, vgl. s. 1 (7) Criminal Justice Act 1987. Im Jahr 1997/98 arbeiteten 154 dauerhaft und 37 zeitweise für das SFO, vgl. SFO, Annual Report 1997/98, S. 17. Vgl. im übrigen zum Aufbau des SFO www.govt.nz/news.

386 Diese Aufgabenverteilung überrascht angesichts der Tatsache, daß die Trennung der Doppelfunktion der Hauptgrund für die Errichtung des CPS war. Die Regierung begründete ihre Entscheidung damit, daß bei schwierigen und komplexen Betrügereien eine Kombination der Tätigkeit als Ermittlungs- und Anklagebehörde vorteilhaft sei. Deshalb sei auch das Hauptkriterium für die Entscheidung des SFO, ob es in einem Betrugsfall die Strafverfolgung übernehmen soll, daß die Ermittlungen und die Anklage in einer Hand seien, vgl. LCD, Report 1998, SFO - Aim and Objectives, www.opwn.gov.uk. Dazu kritisch Padfield, Criminal Justice Process, S. 149. Allerdings ist zu bedenken, daß die Umstrukturierung zur Trennung der Ermittlungs- von der Anklagetätigkeit *in den Händen der Polizei* führen sollte. Die Doppelrolle der Polizei sollte aufgelöst und eine objektive Anklagebehörde errichtet werden, wodurch das Strafverfahren einheitlicher, effizienter und gerechter werden sollte. Also primär sollte „Polizeiunrecht" verhindert werden, was durch die Übertragung beider Funktionen auf eine eigenständige Behörde erreicht werden kann.

387 Vgl. I.1.d.

388 „The Director may investigate any suspected offence which appears to him on reasonable grounds to involve serious or complex fraud."

Besonders hervorzuheben ist, daß die Rechte des Beschuldigten in diesen Wirtschaftsstrafverfahren eingeschränkter sind als im „normalen“ Strafverfahren. Das SFO ist berechtigt, die Beantwortung von Fragen zu verlangen[389], während in den Strafverfahren, in denen die Ermittlungen wie beim Ladendiebstahl von der Polizei geführt werden, der Beschuldigte die Beantwortung von Fragen verweigern kann.[390] Allerdings ist dieses Recht des Beschuldigten zuletzt stark eingeschränkt worden. S. 34 Public Order Act 1994 billigt dem Gericht nunmehr zu, nachteilige Rückschlüsse aus dem Schweigen des Beschuldigten zu ziehen.[391]

Ein weiterer Unterschied zwischen dem SFO und dem CPS besteht darin, daß das SFO andere Behörden in die Ermittlungen einschalten kann. In s. 1 (4) Criminal Justice Act 1987 heißt es:

> „The Director may, if he thinks fit, conduct any such investigation in conjunction either with the police or any other person who is, in the opinion of the Director, a proper person to be concerned in it.“[392]

Demnach arbeiten für das SFO bei den Ermittlungen lawyer, Wirtschaftsprüfer und sog. fraud investigators. Letztere können auch von anderen Behörden abkommandiert werden, beispielsweise vom Department of Trade and Industry.[393] Außerdem erhält das SFO Informationen von anderen Behörden unmittelbar wie z.B. von der Steuerbehörde. Diese kann das SFO seinerseits dem CPS zur Verfolgung anderer Straftaten zur Verfügung stellen.[394]

Im Rahmen dieser Zusammenarbeit ist das SFO verantwortlich, es leitet die Ermittlungen, erteilt Anweisungen und wertet die Ergebnisse aus.[395]

Das SFO kann sich aber ebenfalls der Unterstützung der Polizei bedienen. Diesen Weg wählt das SFO bereits deshalb, weil die Begehung des Betrugs in der Regel bei der Polizei angezeigt wird. *Levi* und *Pithouse*[396] stellten nämlich durch Befragung der Opfer und Poli-

---

389 Vgl. Bohlander, ZStW Bd. 106 (1994), S. 448 ff., 452.

390 Dabei handelt es sich um das 1966 in Rice v Connolly ([1966] 2 QB 414 ff., 420) durch die Rechtsprechung des Divisional Court festgelegte Common Law Prinzip „right of silence“.

391 Vgl. Zander, English Legal System, S. 122. Die Abschaffung dieses Rechts des Beschuldigten ist umstritten. Das Gesetz wurde letztlich verabschiedet, weil der CPS seinerseits verpflichtet ist, unter besonderen Umständen seine gesamten Verteidigungsmittel offenzulegen, vgl. Bohlander, ZStW Bd. 106 (1994), S. 448 ff., 452.

392 „Der Direktor kann, wenn er es als sinnvoll erachtet, die Ermittlungen in Zusammenarbeit mit der Polizei oder einer anderen Person, die nach Ansicht des Direktors dazu in der Lage ist, durchführen.“

393 Nach Auffassung des SFO ist diese Zusammenarbeit unerläßlich, da es sich einer steigenden Komplexität der Fälle aufgrund neuer Technologien und internationaler Strukturen mit geringerem Personalbestand gegenübersehe, vgl. SFO, Annual Report 1997/98, S. 17.

394 Vgl. s. 3 Criminal Justice Act 1987.

395 Vgl. Blackstone's Criminal Practice, Rdn. 2.35.

396 Levi/Pithouse, The Victims of Fraud, in Downes, Unravelling Criminal Justice, S. 229 ff., 236. Darüber hinaus stellten sie fest, daß in fast der Hälfte der Fälle, das Opfer durch eigene Ermittlungen den Betrug selbst entdeckt hatte. In den übrigen Fällen sei das Opfer durch Informationen von außen, also zum Beispiel von Banken und durch Wirtschaftskontakte, auf die Straftat aufmerksam gemacht worden, vgl. Levi/Pithouse, a.a.O., S. 236.

zeibeamten fest, daß in 88 % der untersuchten Fälle die Geschädigten die Polizei informierten.

Die Polizei verfügt über entsprechende Spezialeinheiten für Betrugsfälle, sog. Fraud Departments.[397] Dabei sind diese Polizeieinheiten nicht nur für Betrugsfälle des SFO, sondern auch für kleinere Fälle, die von der Polizei eigenständig ermittelt und von dem CPS angeklagt werden, zuständig. Die Polizei arbeitet also für verschiedene Institutionen, um Betrügereien in allen Größenordnungen zu verfolgen. Dazu zählt als Auftraggeber neben dem SFO auch die Bank of England, British Bankers' Association, HM Customs und das Department of Trade and Industry.[398] Die City Police of London hat allein 7 % ihrer Mitarbeiter für Betrugsfälle abgestellt. Sie organisiert zudem zweimal jährlich das National Fraud Forum, an dem 200 Delegierte des SFO, CPS und den anderen erwähnten Institutionen teilnehmen, um gegenwärtige Entwicklungen der fraud investigation zu besprechen.[399] Zwischen dem SFO und der Polizei besteht außerdem ein gemeinsames Datennetz, mit Hilfe dessen die erforderlichen Dokumente für das Ermittlungsverfahren übermittelt werden können.[400]

Dabei gilt der Grundsatz des constabulary independence nach der Reform für diese Betrugsfälle nur noch stark eingeschränkt. Die Polizei kann also nicht nach freiem Ermessen darüber entscheiden, ob sie überhaupt Ermittlungen einleitet, welche Ermittlungen sie durchführt und welche Abschlußentscheidung sie treffen möchte. Das SFO erteilt vielmehr konkrete Ermittlungsaufträge und die Polizei führt diese aus. Das SFO bestimmt also den Ablauf der Ermittlungen.

Folglich leitet das SFO die Ermittlungen gegen T ein, führt diese mit der Unterstützung von Wirtschaftsfachleuten und Polizeibeamten durch und entscheidet selbst darüber, wann die Ermittlungen abgeschlossen sind.

b. Entscheidung über die Erhebung der Anklage durch das SFO

Darüber hinaus ist das SFO nach den Vorschriften des Criminal Justice Act 1987 für die Entscheidung über die Erhebung der Anklage in den serious fraud offences zuständig. Das SFO entscheidet also nach Abschluß der Ermittlungen, ob das Verfahren eingestellt oder Anklage erhoben werden soll.[401]

---

397 Die City of London Police hat Beziehungen zur Wirtschaft aufgebaut, Informationen zur Entstehung und Entwicklung von Betrugsfällen gesammelt und verarbeitet und Spezialwissen hinsichtlich der Betrugsmöglichkeiten im Internet entwickelt. Außerdem verfügt diese Polizeieinheit seit 1998 über einen sog. „Fraud Desk", wonach Informationen zu Betrügereien zu jeder Tages- und Nachtzeit empfangen und entsprechende Ermittlungen eingeleitet werden, vgl. dazu im einzelnen www.cityoflondon.gov.uk. Zu verschiedenen Fällen, die in Kooperation zwischen der Polizei und dem SFO aufgeklärt wurden, City of London, Annual Report 1996/97, S. 11 ff.

398 Vgl. www.cityoflondon.gov.uk.

399 Vgl. City of London, Annual Report 1996/97, S. 12.

400 Vgl. City of London, Annual Report 1996/97, S. 13.

401 Für weitere Studien speziell zum Hintergrund des englischen und walisischen Strafverfahrenssystems bei Wirtschaftsbetrügereien Levi, The Phantom Capitalists, S. 195 ff.; Leigh, The control of commercial fraud, S. 295 ff.

(1). Prüfung des Ermittlungsergebnisses

Im Regelfall beauftragt das SFO einen ihrer case controller damit, die Voraussetzungen für eine Anklageerhebung noch einmal objektiv zu prüfen.[402] Es handelt sich bei diesem controller in der Regel um einen lawyer. Die Objektivität soll dadurch gewährleistet werden, daß der case controller nicht zugleich als Ermittler tätig gewesen ist.[403] Zeugen sollen deshalb nur dann von ihm vernommen werden, wenn bereits feststeht, daß gegen den Aussagenden keine Anklage erhoben wird. In der Regel führen deshalb Wirtschaftsprüfer die Vernehmungen im Auftrag der SFO durch.

Allerdings kommt es auch vor, daß das SFO nicht über ausreichend Personal verfügt, um die interne Trennung von Ermittlungs- und Anklagefunktion konsequent durchzuhalten.[404] In diesen Fällen greift sie dennoch nicht häufiger auf die Unterstützung der Polizei zurück, da diese aus ihrer Sicht nicht über die erforderlichen wirtschaftlichen und rechtlichen Kenntnisse verfügt.[405] Das SFO entwickelte statt dessen folgende Lösung: Wenn der case controller tatsächlich Ermittlungen durchführt, trifft einer seiner Vorgesetzten die Entscheidung über die Anklage. Handelt es sich bei dem case controller beispielsweise um einen Assistant Director, so trifft der Deputy Director oder der Director selbst die Abschlußentscheidung. In der Regel wird aber der Assistant Director bereits der unmittelbare Vorgesetzte des case controllers sein und somit bestimmen, ob Anklage erhoben werden soll.[406] Jedenfalls tragen die case controller die Verantwortung für die Entscheidung.[407]

(2). Abschlußentscheidung

Wie beim Ladendiebstahl kann das SFO auf der Grundlage der Ermittlungen entscheiden, ob gegen den T Anklage erhoben oder das Verfahren eingestellt werden soll. Im ersten Fall kommt es angesichts der Komplexität der Fälle regelmäßig zu einem Juryverfahren im Crown Court.

In letzter Zeit wird diskutiert, ob das wirtschaftliche Fehlverhalten besser durch eine informelle Handhabe - regulatory options - zum Abschluß gebracht werden soll.[408]

Im Februar 1998 hat das Home Office ein consultation paper zu dem Thema „Juries in Serious Fraud Trials“ herausgegeben.[409] Darin wird das gegenwärtige System aufgrund hoher

---

[402] Vgl. Levi, Investigation, Prosecution and Trial of Serious Fraud, S. 76 f.

[403] Vgl. Levi, Investigation, Prosecution and Trial of Serious Fraud, S. 77.

[404] Vgl. Levi, Investigation, Prosecution and Trial of Serious Fraud, S. 76 f.

[405] Vgl. Levi, Investigation, Prosecution and Trial of Serious Fraud, S. 76 f.

[406] Vgl. Levi, Investigation, Prosecution and Trial of Serious Fraud, S. 77.

[407] Dabei ist umstritten, ob es tatsächlich das Verschulden der case controller ist, wenn bspw. die „outside counsel“, also die beauftragte Anklagevertretung, zu spät eingeschaltet wurde, weil die Polizei zu lange in der falschen Richtung Ermittlungen durchgeführt hat, vgl. dazu im einzelnen Levi, Investigation, Prosecution and Trial of Serious Fraud, S. 77 f. Nach seiner Auffassung sei der case controller in allen Fällen verantwortlich, da ansonsten bereits die Berufsbezeichnung mißverständlich sei und sie zudem gegenüber anderen Juristen bei der SFO ungerechtfertigt bevorzugt würden, s. Levi, a.a.O., S. 78.

[408] Die Diskussion wurde durch Lord Roskill ausgelöst, der bereits im Jahre 1986 das Gerichtsverfahren bei Wirtschaftsstrafsachen untersuchte. In seinem Abschlußbericht (Roskill Report) empfahl er bei schwerwiegenden Wirtschaftsstraftaten das Juryverfahren des Crown Court durch einen „Fraud Trials Tribunal“ zu ersetzen. In diesen Verfahren sollte ein Richter zusammen mit wirtschaftlich qualifizierten Geschworenen die serious fraud offences verhandeln. Die Regierung lehnte diese Empfehlung vorrangig deshalb ab, weil Roskill eine Übergangsphase mit verschiedenen Pilotprojekten vorschlug, s. zu allem www.homeoffice.gov.uk/jsft.htm.

Kosten, der für die aus „Normalbürgern" bestehenden Juries schwer verständlichen Sachverhalte und der langen Verfahrensdauer kritisiert. Es werden vier alternative Methoden für die gerichtliche Abwicklung in serious fraud cases vorgeschlagen:[410]

a. ein modifiziertes Jurysystem mit Geschworenen, die über die erforderlichen Spezialkenntnisse verfügen (special juries);
b. das schottische Jurysystem, bei dem das Verfahren, das anzuwendende Recht und die Zusammensetzung der Jury anders als in England und Wales sind (judicial option);
c. ein System, in dem der Richter zusammen mit einer kleinen Gruppe Geschworener, die speziell qualifiziert sind, entscheidet (tribunal option) und
d. ein System, in dem der Richter das Verfahren leitet und Schwerpunkte setzt, während die Jury Schlüsselentscheidungen trifft (trial by a single judge with a jury for key decisions).[411]

Auch das SFO selbst kritisiert das Jurysystem für die Abwicklung der serious fraud offences.[412] Neben den fehlenden Spezialkenntnissen der Jury sei das Verfahren insbesondere deshalb nicht geeignet, weil es angesichts der Verfahrensdauer regelmäßig nicht mit der gleichen Geschworenenbank durchgeführt werden könne, bzw. unweigerlich bedeutende Beweismittel nicht berücksichtigt würden.[413]

Levi[414] gibt zu bedenken, ob ein Verfahren vor sog. disciplinary tribunals - vergleichbar mit den Schiedsgerichten in Deutschland - sinnvoller sei. Voraussetzung sei, daß die „Richter" über wirtschaftliche Spezialkenntnisse verfügten.[415] Anhörungen und formale Anforderungen an Dokumente sollten vor diesen Schlichtungsstellen nicht erforderlich sein, so daß ein solches Verfahren eine schnelle Abwicklung ermöglichen könnte. Allerdings führt *Levi*[416] selbst an, daß die Verfahrensdauer nicht notwendigerweise kürzer sei, da das „Gericht" über keine rechtlichen Kenntnisse verfüge. Zudem würden die Entscheidungen - wie in diesen Verfahren derzeit üblich - nicht veröffentlicht, so daß die Kenntnisse des case law eingeschränkt wären.[417] Ferner - so *Levi*[418] - sei zweifelhaft, ob die generell geltenden Anforderungen an das öffentliche Interesse der Strafverfolgung gewährleistet würden. Außerdem wären Straftäter mit ausreichendem finanziellen Hintergrund im Vorteil, weil bei diesen Disziplinarverfahren üblicherweise keine Prozeßkostenhilfe gewährt ist;[419] insoweit kommt *Levi*[420] selbst zu dem Ergebnis, daß es derzeit unklar sei, ob ein sog. regulatory process fairer als ein generelles Strafverfahren wäre, vielmehr seien Pro-

---

[409] Vgl. www.homeoffice.gov.uk.
[410] Vgl. SFO, Annual Report 1997/98, S. 7.
[411] Dabei betont das Home Office trotz der Reformvorschläge die Vorteile eines Juryverfahrens, also die Unabhängigkeit der Bürger vom Verwaltungsapparat, das damit verbundene öffentliche Vertrauen in dieses System und den demokratischen Aspekt, vgl. dazu im einzelnen www.homeoffice.gov.uk/jsft.htm.
[412] Vgl. SFO, Annual Report 1997/98, S. 7.
[413] Vgl. www.homeoffice.gov.uk/jsft.htm.
[414] Vgl. Levi, Investigation, Prosecution and Trial of Serious Fraud, S. 78 ff.
[415] Vgl. Levi, Investigation, Prosecution and Trial of Serious Fraud, S. 78 ff.
[416] Vgl. Levi, Investigation, Prosecution and Trial of Serious Fraud, S. 78 ff.
[417] Vgl. Levi, Investigation, Prosecution and Trial of Serious Fraud, S. 82.
[418] Vgl. Levi, Investigation, Prosecution and Trial of Serious Fraud, S. 82.
[419] Vgl. Levi, Investigation, Prosecution and Trial of Serious Fraud, S. 82.
[420] Vgl. Levi, Investigation, Prosecution and Trial of Serious Fraud, S. 82.

jektmodelle und empirische Untersuchungen für eine abschließende Entscheidung erforderlich.

(3). Prozeßvertretung

Das SFO beauftragt den Counsel mit der Prozeßvertretung vor dem Crown Court, da das SFO - wie ehemals auch der CPS - dort über kein Audienzrecht verfügt.

Umstritten ist, wann der Counsel beauftragt, bzw. wann sie tatsächlich aktiv in das Verfahren einbezogen werden soll. Nach einer Meinung[421] sei eine frühestmögliche Einbeziehung des Counsel erforderlich, da die Ermittlungen effektiver verliefen, wenn die Person, die tatsächlich später die Anklage gerichtlich vertrete, bereits an den Ermittlungen teilnehme. Dem wird entgegengehalten, daß bei einer zu frühen Einschaltung des Counsel der case controller de facto zum case manager werde, da das SFO letztlich die Entscheidungen des Counsel übernehmen werde, ohne ihrerseits wesentlichen Einfluß zu nehmen.[422] Diese Bedenken werden auf die unstreitige Erkenntnis zurückgeführt, daß das SFO bei der forensischen Tätigkeit noch unerfahren sei, da ihm die Vertretungsbefugnis fehle, und es nur wenig mit dem Counsel kommuniziere.[423]

Jedenfalls wurde in einer Studie festgestellt, daß das SFO in London den Counsel aufgrund finanzieller Erwägungen und der wachsenden Erfahrung der eigenen lawyer nicht frühzeitig beauftragt.[424]

Wenn tatsächlich Meinungsverschiedenheiten zwischen der SFO und dem Counsel darüber auftreten, ob und wer angeklagt werden soll, entscheidet der Assistant Director oder der Director der SFO.[425]

c. Ergebnis

Festzuhalten ist damit, daß das SFO bei einem Kreditbetrug der vorliegenden Art selbst ermittelt. Wirtschaftsreferenten und Polizeibeamte unterstützen dabei die Ermittlungen. Dabei erteilt das SFO konkrete Ermittlungsaufträge; es leitet also die Ermittlungen. Darüber hinaus trifft das SFO abschließend die Entscheidung, ob das Verfahren eingestellt oder Anklage erhoben werden soll.

Folglich nimmt das SFO im Verhältnis zum CPS beim Ladendiebstahl erweiterte Aufgaben wahr, da es auch die Ermittlungsfunktion inne hat.

---

[421] Nach Auffassung von „provincial officers", zitiert von Levi, Investigation, Prosecution and Trial of Serious Fraud, S. 77, Fn. 17.

[422] Vgl. Levi, Investigation, Prosecution and Trial of Serious Fraud, S. 78.

[423] Vgl. Levi, Investigation, Prosecution and Trial of Serious Fraud, S. 78 unter Berufung auf den Grifith Report. Sowohl Levi als auch diese Studie befürworten die Vertretungsbefugnis des SFO auch im Crown Court, da die Qualität der Prozeßführung verbessert und finanzielle Flexibilität erreicht würde, s. dazu Levi, a.a.O., Fn. 18.

[424] Nicht veröffentlicht, s. dazu aber Levi, Investigation, Prosecution and Trial of Serious Fraud, S. 77, Fn. 17.

[425] Vgl. Levi, Investigation, Prosecution and Trial of Serious Fraud, S. 78.

4. Mord

Die Polizei ermittelt beim Mord, während der DPP die Entscheidung über die Erhebung der Anklage trifft.

In Abgrenzung zum dargestellten Wirtschaftsstrafverfahren ist damit der CPS für die Entscheidung über die Erhebung der Anklage zuständig, während keine Wirtschaftsfachleute, sondern Polizeibeamte selbständig und unabhängig die Ermittlungen übernehmen.

Im Unterschied zum Ladendiebstahl, bei dem zwar der CPS, nicht aber der DPP selbst in das Verfahren einbezogen ist, wird beim Mord die Entscheidung, ob ein Verfahren eingestellt oder Anklage erhoben werden soll, vom DPP getroffen.

Demnach hat sich der Ablauf des Strafverfahrens beim Mord auch nach der Reform nicht grundlegend geändert.[426] Das ist darauf zurückzuführen, daß die Umstrukturierung zur Trennung der Ermittlungs- von der Anklagetätigkeit in den Händen der Polizei führen sollte. Diese Doppelrolle der Polizei sollte aufgelöst und eine objektive Anklagebehörde errichtet werden, wodurch das Strafverfahren einheitlicher, effizienter und gerechter werden sollte.[427] Der DPP hat aber bereits vor der Reform im Jahre 1986 die Anklagefunktion wahrgenommen, während die Polizei die Ermittlungen durchgeführt hat. Es wurde deshalb auch nicht - wie etwa bei den weniger schwerwiegenden Delikten - kritisiert, daß der Polizei aufgrund ihrer eigenen Ermittlungstätigkeit die für die Anklageerhebung erforderliche Objektivität fehle. Allerdings wurde in diesen Fällen bezweifelt, ob eine unabhängige Entscheidung des DPP überhaupt möglich sei, wenn die Polizei aufgrund ihres weiten Ermessensspielraums die Grundlagen der Entscheidungen des DPP frei vorgeben könne.[428] Deshalb wird die Polizei seit der Umstrukturierung angehalten, den CPS bevor sie die das Ermittlungsverfahren abschließende Entscheidung trifft zu konsultieren. Außerdem sehen die bereits mehrfach erwähnten Policy Manuals vor, daß bei Mord grundsätzlich Anklage zu erheben ist. Demnach wird der Ermessensspielraum der Polizei durch diese Dienstvorschriften mittelbar eingeschränkt.

Für den Verfahrensablauf im dritten Fallbeispiel gilt demnach folgendes:

---

[426] Der DPP sollte seine Aufgabe beibehalten, vgl. dazu den Home Office, White Paper, An Independent Prosecution Service for England and Wales, Anhang: Report of the Working Party on Prosecution Arrangements, S. 15 f.: "The Director should continue to have a role in decisions on, and the prosecution of, offences which are too sensitive or too complex to be left to be dealt with locally." S. auch Blackstone`s, Criminal Practice, S. 936: Da nach der neuen Rechtslage der CPS alle von der Polizei eingeleiteten Verfahren anklagen soll, könnte man auf die Idee kommen, daß das Erfordernis der Zustimmung des DPP für eine Anklage (vgl. s. 1(7) Prosecution of Offences Act) seine Bedeutung verloren hat. Das trifft so nicht zu. In den Fällen, in denen der DPP ausdrücklich seine Zustimmung zur Erhebung der Anklage erteilen muß, ist die Polizei verpflichtet, bevor sie gerichtliche Schritte in Richtung Strafverfolgung einleiten darf, das Verfahren an den DPP abzugeben. In allen anderen Fällen hat sie möglicherweise bereits den Termin beim Amtsgericht bestimmt, so daß der CPS nur noch „a restrospective control" ausübt. S. zu allem auch Whale, Crim.LRev. 1991, S. 692. Außerdem kann eine private Strafverfolgung in den Fällen, in denen der DPP selbst tätig wird (werden muß), nicht mehr durchgeführt werden, vgl. Lyall, An Introduction to British Law, S. 165.

[427] Vgl. die Ausführungen ab A. II.

[428] Vgl. die Ausführungen unter A. II. 1.

a. Ermittlungen durch die Polizei

Um Wiederholungen zu vermeiden, kann an dieser Stelle weitestgehend auf das beim Ladendiebstahl geschilderte Ermittlungsverfahren verwiesen werden.[429] Die Besonderheiten beim Mord berücksichtigend gilt kurz zusammengefaßt folgendes: [430]

Der Mord gehört zu der obersten Kategorie der Policy Manuals, wonach ein derartiges Delikt immer angeklagt werden soll. Demnach wird der auch nach der Umstrukturierung aufrechterhaltene Grundsatz des constabulary independence durch diese Dienstvorschriften eingeschränkt. Der zuständige Polizeibeamte darf niemals gänzlich von Ermittlungen bei einem Mordfall absehen. Auch im Hinblick auf mögliche Diversionsentscheidungen durch die Polizei wird der Ermessensspielraum durch die Schwere des Deliktes begrenzt. Der Polizist kann zwar nach wie vor frei wählen, welche Ermittlungen er vornimmt, der Umfang der Ermittlungen wird aber die Gravität des Deliktes widerspiegeln. Auch die nach dem Police and Evidence Act 1984 in Verbindung mit den Codes of Practice vorgesehenen Zwangsmaßnahmen richten sich teilweise an der Schwere des Deliktes aus. Das gilt beispielsweise für die Möglichkeit des Polizeiarrestes nach s. 24 PACE. Die Polizei kann einen Täter nur vorläufig festnehmen, wenn dieser sich wegen eines sog. „arrestable offence" - wozu auch Mord zählt - verdächtig gemacht hat.[431] In diesem Zusammenhang kann auch auf den Fall *R v Dallagher* hingewiesen werden, in dem zum ersten Mal in der Geschichte des Strafverfolgungssytems in England und Wales ein Täter, vorliegend ein Mörder, mit der Hilfe eines Ohrabdrucks überführt worden ist.[432] Spezialisten im Bereich der Kriminalistik wurden eingesetzt, um den Täter zu überführen.[433] Auch der Abschluß der Ermittlungen ist von den Vorgaben in den Policy Manuals geprägt, so daß die Polizei nach Vorliegen der notwendigen Beweise und des öffentlichen Interesses das Verfahren an den DPP zur Erhebung der Anklage weiterleiten wird. Somit spielt im Bereich der Gewaltkriminalität das Opportunitätsprinzip eine unbedeutendere Rolle.[434]

b. Entscheidung über die Erhebung der Anklage durch den DPP

Da der DPP bei einem Mordverfahren die Anklagefunktion inne hat, entscheidet er auf der Grundlage des polizeilichen Ermittlungsergebnisses über die Erhebung der Anklage. Auch hier kann - um Wiederholungen zu vermeiden - auf das Verfahren beim Ladendiebstahl verwiesen werden.[435] Die Besonderheiten des Mordes berücksichtigend, gilt damit im einzelnen folgendes:

Der DPP überprüft die zur Verfügung stehenden Beweismittel und das öffentliche Interesse an der Strafverfolgung. Dabei erwägt er zunächst anhand des Codes, ob die Voraussetzungen des evidential-test gegeben sind. Der DPP erhebt folglich nur dann Anklage, wenn a

---

429 Vgl. dazu die Ausführungen unter B. I. 2.

430 Wie auch im deutschen Recht bestehen lediglich empirische Studien zur Psychologie des Täters oder einzelne Mordfälle werden verglichen, s. dazu Butler, Murderers' England, S. 15 ff. mwN; Uniacke, Permissible Killing, S. 1 ff. und Simpson, Forty years of murder.

431 Vgl. zu den Voraussetzungen dieser Zwangsmaßnahme im einzelnen: Zander, PACE, S. 65 ff.

432 Vgl. dazu CPS, Annual Report 1998/99, S. 2.

433 Vgl. dazu CPS, Annual Report 1998/99, S. 2. Seither besteht eine nationale Datenbank für Ohrabdrücke im National Forensic Science Institute in County Durham.

434 So auch Huber, England und Wales, in Eser/Perron, Die Beweisaufnahme im Strafverfahren des Auslands, S. 575.

435 Vgl. die Ausführungen unter B. I. 2. b.

reasonable prospect of conviction, eine vernünftige Aussicht auf eine Verurteilung, besteht. Demnach wendet er, wie bereits vor der Errichtung des CPS, die 51 % - rule an.[436]

Dann prüft der DPP auch beim Mord das Vorliegen des öffentlichen Interesses. Nach Paragraph 6.2 des Codes gilt - wie bereits festgestellt - die Grundregel, daß je schwerwiegender die Straftat ist, um so eher ist das öffentliche Interesse für die Erhebung der Anklage gegeben. Vorliegend sind keine Umstände im Sinne des Paragraphen 6.5., also für die Verneinung des öffentlichen Interesses sprechende Kriterien ersichtlich. Für die Bejahung des öffentlichen Interesses läßt sich hingegen die nach Paragraph 6.4 zu berücksichtigende hohe Straferwartung und die nach Paragraph 6.8. des Codes zu berücksichtigenden Interessen der Verwandten des Opfers anführen.

Hinsichtlich der Entscheidungsmöglichkeiten des DPP gilt das für den Ladendiebstahl Dargestellte.[437] Auch ist der DPP wie beim Ladendiebstahl berechtigt, im Crown Court die Anklage zu vertreten.[438]

c. Ergebnis

Abschließend kann daher festgehalten werden, daß die Polizei auch nach der Reform berechtigt ist, in einem Mordfall selbständig ohne Kontrolle von außen zu ermitteln. Dabei gilt der Grundsatz des constabulary independence aufgrund von Dienstvorschriften nicht uneingeschränkt. Die Polizei richtet sich bei ihrer Entscheidung, ob sie überhaupt Ermittlungen gegen den Täter einleiten, welche Ermittlungen sie durchführen und welche Abschlußentscheidung sie im Ermittlungsverfahren treffen soll, nach der Schwere des Deliktes. Mord soll - so heißt es in den Policy Manuals - grundsätzlich angeklagt werden. Zu diesem Zweck leitet sie das Verfahren nach Überprüfung der Beweise und des öffenlichen Interesses an den DPP weiter. Dieser prüft auf der Grundlage des polizeilichen Ermittlungsergebnisses ebenfalls die Beweislage und das öffentliche Interesse und stellt das Verfahren gegen den Täter ein oder erhebt Anklage. Der DPP steht der Polizei also auch beim Mord nicht übergeordnet gegenüber, sondern die Behörden üben unabhängig ihre jeweiligen Funktionen als Ermittlungs- oder Anklagebehörde aus.

---

436 Vgl. zur Rechtslage vor der Reform die Ausführungen unter A. I. 2.

437 Vgl. die Ausführungen unter B. I. 2. b.

438 S. dazu die Ausführungen unter 2. b. (3). Allerdings ist darauf hinzuweisen, daß es sich beim Mord um ein indictable offence handelt, wofür immer der Crown Court zuständig ist, während beim Ladendiebstahl auch die Zuständigkeit des Magistrates` Court eröffnet sein kann (triable either way offence), vgl. dazu die Ausführungen unter B. I. 1.

5. Gesamtergebnis

Zusammenfassend gilt für die Strafverfolgung in den einzelnen Grundfällen in England und Wales mithin folgendes:

Die Polizei ermittelt beim Ladendiebstahl selbst, wobei sie aufgrund der constabulary indepence über einen weiten Ermessensspielraum verfügt. Der CPS ist nicht berechtigt, auf die Ermittlungen der Polizei Einfluß zu nehmen. Er trifft auf der Grundlage der von der Polizei verfaßten case summary die Entscheidung über die Erhebung der Anklage. Die Polizei und der CPS stehen beim Ladendiebstahlsverfahren unabhängig nebeneinander.

Beim Kreditbetrug ermittelt dagegen das SFO selbst. Die Polizei ist nur eine der Behörden, die dem SFO bei ihrer Arbeit Unterstützung gewährt, wobei sie die Anordnungen des SFO befolgen muß. Außerdem trifft das SFO auch die Entscheidung über die Erhebung der Anklage. Damit steht die Polizei dem SFO bei schwerwiegenden Wirtschaftsdelikten untergeordnet gegenüber.

Hingegen ermittelt die Polizei bei Mordverdacht nach wie vor selbständig. Sie berücksichtigt aber bei ihren Ermessensentscheidungen, daß bei Mord grundsätzlich Anklage erhoben werden soll. Ihr Ermessen ist daher weit eingeschränkt. Der DPP entscheidet auf der Grundlage des polizeilichen Ermittlungsergebnisses darüber, ob Anklage erhoben werden soll. Demnach stehen die Polizei und der DPP in einem Mordverfahren gleichgeordnet nebeneinander.

II. Kritik

Um beurteilen zu können, ob sich das Strafverfolgungssystem in England und Wales aufgrund der Reform verbessert hat, ist nunmehr zu klären, ob die zur Umstrukturierung führenden Probleme gelöst worden sind.

Der Gesetzgeber beabsichtigte die Trennung der Ermittlungs- und Anklagebehörde in den Händen der Polizei, um das Verfahren einheitlicher, gerechter und effizienter zu gestalten.[439]

Dann überrascht zunächst, daß im Rahmen der Umstrukturierung mit dem SFO eine Behörde eingerichtet wurde, die in komplexen und schwerwiegenden Wirtschaftsstrafsachen eine Doppelrolle inne hat, also die Ermittlungen übernimmt und die Entscheidung über die Erhebung der Anklage trifft.[440]

Die Entscheidung wurde damit begründet, daß bei schwierigen und komplexen Betrügereien ausnahmsweise eine Kombination der Tätigkeit als Ermittlungs- und Anklagebehörde vorteilhaft sei. Deshalb sei auch das Hauptkriterium für die Entscheidung des SFO, ob es in einem Betrugsfall die Strafverfolgung übernehmen soll, daß die Ermittlungen und die Anklage in einer Hand seien.[441] Das SFO zeichne sich nämlich durch eine starke Spezialisierung aus, so daß es die erforderlichen Kenntnisse für diese komplexen Wirtschaftsstrafverfahren mitbringe. Diese Spezialkenntnisse waren vor der Reform bei keiner der Strafverfolgungsbehörden vorhanden.

Des weiteren darf nicht übersehen werden, daß zwar eine unabhängige Anklagebehörde geschaffen werden sollte, sich die Unabhängigkeit aber vor allem auf das Verhältnis zur Polizei beziehen sollte.[442]

Die Polizei ist aber bei schwerwiegenden Wirtschaftsdelikten nunmehr nicht mehr befugt, Ermittlungen einzuleiten, durchzuführen oder abzuschließen. Sie unterstützt vielmehr zusammen mit Wirtschaftsreferenten das SFO bei den Ermittlungen. Das SFO entscheidet selbst über die Schwerpunkte der Ermittlungen, während das Ermessen der Polizei nur noch eingeschränkt gilt. Somit wurde durch das SFO eine von der Polizei unabhängige nationale Strafverfolgungsbehörde für Wirtschaftsstrafsachen errichtet. Zugleich wurde der Grundsatz der constabulary independence beschränkt.

Außerdem versucht das SFO - wie dargestellt[443] - durch den Einsatz eines sog. case controllers, die objektive Prüfung der Voraussetzungen für eine Anklageerhebung zu erreichen.

---

[439] Dabei ist noch einmal auf das Weißbuch aus dem Jahr 1983 hinzuweisen. Unabhängigkeit ist das „key word", vgl. Mansfield/Peay, DPP, S. 6. S. dazu auch: Timmons, Crim.L.Rev. 1986, S. 28 ff., 31. Vgl. dazu auch die Ausführungen unter A. III. 3.

[440] Vgl. SFO, Annual Report 1997/98, S. 3: „Ziel des SFO ist es, Betrügereien zu verhindern und das Vertrauen in die Wirtschafts- und Finanzinstitutionen des Vereinigten Königreichs aufrechtzuerhalten, indem sie

- in schwerwiegenden und komplexen Betrugsfällen selbst ermittelt und
- gegen Personen, die dieser Straftaten verdächtig sind, Anklage erhebt."

[441] Vgl. LCD, Report 1998, SFO - Aim and Objectives, www.open.gov.uk. Dazu kritisch Padfield (Criminal Justice Proccess, S. 149), wonach insbesondere die Unterscheidung zu anderen Delikten fraglich sei.

[442] „Such a prosecution service has to be, and be seen to be, independent of the police", vgl. Home Office, White Paper, An Independent Prosecution Service for England and Wales, Anhang: Report of the Working Party on Prosecution Arrangements, S. 14.

[443] S. hierzu die Ausführungen unter B. I. 3.

Die Objektivität soll gerade dadurch gewährleistet werden, daß der case controller nicht zugleich als Ermittler tätig gewesen ist.

Deshalb soll sich die Bewertung des Erfolgs des neuen Strafverfolgungssystems auf die Arbeit des CPS beschränken. Sowohl beim Ladendiebstahl als auch beim Mord übernimmt die Polizei die Ermittlungen, während der CPS die Entscheidung über die Erhebung der Anklage trifft. Allerdings gilt der Ermessensspielraum der Polizei beim Mord nicht im gleichen Umfang wie beim Ladendiebstahl.[444] Insbesondere kann sie nicht wie beim Ladendiebstahl auf der Grundlage des constabulary independence die Aufnahme jeglicher Nachforschungen verweigern. Im Bereich der Gewaltkriminalität spielt das Opportunitätsprinzip also eine unbedeutendere Rolle.

Bei der Analyse des reformierten Strafverfolgungssystems ist zunächst zu berücksichtigen, daß der CPS aufgrund unzureichenden Personals und fehlender finanzieller Mittel sowie organisatorischer Probleme einen „rocky start" hatte.[445] Zahlreiche Zeitungen berichteten über verlorene Akten, Verspätungen, Verwirrungen und „sichere" Verfahren, die mit einem Freispruch endeten.[446] Außerdem fehlte in den meisten Fällen die Kooperationsbereitschaft der Polizei.[447] Es versteht sich von selbst, daß eine Reform, bei der der Polizei die Kompetenz zur Anklageerhebung entzogen wurde, innerhalb der Behörde Entrüstung hervorrief. Insbesondere erfahrene Polizeibeamte konnten mit der Tatsache, daß nunmehr junge unerfahrene Crown Prosecutor ihre Entscheidungen trafen, nicht umgehen.[448]

Diese anfänglichen Schwierigkeiten haben sich mittlerweile gelegt, so daß eine realistische Einschätzung des neuen Strafverfolgungssystems möglich ist. Dabei können neuere Projekte nur insoweit berücksichtigt werden, als sie im Zeitpunkt dieser Untersuchung beendet waren.

1. Abhängigkeit des CPS von der Polizei

Der Hauptkritikpunkt des englischen und walisischen Strafverfolgungssystems vor der Einführung des CPS war - wie nunmehr mehrfach festgestellt - die Doppelrolle der Polizei als Ermittlungs- und Anklagebehörde.[449] Hauptziel der Reform war daher die Schaffung einer von der Polizei unabhängigen Strafverfolgungsbehörde.

Die Regeln des Prosecution of Offences Act 1985 verpflichten den CPS, alle Anklageentscheidungen in den von der Polizei ermittelten Fällen zu treffen. Demnach ist aufgrund der

---

444 Mord befindet sich in der fünften Kategorie der Policy Manuals befindet, wonach die Delikte immer angeklagt werden soll. S. hierzu die Ausführungen unter B. I. 4. a.

445 Vgl. Zander, English Legal System, S. 187; ebenso Spencer, Machinery of Justice; Addison (Counsel, 1995, S. 14 ff., 14) spricht von einem „disastrous start". Nach sechs Monaten hatte der CPS weniger als 3.500 Mitarbeiter, von denen 1.250 lawyer waren. Mittlerweile arbeiten 6.000 Personen, davon ein Drittel lawyer, für den CPS, s. dazu Home Office, Report 1998, Review of the CPS, Summary, S. 2.

446 Vgl. Zander, English Legal System, S. 187 f.

447 Zwischen den beiden Institutionen bestanden Spannungen, s. Home Office, Report 1998, Review of the CPS, Summary, S. 1.

448 Vgl. Home Office, Report 1998, The Review of the CPS, Summary, S. 37.

449 Vgl. JUSTICE, The Prosecution Process, S. 7 ff.

gesetzlichen Aufgabenverteilung die formale Unabhängigkeit des CPS von der Polizei gesichert worden.

Allerdings haben Untersuchungen gezeigt, daß das System von den Interessen und Werten der Polizei dominiert wird, und dem CPS lediglich eine untergeordnete und passive Rolle spielt:[450]

a. Schlüsselentscheidungen der Polizei

Die Polizei ermittelt auch nach der Reform selbständig und unabhängig in Ladendiebstahls- und Mordfällen. Der CPS ist nicht berechtigt, konkrete Ermittlungsaufträge zu erteilen oder Ermittlungen selbst vorzunehmen. Er kann allenfalls die Einholung weiterer Beweise anregen, die Durchsetzung aber nicht erzwingen.

Bei einem Ladendiebstahlsverfahren kann sich die Polizei grundsätzlich weigern, Nachforschungen anzustellen, oder sie kann nach Durchführung eigener Ermittlungen das Verfahren einstellen oder den Ladendieb verwarnen. Dieser Ermessensspielraum der Polizei gilt bei einem Mordverfahren nur eingeschränkt. Sie wird aufgrund der Schwere des Deliktes in diesen Fällen immer Ermittlungen einleiten und den Täter auch nicht lediglich verwarnen. Allerdings entscheidet die Polizei nach freiem Ermessen über den Umfang der Ermittlungen. Die Entscheidung, ob sie ein Verfahren an den CPS weiterleitet, richtet sich dann entsprechend nach ihrem Ermittlungsergebnis. Nur wenn aus der Sicht der Polizei die Anklage geboten ist, übergibt sie das Verfahren an den CPS. 1996 erhielt diese aber nur jeden neunten Fall, der von der Polizei registriert wurde.[451] Außerdem wurde festgestellt, daß die Polizei zumindest beim Ladendiebstahl ein gerichtliches Verfahren einleiten kann, ohne den CPS einzubeziehen. Die Polizei setzt insoweit einen Termin beim Magistrate's Court fest.[452] Dabei hat der CPS nicht einmal die Möglichkeit, auf den zeitlichen Ablauf der Gerichtsverhandlung Einfluß zu nehmen.[453]

Der CPS berücksichtigt ferner, daß die Polizei bereits die Fälle aussortiert hat, in denen aus ihrer Sicht keine Anklage erhoben werden soll, so daß - dies haben Untersuchungen gezeigt - der CPS bei der Überprüfung der Sachverhalte von vornherein zu einer Anklageerhebung tendiert und nicht immer eigenständig die dafür notwendigen Voraussetzungen prüft.[454]

Aus dem Umstand, daß die Schlüsselentscheidungen noch immer von der Polizei getroffen werden, ergibt sich die faktische Abhängigkeit des CPS von der Polizei.[455]

---

[450] Für viele: McConville/Sanders/Leng, The case for the prosecution, S. 126.

[451] 576.000 von fast 5 Millionen der polizeilich registrierten Kriminalität, also ohne die „motoring offences", vgl. Home Office, Report 1998, Review of the CPS, Summary, S. 4.

[452] Vgl. Home Office, Report 1998, Review of the CPS, Summary, Past and Present, S. 2.

[453] Vgl. Home Office, Report 1998, Review of the CPS, Summary, Past and Present, S. 2.

[454] Vgl. Davies/Croall/Tyrer, Prosecution and Diversion, S. 129.

[455] Ebenso:. McConville/Sanders/Leng, The case for the prosecution, S. 141.

b. Polizei bestimmt Informationen

Darüber hinaus sind die Polizeibeamten aufgrund ihres Informationsvorsprungs in der Lage, die Entscheidung der Crown Prosecutor in die von Ihnen gewünschte Richtung zu lenken.[456] Die Polizei übergibt nur die Fälle an den CPS, in denen nach ihrer Auffassung Anklage erhoben werden soll. Demnach kann der CPS auch nur die Fälle anklagen oder einstellen, die er von der Polizei erhält.

Die Polizei verfaßt aber selbständig ohne Absprache mit dem CPS das Ermittlungsergebnis, die sog. case summary, welche die einzige Quelle für die Entscheidung des CPS ist.[457] Sie kann also durch die Konstruktion des Abschlußergebnisses das weitere Verhalten des CPS steuern. Ein bedeutendes Mittel der case construction ist bspw. die Nichterwähnung von Fakten.[458] Der Polizeibeamte unterläßt die Darstellung von Tatsachen, die er für unbeachtlich hält. Wenn er die Erhebung der Anklage für die einzige Entscheidungsmöglichkeit des CPS erachtet, wird er Fakten als unbedeutend einschätzen, die in andere Richtungen deuten könnten.[459] Eine andere Möglichkeit der Polizei besteht darin, Tatsachen zu konstruieren. Insoweit kommt es vor, daß Fakten erfunden werden oder durch die Aussagen des Beschuldigten und Zeugen verändert wiedergegeben werden.[460] Schließlich entscheidet die Polizei, welche Fragen gestellt werden und welche nicht. Der Prosecutor hat deshalb kaum eine Möglichkeit, sich ein von der Auffassung der Polizei abweichendes Bild der Zeugen zu machen.[461] Der CPS kann der Polizei gegenüber lediglich Ermittlungsmaßnahmen vorschlagen, diese aber nicht verbindlich durchsetzen. Folglich bestimmt die Polizei die Aussagekraft einer Zeugenaussage.

Die Polizei entscheidet also, welche Beweise gesammelt werden und welcher Beweiswert den einzelnen Beweismitteln zukommt. Geständnisse sind deshalb oftmals „a product of police work" und die Polizei bezieht sich bei ihren Entscheidungen sehr häufig ausschließlich auf Geständnisse.[462] In diesem Zusammenhang spielen auch die sog. guilty pleas eine bedeutende Rolle. 88 % sämtlicher Straftäter bekennen sich schuldig und fast alle von ihnen werden verurteilt.[463] Dabei existiert in den Verfahren wegen Ladendiebstahls in 80 % der Fälle ein guilty plea des Angeklagten.[464] Bedenklich ist in diesem Zusammenhang, daß auch Unschuldige sich unter dem Druck der Polizeivernehmungen schuldig bekennen.[465] Eine Studie wies nach, daß ein Drittel der Angeklagten zur Begründung anführten, die Polizei habe ihnen falsche Geständnisse zugeschrieben.[466] Demnach trifft die Polizei Ent-

---

[456] Vgl. Sanders, Journal of Law and Society 1987, S. 229 ff., 253.

[457] Vgl. McConville/Sanders/Leng, The case for the prosecution, S. 134 f. Die Polizei trägt ihre Ermittlungsergebnisse auch bei der sog. „Administrative Support Unit (ASU)" zusammen, vgl. Home Office, Report 1998, Review of the CPS, Summary, S. 3.

[458] Vgl. Sanders, Journal of Law and Society 1987, S. 229 ff., 234 ff.

[459] Vgl. Sanders, Brit.J.Criminolog. 1988, S. 513 ff., 521.

[460] Vgl. Sanders/Young, Criminal Justice, S. 222.

[461] Dazu auch Rose, The Collapse of Criminal Justice, S. 134.

[462] Vgl. Sanders, Journal of Law and Society 1987, S. 229 ff., 235 f.

[463] Vgl. Zander, English Legal System, S. 247. Rose (The Collapse of Criminal Justice, S. 149) spricht von 97,6 % aller Fälle, die in Verurteilungen enden, nachdem der Angeklagte ein „guilty" abgegeben hat. Für ihn stellt diese Form eine „negation of justice" dar und ein Abweichen von der englischen und walisischen Form des Parteiverfahrens mit Hauptverhandlungen und Kreuzverhören, vgl. Rose, a.a.O., S. 149 ff.

[464] Vgl. Zander, English Legal System, S. 246.

[465] Vgl. Baldwin/McConville, Confessions, S. 14.

[466] Vgl. Baldwin/McConville, Confessions, S. 14.

scheidungen, die bereits die Weichen für die Hauptverhandlung stellen. Dieser Vorgang wird auch als „prosecution momentum"[467] bezeichnet.

Dabei verfügt die Polizei noch immer über ein weites, rechtlich kaum überprüfbares Ermessen, da das principle of constabulary independence auch nach der Errichtung des CPS aufrechterhalten wurde.[468] Zwar gilt das für das Mordverfahren nicht dahingehend, ob überhaupt Nachforschungen eingeleitet werden, jedenfalls aber für das wie, also den Umfang der Ermittlungen. Dieses Ermessen beeinflußt auch die Auswahl der an den CPS übermittelten Informationen.

Dabei wird von der Polizei aufgrund ihres Informationsvorsprunges auch die Art und Weise der Prüfung des öffentlichen Interesses bestimmt. Wie bereits erläutert, ist es Aufgabe des CPS, bei der Entscheidung über die Erhebung der Anklage das öffentliche Interesse im konkreten Fall zu prüfen. Dabei soll der CPS zwar von den national geltenden Kriterien ausgehen, allerdings sollen auch regionale Besonderheiten in ihre Bewertung mit einfließen. In der Praxis verläßt sich der CPS auf die Polizei, da deren Kontakt zu den Bürgern enger ist.[469] *Sanders/Young*[470] bezeichnen das „public interest" deshalb als „police interest".

Für den CPS bestehen zwar andere Informationsquellen, allerdings sind diese nicht geeignet, die Abhängigkeit von der Polizei zu umgehen. Der Crown Prosecutor kann sich bspw. an Behörden wie die Bewährungshilfe (Probation Service) oder die Erziehungshilfe (Education Welfare Service) wenden.[471] Einerseits finden diese Kontakte aber angesichts des bürokratischen und finanziellen Aufwandes nur selten statt[472] und andererseits wird der CPS dann immer als verlängerter Arm der Polizei gesehen, so daß sich keine vom Polizeiergebnis abweichenden Informationen ergeben.[473]

Dennoch wurde im Jahre 1988 ein Projekt des VERA Institute of Justice mit der Stelle für Bewährungshilfe in der Londoner Innenstadt eingeführt, um zu testen, ob diese Behörde relevantes Informationsmaterial für den CPS bereitstellen kann, welches für den public-interest-test bedeutsam ist. Dabei wurden insbesondere Informationen über die persönlichen Umstände des Beschuldigten aufgezeichnet.[474] Anhand der von der Bewährungsstelle an den CPS gelieferten Fakten konnte die Studie nachweisen, daß die von der Polizei zur Verfügung gestellten Informationen für den public-interest-test unerheblich waren.[475] Die Studie kam zu dem Ergebnis, daß eine unabhängige Quelle die Schwierigkeiten überwin-

---

467 So Sanders/Young, Criminal Justice, S. 220.

468 Vgl. Bennion, Crim.L.Rev. 1986, S. 3 ff., 14; Sanders/Young, Criminal Justice, S. 212.

469 Vgl. McConville/Sanders/Leng, The case for the prosecution, S. 142. Vgl. zur historischen Entwicklung der gemeindebezogenen Polizeiarbeit (community policing) in Großbritannien, Scraton, cilip 52 (3/1995), S. 75 ff. und Stokar, cilip 51 (2/1995), S. 57 ff., 61.

470 Criminal Justice, S. 234.

471 Vgl. Padfield (Criminal Justice Process, S. 121), die darauf hinweist, daß der „Probation Service" ein „Public Interest Case Assessment Unit" hat, die der CPS zur Bestimmung des öffentlichen Interesses bei Bedarf zur Verfügung steht; s. dazu auch Tarling, Interdependence and the CPS, in Williams, The Role of the prosecutor, S. 43 ff., 47 f; Ashworth, The Criminal Process, S. 180.

472 Vgl. Padfield, Criminal Justice Process, S. 121.

473 So Elliman, NLJ 1990, S. 812 ff./864, 812.

474 Vgl. Elliman, NLJ 1990, S. 812 ff./864, 813.

475 Vgl. Sanders, From Suspect to Trial, in Maquire/Morgan/Reiner, The Oxford Handbook of Criminology, S. 773 ff., 801.

den kann, die sich aufgrund der Abhängigkeit der CPS von den Polizeiinformationen ergeben haben.[476] Allerdings wurde das Projekt des VERA Institute of Justice inzwischen beendet.

Außerdem erklärte sich der CPS in den Fällen, in denen der Angeklagte voraussichtlich „schuldig" plädieren wird, sogar mit einer gekürzten Version der Polizeiakte, der sog. abbreviated file, einverstanden. Seit 1995 existieren diese Akten, wobei sie von fast allen Polizeibehörden verwendet bzw. hergestellt werden.[477]

Folglich ist auch deshalb ein Abhängigkeitsverhältnis des CPS von der Polizei anzunehmen, weil die Polizei über die Informationen verfügt, auf deren Grundlage der CPS ihre Entscheidungen trifft.[478]

c. Geringe Anzahl an Konsultationen bei dem CPS

Die Polizei kann frei darüber entscheiden, ob sie den CPS vor ihren Entscheidungen konsultieren möchte. Demnach ermöglicht die Rechtslage nunmehr eine Beratung der Polizei durch den CPS und damit de iure eine unabhängige zweite justizielle Prüfung.

Letztlich entscheidet aber die Polizei, ob und wann sie die Beratung in Anspruch nimmt und ob sie dem Rat des CPS folgt. Dabei haben Überprüfungen der königlichen Untersuchungskommission ergeben, daß es lediglich in 0,7 %-13,9 % aller Verfahren zu solchen Konsultationen kommt.[479] Diese Anzahl nahm auch nicht etwa mit der Zeit zu, obwohl die Einstellungsquote bekanntermaßen in den Fällen geringer war, in denen die Polizei mit der CPS Kontakt aufgenommen hatte.[480]

Um die Zusammenarbeit zu fördern wurde zu Beginn des Jahres 1996 ein Pilotversuch unternommen: In 12 Polizeibehörden wurden Crown Prosecutor stationiert, um die Polizei frühzeitig bei komplexen Fällen oder Fällen mit rechtlichen Schwierigkeiten hinsichtlich ihrer Strafverfolgungstaktiken zu beraten und somit Mittel der Polizei nicht unnötig zu beanspruchen.[481] Der DPP erklärte, mit der Durchführung des Projektes sei beabsichtigt:

> „[...] to get it „right first time"."[482]

Folglich findet in Ermangelung der tatsächlichen Inanspruchnahme der Abstimmungsmöglichkeiten zwischen Polizei und CPS keine Überprüfung der polizeilichen Ermittlungen durch eine unabhängige Behörde statt.

---

476 Vgl. Elliman, NLJ 1990, S. 812 ff./864, 814.

477 Vgl. CPS, Annual Report 1996/97, S. 11.

478 So ebenfalls Ashworth (The Criminal Process, S. 176). Auch Morton (NLJ 1987, S. 990 ff., 992): „We [CPS] are totally dependent on the quality of the work of the police submit".

479 Vgl. Crisp/Moxon, Case screening by the CPS, S. 29, wobei regionale Unterschiede nachgewiesen wurden. Die Durchschnittszahl der Konsultationen liegt etwa bei 4 %, vgl. dazu auch Ashworth, The Criminal Process, S. 173.

480 Vgl. Crisp/Moxon, Case screening by the CPS, S. VIII.

481 Vgl. CPS, Annual Report 1996/97, S. 12.

482 „[...] es von Anfang an richtig zu machen". Vgl. www.gov.cps.uk, press release vom 26.01.1996, S. 1.

d. Rückhalt in der Rechtsprechung für die Polizei

Schließlich erhält der CPS im Hinblick auf seine, im Gesetz geregelte Unabhängigkeit keine Unterstützung durch die Rechtsprechung. In *Croyden v Dean*[483] entschied das Gericht, obwohl der CPS die Weiterverfolgung eines Verfahrens betrieben hatte, daß es einzustellen sei, weil dies die Polizei dem Beschuldigten zugesagt hatte. Damit hat das Gericht nicht nur die Polizei auf die gleiche Ebene mit dem CPS gestellt, sondern auch der Polizei die Entscheidungskompetenz zugewiesen. Die Polizei kann danach sogar faktisch mit ihren Entscheidungen diejenigen des CPS aufheben. Zumindest ist der CPS an die Entscheidungen der Polizei gebunden, so daß von Unabhängigkeit der CPS nicht gesprochen werden kann.

e. Spannungen im Verhältnis CPS - Polizei

Die faktische Abhängigkeit des CPS von der Polizei ergibt sich ferner aus einem weiteren Umstand: Der CPS folgt den Entscheidungen der Polizei trotz seiner formalen Unabhängigkeit, weil der Polizei gerade aufgrund der Einrichtung des CPS bedeutende Kompetenzen entzogen wurden. Da die Polizei seit der Umstrukturierung nicht mehr berechtigt ist, die Entscheidung über die Erhebung der Anklage zu treffen, ist das Verhältnis zwischen CPS und Polizei seit jeher gespannt. Der Crown Prosecutor berücksichtigt diese Spannungen bei seinen Entscheidungen. Vor allem ist ihm bewußt, daß sämtliche Fälle, die er prüft, aus Sicht der Polizei angeklagt werden sollen.

In der Untersuchung der Royal Commission on Criminal Justice aus dem Jahre 1993 gab fast jeder zweite der befragten Polizeibeamten an, daß die Arbeit der CPS adequate sei, wobei auch eine Bewertung als very good, good, poor und very poor möglich war.[484] Auch der CPS schätzte die Arbeit der Polizei in 43 % als adequate ein.[485] Der CPS versucht deshalb, weitere Schwierigkeiten mit der Polizei zu vermeiden.[486] Dabei berücksichtigt der CPS insbesondere, daß die Zusammenarbeit mit der Polizei von Kooperationsbereitschaft geprägt sein soll.[487] *Sanders*[488] bezeichnet die Tätigkeit der Crown Prosecutor deshalb auch als „job of police advocate“ und kommt zu dem Schluß, die „prosecutors are unwilling to drop them (the police) in it“.

In den letzten Jahren wurden verschiedene Projekte eingeleitet, um die Arbeit des CPS, insbesondere im Hinblick auf die Zusammenarbeit mit der Polizei, zu verbessern:
Unter anderem fanden zur Anwendung des Criminal Procedure and Investigation Act 1996 (CPAI) bereits mehrere gemeinsame Ausbildungsseminare statt.[489] Dabei handelt es sich um ein Gesetz, welches den Gebrauch von „unused material“ regelt. Vor Erlaß des Gesetzes waren der CPS und die Polizei nach den Regeln des Common Law lediglich verpflich-

---

483 Vgl. R v Croyden Justices, ex parte Dean, ALL.E.R. 1993, S. 135 ff.

484 Vgl. Zander/Henderson, Crown Court Study, S. 49, Ziffer 2.4.17.

485 Vgl. Zander/Henderson, Crown Court Study, S. 49, Ziffer 2.4.19.

486 Vgl. Fionda, Public Prosecutors, S. 59.

487 Vgl. McConville/Sanders, L.S.Gaz. 1992, S. 24 ff, 25.

488 Crim.L.Rev. 1986, S. 16 ff., 24 f; ebenso Ashworth, The Criminal Process, S. 177: „[...] the CPS not whishing to be seen to let the police down.“. Das Home Office kommt aufgrund der im Jahr 1998 ausgeführten Studie zu dem Ergebnis, daß die Polizei zwar keine Mandanten der CPS sei, wie es vor der Reform gegenüber der Prosecution Counsel der Fall war, allerdings treffe die Rechtsanwalts-Mandant-Analogie noch immer auf einzelnen Bereiche zu, vgl. Home Office, Report 1998, Review of the CPS, S. 122.

489 Vgl. CPS, Annual Report 1996/97, S. 13.

tet, die Informationen mitzuteilen, auf die die Anklage ihre Beweisführung maßgebend stützt. Nachdem eine Vielzahl von miscarriages of justice aufgezeigt wurden, verabschiedete das Parlament auf der Grundlage eines Berichtes der Royal Commission on Criminal Justice den CPAI, wonach die Polizei über alle Ermittlungen exakt Buch führen und die Materialien veröffentlichen muß, soweit das Recht auf ein faires Verfahren das verlangt. Voraussetzung dafür ist allerdings, daß die Verteidigung des CPS ebenfalls ihre Strategien bekannt gibt.[490]

Außerdem sind die Vorgesetzten der Polizeibehörden und die Crown Prosecutor zusammen mit Gerichtsangehörigen in der sog. Trial Issues Group (TIG) organisiert. Es handelt sich dabei um eine Gruppe, die praktische Möglichkeiten zur Verbesserung des Strafverfahrens erarbeiten soll.[491] Dabei werden nationale Vorgaben gemacht, und die lokale Umsetzung durch insgesamt 42 regionale TIG koordiniert. Z.B. veröffentlichte die TIG im Juli 1996 das Statement of National Standards of Witness Care, das den Schutz der Zeugen bezweckt. Sog. local interagency groups beschlossen zur Durchsetzung dieser Standards ein Local Service Level Agreement, wonach die Polizei verpflichtet ist, dem CPS alle vorgeladenen Zeugen zu nennen. Demnach soll das Agreement die Zusammenarbeit der Behörden untereinander regeln.

Zudem wurde 1995 das sog. Joint Performance Management (JPM) gebildet, welches ebenfalls dazu dient, die Zusammenarbeit zwischen den Behörden zu verbessern.[492] Das erste Modell des JPM bezweckte dies anhand einer Untersuchung bei sechs Polizeibehörden und den mit ihnen verbundenen CPS-Behörden von drei Aspekten in einem Leistungsdiagramm:

a. Rechtzeitigkeit und Qualität der Polizeiakten;
b. Gründe für eine Einstellung und
c. Gründe für Freisprüche im Crown Court.

Im September 1996 wurde vom Home Office eine Einschätzung unabhängiger Beobachter veröffentlicht, wonach Erfolge des JPM zu verzeichnen waren. Gegenwärtig erhält das JPM vor allem von der TIG Unterstützung auf nationaler Ebene, auf regionaler Ebene wird diese Aktion durch regelmäßige Treffen zwischen der Polizei und dem CPS aufrechterhalten.[493]

In dem Abschlußbericht des Home Office vom Juni 1998 wurde allerdings festgestellt, daß noch immer eine Tendenz bestehe, die jeweils andere Behörde für Schwächen im Strafverfolgungssystem verantwortlich zu machen.[494] Der CPS rügt insbesondere die Qualität der Polizeiakten und deren späte Übermittlung, vor allem weil die Polizei den Termin beim Magistrate`s Court selbst festsetze.[495] Die Polizei hingegen kritisiert primär die Einstellungsentscheidungen des CPS,[496] obwohl es doch gerade die Aufgabe des CPS ist, die von

[490] Im einzelnen s. CPS, CPAI 1996.
[491] Vgl. CPS, Annual Report 1996/97, S. 10.
[492] Vgl. CPS, Annual Report 1996/97, S. 15; Home Office, Report 1998, Review of the CPS, S. 96.
[493] Vgl. CPS, Annual Report 1996/97, S. 12.
[494] Vgl. Home Office, Report 1998, Review of the CPS, Summary, Past and Present, S. 2 und 5.
[495] Vgl. Home Office, Report 1998, Review of the CPS, Summary, Past and Present, S. 2.
[496] Vgl. Home Office, Report 1998, Review of the CPS, Summary, Past and Present, S. 3.

der Polizei übermittelten Fälle auf die vorhandenen Beweismittel hin zu überprüfen und nicht beweisbare charges nicht weiter zu verfolgen. Auch daran läßt sich ablesen, daß der CPS mit mangelndem Verständnis seitens der Polizei rechnen muß, wenn er häufig Verfahren, die ihm die Polizei zur Erhebung der Anklage weiterleitet, einstellt. Diese Spannung beeinflußt seine Entscheidung zumindest am Rande.

f. Ergebnis

Als Ergebnis läßt sich festhalten, daß der CPS lediglich über eine formale Unabhängigkeit von der Polizei verfügt. Hingegen bestimmt die Polizei in der Praxis weitgehend die Entscheidungen des CPS, so daß dieser der Polizei nicht gleichberechtigt, sondern untergeordnet gegenübersteht. Eine objektive Entscheidung über die Erhebung einer Anklage ist nicht möglich.[497]

2. Mängel des Strafverfolgungssystems

Es ist nunmehr zu prüfen, ob es aufgrund der Unabhängigkeit der Polizei zu Mängeln im Strafverfolgungssystem kommt, die durch die Reform gerade verhindert werden sollten.

a. Uneinheitlichkeit der Strafverfahrens

Ein Anlaß für Kritik vor der Einführung des Prosecution of Offences Act 1985 war, daß es aufgrund der mangelnden Objektivität der Polizei in Verbindung mit dem weiten Ermessensspielraum in den Polizeibezirken und innerhalb einer Polizeibehörde zu stark divergierenden Strafverfolgungsentscheidungen kam.[498]

Dem Bedürfnis nach mehr Einheitlichkeit sollte durch die Einführung des Codes for Prosecutor entsprochen werden, der generelle Vorgaben für alle Strafverfolgungsentscheidungen enthält. Der Attorney General beabsichtigte auch durch den Erlaß der Richtlinien für Verwarnungen, cautioning guidelines 1984, die Einheitlichkeit der polizeilichen Entscheidungen zu fördern.[499] Bereits 1990 wurden diese aber geändert, weil Untersuchungen hinsichtlich der polizeilichen Verwarnungspraxis starke Abweichungen unter den einzelnen Polizeibehörden nachwiesen.[500] Dennoch wurde das Problem auch durch eine Neuauflage der Richtlinien nicht behoben, so daß die Richtlinien 1994 erneut geändert wurden, um die Einheitlichkeit der Entscheidungen zwischen den Polizeibehörden zu gewährleisten.[501] Demnach besteht das Problem der uneinheitlichen polizeilichen Entscheidungspraxis auch nach der Einführung der CPS fort.[502]

---

497 So ebenfalls McConville/Sanders, L.S.Gaz. 1992, S. 24 ff., 25. Auch das Home Office fordert deshalb in seinem Abschlußbericht, daß der CPS zukünftig eine unabhängige Position einnehmen muß, vgl. Home Office, Report 1998, Review of the CPS, S. 118.

498 Vgl. die Ausführungen in diesem Teilabschnitt unter A II. 2.

499 Vgl. Zander, English Legal Studies, S. 194 f. Vgl. speziell zu den Attorney-General's Guidelines: Crim.L.Rev. 1985, S. 4 ff., 4 ff.

500 Vgl. Zander, English Legal Studies, S. 194.

501 Vgl. Home Office Circular 18/1994, Rdn.1.

502 Sanders sagte bereits 1986 voraus, daß sich „consistency“ mit dem neuen Rechtssystem nie erreichen lasse, Crim.L.Rev. 1986, S. 16 ff., 18 f.: „It is impossible to be confident about the Act` s solution“.

Daran ändert auch die Einführung der sog. charging standards im August 1994 durch den CPS und die Polizei nichts.[503] Diese Standards regeln zwar die grundsätzlichen Kriterien für die Festlegung der Anklagepunkte und sollen deshalb die Auswahl der charges vereinheitlichen.[504] Allerdings können sie nur die Einheitlichkeit der Strafverfolgungspraxis für diejenigen Delikte fördern, für die sie bisher gelten. Insoweit existiert bspw. ein charging standard aus dem Jahre 1996 für die Straftaten nach dem Public Order Act 1986, den sog. public order offences[505] und ein charging standard für Körperverletzungsdelikte.[506] Außerdem kündigte der CPS im Januar einen Standard für Verkehrsdelikte an.[507] Für die Bekämpfung des Ladendiebstahls oder des Mords gelten derartige Richtlinien aber bisher nicht.

Abgesehen davon existieren die Standards auch nicht lange genug, als daß sich endgültig bewerten ließe, ob sie die Entscheidungen der Strafverfolgungsorgane vereinheitlichen. Ferner ist die Polizei noch immer berechtigt, ihr weites Ermessen auszuüben, sie ist nämlich nicht an die charging standards gebunden und eine Kontrollmöglichkeit besteht ebenfalls nicht.

In diesem Zusammenhang ist nochmals auf die Entscheidungsfreiheit der Polizei hinzuweisen, die durch die Reform nicht eingeschränkt wurde. Die Polizei ist nach wie vor berechtigt, das Verfahren einzustellen, den Beschuldigten formal bzw. informell zu verwarnen oder anzuklagen, wobei nur die letztgenannte Entscheidung von der CPS überprüft wird. Übergibt die Polizei demnach auch Fälle an den CPS, deren Beweise eine Anklage objektiv nicht rechtfertigen, bestimmt die individuelle Motivationslage der Polizeibeamten die Strafverfolgungspolitik. Insofern gilt auch, daß die Polizei Verfahren einstellt, in denen eine Anklage möglicherweise Erfolg gehabt hätte. Der CPS erhält von diesen Fällen keine Kenntnis, so daß keine Einheitlichkeit besteht.

Außerdem entscheidet die Polizei - wie sich aus den vorstehenden Angaben ergibt - ohne jegliche Absprache mit dem CPS. Derartige Konsultationen könnten aber die Einheitlichkeit der Entscheidungen fördern, schließlich ist der CPS an seine eigenen nationalen Vorgaben gebunden.[508]

Demnach besteht auch nach der Reform im Jahre 1986 eine uneinheitliche Strafverfolgungspraxis.

---

[503] Gegen die charging standards werden Bedenken im Hinblick auf ihre Rechtswirksamkeit geltend gemacht, da sie einerseits - so Davies, JP 1995, S. 203 ff. - nicht vom Gesetzgeber erlassen worden seien und andererseits - so Woods, JP 1995, S. 42 ff. - nicht dem Police und Criminal Evidence Act 1984 entsprechen würden.

[504] Vgl. www.cps.gov.uk., press release vom 26.01.1996; Woods, JP 1995, S. 42 ff.

[505] Vgl. www.cps.gov.uk.uk, press release vom 22.05.1996.

[506] Vgl. Davies, JP 1995, S. 203 ff.

[507] Vgl. www.cps.gov.uk.uk, press release vom 22.05.1996.

[508] Vgl. Sanders, 28 Brit.J.Criminolog. 1988, S. 525.

2. Ungerechtigkeit des Strafverfahrens

Ferner wurde vor der Einführung des CPS kritisiert, daß das Strafverfahrenssystem nicht dem Fairnessprinzip entspreche.[509] Dabei wurden insbesondere die willkürlichen Ungleichbehandlungen der Beschuldigten durch die Polizei gerügt.

Auf den ersten Blick entspricht der Code dem Anliegen, das Verfahren gerechter zu gestalten, da die Verfolgung von Straftätern auf klaren Kriterien basiert, die auch die Rechte des Beschuldigten berücksichtigen. Auch die erwähnten charging standards wurden eingeführt, um greater fairness zu erreichen.[510]

Allerdings kann ein faires Verfahren in der Praxis nur gewährt werden, wenn auch die Polizei verpflichtet ist, innerhalb klarer Regeln zu agieren, die den notwendigen Schutz der Rechte des Beschuldigten gewährleisten.[511] Insbesondere die neueste Fassung des Codes aus dem Jahre 1994 enthält nicht mehr die ehemals entscheidenden Kriterien für die Entscheidung über die Durchführung einer Strafverfolgung.[512] Zwar wird dies mit einer besseren Verständlichkeit für die breite Öffentlichkeit begründet,[513] es ändert aber nichts daran, daß die Entscheidungen der Strafverfolgungsorgane nicht überprüft werden können. Es besteht nämlich noch immer keine offene Polizeipraxis.[514] Die Polizeibeamten treffen ihre Entscheidungen, die bereits gravierende Konsequenzen für den Beschuldigten haben, auf der Grundlage der unveröffentlichten Policy Manuals. Sie bestimmen, wie sich die weitere Strafverfolgung gestaltet. Eine Unterstützung der Polizisten durch den CPS ist bei dieser Entscheidung nicht vorgesehen. Daher sind wiederum neue Wege eröffnet worden, die das Strafverfolgungssystem hinsichtlich der Anforderungen an ein faires Verfahren verschlechtern.[515]

Das gilt auch im Hinblick auf Diskriminierungen seitens der Polizei, denn das Fortbestehen der doctrine of constabulary independence führt dazu, daß eine Kontrolle der Eingriffe in die Rechte des Beschuldigten nicht möglich ist. Die Entscheidung der Polizeibeamten, von einer Verfolgung abzusehen, auf eine bestimmte Weise zu verfolgen oder letztlich nicht mehr zu verfolgen, steht im unkontrollierten Ermessen der Polizei. Weder der CPS noch eine andere Behörde kann diese maßgeblichen Entscheidungen beeinflussen. Deshalb kommt es nach wie vor zu Diskriminierungen:

McConville/Sanders/Leng[516] stellten in ihrer Untersuchung Benachteiligungen ausländischer Verdächtiger, vor allem von Männern fest. Sie wiesen auch Diskriminierungen Angehöriger unterer Sozialschichten nach. Die Tendenz der Polizeibeamten gehe dahin, Straf-

---

[509] Vgl. dazu die Ausführungen unter A. II. 3.

[510] Vgl. Woods, JP 1995, S. 42 ff., 42.

[511] Vgl. Hilson, Crim.L.Rev. 1993, S. 739 ff., 747.

[512] S. dazu den Code for Crown Prosecutors 1985 und 1992. Außerdem ist nochmals darauf hinzuweisen, daß sich die maßgeblichen Entscheidungskriterien nunmehr in den Policy Manuals befinden, vgl. dazu Sanders, NLJ 1994, S. 946 ff.; Fionda, Public Prosecutors, S. 27 f.

[513] Vgl. Mills, NLJ 1994, S. 899 ff., 899.

[514] So auch Hilson, Crim.L.Rev. 1993, S. 739 ff., 747.

[515] So auch Rose, The Collapse of Criminal Justice, S. 163. Allerdings arbeitet das Ausbildungszentrum der Metropolitan Police in Hendon mit dem Handbuch „Focus on fair treatment for all - A handbook to support learning in the area of equal opportunities in Metropolitan Police probationer training“, s. dazu Bunyan, cilip 44 (1/1993), S. 68 ff., 71.

[516] The case for the prosecution, S. 35.

täter aus den höheren gesellschaftlichen Schichten zu verwarnen oder bereits kein Strafverfahren gegen sie einzuleiten, während gegen Angehörige aus der Arbeiterklasse wesentlich häufiger ein Ermittlungsverfahren eingeleitet werde.[517] Angesichts des weiten Ermessens der Polizei kommen *McConville/Sanders/Leng*[518] zu dem Ergebnis, daß die Zusammensetzung der Verurteilten eine „Zusammensetzung durch die Polizei" sei.

Jefferson/Walker und *Seneviratne*[519] konnten Rassendiskriminierungen seitens der Polizei aufgrund ihrer Studie nachweisen. Sie verglichen die Anzahl von „schwarzen, asiatischen und weißen Männlichen" im Hinblick auf Festnahmen, polizeiliche Befragungen und sonstige Beobachtungen durch die Polizei in Leigh. Innerhalb des Stadtbezirks unterschieden sie zudem zwischen den Gebieten, in denen mehr als 10 % der Einwohner „schwarz" waren (die „schwärzeren" Gegenden) und in den Gebieten, in denen weniger als 10 % zu dieser Gruppe zählten. Dabei stellten sie fest, daß Schwarze gegenüber Weißen und beide gegenüber Asiaten benachteiligt wurden.[520] Damit war gemeint, daß sie öfter von der Polizei angehalten und festgenommen wurden. Außerdem wurden die Weißen in den sog. „schwärzeren" Gegenden schlechter behandelt als in den anderen Gegenden.[521]

Die *Royal Commission*[522] stellte ebenfalls Diskriminierungen durch die Polizei fest. Zum Beispiel würden Afro-Caribbeans, also Täter afrikanisch-karibischer Abstammung, im gegenwärtigen Strafverfolgungssystem benachteiligt. Deshalb hat sich der CPS in Verbindung mit der African, Caribbean und Asian Lawyers Association gesetzt, die sich um eine Gleichbehandlung von ethnischen Minderheiten bemüht.[523]

Seit 1992 existiert ferner ein sog. Criminal Justice Consultative Council. Teilnehmer sind Vertreter der Polizei und der CPS, aber auch des Home Office, des Lord Chancellor's Department, der Richterschaft und anderer juristischer Berufsgruppen. Dieses Council beschäftigt sich u.a. mit Fragen, die im Zusammenhang mit Rassendiskriminierung stehen.[524] Zudem existiert ein Race Advisory Committee in dem CPS London, das sich mit Rassendiskriminierungen auseinandersetzt. Seit 1996 steht der CPS auch im Gespräch mit der Commission for Racial Equality, der Kommission für die Gleichheit der Rassen, mit der er auch Pilotprojekte durchführt.[525]

---

517 Vgl. McConville/Sanders/Leng, The case for the prosecution, S. 123.

518 „The make-up of the convicted population is, therefore, like the make-up of the suspect population: a police construction.", vgl. McConville/Sanders/Leng, The case for the prosecution, S. 35.

519 Jefferson/Walker/Serneviratne, Ethnic Minorities, S. 138 ff., 140 f. in Downes, Unravelling Criminal Justice.

520 Jefferson/Walker/Serneviratne, Ethnic Minorities, S. 138 ff., 150 f. in Downes, Unravelling Criminal Justice.

521 Jefferson/Walker/Serneviratne, Ethnic Minorities, S. 138 ff., 150 f. in Downes, Unravelling Criminal Justice.

522 Vgl. Fitzgerald, Ethnic Minorities, S. 12. S. dazu auch Smith, Race, Crime and Criminal Justice, in McQuire/Morgan/Reiner, The Oxford Handbook of Criminology, S. 1109 ff.

523 Vgl. Annual Report 1996/97, S. 24.

524 Vgl. Annual Report 1996/97, S. 10.

525 Vgl. Annual Report 1996/97, S. 13 und 24 ff.

Mithin ist das Verfahren auch nach der Reform im Jahre 1986 nicht gerechter geworden, da die Polizei noch immer einzelne Tätergruppen benachteiligt.[526]

Gleiches ist anzunehmen, wenn man die Entwicklung der Freispruch- und Einstellungsrate nach der Reform betrachtet. Dabei ist zu berücksichtigen, daß ein Verfahren, welches mit einem vermeidbaren Freispruch endet, als unnötige Stigmatisierung des Beschuldigten anzusehen ist. Das gilt ebenfalls für eine Einstellung des Verfahrens, wenn diese bereits früher hätte erfolgen können. Deshalb findet auch im englischen und walisischen Rechtssystem der Grundsatz Anwendung:

„justice delayed is justice denied".[527]

Ein Motiv für die Errichtung des CPS war daher die verbesserte und frühere Selektion der Fälle, die aufgrund ihrer Beweislage nicht weiter verfolgt werden sollten. Außerdem sollte die Strafverfolgungsbehörde eine bessere Vorbereitung und Präsentation der Fälle in der Hauptverhandlung gewährleisten.

Die Freispruchrate stieg aber in den ersten Jahren nach der Errichtung des CPS an, verstärkt im Zusammenhang mit Verfahren vor den Magistrates' Court, jedoch auch vor dem Crown Court.[528] Allerdings muß dabei berücksichtigt werden, daß ein Freispruch nicht notwendigerweise auf eine falsche Entscheidung der Strafverfolgungsorgane zurückzuführen ist, denn es kommt vor, daß beispielsweise Zeugen der Anklage in der Hauptverhandlung unerwartet die Aussage verweigern.[529]

Ein aussagekräftiges Kriterium ist aber die hohe Anzahl der non-jury acquittals. Dabei ist darauf hinzuweisen, daß zwischen den „normalen" Freisprüchen (jury-acquittals) einerseits und den non-jury acquittals, also den ordered acquittals und den directed acquittals, andererseits unterschieden wird:

Bei einem ordered acquittal handelt es sich um einen Freispruch, bei dem die Anklage kein Beweismittel anbietet und der Richter deshalb die Jury anweist, den Angeklagten freizusprechen.[530] In den Fällen des directed acquittal beendet der Richter die Strafverfolgung, weil er der Ansicht ist, die Jury könne auf der Grundlage der Beweismittel nicht zu einer Verurteilung gelangen.[531] Diese Freisprüche deuten somit auf Fehler des CPS bzw. seines Counsel hin und sind deshalb für den Erfolg des Strafverfolgungssystems unter dem As-

---

[526] Daran änderte auch die Verabschiedung des Police and Criminal Evidence Act 1984 nichts, da in diesem Gesetz lediglich die sog. Police working rules umgesetzt worden sind, vgl. McConville/Sanders/Leng, The case for the prosecution, S. 28.

[527] „Verspätete Gerechtigkeit ist verweigerte Gerechtigkeit". Vgl. Tarling, Interdependence and the CPS, in Williams, The Role of the Prosecutor, S. 43 ff., 47 unter Bezugnahme auf ein Zitat des Streatfield Committee aus dem Jahre 1961. Dieser Grundsatz beruht auf s. 29 der Magna Carta: „We will not deny, or defer, to any man, either justice or right", wobei der Court of Appeal entschieden hat, daß „deferment" fehlerhafte Verspätungen beinhaltet, s. dazu Ashworth, The Criminal Justice, S. 187.

[528] Vgl. McConville/Sanders, The case for the prosecution, S. 24.

[529] Vgl. Bennion, Crim.L.Rev. 1986, S. 3 ff., 5.

[530] Vgl. Block/Corbett/Peay, Ordered and directed acquittals, S. 10

[531] Vgl. Block/Corbett/Peay, Ordered and directed acquittals, S. 10

pekt der Beweisführung, der Vorbereitung und Durchführung der Hauptverhandlung, aussagekräftig.[532]

Eine Untersuchung belegt, daß von 1980 bis 1985 die Anzahl der sog. non-jury acquittals kontinuierlich unter 50 % gelegen hat. Seit der Errichtung des CPS stieg diese Anzahl von 48 % auf 52 % im Jahre 1989.[533] Demnach waren fast die Hälfte aller Freisprüche auf Fehler der Anklage zurückzuführen.[534] Für die letzten Jahre ist die Statistik des CPS in seinem Jahresbericht heranzuziehen, die allerdings lediglich die directed acquittals anzeigt. Danach wurden in 1994/95 24,2 % der Freisprüche mangels ausreichender Beweismittel durch den Richter beendet, während es 1995/96 noch 23,2 % und 1996/97 nur noch 20,6 % waren. Zwar ist die Tendenz dieser Freisprüche damit in den letzten drei Jahren rückläufig, verglichen mit dem Zeitraum vor der Errichtung des CPS ist aber eine Steigerung von 4,6 % zu verzeichnen (von 16 % auf 20,6 %).[535]

Zudem ist der Zeitpunkt der Einstellungen ein aussagekräftiges Kriterium für die Arbeit des CPS.[536] Im Zeitpunkt der Untersuchung der Royal Commission on Criminal Justice erfolgten lediglich 5 % aller Einstellungen zum frühestmöglichen Zeitpunkt.[537] Die größte Anzahl der Fälle wurde zwischen der zweiten und der dritten Verhandlung eingestellt.[538] Die Kommission kritisierte dieses Verhalten in ihrem Bericht aus dem Jahre 1993.[539] Daraufhin beendete 1995/96 der CPS 45 % der Fälle zwischen der ersten und zweiten Anhörung, während es 1996-97 47 % waren.[540] Damit stellt der CPS nunmehr zwar früher ein, dennoch wurde in 95 % der Fälle ein Verhandlungstermin anberaumt.[541] Dabei ist der CPS - wie dargestellt - berechtigt das Verfahren, auch vor der Verhandlung einzustellen.

Der Hauptgrund für die hohe Anzahl der Freisprüche und für die späte Einstellung findet sich an der „Tür der Polizei“:[542]

Der CPS ist von den Informationen der Polizei abhängig. Die Art und Weise, wie die Polizei die case summary gestaltet, die sie an den CPS weiterleitet, bestimmt die Entscheidungen des CPS über die Erhebung der Anklage. Dabei trifft sie die Auswahl der Beweise und unterläßt oftmals die Darstellung von Gegenbeweisen. Sachverhalte, die in eine andere Richtung als die von der Polizei eingeschlagene weisen, werden nicht gewürdigt. Zudem stützt sich die Polizei bei ihren Fallkonstruktionen oftmals lediglich auf Geständnisse, während der CPS keine Möglichkeit hat, die polizeilichen Ermittlungsergebnisse zu über-

---

532 So ebenfalls, Block/Corbett/Peay, Ordered and directed acquittals, S. 10; Ashworth, The Criminal Process, S, 175.

533 Vgl. Block/Corbett/Peay, Ordered and directed acquittals, S. 10.

534 Vgl. Rose, The collapse of Criminal Justice, S. 142 f.

535 Vgl. CPS, Annual Report 1996/97, S. 39. Die Statistiken des Court Service wird vorliegend nicht herangezogen, weil sie alle Verfahrensbeendigungen, außer Verurteilungen, als Freisprüche erfassen, vgl. Home Office, Report 1998, Review of the CPS, S. 73.

536 So ebenfalls Ashworth, The Chriminal Process, S. 173.

537 Vgl. Crisp/Moxon, Case screening by the CPS, S. VIII. Davon wurden 43 % wegen „insufficient evidence“ und 31 % mangels „public interest“ eingestellt, vgl. Davies/Croall/Tyrer, Criminal Justice, S. 131.

538 Vgl. Crisp/Moxon, Case screening by the CPS, S. VIII.

539 Vgl. Home Office, Report 1993, The Royal Commission on Criminal Justice, Rdn. 5.35 ff.

540 Vgl. CPS, Annual Report 1996/97, S. 32.

541 Vgl. Crisp/Moxon, Case screening by the CPS, S. VIII.

542 Vgl. Block/Corbett/Peay, Ordered and directed acquittals, S. 11.

prüfen. Die mangelhafte Beweisführung wird daher erst offensichtlich, wenn alle Tatsachen des Falles in der Hauptverhandlung bekannt werden.[543] Der CPS kann angesichts der case summary nicht einmal erahnen, daß die Beweise in einer Hauptverhandlung eine Verurteilung nicht „wahrscheinlicher machen" als einen Freispruch.[544] Deshalb bestätigte auch das bereits erwähnte Projekt mit dem VERA-Institute of Justice, daß die Rate der Einstellungen ansteigt, wenn der CPS seine Informationen von einer anderen Behörde als der Polizei erhält.[545] Die polizeiliche Vorarbeit rechtfertigt also keine andere Entscheidung des CPS.[546]

Dabei ist auch zu berücksichtigen, daß die Polizeibeamten teilweise der Auffassung sind, Entscheidungen der Richter oder der Jury seien nicht vorhersehbar, so daß sich die Polizei selbst bei Zweifeln für die Durchführung einer Anklage entscheidet.[547]

Ferner ist bekannt, daß die Polizei im Rahmen ihres Ermessens eigene politische Entscheidungen trifft. Die Polizei hat zugegeben, daß sie in einigen Fällen den Verdächtigen lediglich „von der Straße haben wollte" und sich im nachhinein überlegt hat, welches Verschulden ihm vorgeworfen werden könnte.[548] Dabei spielt auch der Präventionsgedanke eine Rolle.[549]

Demnach ist die Aufrechterhaltung der Strafverfolgung trotz der Tatsache, daß die Beweismittel wenig Aussicht auf eine Verurteilung versprechen, Folge der polizeilichen „Vorentscheidung" über die Erhebung der Anklage.[550]

Einige der Fälle werden von dem CPS auch weiterverfolgt, um die Polizei nicht zu enttäuschen. Der CPS bezieht in seine Entscheidung ein, daß die Polizei ihm nur diejenigen Fälle weiterleitet, in denen seiner Auffassung nach Anklage erhoben werden soll. Demnach vertraut er einerseits auf die Entscheidung der Polizei, andererseits berücksichtigt er, daß beide Strafverfolgungsbehörden zusammenarbeiten müssen. Es ist dem CPS bekannt, daß die Motivation der Polizei sinkt, wenn aus ihrer Sicht 100 %ige Fälle nicht weiterverfolgt werden.[551]

Ein Grund für die Fehleinschätzung der Beweislage durch den CPS ist, daß eine wirkliche Rücksprache mit dem Prosecution Counsel nicht stattfindet. Zwar haben die Mitarbeiter des CPS dieselbe Qualifikation wie die Mitarbeiter des Counsel, allerdings fehlt ihnen die

---

543 Vgl. McConville/Sanders, The case for the prosecution, S. 24.

544 Vgl. McConville/Sanders, L.S.Gaz. 1992, S. 24 ff., 25.

545 Anstieg von 1 % auf 7 %, vgl. Sanders, From Suspect to Trial, in Maquire/Morgan/Reiner, The Oxford Handbook of Criminology, S. 773 ff., 802.

546 Vgl. Sanders, Crim.L.Rev. 1986, S. 16 ff., 16.

547 Vgl. McConville/Sanders, L.S.Gaz. 1992, S. 24 ff., 25; Daw (Crim.L.Rev. 1994, S. 904 ff., 905 f.) ist der Auffassung, die Anforderungen an die Beweise entsprechen den Anforderungen an den Grundsatz „fairness". Es sei nun einmal nicht zu jedem Zeitpunkt innerhalb des Verfahrens möglich, die Beweise vollständig und realistisch auszuwerten.

548 Vgl. McConville/Sanders, L.S.Gaz. 1992, S. 24 ff., 25. Das kann allerdings für den Ladendiebstahl nur eingeschränkt gelten, da in diesen Fällen üblicherweise der Geschädigte den Täter direkt „mitliefert".

549 Vgl. McConville/Sanders, L.S.Gaz. 1992, S. 24 ff., 25.

550 Vgl. Sanders, Public Interest, in Williams, The role of the Prosecutor, S. 30 ff., 36.

551 Sanders (Crim.L.Rev. 1986, S. 16 ff., 25 f.) ist sogar der Auffassung, der CPS stelle nur diejenigen Verfahren ein, in denen die Polizei mit einer Einstellung einverstanden sei. Ansonsten überlasse der CPS lieber dem Gericht die Verantwortung für die Einstellung.

forensische Erfahrung. In der Regel bildet die Mitarbeit eines barristers bei dem CPS die erste Karrierestufe, so daß die erforderlichen Kenntnisse nicht aus früheren Tätigkeiten hergeleitet werden können. Ob Ausbildungsprogramme, die seit der Einführung der begrenzten Vertretungsbefugnis bestehen, die Leistungen der Anwälte verbessert haben, läßt sich zum jetzigen Zeitpunkt nicht abschätzen. Demnach sind die Mitarbeiter des CPS auf Erfahrungen des Counsel angewiesen. Insofern besteht aber das bereits erwähnte Problem, daß der Counsel seinen Rat, wie bereits vor der Einführung des CPS, immer auch im Hinblick auf zukünftige Mandate abgibt. Zudem akzeptiert der CPS den Rat, „schwache Fälle" zu beenden, nicht in allen Fällen.

Außerdem gestanden Mitarbeiter des CPS selbst ein, daß die Vorbereitung und Präsentation ihrer Fälle bei weitem noch nicht die Qualität erreicht haben, die bei Errichtung des CPS angestrebt worden sei.[552] Trotz der Kriterien in den Codes hat sich diese nachweislich nicht besonders verbessert.[553] Auch in diesem Zusammenhang ist auf die mangelhafte Zusammenarbeit zwischen dem CPS und dem Prosecuting Counsel hinzuweisen. Abgesehen davon, daß der CPS die Ratschläge nicht immer befolgt, wird der Counsel oftmals zu spät instruiert.[554]

Zudem ist die im englischen und walisischen Rechtssystem bestehende Möglichkeit eines guilty plea ein weiterer Grund dafür, daß nur wenige Verfahren trotz mangelnder Beweise frühzeitig eingestellt werden und die Freispruchrate hoch ist.[555] Zwar soll der CPS nur dann Anklage erheben, wenn eine realistische Aussicht auf eine Verurteilung besteht. Da sich aber möglicherweise auch Unschuldige schuldig bekennen, besteht auch in sog. „schwachen Fällen" eine Aussicht auf eine Verurteilung.[556] Demnach stellt der CPS das Verfahren trotz mangelhafter Beweislage nicht ein, weil die Möglichkeit besteht, daß der Angeklagte „schuldig" plädiert.[557]

Die Rate der vermeidbaren Freisprüche ist aber nach der Reform noch angestiegen. Darüber hinaus erfolgen fast alle Einstellungen, nachdem ein Verhandlungstermin stattgefunden hat. Deshalb - so das Home Office - habe der CPS die in ihn gesetzten Erwartungen, beweisschwache Fälle herauszufiltern, nicht erfüllt.[558] Die Identifizierung dieser Fälle zu einem möglichst frühen Zeitpunkt würde dem Angeklagten aber ein Erscheinen vor Gericht ersparen und damit das Verfahren gerechter werden lassen.

Da diese Mängel größtenteils bekannt sind, hat der JPM die Aufgabe, den Zeitpunkt der Beendigung der Strafverfolgung nach vorne zu verlagern, die Gründe für eine Einstellung

---

552 Vgl. Home Office, Report 1993, Royal Commission on Criminal Justice, S. 75, Rdn. 36.

553 Vgl. Home Office, Report 1998, Review of the CPS, S. 89 ff.

554 Vgl. Home Office, Report 1993, Royal Commission on Criminal Justice, S. 75, Rdn. 42; Rose, The Collapse of Criminal Justice, S. 156 ff.

555 Vgl. McConville/Sanders, L.S.Gaz. 1992, S. 24 ff., 25.

556 Vgl. Sanders, Crim.L.Rev. 1986, S. 16 ff., 25.

557 Deshalb kommen McConville/Sanders (L.S.Gaz. 1992, S. 24 ff., 25) zu dem Ergebnis, daß der CPS seine Aufgabe nicht besser erfüllen könnte. Sein Ziel solle es auch nicht sein, möglichst viele „schwache Fälle" auszusortieren, sondern so viele Verurteilungen wie möglich zu erreichen.

558 Vgl. Home Office, Report 1998, Review of the CPS, Summary, Past and Present S. 4. Das Home Office empfahl aufgrund der Untersuchungen zudem, daß die Einstellungsrate besser erfaßt, die Gründe für Einstellungen untersucht und daß in einer zweifelhaften Entscheidung der CPS Rücksprache mit einem Dritten halten solle, vgl. a.a.O., S. 1.

und für die hohe Freispruchrate sowohl im Magistrates' Court als auch im Crown Court zu untersuchen und Wege zu finden, das System diesbezüglich zu verbessern.[559]

3. Ineffizienz des Strafverfahrens

Durch die Errichtung des CPS sollte ferner das Strafverfahren effizienter gestaltet werden. Die bisherigen Ergebnisse belegen aber, daß dieses Ziel tatsächlich nicht erreicht wurde.[560]

In diesem Zusammenhang ist erneut die hohe Freispruchrate und die späte Einstellung der Verfahren zu nennen. Diese resultieren aus der mangelhaften Beweisführung, Vorbereitung sowie Präsentation der Fälle und sind Indikatoren dafür, daß sogar noch mehr Mittel verschwendet werden als vor der Einrichtung der CPS.[561] Deshalb findet sich im Jahresbericht des CPS auch die Zielsetzung, das „Preis-/Leistungsverhältnis" zu verbessern.[562]

In einer Studie in vier verschiedenen Bezirken der CPS wurde außerdem festgestellt, daß insbesondere in den Magistrates' Court zahlreiche Verspätungen durch das Verhalten der Crown Prosecutor entstehen. Sie seien nicht auf das Verfahren vorbereitet, so daß es zu Vertagungen komme.[563]

Ferner ist das Verfahren auch nach der Reform nicht effizienter geworden, weil der CPS verpflichtet ist, ausnahmslos jeden der von der Polizei mit charges versehenen Fälle zu überprüfen. Bereits in dem Jahresbericht der CPS aus dem Jahre 1986/87[564] hieß es:

> „Many thousands of minor process cases now fell to be prosecuted by the CPS instead of the police [...] The need to review such cases absorbed a great deal of time of lawyers who would have been better employed on more exciting and interesting levels of case work."[565]

Demnach ist der CPS selbst der Auffassung, daß das derzeitige System ineffizient sei, weil juristisch qualifizierte Mitarbeiter jeden noch so unbedeutenden bzw. rechtlich unproblematischen Fall selbst verfolgen müssen. Gleichwohl hat sich diese Aufgabenverteilung in den Jahren seit der Einführung des CPS nicht verändert.

---

559 Vgl. CPS Annual Report 1996/97, S. 16.

560 So auch Home Office, Report 1998, Review of the CPS, S. 91.

561 Vgl. Block/Corbett/Peay, Ordered and directed acquittals, S. 58; McConville/Sanders, L.S.Gaz. 1992, S. 24 ff., 24.

562 Vgl. CPS, Annual Report 1996/97, S. 28.

563 Vgl. Tarling, Interdependence and the CPS, in Williams, The Role of the Prosecutor, S. 43 ff., 48. Dabei ermächtigt s. 22 des Prosecution of Offences Act 1985 den Secretary of State Fristen festzulegen, innerhalb welcher die Anklage bestimmte Entscheidungen getroffen haben muß. Auf dieser Grundlage sind bspw. Richtlinien für die Dauer der Haft und für die Anforderungen an den Grundsatz „Mißbrauch des Verfahrens" erlassen worden, Vgl. Prosecution of Offences (Custody Time Limits) Regulations 1987; dazu Ashworth, The Criminal Process, S. 187; Card/Cross/Jones, Criminal Law, S. 32.

564 Vgl. CPS, Annual Report 19986/87, zitiert bei Rose, The Collapse of Criminal Justice, S. 146 Fn. 21.

565 „Viele tausend kleinerer Fälle werden nun durch den CPS statt durch die Polizei angeklagt [...] Die Notwendigkeit, sämtliche Fälle zu überprüfen, nimmt einen Großteil der Arbeitszeit von Rechtsanwälten ein, die besser für genauere und interessantere Fallarbeit eingesetzt worden wäre."

1996 verfügte der CPS lediglich über 2.000 lawyer, die für 1,5 Millionen Verfahren jährlich zuständig waren,[566] so daß es angesichts der Arbeitsbelastung noch immer äußerst schwierig ist, qualitativ hochwertige Arbeit in jeden Fall zu leisten.

Hinzu kommt, daß die Polizei die Fälle zur Überprüfung durch den CPS optimal vorbereiten muß. *Rose*[567] kritisiert insoweit, daß dieser bürokratische Weg wesentlich länger dauert, als das Hauptverfahren. Die Polizei sei verpflichtet, regelmäßig zehn verschiedene Formulare auszufüllen,[568] während der Crown Prosecutor und der Amtsrichter die Entscheidung über den Fortgang des Verfahrens im Schnellverfahren - in Minuten - träfen.[569]

1996 wurde die Stelle eines Inspectorate bei dem CPS geschaffen, der die Arbeitsmethoden des CPS kontrollieren soll. Im einzelnen gehört zu seinen Aufgaben, die Qualität der Fälle zu überprüfen, Empfehlungen zur Verbesserung dieser Qualität auszusprechen und gute Arbeitsmethoden zu identifizieren, zu fördern und anzuregen.

Der Inspectorate begann seine Überprüfung bei dem CPS Wales. Im November 1996 fand eine Kontrolle des CPS London statt. Das Home Office gelangte aufgrund einer Untersuchung zu dem Ergebnis, daß zwar die Qualität der vom Inspectorate verfaßten Berichte beeindruckend, der Inspectorate aber nicht unabhängig sei.[570] Er solle vielmehr über einen sog. lay chairman, der vom Attorney General ernannt werde und über eine Anzahl lay members, verfügen. Zugleich solle sein Aufgabenbereich erweitert werden.[571]

Die mangelnde Effizienz des derzeitigen Strafverfahrens wird auch bei der „Verwaltung der Straftaten“ deutlich:

Nach s. 1 (1)(a) Prosecution of Offences Act 1985 ist der DPP für die Einteilung des Landes in areas verantwortlich. Auf dieser Grundlage wurde England und Wales bei der Errichtung des CPS zunächst in 31 Bezirke aufgeteilt, für die jeweils ein Chief Crown Prosecutor zuständig war. Diese Aufteilung hatte einerseits den Vorteil, daß der CPS die regionalen Besonderheiten berücksichtigen konnte, also bspw. daß die Kriminalität in verschiedenen Bezirken unterschiedliche Ausmaße annimmt und deshalb unterschiedlich bekämpft werden muß. Auf der anderen Seite entstand ein hoher Verwaltungsaufwand, z.B. dadurch, daß jeder Bezirk eine eigene Büroorganisation mit technischer Ausstattung zur Verfügung haben mußte. Zudem verlängerte sich die Verfahrensdauer, weil bei überregionalen Straftaten eine Zusammenarbeit zwischen den einzelnen Bezirken - die Akten mußten übersandt, Kooperationsmaßnahmen vorgenommen werden - erforderlich wurde.[572]

---

[566] Vgl. Rose, The Collapse of Criminal Justice, S. 145 f.

[567] The Collapse of Criminal Justice, S. 146.

[568] Die Formulare betreffen frühere Verurteilungen, Verwarnungen und frühere Eintragungen insgesamt, zudem Erwerbstätigkeit und Einkommen, Zusammenfassung der Beweise, vertrauliche Einschätzung der Erfolgsaussichten, Zeugenliste, einen Kalendar, wann Zeugen keinesfalls erscheinen können, Haftantrag, Asservatenliste, vgl. Rose, The Collapse of Criminal Justice, S. 147.

[569] Vgl. Rose, The Collapse of Criminal Justice, S. 146 ff.

[570] Vgl. Home Office, Report 1998, Review of the CPS, Summary, The Future, S. 7.

[571] Vgl. Home Office, Report 1998, Review of the CPS, Summary, The Future, S. 7.

[572] Addison (Counsel 1995, S. 14 ff., 14) gibt an, daß die neuen Bezirke nicht nur groß waren und deshalb zu Schwierigkeiten führten, sondern auch eigenartig, weil sie weder mit der Einteilung der Crown Court-Bezirke, noch mit einer geographischen Einteilung im Einklang standen.

Diese Ineffizienz wurde durch die erste Umstrukturierung verbessert. 1993 fand eine Neuaufteilung in 13 areas statt.[573] Der Verwaltungsaufwand reduzierte sich hinsichtlich der Kosten und Arbeit, die durch die aufwendige Informationsvermittlung zwischen den Bezirken entstanden waren. Allerdings zeichneten sich nunmehr andere Schwierigkeiten ab. Bei der Strafverfolgung konnten lokale Besonderheiten nur noch mittelbar seitens des CPS berücksichtigt werden. Das geschah dadurch, daß die Polizei, die durch ihre Aufteilung in 42 Bezirke die lokalen Umstände berücksichtigte, diese in ihre case summary einfließen ließ und dann an den CPS weiterleitete.[574]

Im April 1999 wurde eine zweite Umstrukturierung vorgenommen:[575] Danach bestehen nunmehr 42 areas des CPS, wobei für jeden Polizeibezirk ein eigener CPS zuständig ist und London eine eigene area darstellt.[576] Die ursprünglichen 14 areas sollen nur noch als sog. management units fortbestehen.[577]

Die erneute Umstrukturierung berücksichtigt damit bei der Strafverfolgung regionale Kriminalitätsprobleme.[578] Allerdings steht zu befürchten, dass, wie zu Anfang der Tätigkeit des CPS, ineffiziente Verwaltungsstrukturen durch die Übersendung von Akten und mangelnde überregionale Bürokommunikation entstehen.

Insoweit hat sich der CPS zum Ziel gesetzt, die Kommunikationsmöglichkeiten durch neueste Technologien zu verbessern. Alle Büros des CPS sollen durch ein Computernetzwerk miteinander verbunden werden. Dabei sollen auch andere Behörden schneller und einfacher erreicht werden können.[579] Zudem arbeitet der CPS zusammen mit der Polizei unter dem Schirm der sog. Computerisation in the Criminal Justice System (CCJS). Diese initiierte einige Projekte zur Verwendung von Computerprogrammen, mit deren Hilfe Strafverfolgungen schneller abgewickelt werden können. Ein Beispiel ist insofern die Durham Joint Initiative, womit die Entscheidungen schneller getroffen werden können, da die Kommunikation zwischen diesen Behörden besser funktioniert. Zudem wird weniger Schreibarbeit notwendig.[580]

Ferner wurde 1997 SCOPE, das Standard Case Operations System, in 17 Branches der CPS installiert. Durch dieses System kann die Erfassung eines Falles einfacher gestaltet werden.[581] Allerdings gelangt das Home Office aufgrund von verschiedenen Studien bereits jetzt zu dem Ergebnis, daß der Einsatz von SCOPE kein Erfolg war.[582]

---

[573] Vgl. Zander, English Legal System, S. 187.

[574] „It (CPS) claims to act in the public interest but it has absolutely no contact to the public", Rose, The Collapse of Criminal Justice, S. 144 f.

[575] Vgl. CPS, Annual Report 1998/99, S. 1. Ziel sollte eine Struktur, ähnlich einer sehr großen Rechtsanwaltskanzlei sein, die sich auf Strafverfahrensrecht spezialisiert hat und von 42 Büros aus operiert, vgl. Home Office, Report 1998, Review of the CPS, Summary, Past and Present, S. 2 f..

[576] Vgl. CPS, Annual Report 1998/99, S. 1. Vorgabe war für diese Aufteilung die Struktur der Polizei, die über 42 Bezirke mit Dienststellen verfügt, vgl. CPS, Annual Report 1996/97, S. 5 f.

[577] Vgl. www.cps.gov.uk, Where is the CPS ?, S. 1.

[578] Vgl. Addison, Counsel 1995, S. 14 ff., 14; a.A. Metherell, Counsel 1995, S. 24 ff.

[579] Vgl. CPS, Annual Report 1996/97, S. 25.

[580] Vgl. CPS. Annual Reprot 1996/97, S. 14.

[581] Vgl. CPS, Annual Report 1996/97, S. 25.

[582] Vgl. Home Office, Report 1998, Review of the CPS, Summary, The Future, S. 6.

Das Home Office kommt zu dem Ergebnis, daß die derzeitige Struktur des CPS zu zentralisiert und bürokratisch sei.[583] Die optimale Balance zwischen einem nationalen Strafverfolgungssystem und einer angemessenen Autonomie der lokalen Behörden bestehe nicht.[584] Das Home Office fordert für die Zukunft sogar den Einsatz einer sog. Criminal Justice Information Technology Organisation.[585]

Im Hinblick auf die gemeinsamen Aktionen des CPS und der Polizei zur Optimierung der Wirtschaftlichkeit ihrer Strafverfolgung ist auch auf ein seit 1995 in Plymouth bestehendes Projekt hinzuweisen, wonach Verfahren, in denen Jugendliche oder Kinder Opfer oder Zeugen eines Verbrechen werden, als sog. fast-tracking cases behandelt werden. Das bedeutet, daß die Fälle besonders schnell verfolgt werden können. Dieses Vorhaben wurde als erfolgreich bewertet und deshalb im Jahr 1997 auch in Cornwell und in Exeter eingeführt.[586]

Der Gesetzgeber verfolgte bei der Einrichtung des CPS darüber hinaus das Ziel, das Berufsfeld der Strafverfolgung attraktiver als bisher zu gestalten, um insbesondere Juristen mit guten Qualifikationen verstärkt in diesen Dienst zu holen.[587] Im Jahresbericht des CPS von 1996/1997 heißt es:

> „We need motivated staff, with the right skills, information and equipment to perform their tasks, who are clear about their objectives, and who understand how their work helps achieve the CPS aim."[588]

In seinem Informationsblatt für Bewerber schreibt der CPS ferner:

> „We are looking for people who aspire to making a career in the CPS, who have an interest in criminal law and have the potential to make a first-class advocate."[589]

Damit ist jedoch noch nicht die Frage beantwortet, ob die gegenwärtigen Mitarbeiter des CPS tatsächlich diesen hohen Anforderungen genügen und so zur Verwirklichung der gesetzten Ziele beitragen.[590]

---

583 Vgl. Home Office, Report 1998, Review of the CPS, Summary, The Future, S. 1.

584 Vgl. Home Office, Report 1998, Review of the CPS, Summary, The Future, S. 1.

585 Vgl. Home Office, Report 1998, Review of the CPS, Summary, Recommendations, S. 6.

586 Vgl. CPS, Annual Report 1996/97, S. 18.

587 Vgl. Rose (The Collapse of Criminal Justice, S. 146 ff.), der die Mitarbeiter zu Beginn der Tätigkeit des CPS angesichts der niedrigen Gehälter und der hohen Arbeitsbelastung als nicht der „crème de la crème" zugehörig bezeichnet und von einer „1990s recession" spricht. Nach seiner Auffassung hat sich die Attraktivität aber auch nach den Anfangsschwierigkeiten nicht entscheidend verändert.

588 CPS, Annual Report 1996/97, S. 22: .„Wir benötigen motivierte Mitarbeiter, die über passende Fähigkeiten, Informationen und Ausrüstung verfügen, um ihre Pflichten zu erfüllen; die sich über ihre Ziele im Klaren sind und die verstehen wie ihre Arbeit dazu beiträgt, die Ziele des CPS zu erreichen."

589 CPS, The path of qualifications: „Wir suchen Menschen, die eine Karriere im CPS anstreben, die über Interesse am Strafrecht verfügen und das Potential mitbringen ein „Erster-Klasse-Anwalt" zu sein."

590 Vgl. generell zu den Mitarbeitern des CPS die Vorschriften des Prosecution of Offences Act 1985: nach s 1. (3) dieses Gesetzes ist Voraussetzung für die Ernennung als Chief Crown Prosecutor durch den DPP die Qualifikation als solicitor oder barrister. Vgl. generell zu dem Verhältnis zwischen diesen und dem DPP:

Jedenfalls ist die Tätigkeit seit Februar 1997 durch die teilweise Ausdehnung der Vertretungsbefugnis der Crown Prosecutor auf den Crown Court attraktiver geworden. Solicitors werden insoweit in Spezialausbildungsprogrammen für die Sitzungen in den Crown Courts geschult.[591]

Allerdings ist die Einschaltung eines Prosecution Counsel teilweise noch immer notwendig.[592] Insoweit ist das Interesse der potentiellen Bewerber dadurch geschmälert, daß sie für eine Tätigkeit, für die sie qualifiziert sind, einen anderen beauftragen müssen.

Dazu kommt noch, daß die Absprache mit dem beauftragten Counsel vor Ort nicht unmittelbar mit den Mitarbeitern der CPS stattfindet; diese Aufgabe vielmehr von sog. legal clerks vorgenommen wird.[593] Zwar setzen sich diese oftmals mit den unmittelbar bei der Dienststelle des CPS tätigen Juristen in Verbindung. Dies ändert aber nichts daran, daß sie nicht selbst vor Ort sind und deshalb keinen unmittelbaren Einfluß auf das Verfahren nehmen können.[594] Sie selbst vertreten lediglich die Anklage in den Verfahren vor den Amtsgerichten, so daß bei den Mitarbeitern Frustrationen weit verbreitet sind.[595] Das Ziel, highly motivated Personal einsetzen zu können, wurde damit nicht erreicht.[596]

Außerdem bietet das Gehalt keinen Anreiz für erfahrene qualifizierte lawyers,[597] wobei die Aufstiegschancen angesichts der noch kurzen Bestandsgeschichte der Behörde noch gering sind; selbst die Vorgesetzten sind in der Regel sehr jung.[598]

Aus diesem Grunde haben, das ergab die Untersuchung des Home Offices,[599] vor allem zahlreiche erfahrene Mitarbeiter den CPS verlassen. Da sich aber die Arbeitsbelastung erhöht hat, müssen weniger qualifiziertere Mitarbeiter mehr Arbeit als vor 1992 erledigen.[600] Dazu kommt, daß von den 400 qualifiziertesten Mitarbeitern in dem CPS nur ein Drittel

---

Liverpool Crown Court ex parte Bray, Crim.L.Rev. 1987, S. 51. Der DPP ernennt ebenfalls solicitor oder barrister, die nicht für den CPS aber für eine andere öffentliche Behörde tätig sind. Dieses „non-Service personnel" wird von ihm nach s. 5 (1) Prosecution of Offences Act ermächtigt, Aufgaben für den CPS wahrzunehmen, wenn dafür aufgrund der außerordentlichen Arbeitsbelastung der CPS Notwendigkeit besteht. S. dazu auch: Blackstone's Criminal Practice, Rdn. 2.33.

591 Dazu auch: Home Office, Report 1998, Review of the CPS, Summary, The Future, S. 6.

592 Vor allem bestehen einige bedeutende Probleme zwischen der bar und dem CPS, weshalb der CPS nunmehr folgendes empfiehlt: Da 75 % aller Fälle von der counsel an den CPS zurückgeschickt werden („returned briefs"), werden nunmehr die Gründe dafür ausdrücklich erfaßt. Aufgrund dieser abgelehnten briefs kommt es auch zu zeitlichen Problemen bei der Vorbereitung einer mündlichen Verhandlung. Außerdem soll das zusätzliche Problem der Differenz zwischen den Gebührenabrechnungen gelöst werden. Zu allem: www.gov.cps.uk.

593 Vgl. Home Office, Report 1993, Royal Commission on Criminal Justice, S. 71, Rdn. 13.

594 Vgl. Rose, The Collapse of Criminal Justice, S. 149.

595 Addison (Counsel 1995, S. 14 ff., 14) bezeichnet sie als „demoralisierte Ja-Sager". Vgl. auch Morton, NLJ 1987, S. 990 ff., 991.

596 Zu diesem Ergebnis gelangt auch eine Studie: „Die Mitarbeiter des CPS sind demoralisiert und unzufrieden", zitiert bei www, gov, cps, press release vom 19.11.1996, S. 1.

597 Vgl. Morton, NLJ 1987, S. 990 ff., 998.

598 Vgl. Morton, NLJ 1987, S. 990 ff., 998; Zander/Henderson, Crown Court Study, S. 196, Rdn. 7.4.4., wonach 49 % der Mitarbeiter vor ihrer Anstellung bei dem CPS über maximal ein Jahr Berufserfahrung verfügen.

599 Vgl. Home Office, Report 1998, Review of the CPS, Summary, Past and Present, S. 3.

600 Vgl. Home Office, Report 1998, Review of the CPS, Summary, Past and Present, S. 3.

ihre Zeit tatsächlich für eine anspruchsvolle juristische Arbeit verwendet.[601] Der größte Teil der zur Verfügung stehenden Arbeitszeit wird im Magistrate's Court aufgebraucht.[602] Das Home Office fordert deshalb auch eine verstärkte Konzentration dieser Mitarbeiter auf die Arbeit im Crown Court.[603]

Demnach scheitert eine Anstellung von besonders qualifizierten Mitarbeitern oftmals an der fehlenden Attraktivität der Tätigkeit für den CPS.

Schließlich weist sich auch das gegenwärtige Strafverfolgungssystem als ineffizient aus. Zwar wurden Teilbereiche verbessert, beispielsweise durch die Erweiterung der Vertretungsbefugnis der Mitarbeiter des CPS auch auf das Verfahren vor dem Crown Court, dafür haben sich andere Bereiche verschlechtert, z.B. durch den Anstieg der Freispruchrate. Diese Defizite sind dem CPS bekannt. Mehrfach findet sich in ihrem Jahresbericht die Forderung nach mehr Effizienz.[604]

d. Ergebnis

Mithin zeichnet sich auch das gegenwärtige Strafverfolgungssystem durch ein uneinheitliches, ungerechtes und ineffizientes Verfahren aus.

III. Gesamtergebnis

Zusammenfassend läßt sich demnach festhalten, daß das Strafverfolgungssystem in England und Wales vor der Einführung des CPS durch mangelnde Objektivität der Polizei und uneinheitliche, ungerechte sowie ineffiziente Strafverfolgungspraktiken gekennzeichnet war.[605] Die Errichtung einer von der Polizei unabhängigen Behörde sollte diese Mängel beseitigen. Gemessen an dieser Intention des Gesetzgebers ist das neue Strafverfolgungssystem im Zusammenhang mit dem Ladendiebstahls- und Mordverfahren gescheitert.[606]
Die Polizei entscheidet im Ladendiebstahlsverfahren bereits, in welchem Fall keinerlei Ermittlungen aufgenommen oder dass der Ladendieb lediglich verwarnt werden soll. Die Polizei trifft also selbständig und ohne justizielle Kontrolle die Entscheidungen über den Umfang der Strafverfolgung in diesem Deliktsbereich. Da ihre Entscheidungen Bindungswirkungen für den CPS aufweisen, bestimmt sie in Fällen des Ladendiebstahls die Kriminalpolitik. Der CPS ist demnach zwar formal die unabhängige Anklagebehörde; de facto

---

601 Vgl. Home Office, Report 1998, Review of the CPS, Summary, Past and Present, S. 3.

602 Home Office, Report 1998, Review of the CPS, Summary, The Future, S. 3.

603 Home Office, Report 1998, Review of the CPS, Summary, The Future, S. 1.

604 Vgl. CPS, Annual Report 1996/97, Fn. 385, S. 24, 28.

605 Deshalb kam es auch zu Fehlurteilen, vgl. Sieghart, A view from Justice, in Williams, The Role of the Prosecutor, S. 95 ff. Ein solcher Fall war „Luke Dougherty": Luke Dougherty wurde beschuldigt zwei Vorhänge aus einem Laden gestohlen zu haben. Obwohl er im Zeitpunkt der Tat auf einer Busreise war, was seine Mitreisenden bestätigten und der Angestellte im Laden eine Täterbeschreibung abgab, die nicht mit derjenigen von Dougherty übereinstimmte, wurde er in erster und zweiter Instanz verurteilt.

606 Der ehemalige Mitarbeiter der CPS, Addison (Counsel 1995, S. 14 ff., 14) äußert sich sogar wie folgt über den CPS: „Since 1992, however, the CPS has deteriorated rapidly into an increasingly centralised bureaucratic and demoralised organisation, governed by an inefficient, autocratic and self-obsessed headquarters which regards the existence of the CPS as an end in itself rather than as a service to the public". Ashworth (The Criminal Process, S. 194) faßt die gegenwärtige Situation wie folgt zusammen: „[...] it seems that the path of reform is blocked either by a lack of confidence in the CPS or by the power of the police or by a combination of the two."

übernimmt aber die Polizei diese Funktion. Dadurch kommt es aber auch nach der Umstrukturierung zu Defiziten im Hinblick auf die Einheitlichkeit, Gerechtigkeit und Effizienz des Strafverfolgungssystems beim Ladendiebstahl.

Die Polizei entscheidet bei Mord hingegen nicht nach freiem Ermessen, ob überhaupt Nachforschungen angestellt oder ob die Mörder verwarnt werden sollen. Ihre Maßnahmen richten sich nach den Vorgaben der Policy Manual, wonach Mord immer angeklagt werden soll. Insoweit gilt das principle of constabulary independence im Gegensatz zum Ladendiebstahlsverfahren nur eingeschränkt. Die Polizei bestimmt beim Mord also nicht die Kriminalpolitik. Allerdings verfügt sie im Hinblick auf den Umfang der Ermittlungen über einen unkontrollierten Ermessensspielraum. Dabei gibt sie auch hier die Entscheidungen des CPS durch die an diesen weitergeleiteten entscheidungsrelevanten Informationen vor. Mithin ist der CPS auch beim Mord eine von der Polizei abhängige Anklagebehörde. Auch insoweit kommt es zu „Polizeiunrecht" in Form eines ungleichen, ungerechten und ineffizienten Strafverfahrens.

Der CPS ist folglich in diesen Bereichen eine von der Polizei abhängige Behörde. Die Polizei trifft noch immer Schlüsselentscheidungen und verfügt über einen weiten Ermessensspielraum. Diese Abhängigkeit verhindert aber die Förderung der Einheitlichkeit und Gerechtigkeit und die Verbesserung der Effizienz.[607]

Das Home Office[608] gelangte deshalb 1998 aufgrund einer Überprüfung des CPS zu folgendem Fazit:

> „It is necessary to define more clearly the proper relationship and responsibilities of the three main agencies in the criminal justice system: the police, the CPS and the Courts.
>
> We suggest a restatement of the aim and objectives of the CPS and that the objectives and related performance indicators of all the criminal justice agencies are made consistent and mutually reinforcing. [...] As a body, the members of the CPS must be allowed to regain their pride and achieve their potential - in a word, get on with the job."[609]

---

607 Es kommt deshalb noch immer zu Fehlurteilen, vgl. Rose, The Collapse of Criminal Justice, S. 140 ff. Maquire/Norris, Conduct and Supervision of Criminology, S. 97, sehen die Hauptursache dafür im Fehlverhalten der Polizei.

608 Vgl. Home Office, Report 1998, Review of the CPS, Summary, Recommendations, S. 7.

609 „Es ist notwendig, die richtige Beziehung und Verantwortung der drei Hauptinstitutionen im Strafverfahrenssystem, der Polizei, des CPS und des Gerichts zueinander klar zu definieren.

Wir empfehlen eine Neuformulierung der Ziele und Zwecke des CPS, wobei die Zwecke mit den anderen Institutionen hinsichtlich der im Zusammenhang stehenden Verfahrensweisen abgestimmt werden sollen und sie sich gegenseitig unterstützen sollen. [...] Als eine Körperschaft, müssen die Mitarbeiter des CPS in die Lage versetzt werden, ihren Stolz und ihr Potential wiederzuerlangen - in einem Wort, mit ihrem Job weiterzumachen."

3. Teil: Strafverfolgungspraxis in Deutschland

Nachdem das in England und Wales bestehende Strafverfahrenssystem analysiert worden ist, soll nunmehr das deutsche System untersucht werden. Dabei wird zunächst unter A. dargestellt, wie sich das Verfahren beim Ladendiebstahl, Kreditbetrug und Mord gestaltet, bevor unter B. geprüft wird, ob auch das deutsche Strafverfolgungssystem die im 2. Teil aufgezeigten Mängel aufweist.

A. Strafverfolgung in Einzelfällen

Während in England und Wales, je nachdem ob es sich um einen Ladendiebstahl, einen Kreditbetrug oder einen Mord handelt, die Polizei oder das SFO ermittelt, bzw. der CPS oder das SFO die Entscheidung über die Erhebung der Anklage trifft, ist nach der deutschen Strafprozeßordnung die Staatsanwaltschaft als Ermittlungs- und Anklagebehörde für alle drei Delikte zuständig. Sie soll sich allenfalls gemäß § 161 StPO bei ihren Ermittlungen der Unterstützung der Polizei bedienen. Aber auch dann ermittelt die Polizei unter der Aufsicht der Staatsanwaltschaft.[610] Die Polizeibeamten sind daher nach § 152 GVG die Hilfsbeamten der Staatsanwaltschaft. Ausnahmsweise hat die Polizei aber das Recht und die Pflicht des ersten Zugriffs nach § 163 Abs. 1 StPO[611], dann nämlich, wenn sich die Ermittlungen nicht aufschieben lassen, also in Fällen besonderer Eilbedürftigkeit. Aber selbst in diesen Fällen ist sie verpflichtet, die Ermittlungsergebnisse unverzüglich an die Staatsanwaltschaft weiterzuleiten. Aus diesen Gründen wird die Staatsanwaltschaft als "Herrin des Ermittlungsverfahrens"[612] und die Polizei als "verlängerter Arm der Staatsanwaltschaft"[613] bezeichnet. Das gilt für jede Straftat im Sinne des Strafgesetzbuches. Davon zu unterscheiden sind aber Ordnungswidrigkeiten, deren Verfolgung und Ahndung nach § 35 OWiG unmittelbar durch die Polizei- als Verwaltungsbehörde erfolgt. Vorliegend handelt es sich aber bei den Beispielsfällen ausnahmslos um Straftaten, so daß sich das Verfahren nach den Regeln der Strafprozeßordnung bestimmt. Insoweit gilt hier auch der Legalitätsgrundsatz nach § 152 StPO und nicht das Opportunitätsprinzip nach § 47 OWiG.

I. Ladendiebstahl

T nimmt im ersten Fallbeispiel[614], dadurch daß er die Uhr einsteckt und ohne diese zu bezahlen das Kaufhaus unentdeckt verläßt, einem anderen eine fremde, bewegliche Sache in der Absicht weg, sich diese oder einem Dritten rechtswidrig zuzueignen. Demnach begeht T einen Ladendiebstahl nach § 242 StGB.

1. Ermittlungen durch die Polizei

In England und Wales ist die Polizei für die Ermittlungen beim Ladendiebstahl selbständig zuständig,[615] während sie in Deutschland - wie bereits angesprochen - nur soweit zu eigenen Ermittlungen ohne Absprache mit der Staatsanwaltschaft befugt ist, als sich diese nicht

---

610 Karlsruher Kommentar-Wache, StPO und GVG, § 152 GVG, Rdn. 6; Bindel, DRiZ 1994, S. 167 m.w.N. In Nr. 3 RiStBV heißt es dann auch, daß der Staatsanwalt in bedeutsamen oder in rechtlich tatsächlich schwierigen Fällen den Sachverhalt vom ersten Zugriff an selbst aufklären, den Tatort besichtigen, die Beschuldigten und die wichtigsten Zeugen selbst vernehmen soll. S. zur Übertragung der Geschäfte der Staatsanwaltschaft zur selbständigen Erledigung durch den Rechtspfleger § 31 RPflG.

611 Vgl. u.a. Roxin/Arzt/Tiedemann, Strafrecht und Strafprozeßrecht, S. 181; Steinke, MDR 1980, S. 456 ff.

612 Vgl. nur: BVerfG, NJW 1976, S. 231, 231.

613 Vgl. BVerwGE 47, S. 255 ff., 263.

614 Vgl. die Ausführungen im 2. Teil unter B. I. 1. d.

615 Vgl. die Ausführungen im 2. Teil unter B. I. 2.

aufschieben lassen. Es ist nun zu untersuchen, ob die Staatsanwaltschaft auch tatsächlich ihre Rolle als Herrin des Ermittlungsverfahrens wahrnimmt und die Ermittlungen selbst durchführt, bzw. die Ermittlungen auf die Polizei überträgt und dabei die Ermittlungen leitet und kontrolliert.

a. Einleitung der Ermittlungen

Damit die Staatsanwaltschaft nach § 160 StPO ein Ermittlungsverfahren gegen T einleiten, d.h. den Sachverhalt aufnehmen und eine Akte anlegen kann, ist es erforderlich, daß sie von der Begehung des Ladendiebstahls Kenntnis erlangt.

In Köln existiert die größte Polizeiinspektion in Nordrhein-Westfalen.[616] In der Abteilung KK 3 "Einfacher Diebstahl ohne erschwerende Umstände" sind unter der Leitung des ersten Kriminalhauptkommissars, Dieter *Beutel*, 18 Mitarbeiter mit der Bearbeitung der Ladendiebstähle beschäftigt.[617] Dabei erfaßte die Polizei im Jahr 1996 in Köln 11.273 Ladendiebstähle ohne erschwerende Umstände pro 100.000 Einwohner.[618] Es kann davon ausgegangen werden, daß die Vorgehensweisen der Kölner Polizisten zumindest Indizwirkung für die generelle Vorgehensweise der Polizei gegen Ladendiebe entfaltet. Das gilt jedenfalls für die Verfolgung des Ladendiebstahls in deutschen Großstädten.[619] Nach einer Befragung des Kriminalkommissars und einer Sichtung interner Unterlagen gestaltet sich das Verfahren wie folgt:

Zu 99 % wenden sich die Geschädigten, wenn ein Ladendiebstahl begangen wurde, an die Polizei. Dabei verwenden die Warenhäuser in der Regel Ladendiebstahlsvordrucke. Diese werden gesammelt und in regelmäßigen Zeitabständen an die Polizei übersandt.[620] In Köln existiert - so *Beutel*[621] - keine Dienstvorschrift, wonach etwa Ladendiebstähle unter einer bestimmten Wert des Diebstahlsgutes gar nicht erst aufgenommen würden. Alle Ladendiebstähle werden entsprechend dem Legalitätsprinzip bearbeitet, d.h. der Sachverhalt wird ermittelt und eine Akte angelegt. Eine Diversion durch Nichtverfolgung erfolgt trotz der enormen Arbeitsbelastung und der begrenzten Kapazitäten nicht.[622]
Folglich kann davon ausgegangen werden, daß zuerst die Polizei und nicht die Staatsanwaltschaft Kenntnis von dem Ladendiebstahl des T erlangt.

Fraglich ist, ob es sich bei dieser Anzeige um eine Strafanzeige oder einen Strafantrag im Sinne des § 158 StPO handelt, da nach § 248 a StGB bei einer geringwertigen Sache für die strafrechtliche Verfolgung des Ladendiebs ein Strafantrag oder das besondere öffentliche Interesse erforderlich ist.

---

[616] Vgl. Bundeskriminalamt, Polizeiliche Kriminalstatistik 1996, S. 176. Dabei wurden in Nordrhein-Westfalen 145.193, also die häufigsten Ladendiebstähle ohne erschwerende Umstände im Ländervergleich erfaßt, während der Landesdurchschnitt bei etwa 45.000 Fällen liegt, vgl. a.a.O., S. 176.

[617] Beutel, Mitteilung vom 23.06.1998.

[618] Vgl. Bundeskriminalamt, Polizeiliche Kriminalstatistik 1996, S. 177.

[619] Köln liegt hinsichtlich der Häufigkeit der Ladendiebstähle bundesweit bei den Städten ab 200.000 Einwohnern auf Platz 4. An der Spitze steht Berlin mit 48.907, gefolgt von Hamburg mit 27.525 und München mit 14.118 Fällen, vgl. Bundeskriminalamt, Polizeiliche Kriminalstatistik 1996, S. 177.

[620] Beutel, Mitteilung vom 23.06.1998.

[621] Beutel, Mitteilung vom 23.06.1998.

[622] Beutel, Mitteilung vom 23.06.1998.

Im vorliegenden Beispielsfall ist unklar, ob es sich bei der entwendeten Uhr um eine solche geringwertige Sache handelt. Nach h.M.[623] wird eine Sache als geringwertig angesehen, wenn der objektive Wert nicht über 50,- DM hinausgeht. Der Wert der gestohlenen Uhr ist vorliegend unbekannt, so daß nicht eindeutig davon ausgegangen werden kann, daß § 248 a StGB Anwendung findet. Es ist ebenfalls nicht bekannt, ob das Warenhaus entsprechenden Strafantrag gestellt hat. Fraglich ist dann aber, ob das besondere öffentliche Interesse bejaht werden kann. Das besondere öffentliche Interesse liegt regelmäßig dann vor, wenn es sich um einen gewerbsmäßigen Täter handelt.[624] Ein gewerbsmäßiger Diebstahl ist gegeben, wenn der Täter den Ladendiebstahl in der Absicht begeht, eine Einnahmequelle von gewisser Dauer und Erheblichkeit zu schaffen.[625] Es ist dem Sachverhalt aber nicht zu entnehmen, ob T versucht, sich durch regelmäßige Diebstähle eine fortlaufende Einnahmequelle zu verschaffen oder ob T erstmalig gestohlen hat. Hingegen gilt für den Fall, daß die gestohlene Uhr einen höheren Wert als 50,- DM hat, daß die Staatsanwaltschaft bei Vorliegen eines Anfangsverdachts ein Ermittlungsverfahren einleiten muß.

In jedem Fall muß die Strafverfolgungsbehörde von der Begehung des Ladendiebstahls Kenntnis erlangt haben. Generell gilt Art 14 GG, wonach jeder einzelne das Recht hat, sich innerhalb der geltenden Gesetze mit den von ihm gewählten Mitteln für den Schutz seines Eigentums einzusetzen.[626] Dabei ist der Geschädigte nicht verpflichtet, einen Strafantrag zu stellen, bzw. bei einem geringwertigen Diebstahlsgut den Ladendiebstahl anzuzeigen. Folglich trifft der Eigentümer der Sache bzw. der Gewahrsamsinhaber die Entscheidung, ob überhaupt Ermittlungen eingeleitet werden sollen.

Minger[627] befragte 30 Ladendetektive aus sieben verschiedenen Kaufhäusern in vier deutschen Großstädten zu ihren persönlichen Erfahrungen mit insgesamt 1.080 Ladendieben. Die Auswertung ergab, daß die Geschädigten um so eher einen Strafantrag stellten, je höher der Wert der Ware ist.[628]

Diesen Zusammenhang zwischen Schaden und Durchführung eines Ermittlungsverfahrens bestätigte auch *Zöllner*.[629] Er nutzte dabei die Ergebnisse einer Erhebung der Bundesarbeitsgemeinschaft der Mittel- und Großbetriebe des Einzelhandels über 104.765 Ladendiebstähle in 498 Mitgliedsfirmen, also Betrieben, die 10 % des gesamten deutschen Einzelhandelsumsatzes erwirtschaften. Dabei konzentrierte sich *Zöllner* auf 71.393 Diebstahlsprotokolle im Zeitraum vom 1.7.1973 bis 30.6.1974.

Wagner[630] stellte bei einer Auswertung von 500 aus 2446 Ladendiebstählen im Jahr 1973 und von 500 aus 3166 Ladendiebstählen im Jahr 1975 in der Berliner Innenstadt fest, daß die Staatsanwaltschaft bei Ersttätern und bei einer Schadenssumme unter 30,- DM vier Fünftel der Fälle nach den §§ 153, 153 a StPO einstellt.

---

623 Vgl. LG Kempten, NJW 1981, S. 933 f., 934; Tröndle, § 248 a StGB, Rdn. 5.
624 Vgl. Tröndle, § 248 a StGB, Rdn. 10.
625 Vgl. Schönke/Schröder-Eser, § 243 StGB, Rdn. 31; Tröndle, § 243 StGB, Rdn. 26.
626 Vgl. Minger, Kaufhausdiebstähle, S. 8.
627 Kaufhausdiebstähle, S. 25 ff.
628 Vgl. Minger, Kaufhausdiebstähle, S. 81 ff. und 108 ff.
629 Ladendiebstahl als betriebswirtschaftliches Problem, S. 32 f.
630 Ladendiebstahl - Wohlstands- oder Notstandskriminalität, S. 5.

Zwar geht es vorliegend um die Frage der Einleitung des Strafverfahrens und nicht um die Frage, ob das Verfahren zu einer Einstellung führt. In diesem Zusammenhang ist aber zu berücksichtigen, daß es nur zu einer Einstellung eines Verfahrens kommen kann, wenn überhaupt ein Verfahren eingeleitet worden ist. Somit kann aus den Ergebnissen von *Wagner* geschlossen werden, daß auch gegen Ladendiebe, die lediglich Objekte mit einem geringeren Wert als 30,- DM gestohlen haben, ein Strafverfahren eingeleitet wird.

Dieses Ergebnis wird von *Gillig*[631] bestätigt. Er wertete 138 Ladendiebstahlsakten aus dem Zeitraum vom 1.11.1973 bis 2.1.1974 der Frankfurter Staatsanwaltschaft aus, bei denen die Diebstahlsobjekte weniger als 30,- DM wert waren.

Ahrens[632] führte nach der Verabschiedung der Einstellungsvorschriften erste empirische Untersuchung zur Einstellungspraxis nach §§ 153, 153 a StPO in der Hauptverhandlung durch. Da es zu dieser Zeit noch keine zentrale Registrierung dieser Verfahren gab, wendete er sich für seine Auswertung der Einstellungen des Schöffengerichts bzw. des Strafrichters an die Register bei vier Landgerichtsbezirken in Niedersachsen. Für eine Analyse der Einstellungen im Ermittlungsverfahren wertete er die Zählkarten der Staatsanwaltschaften in Bayern, Nordrhein-Westfalen, Rheinland-Pfalz und dem Saarland aus. *Ahrens*[633] gelangte abweichend von den bisherigen Ergebnissen zu der Auffassung, daß die Höhe des Schadens nicht unbedingt ein maßgeblicher Faktor für eine Einstellung sei. Es seien Ladendiebstahlsverfahren nicht eingestellt worden, obwohl das gestohlene Gut nur einen geringen Wert gehabt hätte, während Diebstahlsverfahren, die sich auf einen Diebstahl außerhalb von Warenhäusern bezogen und zu einem hohen Schaden geführt hätten, eher eingestellt worden seien.[634] Daher handele es sich beim Ladendiebstahl nicht um ein "klassisches einstellungstypisches" Delikt. Nach der Auffassung von *Ahrens*[635] sei der Grund dafür die große Beschwerdemacht der Warenhäuser. Die Opfer betrieben auch bei geringwertigen Diebstahlssummen die Einleitung eines Strafverfahrens mit Nachdruck.

Zu diesem Ergebnis gelangt auch *Kunz*[636] aufgrund einer Untersuchung, bei der er anhand von 393 Strafakten, in denen im Zeitraum vom 1.1.1977 bis zum 30.4.1977 im Saarland eine staatsanwaltschaftliche Einstellungsentscheidung wegen Geringfügigkeit ergangen war, die Unterschiede zwischen der Einstellung nach § 153 StPO und § 153 a StPO untersuchte. Er fand heraus, daß die Schadenshöhe bei der Einstellung des Ladendiebstahls bei durchschnittlich 11,- DM lag, obwohl generell bei einer Einstellung nach § 153 StPO die durchschnittliche Schadenshöhe 421,87 DM und nach § 153 a StPO durchschnittlich 984,69 DM betrug.[637] Somit - so *Kunz*[638] - sei der staatsanwaltschaftliche Beurteilungsmaßstab nicht schadens-, sondern deliktsspezifisch.

---

631 Geringwertige Ladendiebstahlsverfahren, S. 5, 37.

632 Einstellungspraxis in der Hauptverhandlung, S. 49 ff.

633 Vgl. Einstellung in der Hauptverhandlung, S. 149 ff.

634 Vgl. Ahrens, Einstellung in der Hauptverhandlung, S. 150 f., wonach bei 36,9 % der Einstellungen in der Kontrollgruppe der Schaden 1.000,- DM und mehr betrug.

635 Vgl. Ahrens, Einstellung in der Hauptverhandlung, S. 87.

636 Einstellung wegen Geringfügigkeit, S. 68.

637 Vgl. Kunz, Einstellung wegen Geringfügigkeit, S. 70.

638 Einstellung wegen Geringfügigkeit, S. 72 f.

Das fand auch *Sessar*[639] bestätigt. Zusammen mit *Steffen* und *Blankenburg* betreute er eine empirische Untersuchung zur Praxis der Strafverfolgung am Max-Planck-Institut für ausländisches und internationales Strafrecht in Freiburg. An acht Staatsanwaltschaften der Bundesrepublik Deutschland wurden ca. 7.000 Akten aus dem Jahr 1970 zu den Delikten Diebstahl, Betrug, Unterschlagung als Massenkriminalität; Raub und Notzucht als schwere Kriminalität; Verstöße gegen strafrechtliche Nebengesetze auf dem Wirtschaftssektor als "white-collar-crime" und schließlich Tötungsdelikte untersucht. Darüber hinaus wurden 80 Interviews mit Polizeibeamten, 40 Interviews mit Staatsanwälten und 15 Gruppendiskussionen geführt.[640]

Sessar[641] fand heraus, daß der Ladendiebstahl gegenüber den anderen Delikten den geringsten Anteil an Einstellungen nach § 153 StPO aufwies. Insofern würde auch bei niedrigen Schadenswerten gegen den Ladendieb fast immer ein Verfahren eingeleitet. Die Ursache dafür sieht *Sessar*[642] in der Rolle des Opfers. Nach seiner Auffassung sei es den Firmenverbänden, in denen die Betriebe des Einzelhandels zusammengeschlossen sind, gelungen, durch umfassende Kampagnen den Ladendiebstahl in einer Weise zu einer "gesellschaftlichen Epidemie" hochzustilisieren, daß der Staatsanwalt das öffentliche Interesse an der Strafverfolgung in der Regel bejahe.

Hingegen ergab eine im Sommer 1997 durchgeführte bundesweite Umfrage des *Hauptverbandes des deutschen Einzelhandels (HDE)*[643] in den Mitgliedsunternehmen, daß rund 28 % der Unternehmen nicht jeden Ladendiebstahl anzeigten. Mehr als zwei Drittel unterließen die Anzeige, weil das Verfahren ihrer Auffassung nach ohnehin eingestellt werde.[644]

Zudem sind die Daten der Polizeilichen Kriminalstatistik zu berücksichtigen. In mehr als 50 % aller Ladendiebstähle lag der Wert der Ware unter 25,- DM, in über 25 % der Fälle zwischen 25,- DM und 100,- DM, in fast 20 % zwischen 100,- DM bis 1.000,- DM, in 1,4 % zwischen 1.000,- DM und 10.000,- DM und in 0,1 % der Fälle über 10.000,- DM.[645] Somit ist der durchschnittliche Schaden gering und dennoch findet eine Strafverfolgung statt.

Insgesamt läßt sich daher feststellen, daß entgegen der kriminalpolitischen Wertung des § 248 a StGB auch bei geringen Schadensfällen ein Ermittlungsverfahren gegen den Ladendieb eingeleitet wird. Es muß dann aber so sein, daß die Geschädigten einen Strafantrag stellen oder das besondere öffentliche Interesse für eine Strafverfolgung bejaht wird. Da gewerbsmäßige Ladendiebe durchschnittlich wesentlich wertvollere Waren stehlen, muß das besondere öffentliche Interesse aus einem anderen Grund bejaht worden sein. Mehr als die Hälfte der angezeigten "einfachen Ladendiebstähle" ereigneten sich in Großstädten.[646] Das liegt daran, daß die Selbstbedienungsmöglichkeiten dort häufiger anzutreffen sind und zugleich eine tatbegünstigende größere Anonymität herrscht.[647] Insoweit sind in der Regel

---

639 Vgl. Sessar, ZStW Bd. 87 (1975), S. 1033 ff., 1050 ff.

640 Vgl. Blankenburg/Sessar/Steffen, Staatsanwaltschaft im Prozeß strafrechtlicher Sozialkontrolle, S. 24 ff.

641 ZStW Bd. 87 (1975), S. 1033 ff., 1050.

642 Vgl. Sessar, ZStW Bd. 87 (1975), S. 1033 ff., 1051 f.

643 Ladendieb entdeckt, S. 9.

644 Vgl. HDE, Ladendieb entdeckt, S. 9.

645 Vgl. Bundeskriminalamt, Polizeiliche Kriminalstatistik 1996, S. 174.

646 Vgl. Bundeskriminalamt, Polizeiliche Kriminalstatistik 1996, S.172.

647 Vgl. auch Bundeskriminalamt, Polizeiliche Kriminalstatistik 1996, S.172.

nicht mehr die sogenannten "Tante-Emma-Läden" Opfer der Ladendiebstahlsdelinquenz, sondern die großen Warenhäuser. Es ist aber zugleich bekannt, daß die Warenhäuser die Öffentlichkeit nutzen, um auf die durch den Ladendieb verursachten Umsatzeinbußen hinzuweisen.[648] Insoweit kann unterstellt werden, daß die Strafverfolgungsbehörden unter dem Druck der Warenhäuser das besondere öffentliche Interesse bejahen. Jedenfalls werden aber die Geschädigten ihrerseits ihre Möglichkeit nutzen, die konsequente Verfolgung der Ladendiebe zu erreichen und deshalb regelmäßig einen Strafantrag stellen. Dabei bemühen sie sich natürlich erst recht um die Einleitung eines Strafverfahrens, wenn der eingetretene Schaden besonders hoch ist. Insoweit besteht ein Zusammenhang zwischen dem Interesse der Geschädigten, einen möglichst lückenlosen Eigentumsschutz zu erhalten und der Einleitung des Strafverfahrens, wobei der Zusammenhang besonders groß ist, wenn der Schaden hoch ist.

Dabei zeigen die Geschädigten regelmäßig die Ladendiebe direkt bei der Polizei und nicht bei der Staatsanwaltschaft an. Die Polizei überprüft dann gegebenenfalls, ob ein Strafantrag oder das besondere öffentliche Interesse vorliegt. Bei einem Ladendiebstahl liegt in der Regel ein Strafantrag vor, zumindest wird regelmäßig das besondere öffentliche Interesse bejaht, so daß die Polizei ein Verfahren gegen den Ladendieb, vorliegend also T, einleitet. Damit unterscheidet sich das bisherige Verfahren nicht von demjenigen in England und Wales, da auch dort die Polizei und nicht der CPS von der Begehung des Ladendiebstahls Kenntnis erlangt und das Ermittlungsverfahren einleitet. Allerdings ist die Polizei in England und Wales angesichts des im adversatorischen Strafverfolgungssystem geltenden Opportunitätsprinzips auch berechtigt, Ermittlungen gegen einen Ladendieb vollständig zu unterlassen. Diese Möglichkeit steht der deutschen Polizei auf Grund des Legalitätsprinzips nicht zu. Sie legt zumindest immer eine Akte an und nimmt den Sachverhalt auf.

b. Durchführung der Ermittlungen

Es wird nunmehr untersucht, ob die Polizei in Deutschland wie ihre Kollegen in England und Wales die Ermittlungen eigenständig durchführt und insoweit Ermessen ausübt oder ob sie das Verfahren entsprechend den Vorschriften der Strafprozeßordnung unverzüglich an die Staatsanwaltschaft zur weiteren Bearbeitung übermittelt und deren Ermittlungsanweisungen abwartet.

Blankenburg/Sessar/Steffen[649] analysierten in einer Studie zum Prozeß strafrechtlicher Kontrolle die polizeiliche Ermittlungsarbeit aus der Sicht des späteren Strafverfahrens. Dabei überprüfte *Steffen*[650] 3.230 Diebstahlsverfahren. Sie gelangte zu folgendem Ergebnis:

---

648 Vgl. die aktuelle homepage des HDE: www.hde.de. Im übrigen nutzt der HDE mindestens einmal monatlich die Printmedien für seine Politik. Vgl. aus neuerer Zeit: SZ, 22.1.1998: "Ladendiebe bevorzugen Markenware", Die Welt: "Diebe stehlen Waren im Wert von zehn Milliarden"; Das Beste, 2/98: "Volkssport Ladendiebstahl"; Handelsblatt, 26.2.1998, "Immer mehr Luxusgüter gestohlen"; FAZ, 26.2.1998: "Ladendiebe werden dreister und wählerischer", Stuttgarter Zeitung, 26.2.1998: "Neuer Rekord bei Ladendiebstählen".

649 Staatsanwaltschaft im Prozeß strafrechtlicher Sozialkontrolle, S. 303.

650 Analyse polizeilicher Ermittlungstätigkeit, S. 40 ff.

In der Regel wird der Täter vom Anzeigenden "mitgeliefert". Diese Fälle gebe die Polizei ohne weitere Ermittlungen als "aufgeklärt" an die Staatsanwaltschaft weiter.[651] In den Fällen, in denen die Polizei den Täternamen nicht von dem Anzeigenden erfahre, sondern die Anzeige gegen "unbekannt" eingereicht worden sei, führe sie - so *Steffen*- ebenfalls keine Ermittlungen durch.[652] Sie unterlasse diese angesichts der geringen Erfolgsaussichten. Nach *Steffen*[653] verfügt die Polizei aufgrund ihrer begrenzten Kapazitäten über einen sogenannten "second code", wonach sie die Sache weitestgehend unbearbeitet läßt. In diesen Fällen gehe der Vorgang vielmehr mit dem Vermerk "Täter unbekannt" an die Staatsanwaltschaft zurück. Jedenfalls erfahre - so *Steffen*[654] - die Staatsanwaltschaft erstmalig nach Abschluß der polizeilichen Ermittlungen von der Begehung des Ladendiebstahls. Auch *Sessar*[655] bestätigt aufgrund der Untersuchung diese Ergebnisse.

Brinker/Schellberg[656] werteten 1986/87 und 1989/90 je 1.067 Ladendiebstahlsakten der Berliner Amtsanwaltschaft aus. Darüber hinaus führten sie Interviews mit der Berliner Polizei durch und analysierten die amtlichen Statistiken. Sie fanden heraus, daß die Polizei standardisierte Anzeige- und Vernehmungsvordrucke verwendet, um die Arbeitsbelastung bewältigen zu können.[657] Dabei erfasse sie die Personalien des Täters und gebe ihm Gelegenheit zur Stellungnahme in einem multiple choice Verfahren.[658] Generell sind *Brinker/Schellberg*[659] der Auffassung, daß vor allem arbeitsökonomische Gesichtspunkte die Praxis bestimmten. Bspw. hätte sich die Polizei nach dem Fall der Berliner Mauer und einem damit verbundenen Anstieg der Anzahl der Ladendiebstähle um 200 %, mit der Staatsanwaltschaft abgesprochen, in den Fällen, in denen es sich um einen Ersttäter handelte und der Schaden unter 100,- DM lag, keine Zeugen- oder Täterbefragungen durchzuführen. Dementsprechend habe die Staatsanwaltschaft in diesen Fällen das Verfahren nach § 153 StPO eingestellt.[660]

Nach *Beutel*[661] werde in Köln, wenn der Tatverdächtige "unbekannt" sei, allenfalls bei Vorhandensein einer Individualnummer des gestohlenen Gegenstandes eine Sachfahndung eingeleitet. Weitergehende Ermittlungen, wie die Befragung des Geschädigten oder die Vernehmung von Zeugen, würden unterbleiben. Wenn der Geschädigte den Täter "mitgeliefert" habe, prüfe die Polizei anhand ihrer Dateien, AVV und INPOL, ob es sich um einen Ersttäter handele. Wenn das der Fall sei, würden sich die Ermittlungen der Polizei auf ein

---

651 Vgl. Steffen, Analyse polizeilicher Ermittlungsarbeit, S. 87 ff. Deshalb liegt die Aufklärungsquote der Polizei beim Ladendiebstahl auch bei 95,5 %, vgl. Bundesregierung, Bulletin, Polizeiliche Kriminalstatistik 1997, S. 425 ff., 463. Allerdings ist die Aussagekraft der Polizeilichen Kriminalstatistik durch das besonders große Dunkelfeld nicht angezeigter Diebstähle eingeschränkt, vgl. a.a.O., S. 426.

652 Vgl. Steffen, Analyse polizeilicher Ermittlungsarbeit, S. 149 ff.

653 Analyse polizeilicher Ermittlungstätigkeit, S. 40 ff.

654 Analyse polizeilicher Ermittlungsarbeit, S. 160.

655 ZStW Bd. 87 (1975), S. 1033 ff., 1040.

656 Krim.J. 1991, S. 294 ff., 297; dies., Krim.J. 1990, S. 208 ff., 209 ff.

657 Vgl. Brinker/Schellberg, Krim.J. 1991, S. 294 ff., 298.

658 Vgl. Brinker/Schellberg, Krim.J. 1990, S. 208 ff., 214, Anm. 4.

659 Krim.J. 1990, S. 208 ff., 212.

660 Vgl. Brinker/Schellberg, Krim.J. 1990, S. 208 ff., 211 und 214, Anm. 4. Der Anteil an Ersttätern betrug zu diesem Zeitpunkt 80,2 % und der Anteil der Taten mit einem Warenwert unter 100,- DM sogar 88 %, so daß eine schnelle, effektive Bearbeitung sichergestellt wurde, vgl. Brinker/Schellberg, Krim.J. 1991, S. 294ff, 303.

661 Mitteilung vom 23.06.1998. Allerdings entstünden auf diesem Wege zahlreiche Mißverständnisse, weil die Vordrucke bereits falsch ausgefüllt seien.

Minimum beschränken, da sie davon ausgehe, daß die Staatsanwaltschaft das Verfahren ohnehin nach §§ 153, 153 a StPO einstelle. Der Beschuldigte werde allenfalls schriftlich vernommen. Der Vorgang werde als "aufgeklärt" an die Staatsanwaltschaft weitergeleitet. Stelle sich hingegen bei der Überprüfung der Daten des Beschuldigten dessen einschlägige Vorbelastung heraus, so werde er regelmäßig von der Polizei vorgeladen und vernommen. Generell würden - *so Beutel*[662] - alle Ermittlungen wegen Ladendiebstahls ohne Rücksprache mit der Staatsanwaltschaft erfolgen. Erst wenn die Ermittlungen abgeschlossen seien, übergebe die Polizei das Verfahren an die Staatsanwaltschaft.

Diese Untersuchungen zeigen, daß auch in Deutschland die Polizei beim Ladendiebstahl eigenständig ermittelt. Erst wenn die Ermittlungen aus ihrer Sicht abgeschlossen sind, gibt sie das Verfahren an die Staatsanwaltschaft ab.[663] Die Studien belegen ebenfalls, daß die Polizei, wie ihre englischen und walisischen Kollegen Ermessen insoweit ausübt, als sie den Ermittlungsumfang ohne Rücksprache mit der Staatsanwaltschaft eigenständig bestimmt. Bei unbekannten Tätern nimmt sie nämlich angesichts der Aufklärungsschwierigkeiten regelmäßig gar keine Ermittlungen auf, bei den namentlich bekannten Tätern prüft sie lediglich, ob es sich um einen Wiederholungsfall handelt und beschränkt ihre Ermittlungen im übrigen auf das Notwendigste. Dabei berücksichtigt die Polizei bei ihren Ermessensentscheidungen insbesondere ihren Personal- und Sachbestand.

c. Abschluß der Ermittlungen

Zwar führt die deutsche Polizei danach wie in England und Wales beim Ladendiebstahl eigenständig das Ermittlungsverfahren durch, dennoch hat sie im Gegensatz zur englischen und walisischen Polizei keine eigenen Möglichkeit das Verfahren rechtswirksam abzuschließen.[664]

Sie ist bereits nach der Strafprozeßordnung nicht berechtigt, wie ihre Kollegen in England und Wales, den Ladendieb formell oder informell zu verwarnen oder das Verfahren einzustellen. Lediglich die Staatsanwaltschaft kann das Verfahren gegen einen Ladendieb nach §§ 153, 153 a StPO einstellen. Die Polizei ist nach den normativen Voraussetzungen auch nicht berechtigt, gegen den Ladendieb eine Geldstrafe zu verhängen, wie sie es als Verwaltungsbehörde bei Vorliegen einer Ordnungswidrigkeit kann. Die vorangegangenen Studien haben dabei gezeigt, daß die Polizei das Verfahren auch nicht in der Praxis durch eine Verwarnung, Einstellung oder Verhängung einer Geldbuße beendet, sondern daß sie vielmehr ihr Ermittlungsergebnis an die Staatsanwaltschaft übermittelt.

2. Entscheidung über die Erhebung der Anklage durch die Staatsanwaltschaft

Nunmehr ist zu untersuchen, wie die Staatsanwaltschaft mit dem polizeilichen Ermittlungsergebnis verfährt.

a. Prüfung des Ermittlungsergebnisses

Aus den vorangegangenen Feststellungen kann gefolgert werden, daß die Staatsanwaltschaft bis zur Übernahme des Ladendiebstahlsverfahrens von der Polizei ihrer gesetzlich

---

662 Mitteilung vom 23.06.1998.

663 So ebenfalls BVerwGE 47, S. 255 ff., 261.

664 Vgl. die Ausführungen im 2. Teil unter B. I. 2. a. (3).

vorgesehenen Rolle als Ermittlungsbehörde nicht gerecht wird. Es ist demnach zu untersuchen, ob sie zumindest jetzt das polizeiliche Ermittlungsergebnis überprüft und entsprechende Ermittlungen selbst durchführt oder das Verfahren für weitere Ermittlungen an die Polizei zurückverweist. Dazu ist sie nämlich im Gegensatz zur CPS in England und Wales nicht nur berechtigt, sondern verpflichtet.

Insoweit ist es erneut notwendig, auf die Untersuchungsergebnisse von *Steffen/Sessar*[665] zurückzukommen: Erhalte die Staatsanwaltschaft das Verfahren als "aufgeklärt" von der Polizei, so fügt sie lediglich Aspekte der Strafzumessung wie z.B. Vorstrafen hinzu. Hingegen seien regelmäßig keine Rückverfügungen zur weiteren Aufklärung seitens der Staatsanwaltschaft an die Polizei erfolgt. Allenfalls solle durch eine Rückverfügung das Ermittlungsergebnis der Polizei abgesichert werden.[666] Erhält die Staatsanwaltschaft das Verfahren mit dem polizeilichen Vermerk "gegen unbekannt", so stelle sie das Verfahren nach *Steffen/Sessar*[667] und ohne weitere Rückverfügungen nach § 170 Abs. 2 StPO ein. Auch hier fänden Rückverfügungen allenfalls statt, um die Einstellungsbegründung beschwerdesicher zu machen.[668]

Deshalb - so *Sessar*[669] - treffe der Staatsanwalt die Entscheidung über Einstellung und Anklage *bevor* er Nachermittlungen anstelle oder anstellen lasse. Das bedeute, der Staatsanwalt sehe sich das polizeiliche Ermittlungsergebnis an und entscheide dann über Anklage oder Einstellung und leite deshalb Nachermittlungen ein oder nicht. Er löse sich allenfalls dann von dem polizeilichen Aufklärungsergebnis, wenn ein Fall einen spezifischen Unrechtsgehalt habe.[670] Das Ermittlungsinteresse des Staatsanwalts läßt sich nach *Sessars*[671] Auffassung an dem Gewicht der begangenen Straftat ablesen. Bei einem hohen Schaden und bei Vorstrafen des Täters seien häufiger staatsanwaltschaftliche Ermittlungen nachzuweisen. Auch die Anklagequote steige mit der Schadenshöhe und der Vorbelastung des Täters. Folglich ermittele die Staatsanwaltschaft nicht mehr im eigentlichen Sinne. Sie befrage weder den Beschuldigten oder das Opfer, noch die Zeugen und sie beauftrage auch nicht die Polizei mit diesen Vernehmungen. Sie entscheide nur anhand der Aktenlage.

Auch *Herbort*[672] gelangte aufgrund der Auswertung von 15.800 Verfahrenseinstellungen im Jugendstrafverfahren zu dem Ergebnis, daß Verfahren ohne zusätzlichen Ermittlungsaufwand nach der Aktenlage erledigt würden.

Eine Rückverfügung seitens der Staatsanwaltschaft Köln erfolge auch nach Mitteilung von *Beutel*[673] sehr selten, ein konkreter Ermittlungsauftrag fast nie.

---

[665] Vgl. Steffen, Analyse polizeilicher Ermittlungsarbeit, S. 161 ff.; Sessar, ZStW Bd. 87 (1975), S. 1033 ff., 1041.

[666] Vgl. Steffen, Analyse polizeilicher Ermittlungsarbeit, S. 161 ff.; Sessar, ZStW Bd. 87 (1975), S. 1033 ff., 1041.

[667] Analyse polizeilicher Ermittlungsarbeit, S. 161 ff.; ZStW Bd. 87 (1975), S. 1033 ff., 1044 ff.

[668] Vgl. Steffen, Analyse polizeilicher Ermittlungsarbeit, S. 161 ff.; Sessar, ZStW Bd. 87 (1975), S. 1033 ff., 1041.

[669] ZStW Bd. 87 (1975), S. 1033 ff., 1044 ff.

[670] Vgl. Sessar, ZStW Bd. 87 (1975), S. 1033 ff., 1046.

[671] Vgl. Sessar, BKA-Vortragsreihe Bd. 23 (1977), S. 25 ff., 27.

[672] Wer kommt vor das Gericht?, S. 219, vgl. zur Methodik, a.a.O., S. 113f.

[673] Mitteilung vom 23.06.1998.

Folglich überprüft die Staatsanwaltschaft weder die Entscheidungen der Polizei, noch ermittelt sie selbst oder weist das Verfahren wegen vermeintlich erforderlicher Ermittlungen an die Polizei zurück. Hingegen trifft sie ihre Entscheidung allein nach Aktenlage, d.h. auf der Grundlage des polizeilichen Ermittlungsergebnisses. Danach stellt sie das Verfahren nach § 170 Abs. 2 StPO ein, wenn die Polizei das Verfahren mit dem Vermerk "Täter unbekannt" an die Staatsanwaltschaft übermittelt hat. Überreicht die Polizei den Ladendiebstahl hingegen als "aufgeklärt", so erhebt sie Anklage nach § 170 Abs. 1 StPO, falls das Verfahren nicht nach §§ 153, 153 a StPO eingestellt werden soll.

b. Abschlußentscheidung

Nunmehr ist zu untersuchen, welche Kriterien die Staatsanwaltschaft bei ihrer Entscheidung über die Verfahrenseinstellung oder Anklageerhebung berücksichtigt.

(1). Richtlinien

Die Strafprozeßordnung wird durch die Richtlinien für das Strafverfahren und das Bußgeldverfahren (RiStBV) ergänzt. Ziffer 93 RiStBV regelt den generellen Rahmen der Einstellung nach §§ 153, 153 a StPO, während Richtlinien der Bundesländer die weiteren Einzelheiten regeln.[674] Einige der Richtlinien sehen dabei Sonderregelungen für den Ladendiebstahl vor, wie z.B. die Richtlinien von Bremen und Sachsen-Anhalt.[675] Die Richtlinien sind also maßgebend für die Entscheidung der Staatsanwaltschaft, ob das Verfahren gegen den Ladendieb T eingestellt werden soll.

Nach den Richtlinien soll die Staatsanwaltschaft das Verfahren nach §§ 153, 153 a StPO einstellen, wenn der Wert des Diebstahlsobjektes gering ist. Insoweit ergeben sich aber landesrechtliche Spannbreiten für § 153 StPO zwischen 50,- DM in Niedersachsen und Bremen, 100,- DM in Hamburg, Nordrhein-Westfalen, Schleswig-Holstein, Mecklenburg-

---

[674] Männlein, (Opportunitätsvorschriften, S. 56 ff.) gibt einen Überblick über die Regelungen. Allerdings ist diese Aufstellung nicht mehr aktuell. Aufgehoben wurden z.B. die Saarbrücker Richtlinien zur Bearbeitung der Bagatellkriminalität, die ehemals in einer internen Verwaltungsanweisung (Verfügung v. 01.11.1986 (405-1446/86)) enthalten und nicht zur Veröffentlichung bestimmt waren. Statt dessen wurde die Handhabung der §§ 153 ff. StPO in das pflichtgemäße Ermessen der Staatsanwälte gestellt, wobei den Abteilungsleitern auferlegt wurde, eine einheitliche, sachgemäße Handhabung sicherzustellen, so das Schreiben des Leitenden Oberstaatsanwalts vom 03.02.1999. Zudem wurde die Berliner Anordnung der Senatsverwaltung für Justiz (4600/1-IV/A 3, sog. „Lex Baumann) am 26.06.1989 aufgehoben, so das Schreiben der Berliner Senatsverwaltung für Justiz am 22.02.1999. Auch in Bayern existieren keine behördenübergreifenden Erlasse oder Rundverfügungen sondern die Verfahrenseinstellung ist Gegenstand von Dienstbesprechungen mit den Generalstaatsanwälten und den Leitern der Staatsanwaltschaften, wonach eine Einstellung nach § 153 StPO nur im absoluten Ausnahmefall erfolgt, so das Schreiben des Bayerischen Staatsministeriums der Justiz v. 24.02.1999. Für Sachsen existieren ebenfalls keine derartigen Richtlinien, vgl. Schreiben des Sächsischen Staatsministeriums der Justiz v. 02.03.1999.

[675] Für Bremen: Richtlinien v. 04.06.1986 (4111/1-329/83-V). Für Sachsen-Anhalt hat zwar der Landesbevollmächtigte am 23.10.1990 angeordnet, grundsätzlich nach der niedersächsischen Allgemeinverfügung (AV) v. 03.12.1974 (4100-206.159), zuletzt geändert durch AV d. MJ v. 11.2.1976 (4100-302.159) zu verfahren. Allerdings wurde angesichts der Zunahme der Zahl der jährlich polizeilich erfaßten Ladendiebstähle die Handhabung für diese Delikte modifiziert, so das Schreiben des Ministeriums der Justiz des Landes Sachsen-Anhalt v. 12.05.1999. Auch in Thüringen bestehen Richtlinien speziell zur Bekämpfung des Ladendiebstahls, allerdings wurden diese im Zeitpunkt der Anfertigung dieser Arbeit überarbeitet (so das Schreiben des Thüringer Ministerium für Justiz und Europaangelegenheiten v. 23.02.1999) und konnten deshalb keine Berücksichtigung finden.

Vorpommern und 500,- DM in Rheinland-Pfalz.[676] Die Staatsanwaltschaft in Schleswig-Holstein, Mecklenburg-Vorpommern und Nordrhein-Westfalen kann das Verfahren nach § 153 a StPO einstellen, ohne an eine Obergrenze gebunden zu sein.[677] In Bremen verlangt die Staatsanwaltschaft bei einem Schaden/Wert der Beute in Höhe von bis zu 100,- DM eine Geldauflage in Höhe von 100,- DM, bei einem Schaden/Wert der Beute in Höhe von bis zu 150,- DM eine Geldauflage in Höhe von 150,- DM und bei einem Schaden/Wert der Beute in Höhe von bis zu 200,- DM eine Auflage von 200,- DM als Geldzahlung.[678] Demnach enthalten die Richtlinien für ihren Anwendungsbereich eindeutige Vorgaben, wie die Staatsanwaltschaft bei einer bestimmten Schadenshöhe zu verfahren hat.

Des weiteren hat die Staatsanwaltschaft die Vorstrafen des Ladendiebs zu beachten. Insoweit enthalten die Richtlinien ebenfalls konkrete Vorgaben, die je nach Bundesland differieren. In Rheinland Pfalz, Schleswig-Holstein, Mecklenburg-Vorpommern und Nordrhein-Westfalen kommt eine Einstellung nach § 153 Abs. 1 StPO nicht in Betracht, wenn der Beschuldigte wegen eines gleichen oder eines im Unrechtsgehalt vergleichbaren Delikts schon einmal verurteilt oder gegen ihn nach §§ 153, 153 a StPO verfahren worden ist.[679] Diese Rechtslage gilt generell auch in Bremen, allerdings soll die Einstellung für einen Wiederholungstäter bei besonderen Umständen in der Tat oder der Persönlichkeit des Täters in Betracht kommen.[680] Hingegen ist in Niedersachsen eine Einstellung lediglich nach § 153 a StPO ausgeschlossen, wenn der Beschuldigte einschlägig vorbestraft oder das Verfahren gegen ihn eingestellt worden ist.[681] Eine Einstellung nach § 153 a StPO setzt dagegen in Rheinland-Pfalz voraus, daß der Beschuldigte nicht einschlägig vorbestraft ist, wäh-

---

676 Vgl. für Niedersachsen: AV d. MJ v. 03.12.1974 (4100-206.159), zuletzt geändert durch AV d. MJ v. 11.02.1976 (4100-302.159); für Hamburg: Verfügung v. 15.2.1989 (4111); für Bremen: Richtlinien der Generalstaatsanwaltschaft v. 15.10.1998 (4111/1-95/98-V-); für Nordrhein-Westfalen: RV d. JM v. 02.12.1985 (4100-III A.133); für Schleswig-Holstein: Rundverfügung des Leitenden Oberstaatsanwalts v. 24.01.1990 (410-673) Allerdings kann die Staatsanwaltschaft bei besonderen Umständen in der Tat oder in der Person des Beschuldigten nach § 153 Abs. 1 StPO auch bei höherem Schaden einstellen. Für Mecklenburg-Vorpommern: Erlaß über die Behandlung von Strafverfahren nach den Opportunitätsvorschriften der §§ 153, 153 a StPO v. 15.12.1998. Auch danach gilt, daß bei einem höheren Schaden, der nicht wesentlich über 100,- DM liegt, gleichfalls noch gemäß § 153 StPO von der Verfolgung abgesehen werden kann. Für Rheinland-Pfalz: Gemeinsame Richtlinien des Generalstaatsanwalts in Koblenz und der Generalstaatsanwältin in Zweibrücken v. 01.12.1993 (4111-1/92), zuletzt geändert am 24.06.1997. Dabei bezog sich die Änderung der Richtlinie gerade auf den zu berücksichtigenden Schadenswert. Die Grenze wurde 1997 von 100,- DM auf 500,- DM angehoben.

677 Vgl. für Schleswig-Holstein: Rundverfügung des Leitenden Oberstaatsanwalts v. 24.01.1990 (410-673); für Mecklenburg-Vorpommern: Erlaß über die Behandlung von Strafverfahren nach den Opportunitätsvorschriften der §§ 153, 153 a StPO v. 15.12.1998; für Nordrhein-Westfalen: RV d. JM v. 02.12.1985 (4100-III A.133).

678 Richtlinien der Generalstaatsanwaltschaft v. 15.10.1998 (4111/1-95/98-V-).

679 Für Rheinland-Pfalz: Gemeinsame Richtlinien des Generalstaatsanwalts in Koblenz und der Generalstaatsanwältin in Zweibrücken v. 01.12.1993 (4111-1/92), zuletzt geändert am 24.06.1997; für Schleswig-Holstein: Rundverfügung des Leitenden Oberstaatsanwalts v. 24.01.1990 (410-673), zuletzt geändert am 07.09.1993; für Mecklenburg-Vorpommern: Erlaß über die Behandlung von Strafverfahren nach den Opportunitätsvorschriften der §§ 153, 153 a StPO v. 15.12.1998; für Nordrhein-Westfalen: RV d. JM v. 02.12.1985 (4100-IIIA.133).

680 Richtlinien der Generalstaatsanwaltschaft v. 15.10.1998 (4111/1-95/98-V-).

681 Vgl. AV d. MJ v. 3.12.1974 (4100-206.159), zuletzt geändert durch AV d. MJ v. 11.02.1976 (4100-302.159).

rend sie in Schleswig-Holstein ausgeschlossen sein soll, wenn bereits nach § 153 a StPO eingestellt worden ist.[682]

Dabei unterscheiden die Richtlinien auch danach, wie lange eine frühere Einstellung oder Verurteilung zurückliegen muß, damit sie nicht mehr bei einer erneuten Einstellung oder Verurteilung berücksichtigt werden darf. In den Richtlinien von Schleswig-Holstein und Mecklenburg-Vorpommern ist der Rückfallzeitraum mit drei bis fünf Jahren, in Bremen mit drei Jahren und in Nordrhein-Westfalen und Rheinland-Pfalz mit einem "näher zurückliegenden Zeitraum" festgesetzt worden.[683]

Die Länderregelungen weichen auch bezüglich der Berücksichtigung der Schadenswiedergutmachung durch den Ladendieb voneinander ab. In Schleswig-Holstein und Bremen wird für eine Einstellung des Verfahrens nach § 153 StPO verlangt, daß der Täter Schadenswiedergutmachung geleistet hat oder daß kein Schaden entstanden ist.[684] Ein solcher Schadensausgleich wird in Nordrhein-Westfalen nicht gefordert, während in Rheinland Pfalz das Bemühen des Täters um Schadenswiedergutmachung berücksichtigt werden kann.[685]

In Bremen ist zudem geregelt, daß §§ 153, 153a StPO in erweitertem Umfang angewendet werden können, wenn der Geschädigte sein Eigentum oder Vermögen nicht mit der üblichen Sorgfalt gesichert hatte.[686] In Mecklenburg-Vorpommern kann sich schuldmindernd im Sinne des § 153 StPO auswirken, wenn der Täter einer plötzlichen Versuchung erlegen ist.[687]

In Sachsen-Anhalt wurde bei einer Dienstbesprechung des Generalstaatsanwalts vom 26.02.1998 grundsätzlich beschlossen, angesichts der Zunahme der Zahl der jährlich erfaßten Ladendiebstähle diese nachdrücklicher als bisher zu verfolgen. Auch bei Schäden unter 100,- DM und erwachsenen Ersttätern sollen deshalb - von Ausnahmen abgesehen - Anträge auf Erlaß von Strafbefehl gestellt werden. Allerdings soll im Zweifel zugunsten des Beschuldigten von materieller Not ausgegangen werden. Bei Diebstahl von Grundnahrungsmitteln soll § 153 Abs. 1 StPO eher anzuwenden sein als beim Diebstahl von Luxus-

---

682 Vgl. für Rheinland-Pfalz: Gemeinsame Richtlinien des Generalstaatsanwalts in Koblenz und der Generalstaatsanwältin in Zweibrücken v. 01.12.1993 (4111-1/92), zuletzt geändert am 24.06.1997; für Schleswig-Holstein: Rundverfügung des Leitenden Oberstaatsanwalts v. 24.01.1990 (410-673), zuletzt geändert am 07.09.1993.

683 Vgl. für Schleswig-Holstein: Rundverfügung des Leitenden Oberstaatsanwalts v. 24.01.1990 (410-673), zuletzt geändert am 7.9.1993; für Mecklenburg-Vorpommern: Erlaß über die Behandlung von Strafverfahren nach den Opportunitätsvorschriften der §§ 153, 153 a StPO v. 15.12.1998; für Bremen: Richtlinien der Generalstaatsanwaltschaft v. 15.10.1998 (4111/1-95/98-V-); für Nordrhein-Westfalen: RV d. JM v. 02.12.1985 (4100-IIIA.133); .für Rheinland-Pfalz: Verwaltungsvorschrift v. 13.11.1980 (4111-4 12/80); für Rheinland-Pfalz: Gemeinsame Richtlinien des Generalstaatsanwalts in Koblenz und der Generalstaatsanwältin in Zweibrücken v. 01.12.1993 (4111-1/92), zuletzt geändert am 24.06.1997.

684 Schleswig-Holstein: Rundverfügung des Leitenden Oberstaatsanwalts v. 24.01.1990 (410-673), zuletzt geändert am 07.09.1993; für Bremen: Richtlinien der Generalstaatsanwaltschaft v. 15.10.1998 (4111/1-95/98-V-).

685 Für NRW: RV d. JM v. 02.12.1985 (4100-III A.133); für Rheinland-Pfalz: Gemeinsame Richtlinien des Generalstaatsanwalts in Koblenz und der Generalstaatsanwältin in Zweibrücken v. 01.12.1993 (4111-1/92), zuletzt geändert am 24.06.1997.

686 Richtlinien der Generalstaatsanwaltschaft v. 15.10.1998 (4111/1-95/98-V-).

687 Erlaß über die Behandlung von Strafverfahren nach den Opportunitätsvorschriften der §§ 153, 153 a StPO v. 15.12.1998.

gütern wie CD's und Kosmetika. Ferner soll die Anwendung von § 153 a StPO in Betracht kommen, wenn bereits eine erhebliche Bearbeitungsgebühr (Fangprämie) bezahlt worden ist.[688]

Mithin geben die Richtlinien der einzelnen Bundesländer eindeutige Einstellungsvoraussetzungen für ein Ladendiebstahlsverfahren vor, wie z.B. Schadenshöhe, Vorbelastung des Täters und Schadenswiedergutmachung. Dabei ist auffällig, daß Persönlichkeitsmerkmale des Ladendiebs wie Alter und soziale Verhältnisse nicht als Kriterien genannt sind. Die Entscheidung nach §§ 153, 153 a StPO erfolgt somit rein formalistisch anhand objektiver Kriterien. Allerdings enthalten die Richtlinien Grundsätze, die der Staatsanwaltschaft Anleitungen für den Regelfall geben sollen. Folglich muß der Staatsanwalt noch immer die Einzelumstände berücksichtigen, so daß er auch von den Richtlinien abweichen kann.[689] Zu prüfen ist jedoch, inwieweit sich die Staatsanwaltschaft an diese Vorgaben hält.

(2). Empirie

An dieser Stelle sind erneut die empirischen Untersuchungsergebnisse zu berücksichtigen.

Dabei ist zunächst auf die Studie von *Wagner*[690] zu verweisen. Er stellte fest, daß die Staatsanwaltschaft bei Ersttätern und einer Schadenssumme unter 30,- DM vier Fünftel aller Ladendiebstahlsverfahren nach §§ 153, 153 a StPO einstellt. Betrage die Schadenssumme 31,- DM bis 100,- DM so stelle die Staatsanwaltschaft 43,3 % der Verfahren nach diesen Vorschriften ein. *Wagner*[691] wies nach, daß die Einstellung bei einschlägigen Vorstrafen die absolute Ausnahme sei. Insoweit ist aber erneut das Ergebnis von *Kunz* und *Sessar*[692] einzubeziehen, wonach der Ladendiebstahl angesichts der Beschwerdemacht der Warenhäuser auch bei geringen Schäden nicht eingestellt wurde. Jedenfalls gelte, daß die Schadenshöhe bei der Entscheidung der Staatsanwaltschaft, ob das Verfahren eingestellt, Strafbefehl beantragt oder Anklage erhoben werden soll, berücksichtigt werde.

Allerdings bestätigte eine Analyse von *Kotz*[693] bei der Staatsanwaltschaft Augsburg ebenfalls den formalistischen Ansatz der Staatsanwaltschaft beim Ladendiebstahl, je nach Schadenshöhe und strafrechtlicher Vorbelastung die Erledigungsform Anklage, Strafbefehl oder Einstellung zu wählen. Die Staatsanwaltschaft stelle nämlich bei Schadenswerten bis zu 20,- DM das Ermittlungsverfahren nach § 153 StPO und bei Schadenswerten bis zu 50,- DM nach § 153 a StPO ein.[694] Außerdem könnten - so die Ergebnisse von *Kotz*[695] - beim Ladendiebstahl nicht vorbestrafte Täter in der Regel mit einer Einstellung rechnen, während einschlägig vorbestrafte Täter regelmäßig angeklagt würden.

---

688 So das Schreiben des Ministerium der Justiz des Landes Sachsen-Anhalt v. 12.5.1999.

689 Vgl. Kleinknecht/Meyer-Goßner, StPO und GVG, Einf. RiStBV.

690 Ladendiebstahl - Wohlstands- oder Notstandskriminaliät, S. 170 f.

691 Ladendiebstahl - Wohlstands- oder Notstandskriminalität, S. 167 ff.

692 Vgl. die Ausführungen unter a. Allerdings kann die Studie von Ahrens (Einstellung in der Hauptverhandlung, S. 49 ff.) hier keine Berücksichtigung finden, da sie sich ausschließlich auf Einstellungen nach §§ 153 Abs. 2, 153 a Abs. 2 StPO in der Hauptverhandlung bezieht. Vorliegend geht es aber um die Einstellung nach §§ 153 Abs. 1, 153 a StPO Abs. 1 StPO.

693 Wahl der Verfahrensart durch den Staatsanwalt, S. 109.

694 Vgl. Kotz, Wahl der Verfahrensart durch den Staatsanwalt, S. 109.

695 Wahl der Verfahrensart durch den Staatsanwalt, S. 128 ff. und 163.

Herbort[696] gelangte aufgrund ihrer Auswertung des staatsanwaltschaftlichen Ermittlungsverfahrens im Jugendstrafverfahren zu dem Ergebnis, daß die Persönlichkeit des Tatverdächtigen und sein sozialer Nahbereich nicht Aktenbestandteil werden. Statt dessen hänge die Diversionsentscheidung vornehmlich von wenigen, leicht zu ermittelnden Tatmerkmalen ab.[697] Bei der Verfahrenserledigung des Diebstahls seien das die Vorbelastung und die Schadenshöhe, die standardisiert erfaßt würden.[698] Außerdem beeinflußten nach Auffassung von *Herbort*[699] Arbeitsbedingungen, wie bspw. die zur Verfügung stehende Zeit und die persönliche Einstellung der Entscheidenden, die Einstellungspraxis. Außerdem berücksichtige die Staatsanwaltschaft die Empfehlungen der Polizei, da nicht sie, sondern die Polizei die Vernehmungen durchführe.[700]

Folglich bestätigten auch die empirischen Untersuchungen, daß die bereits in den Richtlinien festgelegten Merkmale wie Schadenshöhe und Vorbelastung des Täters maßgebende Kriterien für die Entscheidung der Staatsanwaltschaft sind. Dabei prüft die Staatsanwaltschaft nur noch formal, ob diese Kriterien vorliegen, insbesondere bleiben Persönlichkeitsmerkmale des Täters außer Betracht.

Aufgrund des formalistischen Ansatzes der Staatsanwaltschaft wurde auf Initiative des nordrhein-westfälischen Justizministeriums von der Bielefelder Staatsanwaltschaft und Polizei für jugendtypische Deliktsbereiche im Jahr 1987 das *Bielefelder Informationsmodell*[701] eingeführt. Durch eine bessere Kooperation zwischen Jugendstaatsanwaltschaft und Polizei sollte die staatsanwaltschaftliche Entscheidungspraxis verbessert werden. Ausgehend von der geltenden Gesetzeslage sollte die Abschlußverfügung des Jugendstaatsanwalts durch eine verbesserte Informationslage hinsichtlich subjektiver "Einschätzungs"-Variablen, also persönlicher Merkmale, besser vorbereitet werden.[702] Allerdings ist anzumerken, daß im Jugendstrafverfahren bereits nach § 43 JGG die Lebens- und Familienverhältnisse, der Werdegang, das bisherige Verhalten des Beschuldigten und alle übrigen Umstände ermittelt werden sollen, die zur Beurteilung der seelischen, geistigen und charakterlichen Eigenart des Jugendlichen dienen können. Demnach kommt der Persönlichkeitserforschung im Jugendstrafrecht eine zentrale Bedeutung zu.[703] Da allerdings in der Praxis die polizeilichen Ermittlungen im Jugendstrafverfahren nicht von speziellen Jugendkommissariaten wahrgenommen werden, sind die Erkenntnisse empirischer Forschung im ju-

---

696 Wer kommt vor das Gericht?, S. 113 f.

697 Vgl. Herbort, Wer kommt vor das Gericht?, S. 113.

698 Vgl. Herbort, Wer kommt vor das Gericht?, S. 216 ff.

699 Wer kommt vor das Gericht?, S. 240.

700 Vgl. Herbort, Wer kommt vor das Gericht?, S. 181.

701 Vgl. Rzepka, Polizei und Diversion, in Albrecht, Informalisierung des Rechts, S. 341. Dabei wurde unter Bezugnahme auf die vorliegend dargestellten empirischen Studien von folgenden Vermutungen ausgegangen: Die Schwere des Delikts, die sich vornehmlich in der Höhe des Schadens ausdrückt, und die strafrechtliche Vorbelastung des Beschuldigten beeinflussen die Entscheidung des Staatsanwalts maßgeblich; Beschuldigte, welche Merkmale sozialer Nicht-Angepaßtheit und sozialer Benachteiligung, aufweisen, werden von der Staatsanwaltschaft benachteiligt und die erhebliche Unterschiedlichkeit in der Verfahrenspraxis der Staatsanwaltschaft läßt sich nicht, jedenfalls nicht ausschließlich, auf die Verschiedenheit der Sachverhalte zurückführen, vgl. Ludwig-Mayerhofer, Staatsanwaltschaftliche Diversionspraxis, in Albrecht, Informalisierung des Rechts, S. 47 ff., 52.

702 Vgl. Rzepka, Polizei und Diversion, in Albrecht, Informalisierung des Rechts, S. 341 ff., 342.

703 Vgl. Rzepka, Polizei und Diversion, in Albrecht, Informalisierung des Rechts S. 341 ff., 344. S. zur Bedeutung der Täterorientierung im Jugendstrafrecht ebenfalls: Ludwig-Mayerhofer/Rzepka, MSchrKrim 1998, S. 17 ff.

gendstrafrechtlichen Ermittlungsverfahren auf das Erwachsenenverfahren bei Erwachsenen übertragbar.[704] Unter der Leitung *Albrechts*[705] wurden die Akten der 19 Staatsanwaltschaften Nordrhein-Westfalens zu dem Thema Entscheidungsstrukturen im Kriminaljustizsystem ausgewertet.

Dabei untersuchte *Rzepka*[706] die polizeiliche Praxis nach Einführung des Bielefelder Informationsmodells und gelangte zu dem Ergebnis, daß aufgrund des Projektes die Informationslage des Jugendstaatsanwalts verbessert worden sei, so daß nicht nur Fälle mit Bagatellcharakter in die Diversion einbezogen werden könnten. Dabei wurde der Polizei im Modellversuch ein - die Staatsanwaltschaft nicht bindendes - Vorschlagsrecht im Hinblick auf die Entscheidungsmöglichkeiten nach § 45 JGG eingeräumt.[707] Die Analyse *Rzepkas*[708] ergab, daß Polizeibeamte beim Ladendiebstahl deutlich mehr Verfahren für eine Einstellung vorschlugen, als derzeit von den Staatsanwälten real praktiziert würden. Dabei orientiere sich die Polizei an dem Verhalten des Beschuldigten bei der Tat. Demnach seien Persönlichkeitsmerkmale vor allem für eine polizeiliche Entscheidung zugunsten des Täters maßgebend. Bei den Ladendiebstählen habe sich darüber hinaus erwiesen, daß die Polizei und die Staatsanwaltschaft in ihren Entscheidungen übereinstimmten. Hier würden von der polizeilichen Bereitschaft zur Informalisierung nahezu 100 % der Fälle erfaßt, die tatsächlich auch von der Jugendstaatsanwaltschaft vollständig außergerichtlich erledigt würden.[709] Demnach seien Persönlichkeitsmerkmale, die für die Entscheidung der Polizei relevant sind, auch für die Entscheidung der Staatsanwaltschaft maßgebend. *Rzepka*[710] folgerte, daß hinsichtlich der Persönlichkeitsmerkmale die Entscheidungsgrundlage der Staatsanwaltschaft verbesserungswürdig sei.

Voß[711] untersuchte die Umsetzung des Bielefelder Informationsmodell auf der Ebene der Staatsanwaltschaft. Dabei fand sie zunächst eine Ausgangssituation vor, bei der die Staatsanwaltschaft Verfahren gegen erwachsene Ladendiebe auf Grund eines Erlasses des damaligen nordrhein-westfälischen Justizministers ("Krumsiek-Erlaß") bei einem Warenwert unter 100,- DM einstellte. Für Jugendliche und Heranwachsende vermutete *Voß*[712] entsprechende Ausstrahlungseffekte. Nicht eindeutig aufklärbar war, ob die Staatsanwaltschaft darüber hinaus hausinterne Vorgaben hatte. Teilweise wurde behauptet, konkrete Einstellungskriterien seien von der Behördenleitung vorgegeben worden. Jedenfalls stellte sie fest, daß sich die Bielefelder Staatsanwälte untereinander insoweit absprachen, daß die Verfahreneinstellung nach § 45 JGG auf Ersttäter beschränkt bleiben sollte.[713] Nach *Voß*[714] sei allerdings der Pensenschlüssel des Staatsanwalts eher informalisierungshemmend, so daß die gesetzlichen Möglichkeiten der Verfahrenseinstellung nicht ausgeschöpft würden.

---

[704] So ebenfalls Rzepka, Polizei und Diversion, in Albrecht, Informalisierung des Rechts, S. 341 ff., 345.
[705] Informalisierung des Rechts, 1990.
[706] Vgl. Rzepka, Polizei und Diversion, in Albrecht, Informalisierung des Rechts, S. 341 ff., 453.
[707] Vgl. Rzepka, Polizei und Diversion, in Albrecht, Informalisierung des Rechts, S. 341 ff., 341.
[708] Polizei und Diversion, in Albrecht, Informalisierung des Rechts, S. 341 ff., 455.
[709] Vgl. Rzepka, Polizei und Diversion, in Albrecht, Informalisierung des Rechts, S. 341 ff., 455.
[710] Polizei und Diversion, in Albrecht, Informalisierung des Rechts, S. 341 ff., 453.
[711] Staatsanwaltschaftliche Entscheidung, in Albrecht, Informalisierung des Rechts, S. 461 ff.
[712] Staatsanwaltschaftliche Entscheidung, in Albrecht, Informalisierung des Rechts, S. 461 ff., 552f.
[713] Vgl. Voß, Staatsanwaltschaftliche Entscheidung, in Albrecht, Informalisierung des Rechts, S. 461 ff., 552.
[714] Staatsanwaltschaftliche Entscheidung, in Albrecht, Informalisierung des Rechts, S. 461 ff., 554 ff.

Voß[715] fand zudem heraus, daß sich bei den mittelschweren Diebstahlsfällen unter dem Einfluß des Bielefelder Informationsmodells die sog. Schwerekriterien verschoben, so daß nun höhere Schäden und mehr Vorbelastungen akzeptiert würden. Dennoch erfolge die Einstellung schematisch, also ohne eine besondere Berücksichtigung der persönlichkeitsbezogenen Einschätzungskriterien, so daß nach Auffassung von *Voß*[716] nur von einem bedingten Erfolg des Bielefelder Informationsmodell gesprochen werden könne. Ursache seien die arbeitsökonomischen Regeln, die aus der Abstimmung der vorhandenen zeitlichen und sachlichen Ressourcen mit dem Fallaufkommen resultierten.[717]

Folglich bestätigen auch die empirischen Untersuchungsergebnisse, daß die Entscheidung der Staatsanwaltschaft unter Berücksichtigung der arbeitsökonomischen Regeln anhand der Schadenshöhe und der Vorbelastung des Ladendiebs auf der Grundlage des polizeilichen Ermittlungsergebnisses erfolgt. Persönliche Merkmale des Beschuldigten bleiben hingegen weitestgehend unberücksichtigt. Mithin entscheidet die Staatsanwaltschaft schematisch anhand von objektiven Kriterien darüber, ob das Verfahren eingestellt, ein Strafbefehl erlassen oder Anklage erhoben werden soll. Ein Verweis auf den Privatklageweg nach §§ 374 ff. StPO oder auf ein spezielles Verfahren öffentlicher Behörden wie in England und Wales ist bei einem Ladendiebstahl in Deutschland hingegen nicht möglich.

3. Ergebnis

Somit kann im ersten Grundfall von folgendem Verfahrensablauf ausgegangen werden:

Der Ladeninhaber wird nach seinen eigenen betriebsinternen Vorgaben und entgegen der kriminalpolitischen Wertung des § 248 a StGB den Ladendiebstahl auch bei einer geringen Schadenssumme routinemäßig bei der Polizei anzeigen, bzw. Strafantrag stellen. Die Polizei wird daraufhin eine Akte anlegen und den Sachverhalt aufnehmen. Dann wird sie die nach ihrer Einschätzung erforderlichen Ermittlungen durchführen, ohne der Staatsanwaltschaft davon Mitteilung zu machen. Sie wird den Fall erst dann an die Staatsanwaltschaft übergeben, wenn sie weitere Ermittlungen nicht für erforderlich hält. Demnach wird die Staatsanwaltschaft erst nach Abschluß der polizeilichen Ermittlungen von der Existenz des Verfahrens erfahren.

Die Staatsanwaltschaft wird ihre Entscheidung nach § 170 StPO, ohne die polizeiliche Entscheidung zu überprüfen, also ohne eigene Ermittlungen durchzuführen oder das Verfahren an die Polizei zurückzuweisen, ausschließlich nach Aktenlage treffen. Dann wird sie rein formalistisch aufgrund der Schadenshöhe prüfen, ob gegen T Anklage erhoben oder das Verfahren eingestellt werden soll. Sie wird allenfalls die Auskunft des Bundeszentralregisters über Vorstrafen sowie eventuelle Eintragungen in der behördeneigenen Kartei über Verfahrenseinstellungen hinzufügen. Insoweit enthalten die in den einzelnen Bundesländern bestehenden Richtlinien für die Staatsanwaltschaft detaillierte Vorgaben. Die Persönlichkeitsmerkmale von T werden hingegen keine Berücksichtigung finden. Dabei wird die Staatsanwaltschaft ihre Entscheidung sehr stark an das Aufklärungsergebnis der Polizei anlehnen. Liefert die Polizei T als Tatverdächtigen mit, so erhebt sie Anklage, wenn nicht

---

715 Staatsanwaltschaftliche Entscheidung, in Albrecht, Informalisierung des Rechts, S. 461 ff., 558 f.

716 Staatsanwaltschaftliche Entscheidung, in Albrecht, Informalisierung des Rechts, S. 461 ff., 560 f.

717 Vgl. Voß, Staatsanwaltschaftliche Entscheidung, in Albrecht, Informalisierung des Rechts, S. 461 ff., 562.

die vorbezeichneten Einstellungsvoraussetzungen vorliegen, ansonsten stellt sie das Verfahren ein.

Abschließend kann festgestellt werden, daß die Polizei - wie ihre Kollegen in England und Wales - beim Ladendiebstahl die Ermittlungen in der Praxis selbständig übernimmt. Die Staatsanwaltschaft füllt also ihre nach der Strafprozeßordnung vorgesehene Rolle als Ermittlungs- und Anklagebehörde nicht aus. Da sie die Entscheidung über die Erhebung der Anklage zudem auf das polizeiliche Ermittlungsergebnis stützt und ansonsten rein formalistisch prüft, ob das Verfahren einzustellen ist, ist sie nicht "Herrin des Ermittlungsverfahrens"[718].

II. Kreditbetrug

Fraglich ist, ob sich auch bei der Wirtschafts- oder Gewaltkriminalität eine Aufgabenverschiebung zugunsten der Polizei im Ermittlungsverfahren ergeben hat. Es ist demnach zu untersuchen, wie sich die Strafverfolgung in Deutschland im 2. Grundfall gestaltet.[719] Dabei gilt es einerseits das Verfahren mit dem vom SFO in England und Wales durchgeführten Verfahren bei Wirtschaftsdelikten[720] und andererseits mit dem in Deutschland beim Ladendiebstahl durchgeführten Verfahren[721] zu vergleichen.

T hat im zweiten Fallbeispiel möglicherweise einen Kreditbetrug im Sinne des § 265 b StGB begangen. Dadurch, daß er als Geschäftsführer bei der Bank B einen Kredit in Höhe von 20 Millionen DM für die X-GmbH beantragt hat, ist er als Kreditnehmer im Sinne der Vorschrift anzusehen. T hat dabei unrichtige Unterlagen über die wirtschaftlichen Verhältnisse seines Betriebes genutzt, die für ihn vorteilhaft und für die Entscheidung des Kreditinstitutes erheblich waren. Er hat nämlich eine Handelsbilanz der X-GmbH vorgelegt, worin die Forderungen gegenüber Kunden überhöht und Verbindlichkeiten gegenüber Lieferanten zu niedrig ausgewiesen waren, so daß für B nicht ersichtlich war, daß sich die X-GmbH kurz vor dem Bankrott befand. B zahlte den Kredit auch auf Grund der vermeintlich günstigen Vermögenslage der X-GmbH aus, so daß es auf den Streit, ob der Schaden und damit die Vollendung des Delikts erst mit der Valutierung des Darlehens oder bereits mit Abschluß des Darlehensvertrages eintritt[722], vorliegend nicht ankommt. T hat somit im zweiten Fallbeispiel einen vollendeten Kreditbetrug nach § 265 b StGB begangen.

Es ist zu analysieren, wie der von T begangene Kreditbetrug von den Strafverfolgungsbehörden behandelt wird.

---

718 So auch Backes, KritV 1986, S. 315 ff., 318; Steffen, Analyse polizeilicher Ermittlungstätigkeit, S. 295; Gössel, GA 1980, S. 325 ff., 347.

719 Vgl. dazu die Ausführungen im 2. Teil unter B. I. 1. d.

720 Vgl. die Ausführungen im 2. Teil unter B. I. 3.

721 Vgl. die Ausführungen unter I.

722 S. dazu Tröndle, § 265 b StGB, Rdn. 6; Otto, Jura 1983, S. 16 ff. Zur Historie des § 265 b StGB: Prost, JZ 1975, S. 18 ff., 19.

1. Ermittlungen durch die Staatsanwaltschaft

Ausgehend von der generellen Zuständigkeitsverteilung in der Strafprozeßordnung ist zu analysieren, ob die Staatsanwaltschaft - anders als beim Ladendiebstahl - ihrer Rolle als Ermittlungsbehörde beim Kreditbetrug gerecht wird. Insoweit sollen erneut empirische Arbeiten ausgewertet werden. Allerdings ist das für den Kreditbetrug lediglich eingeschränkt möglich, da nur wenige Untersuchungen ausschließlich zu diesem Deliktstypus durchgeführt wurden.[723] Das ist einerseits sicherlich darauf zurückzuführen, daß der Kreditbetrug im Gegensatz zum Ladendiebstahl erheblich seltener begangen wird: Die Gesamtanzahl betrug 1997 in der Polizeilichen Kriminalstatistik 644 Fälle gemäß § 265 b StGB und 6.559 Fälle gemäß § 263 StGB. Gegenüber dem Vorjahr ist damit die Anzahl von Straftaten nach § 265 b StGB um 8 % gesunken, während die Anzahl von Straftaten nach § 263 StGB um 24,7 % angestiegen ist.[724] Allerdings darf bei der Auswertung der Zahlen der Polizeilichen Kriminalstatistik nicht außer Betracht bleiben, daß naturgemäß die Wirtschaftsstraftaten, die von den Schwerpunktsstaatsanwaltschaften unmittelbar ohne Beteiligung der Polizei verfolgt werden, nicht erfaßt sind.[725] Eine weitere Ursache für die geringe Anzahl empirischer Untersuchungen speziell zum Kreditbetrug ist, daß der Betrugsbereich aufgrund komplexer Ermittlungsvorgänge mit zahlreichen Einzelfällen schwierig zu erfassen ist.[726] Allein das Spektrum der Betrugsfälle, die in der Polizeilichen Kriminalstatistik als sog. Geldkreditbetrug erfaßt werden, ist weit gefächert. Dazu zählt sowohl der Kreditbetrug nach § 265 b StGB und § 263 StGB als auch der Subventions-, Wechsel- und Wertpapierbetrug.[727] Auch die Registrierung des Kreditbetruges durch die Polizei sowohl nach § 265 b StGB als auch nach § 263 StGB, obwohl § 263 StGB seit der Einführung des Kreditbetruges nicht mehr für § 265 b StGB gilt[728], zeigt, daß eine Einordnung schwierig ist.[729]

Aufgrund der Vielfältigkeit der Wirtschaftskriminalität registriert die Polizeiliche Kriminalstatistik diese auch noch unabhängig von den einzelnen Delikten.[730] Mit der Wirtschaftskriminalität sind alle in § 74c Abs. 1 Nr. 1-6 GVG aufgeführten Straftaten gemeint und Delikte, die im Rahmen tatsächlicher oder vorgetäuschter wirtschaftlicher Betätigung begangen werden und die über eine Schädigung von Einzelnen hinaus das Wirtschaftsleben beeinträchtigen oder die Allgemeinheit schädigen können und/oder deren Aufklärung besondere kaufmännische Kenntnisse erfordern.[731] Von 106.053 Fällen der Wirtschaftskriminalität betrafen 1997 fast 35 % den Anlage- und Finanzierungsbereich.[732]

---

[723] So auch Liebl, KrimJ 1986, S. 50 ff., 55 f. m.w.N. Prost (JZ 1975, S. 18 ff., 20) ist der Auffassung, derartige Untersuchungen würden sich, angesichts in der Praxis unüberwindlicher Schwierigkeiten die Betrugsvoraussetzungen nachzuweisen, auch nicht durchführen lassen. Schubarth (ZStW Bd. 92 (1980), S. 80 ff., 84 ff.) kritisiert das Fehlen dieser Studien und vermerkt darüber hinaus, daß auch vor der Verabschiedung des § 265 b StGB erforderliche Untersuchungen, bspw. zu den Strafbarkeitslücken des § 263 StGB, nicht durchgeführt worden seien.

[724] Vgl. Bundesregierung, Bulletin, Polizeiliche Kriminalstatistik 1997, S. 464.

[725] Vgl. Bundesregierung, Bulletin, Polizeiliche Kriminalstatistik 1997, S. 451.

[726] Vgl. Berckhauer, Strafverfolgung bei schweren Wirtschaftsdelikten, S. 277; Bundeskriminalamt, Polizeiliche Kriminalstatistik 1995, S. 203.

[727] Vgl. Bundesregierung, Bulletin, Polizeiliche Kriminalstatistik 1997, S. 464.

[728] Vgl. SK-Samson/Günther, § 265 b StGB, Anm. 28. Die Vorschrift trat am 1.9.1976 durch das "Erste Gesetz zur Bekämpfung der Wirtschaftskriminalität" vom 29.7.1976 in Kraft, BGBl I S. 2034.

[729] Vgl. Kießner, Kreditbetrug, S. 152 f.

[730] Vgl. Bundesregierung, Bulletin, Polizeiliche Kriminalstatistik 1997, S. 464.

[731] Vgl. Bundeskriminalamt, Polizeiliche Kriminalstatistik 1995, S. 12. Vgl. auch zu den Schwierigkeiten der Begriffsbestimmung "Wirtschaftsdelikt": Berckhauer, ZStW Bd. 89 (1977), S. 1015 ff., 1024 ff.;

Folglich kann und muß im folgenden auch auf empirische Arbeiten zum Betrug allgemein und zu den Wirtschaftsdelikten zurückgegriffen werden, um festzustellen, wie bei der Strafverfolgung gegen T vorgegangen wird.

a. Einleitung der Ermittlungen

Zu prüfen ist, ob die Staatsanwaltschaft die Behörde ist, die das Verfahren gegen T einleitet. Dabei kommt es nicht wie bei § 248 a StGB darauf an, daß ein Strafantrag gestellt wurde oder das besondere öffentliche Interesse gegeben ist. Ausreichend ist allein die institutionelle Kenntnisnahme von der Begehung der Straftat durch T. Fraglich ist also, ob die Staatsanwaltschaft oder die Polizei entsprechend Kenntnis erlangt und auf welche Art und Weise das geschieht.

Kießner[733] befragte 716 Richter und Staatsanwälte zur Anwendung des § 265 b StGB in Strafverfahren in den Jahren 1977 bis 1980 und wertete 181 Antworten aus. Er verglich 27 Kreditbetrugsverfahren mit 31 Kreditbetrugsverfahren aus der Sondererhebung "Bundesweite Erfassung von Wirtschaftsstraftaten nach einheitlichen Gesichtspunkten" (BWE) für die mittlere und schwere Wirtschaftskriminalität ab 1974. Nach *Kießner*[734] erfahre in 82 % der Fälle, die in der BWE erfaßt sind und in 68 % der von ihm untersuchten Kreditbetrügereien die Staatsanwaltschaft zuerst von der Wirtschaftsstraftat. In den übrigen Fällen erhalte die Polizei unmittelbar Kenntnis. Dabei würde in 42 % der Kreditbetrügereien, die in der BWE erfaßt seien, und in 92,1 % der untersuchten Kreditbetrügereien das Verfahren durch eine Anzeige des Kreditgebers initiiert.[735] Gegen 44 % des Kreditbetruges Beschuldigte der BWE-Gruppe würde allerdings ein Verfahren eingeleitet, weil der Konkursrichter der Staatsanwaltschaft von der Einleitung eines Konkursverfahrens oder der Ablehnung desselben mangels Masse Mitteilung gemacht hat, während es bei den von *Kießner*[736] untersuchten Fällen nur 5,3 % seien. Die übrigen Verfahrenseinleitungen seien auf Initiative der Finanzbehörden, des Gewerbeaufsichtsamtes oder Feststellungen der Staatsanwaltschaft bei anderen Ermittlungen zurückzuführen gewesen.[737]

Berckhauer[738] analysierte das Zusammenwirken von Polizei und Staatsanwaltschaft bei der Bekämpfung der schweren Wirtschaftskriminalität. Dabei wertete er 407 Strafverfahren aus, in denen 739 Personen der Begehung von Wirtschaftsdelikten beschuldigt worden waren. Er untersuchte Akten mit den folgenden sechs Deliktsgruppen: Betrug, Untreue, strafbare Werbung, Vorenthaltung von Beitragsteilen nach der RVO sowie Steuer- und Zolldelikte. *Berckhauer*[739] kam aufgrund seiner Untersuchungsergebnisse zu dem Schluß, daß in 44 % dieser Fälle das Verfahren von Amts wegen in Gang gesetzt werde.[740] Dabei

Schwind/Gehrich, JR 1980, S. 228 ff., 229; Volk, JZ 1982, S. 85 ff. S. speziell zu den Ermittlungen in Wirtschaftsstrafsachen Janovsky, Krim. 1998, S. 269 ff. und 331 ff.

732 Vgl. Bundesregierung, Bulletin, Polizeiliche Kriminalstatistik 1997, S. 464.

733 Kreditbetrug, S. 100.

734 Kreditbetrug, S. 165.

735 Vgl. Kießner, Kreditbetrug, S. 160 f.

736 Vgl. Kießner, Kreditbetrug, S. 161.

737 Vgl. Kießner, Kreditbetrug, S. 161.

738 Wirtschaftskriminalität und Staatsanwaltschaft, S. 297 f., ders., Strafverfolgung bei schweren Wirtschaftsdelikten, S. 276.

739 Strafverfolgung bei schweren Wirtschaftsdelikten, S. 276.

740 Vgl. Berckhauer, Strafverfolgung bei schweren Wirtschaftsdelikten, S. 279.

betrage der Anteil dieser Verfahrensinitiierungen 72 % bei Konkursdelikten, während bei Betrug das Anzeigeverhalten Privater eine dominierende Rolle spiele. Demnach spiegele die Verfahrensinitiierung die Kontollstile der hauptsächlich geschützten Rechtsgüter wider. Dort, wo staatliche oder öffentliche Belange durch deliktisches Handeln berührt würden, ergriffen staatliche Organe verstärkt die Initiative und setzten das Verfahren unmittelbar bei der Staatsanwaltschaft in Gang. Deshalb ist mit dem Ergebnis von *Berckhauer* beim Kreditbetrug von einer Verfahrensinitiierung von Amts wegen auszugehen, da § 265 b StGB die Kredit- und Volkswirtschaft im allgemeinen öffentlichen Interesse schütze[741]. Insofern wird das Verfahren unmittelbar bei der Staatsanwaltschaft eingeleitet.

Dafür spricht auch das von *Everding*[742] aufgrund einer Befragung von elf Banken festgestellte Untersuchungsergebnis: Banken seien nicht an einer Verfolgung des Betrügers interessiert. Sie würden den Kreditbetrug selbst nicht unbedingt anzeigen, weil sie weder ihrem Ruf als Kreditgeberin noch ihrer Marktstellung schaden wollten. Außerdem schränke die Einleitung eines Strafverfahrens die Handlungsfreiheit des Kreditnehmers ein und gefährde gerade den Kredit, da bei dem Kreditnehmer dann keine Kompensation des Schadens zu erreichen sei.[743] Insoweit werde - so *Everding*[744] - angesichts der tatsächlichen hohen Anzahl von Insolvenzen durch den von der Polizeilichen Kriminalstatistik angezeigte Umfang des Kreditbetruges nicht wahrheitsgemäß ausgedrückt.

Fehérváry[745] folgert ebenfalls, daß die Entdeckung der Wirtschaftsdelikte von Kontrollmechanismen abhänge, weshalb der Richter auf Grund eines Konkursverfahrens bei der Staatsanwaltschaft Anzeige erhebe. Er untersuchte im Wege der Stichprobenziehung Wirtschaftsdelikte aus ca. 7.000 Akten von acht Staatsanwaltschaften.[746]

Abschließend kann daher festgehalten werden, daß das Verfahren in der Mehrzahl der Fälle - anders als beim Ladendiebstahl - direkt bei der Staatsanwaltschaft eingeleitet wird. Nur ausnahmsweise erhält die Polizei als Strafverfolgungsbehörde vor der Staatsanwaltschaft von der Begehung des Kreditbetruges Kenntnis.[747] Insofern bestehen aber keine Unterschiede zu dem Verfahren in England und Wales, wo das SFO und nicht die Polizei unmittelbar Kenntnis von der Straftat erhält. Des weiteren wird das Verfahren regelmäßig von Amts wegen eingeleitet, wobei von einer hohen Dunkelziffer auszugehen ist.

---

741 Vgl. SK-Günther, § 265 b StGB, Anm. 1; Tröndle, § 265 b StGB, Rdn. 6; Lampe, Kreditbetrug, S. 37; Schubarth, ZStW Bd. 92 (1980), S. 91.

742 Früherkennung von Kreditbetrug, S. 3.

743 Vgl. Everding, Früherkennung von Kreditbetrug, S. 4.

744 Früherkennung von Kreditbetrug, S. 3.

745 Vgl. Fehérváry in Blankenburg/Sessar/Steffen, Staatsanwaltschaft im Prozeß strafrechtlicher Sozialkontrolle, S. 272 ff. Der Verfasser war ebenfalls am Max-Planck-Institut Mitarbeiter der von Blankenburg/Sessar/Steffen betreuten empirischen Untersuchung zur Praxis der Strafverfolgung, vgl. Blankenburg/Sessar/Steffen, Staatsanwaltschaft im Prozeß strafrechtlicher Sozialkontrolle, S. 24 ff.

746 Vgl. zur Methodik Blankenburg/Sessar/Steffen, Staatsanwaltschaft im Prozeß strafrechtlicher Sozialkontrolle, S. 24 ff.

747 Vgl. auch Teufel (Insolvenzkriminalität, S. 129), der darauf hinweist, daß gelegentlich Impulse zu einer Strafverfolgung auch von der Polizei selbst ausgehen können. Das sei allerdings nur dann der Fall, wenn bei der Kriminalpolizei eine Insolvenzkartei unterhalten oder der Wirtschaftsteil der Tagespresse ausgewertet werde.

b. Durchführung der Ermittlungen
Zu untersuchen ist nunmehr, ob die Staatsanwaltschaft die Ermittlungen selbst oder mit Unterstützung der Polizei als Hilfsbeamte gemäß ihrem gesetzmäßigen Auftrag durchführt.

Nach *Kießner*[748] hängt von der unmittelbaren Kenntnisnahme auch die Art der durchgeführten Ermittlungen ab. Da - wie bereits erwähnt - in 68,4 % der Vergleichs- und in 82 % der BWE-Fälle das Verfahren direkt bei der Staatsanwaltschaft eingeleitet worden ist, habe die Staatsanwaltschaft in diesen Fällen, genauer gesagt in 68,4 % der Vergleichs- und in 78 % der BWE-Fälle, die Ermittlungen vollständig allein durchgeführt.[749] Jedenfalls leite die Staatsanwaltschaft die Ermittlungen in den Verfahren der schweren Wirtschaftskriminalität, während Kriminalpolizeibeamte z.B. die Vernehmungen der Beschuldigten unter ihrer Weisung durchführten.[750]

Auch *Berckhauer*[751] kommt aufgrund seiner empirischen Untersuchung zu dem Ergebnis, daß die Staatsanwaltschaft bei den Wirtschaftsdelikten selbst die Ermittlungen durchführt und bzw. leitet. In 84 % der untersuchten Fälle hätten Schwerpunkt-Staatsanwaltschaften selbst ermittelt, wobei die Verfolgung um so effektiver, je größer die personelle Spezialisierung gewesen sei.[752]

Insoweit ist vorab darauf hinzuweisen, daß die Staatsanwaltschaft in einzelne Abteilungen unterteilt ist, deren Größe sich nach dem der Staatsanwaltschaft zugeordneten Landgerichtsbezirk bzw. der Kriminalitätshäufigkeit bestimmt. Bei den Schwerpunkt-Staatsanwaltschaften handelt es sich dabei um Dezernate, die aus der allgemeinen Buchstabensystematik der Staatsanwaltschaften herausgenommen wurden, weil sie angesichts der Verfahrensdauer, Stoffülle, Umfang des Schadens und der Beweismittel eine andere Bearbeitung benötigten, als die allgemeinen Strafverfahren.[753] Die hier tätigen Staatsanwälte verfügen in der Regel über eine kaufmännische, steuerrechtliche oder betriebswirtschaftliche Vorbildung oder über Kenntnisse in den Gebieten der Buchführung, Bilanzkunde oder des Steuerrechts, die sie im Rahmen von Fortbildungskursen erlangt haben.[754] Zugleich hat sich die Staatsanwaltschaft im Wirtschaftstrafrecht mit den bei ihnen organisatorisch eingegliederten Wirtschaftsreferenten und Buchhaltern einen begrenzt eigenen Verwaltungsunterbau geschaffen.[755] Diesen Fachleuten aus der Wirtschaft, bspw. Betriebs-, Volkswirten und Buchhaltern, ist die besondere Sachkunde auf dem Gebiet des Wirtschaftslebens gemein.[756] Ihre Aufgabe besteht darin, den Dezernenten der Staatsanwaltschaft in Fragen des Wirtschaftslebens zu beraten, wobei sich ihre Befugnisse nur aus vom Staatsanwalt übertragenen Aufgaben ergeben.[757]

---

748 Kreditbetrug, S. 165.
749 Vgl. Kießner, Kreditbetrug, S. 164 ff.
750 Vgl. Kießner, Kreditbetrug, S. 168 ff.
751 Strafverfolgung bei schweren Wirtschaftsdelikten, S. 279.
752 Vgl. Berckhauer, Strafverfolgung bei schweren Wirtschaftsdelikten, S. 279 ff.
753 Vgl. Kramer, Ermittlungen bei Wirtschaftsdelikten, Rdn. 5 ff. Vgl. zur Geschichte der Schwerpunktstaatsanwaltschaften: Berckhauer, Wirtschaftskriminalität und Staatsanwaltschaft, S. 85 ff.
754 Vgl. Kramer, Ermittlungen bei Wirtschaftsdelikten, Rdn. 5 ff. Vgl. allgemein zur Wirtschaftskriminalität und Juristenausbildung: Thoss, ZRP 1974, S. 238 ff.
755 Vgl. Kramer, Ermittlungen bei Wirtschaftsdelikten, Rdn. 14.
756 Vgl. Kramer, Ermittlungen bei Wirtschaftsdelikten, Rdn. 15.
757 Vgl. Kramer, Ermittlungen bei Wirtschaftsdelikten, Rdn. 16 f. Allerdings hat beispielsweise Niedersachsen den Wirtschaftsreferenten den Status der Hilfsbeamten der Staatsanwaltschaft zuerkannt, vgl. Kra-

Dementsprechend kommt *Fehéváry*[758] aufgrund seiner Untersuchung zu dem Ergebnis, daß die Staatsanwaltschaft bei den "großen" Wirtschaftsdelikten selbständig die Ermittlungen durchführe. Zwar gebe es zwischen diesen und den "kleinen" Wirtschaftsdelikten keine Grenze, eine Unterscheidung sei aber angesichts unterschiedlichster Reaktionen der Strafverfolgungsbehörden zweckmäßig.[759] Für die Abgrenzung sei die Höhe des verursachten Schadens, der Aufwand der erforderlichen Ermittlungen und die besondere Bedeutung für die Allgemeinheit entscheidend. Bei den "großen" Wirtschaftsdelikten seien die Ermittlungen meist langwierig und schwierig. Diese Wirtschaftsdelikte würden eine Ermittlungskonzentration, -koordination oder -spezialisierung erforderlich machen.[760] Selbst wenn die Polizei ausnahmsweise als Erste von der Begehung dieser Delikte erfahre, schalte sie - so *Fehéváry*[761] - bei diesen komplizierten, beweisschwierigen oder schadensträchtigen Fällen sofort die Staatsanwaltschaft ein. Davon zu unterscheiden seien die "kleinen" Wirtschaftsdelikte, die der Bagatellkriminalität zuzuordnen seien. Das sei quantitativ die Masse der Wirtschaftskriminalität. Hier ermittele die Polizei wie auch bei den Ladendiebstahlsfällen selbst, ehe sie die Fälle an die Staatsanwaltschaft abgebe.[762]

Zur Feststellung der Tatbestandsvoraussetzungen des § 265 b StGB ist es vorliegend u.a. notwendig, die von T vorgelegten Handelsbilanzen der X-GmbH zu überprüfen. Das setzt ein besonderes Spezialwissen voraus und kann ein schwieriges Beweisverfahren nach sich ziehen. Da T zudem einen außergewöhnlich hohen Schaden verursacht hat, kann vorliegend davon ausgegangen werden, daß es sich um einen "großen" Fall der Wirtschaftskriminalität im Sinne der Klassifizierung von *Fehéváry* handelt, der eine Strafverfolgung durch die Schwerpunkt-Staatsanwaltschaft nach sich zieht. Demnach würde die Staatsanwaltschaft selbst ermitteln. Selbst wenn die Polizei also als erste von der Tat des T erfahren hätte, hätte sie - nach *Fehéváry* - das Verfahren unmittelbar an die Staatsanwaltschaft zur Durchführung des Ermittlungsverfahrens weitergeleitet.

Auch die Befragung des Leiters des Kölner Kommissariats KK 41 der größten Polizeiinspektion in Nordrhein-Westfalen, Ulrich *von Reed*,[763] die zumindest für das Verhalten der Polizei bei Ermittlungen in Wirtschaftsstrafsachen in Großstädten Indizwirkung entfaltet,[764] ergab, daß die Staatsanwaltschaft beim Kreditbetrug selbst die Ermittlungen durchführt. Die Staatsanwaltschaft wende sich nach der Einleitung des Verfahrens nur hinsichtlich einzelner Ermittlungshandlungen an die Polizei. Sie erteile der Polizei dann einen

---

und Staatsanwaltschaft, S. 90 f. Zur Konkurrenz zwischen Wirtschaftsreferenten und Kriminalpolizei: Pfiszter, DRiZ 1984, S. 95 ff., 96 und Fabelje, Krim. 1974, S. 346 f., 346.

758 Vgl. Fehéváry in Blankenburg/Sessar/Steffen, Staatsanwaltschaft im Prozeß strafrechtlicher Sozialkontrolle, S. 272 ff.

759 Vgl. Fehéváry in Blankenburg/Sessar/Steffen, Staatsanwaltschaft im Prozeß strafrechtlicher Sozialkontrolle, S. 271 ff.

760 Vgl. Fehéváry in Blankenburg/Sessar/Steffen, Staatsanwaltschaft im Prozeß strafrechtlicher Sozialkontrolle, S. 271.

761 In Blankenburg/Sessar/Steffen, Staatsanwaltschaft im Prozeß strafrechtlicher Sozialkontrolle, S. 284.

762 Vgl. Fehéváry in Blankenburg/Sessar/Steffen, Staatsanwaltschaft im Prozeß strafrechtlicher Sozialkontrolle, S. 271.

763 Mitteilung vom 25.06.1998.

764 Beim Kreditbetrug führt Bochum mit 2.376 Betrugsfällen vor Essen mit 1.507 Betrugsfällen die Spitze der Häufigkeitstabelle der Betrugsfälle auf 200.000 Einwohner an unmittelbar gefolgt von Köln mit 1.428 Fällen, vgl. Bundeskriminalamt, Polizeiliche Kriminalstatistik 1996, S. 208.

konkreten Auftrag.[765] Während die Staatsanwaltschaft die Vernehmungen in der Regel selbst übernehme, besorge die Polizei im Namen der Staatsanwaltschaft die erforderlichen Geschäftsunterlagen. Dazu gehöre bspw., daß die Polizei anhand einer "Checkliste" der Staatsanwaltschaft beim Arbeitsamt oder bei Krankenversicherungen Informationen erfrage. Diese würden entweder von den Polizeibeamten oder von den zehn Wirtschaftsreferenten und fünf Buchhaltern der Staatsanwaltschaft in Köln ausgewertet.[766] Keineswegs erhalte die Polizei die gesamte Ermittlungsakte, vielmehr würden lediglich Ausschnitte übersandt. Es sei sogar so, daß der Polizei der gesamte Sachverhalt regelmäßig nicht bekannt sei. Die Polizei in Köln setze je nach Aufwendigkeit der Ermittlungen, also abhängig von der Dauer und dem Umfang, Kommissionen ein.[767] Dabei verfügten die Polizeibeamten in der Regel über ein abgeschlossenes Studium der Betriebswirtschaftslehre, eine kaufmännische Ausbildung oder hätten an einem fünfmonatigen Seminar für Wirtschaftskriminalisten teilgenommen.[768] Zu jedem Zeitpunkt fänden Absprachen zwischen der Staatsanwaltschaft und der Polizei statt. Insoweit besteht nach *v. Reed*[769] zwischen der Polizei und der Staatsanwaltschaft ein Verhältnis der Kooperation und Arbeitsteilung.

Damit diese noch verbessert werden kann, werde ein gemeinsam von der Staatsanwaltschaft und der Polizei entwickeltes bundesweites Pilotprojekt zur Wirtschaftskriminalität bis Ende des Jahres 1998 in der Kölner und Bielefelder Behörde erprobt.[770] Danach hätten die Staatsanwaltschaft und Polizei gemeinsam Zugriff auf ein Software-Programm mit dem Namen "Wikri/Fe" für Wirtschaftskriminalität und Finanzermittlungen.[771] Durch dieses neue System entfalle das Versenden von Akten und jeder Ermittler könne sich unverzüglich über Ergebnisse von Durchsuchungen, Buchungstexten, Kontonummern, nicht nachvollziehbaren Bargeldabhebungen, Personaldaten der Tatverdächtigen oder den Inhalt beschlagnahmter Unterlagen informieren.

Folglich ist davon auszugehen, daß die Schwerpunkt-Staatsanwaltschaft bei Kreditbetrügereien in der Größenordnung des vorliegenden Falles entsprechend § 161 StPO selbst ermittelt, sich also allenfalls der Unterstützung der Polizei in einzelnen Ermittlungsfragen bedient. Zugleich läßt sie sich von den Wirtschaftsreferenten in Fragen des Wirtschaftslebens beraten, die organisatorisch in die Schwerpunkt-Staatsanwaltschaft eingegliedert sind.

---

765 Innerhalb der Polizei wird dann anhand des Geschäftsverteilungsplans entschieden, ob KK 43, also die Abteilung Wirtschaftskriminalität für allgemeine Betrugs- und Unterschlagungsfälle (nach Buchstaben) oder ob KK 41, die Abteilung Wirtschaftskriminalität und Computerbetrug tätig wird, vgl. v. Reed, Mitteilung vom 25.06.1998.

766 v. Reed, Mitteilung vom 25.06.1998.

767 Vgl. zu wirtschaftskriminalistischen Sonderkommissionen im einzelnen: Teufel, Insolvenzkriminalität, S. 125 f.; Kramer, Ermittlungen bei Wirtschaftsdelikten, Rdn. 26.

768 Vgl. v. Reed, Mitteilung vom 25.06.1998.

769 Auch außerhalb der konkreten Ermittlungen fänden kriminalpolitische Diskussionen oder gemeinsame Treffen zwischen den Wirtschaftsabteilungen der Strafverfolgungsbehörden statt, v. Reed, Mitteilung vom 25. 06.1998. Franzheim (DRiZ 1984, S. 90 ff., 91 ff.) und Teufel (Insolvenzkriminalität, S. 126) sprechen bei Wirtschaftsdelikten von einer "partnerschaftlichen Zusammenarbeit" bzw. von einem "team" zwischen Staatsanwaltschaft und Polizei. Vgl. zur Zusammenarbeit zwischen Staatsanwaltschaft und Polizei bei Wirtschaftsstrafsachen auch: Zeißig, wistra 1994, S. 295 ff., 299 f.

770 Vgl. KStA, 17.6.1998, "Am Computer gegen Täter mit weißen Kragen". Vgl. allgemein zur EDV-Beweissicherung bei den Ermittlungen in Wirtschaftsstrafsachen: Janovsky, Krim. 1998, S. 331 ff., 331.

771 Vgl. KStA, 17.6.1998, "Am Computer gegen Täter mit weißen Kragen".

c. Abschluß der Ermittlungen

In England und Wales kann die Polizei das Ermittlungsverfahren bereits deshalb nicht wie beim Ladendiebstahl abschließen, weil nicht sie, sondern das SFO die Ermittlungen durchführt. Auch in Deutschland schließt die Staatsanwaltschaft die Ermittlungen ab. Abgesehen davon, daß die deutsche Polizei ohnehin nach der Strafprozeßordnung nicht berechtigt ist, den Kreditbetrüger zu verwarnen oder das Verfahren gegen ihn einzustellen, ist sie dazu auch de facto nicht in der Lage, weil sie die Ermittlungen - anders als beim Ladendiebstahl - nicht selbständig durchführt. Vielmehr ermittelt die Schwerpunkt-Staatsanwaltschaft gegen T oder leitet zumindest die Ermittlungen und schließt diese dann entsprechend ab.

2. Entscheidung über die Erhebung der Anklage durch die Staatsanwaltschaft

Es ist zu prüfen, wie die Staatsanwaltschaft weiter vorgeht.

a. Prüfung des Ermittlungsergebnisses

Insoweit ist an dieser Stelle darauf hinzuweisen, daß die Staatsanwaltschaft anders als beim Ladendiebstahl ihrer Rolle als Ermittlungsbehörde gerecht wird. Nach § 170 Abs. 1 StPO soll sie ihr eigenes Ermittlungsergebnis dahingehend prüfen, ob hinreichender Tatverdacht zur Erhebung einer Anklage vorliegt. Die Untersuchungsergebnisse aus England und Wales zu dem Zeitpunkt als die Polizei noch eine Doppelrolle als Ermittlungs- und Anklagebehörde inne hatte, haben aber ergeben, daß in diesen Fällen die für die Beweiswertung erforderliche Objektivität der Anklagebehörde nicht vorlag. Mittlerweile nimmt das SFO die Ermittlungs- und Anklagefunktion war. Die erforderliche Objektivität soll dabei dadurch gewährleistet werden, daß der "case controller" nicht zugleich als Ermittler tätig ist oder daß der Deputy Director oder der Director selbst die Entscheidung trifft.[772] Fraglich ist, ob auch vorliegend eine unparteiische und unabhängige Entscheidung der Staatsanwaltschaft über die Erhebung der Anklage beim Kreditbetrug trotz der eigenen Ermittlungstätigkeit gewährleistet ist.

Kießner[773] fand heraus, daß die Kriminalpolizei in 85,7 % der Vergleichsfälle und in 56,7 % der BWE-Fälle den Sachverhalt als Kreditbetrug wertete, während die Staatsanwaltschaft nur in 2,2 % der Vergleichs- und in 5,0 % der BWE-Fälle zu dieser rechtlichen Einordnung gelangte. Obwohl sich diesbezüglich eine abschließende Begründung nicht aus den staatsanwaltschaftlichen Akten ergab, war es häufig so, daß nach Auffassung der Staatsanwaltschaft ein Tatbestandsmerkmal fehlte. Z.B. verneinte die Staatsanwaltschaft die Tatbestandsmäßigkeit des § 265 b StGB im Gegensatz zur Polizei, weil es sich bei dem Kreditnehmer nicht um einen Betrieb oder ein Unternehmen handelte.[774] Die Staatsanwaltschaft wertete deshalb die von der Polizei als Kreditbetrug behandelten Fälle oftmals als Betrug.[775] Ein Vergleich der Schadenswerte durch *Kießner*[776] ergab, daß die Staatsanwaltschaft vor allem Fälle mit großen Schadenssummen unter § 265 b StGB erfaßte. Insgesamt stellte die Staatsanwaltschaft das Ermittlungsverfahren wegen Kreditbetrugs in 23,7 % der Fälle der BWE-Gruppe und in 22 % der Fälle der Vergleichsgruppe nach § 170 Abs. 2

---

772 Vgl. die Ausführungen im 2. Teil unter B. I. 3.

773 Kreditbetrug, S. 154.

774 Vgl. Kießner, Kreditbetrug, S. 154. S. zu diesem Tatbestandsmerkmal im einzelnen Lackner, § 265 b StGB, Rdn. 2.

775 Vgl. Kießner, Kreditbetrug, S. 152 f.

776 Kreditbetrug, S. 157 f. In 15 Kreditbetrügereien wies der Gesamtschaden 1,507 Millionen auf, so daß es sich um eine durchschnittliche Schadenssumme von 113.667,- DM handelte.

StPO ein.[777] Mithin überprüft die Staatsanwaltschaft beim Kreditbetrug das polizeiliche Ermittlungsergebnis und weicht gegebenenfalls von diesem ab.

Steffen[778] bildete - wie erwähnt - innerhalb ihrer Untersuchung eine Kategorie für Betrügereien. Sie stellte fest, daß bei diesen Delikten zwar oftmals bereits bei der Strafanzeige ein Tatverdächtiger genannt wird, es aber von der juristischen Definition des Deliktes ausgehend sehr schwierig sei, die Straftat auch zu beweisen. Die Staatsanwaltschaft folge dem Ergebnis der polizeilichen Ermittlungen nicht ebenso widerspruchslos, wie bei den Verfahren mit Unbekannttatsachen, also wie z.B. beim Ladendiebstahl gegen unbekannt.[779] Die Staatsanwaltschaft stelle vielmehr beweisschwierige Fälle häufiger nach § 170 Abs. 2 StPO ein. Diese Beweisschwierigkeiten - so *Steffen*[780] - seien so charakterisierend und bestimmend für den Ermittlungsverlauf und -erfolg, daß andere Faktoren wie Schadenshöhe und Dauer kaum mehr ins Gewicht fallen würden. Bei diesen Straftaten differierten Aufklärungsindikator und Sanktionsentscheidung deutlich. Der Grund hierfür sei nach *Steffen*[781] darin zu sehen, daß die Arbeitsdefinitionen von Polizei und Justiz unterschiedlich seien. Während die Polizei die Fälle, nachdem sie "aufgeklärt" sind, an die Staatsanwaltschaft abgibt, klagt die Staatsanwaltschaft diese noch nicht an. Aufgeklärt bedeutet nämlich lediglich, daß ein namentlich bekannter oder auf frischer Tat ergriffener Tatverdächtiger genannt werden kann,[782] hingegen verlange die Anklage, daß hinreichender Tatverdacht bestehe. Hinreichender Tatverdacht liegt aber erst dann vor, wenn die Wahrscheinlichkeit einer Verurteilung gegeben ist.[783] Die Strafverfolgungsbehörden gelangten nach *Steffen*[784] vor allem dann zu unterschiedlichen Ergebnissen, wenn von der juristischen Definition des Deliktes her der Nachweis des Vorsatzes erforderlich war.

Mithin konnten diese Studien belegen, daß die Staatsanwaltschaft beim Kreditbetrug die von der Polizei zugeleiteten Ermittlungsergebnisse erneut prüft und auch zu einer abweichenden Entscheidung gelangt. Folglich entscheidet die Staatsanwaltschaft über die Abschlußentscheidung unabhängig von der polizeilichen Einschätzung.

b. Abschlußentscheidung

Zu untersuchen ist, welche Kriterien die Staatsanwaltschaft bei ihrer Entscheidung berücksichtigt.

(1). Richtlinien

Dabei ist erneut auf die Richtlinien für das Strafverfahren und das Bußgeldverfahren (RiStBV) zu verweisen, bzw. auf die Richtlinien der Bundesländer, die generell für §§ 153, 153 a StPO und nicht nur für die Einstellung von Ladendiebstahlsverfahren Anwendung finden.

---

777 Vgl. Kießner, Kreditbetrug, S. 175.
778 Analyse polizeilicher Ermittlungstätigkeit, S. 166 ff.
779 Vgl. die Ausführungen unter A I. 2.
780 Analyse polizeilicher Ermittlungstätigkeit, S. 24 f.
781 Analyse polizeilicher Ermittlungstätigkeit, S. 25.
782 Vgl. Steffen (Analyse polizeilicher Ermittlungstätigkeit, S. 25) unter Bezugnahme auf die Polizeiliche Kriminalstatistik, 1995 S. 10.
783 Vgl. Steffen, Analyse polizeilicher Ermittlungstätigkeit, S. 123 ff. und 175 ff.
784 Analyse polizeilicher Ermittlungstätigkeit, S. 123 ff. und 175 ff.

Da alle Richtlinien vorgeben, daß die Schadenshöhe ein maßgebendes Kriterium bei der Einstellung eines Verfahrens ist[785], ist vorliegend aufgrund des Betrugsschadens in Höhe von 20 Millionen DM eine Einstellung nach §§ 153, 153 a StPO ausgeschlossen. Insoweit kommt es auf eine eventuelle Vorbelastung oder Wiedergutmachung seitens des T gar nicht an. Daran könnte allenfalls ändern, daß die Richtlinien lediglich Anleitungen sein sollen, also der jeweilige Einzelfall von der Staatsanwaltschaft zu berücksichtigen ist. Demnach ist es erneut notwendig, empirische Untersuchungen zur Einstellung bei Wirtschaftsdelikten zu berücksichtigen.

(2). Empirie

Folglich ist anhand der Fallstudien zu prüfen, welche Kriterien für die Staatsanwaltschaft bei der Einstellungsentscheidung maßgebend sind.

Kießner[786] stellte bei seiner Untersuchung fest, daß kein Kreditbetrug nach den §§ 153, 153 a StPO eingestellt worden war. In der BWE-Gruppe fanden sich hingegen in 4 % der Fälle Einstellungen nach § 153 a StPO. Generell galt, daß die Anklagequote bei den Schwerpunkt-Staatsanwaltschaften geringer war als bei den allgemeinen Staatsanwaltschaften, weil diese die umfangreichen und schwierigen Kreditbetrügereien bearbeiteten.[787]

Meinberg[788] untersuchte sämtliche staatsanwaltschaftlichen Einstellungen nach § 153 a Abs. 1 StPO bei gemeldeten Wirtschaftsstrafverfahren im Bundesgebiet ohne Berlin. Er wertete 443 Akten sowie 258 Staatsanwältefragebogen aus und kam zu dem Ergebnis, daß die Einstellungspraxis bei Wirtschaftsdelikten derjenigen bei allgemeinen Strafsachen ähnele.[789] Dabei bestanden regional starke Anwendungsunterschiede. Ein hoher Schaden sei - so *Meinberg*[790] - kein Hindernis für eine Geringfügigkeitseinstellung. Der durchschnittliche Schaden bei § 153 a StPO habe 60.000,- DM gegenüber 4.000,- DM bei § 153 StPO betragen. Der Einstellung mit Auflage komme insoweit eine Strafersatzfunktion zu, da der durchschnittliche Schaden bei Wirtschaftsstrafverfahren, die in einem Strafbefehlsverfahren abgehandelt werden, 26.000,- DM betragen hätte.[791] Abschließend folgert er, daß § 153 a StPO bei der Wirtschaftskriminalität primär in einem verfahrenspragmatischen Sinn Verwendung finde.[792] Nicht einmal ein Drittel aller Verfahren sei vollständig aufgeklärt gewesen, in der Regel gehe die Einstellung mit besonders aufwendigen und problematischen Ermittlungssituationen einher.[793]

Feltes[794] analysierte die 1976 eingeführte Staatsanwaltschaftsstatistik. Insbesondere konzentrierte er sich dabei auf die Hamburger Staatsanwaltschaft, da diese mit Hilfe des Geschäftsverteilungsplans und eines Sonderdruckes der Staatsanwaltschaftsstatistik spezielle

---

785 Vgl. die Ausführungen unter A. I. 2.

786 Kreditbetrug, S. 175.

787 Vgl. Kießner, Kreditbetrug, S. 164 f.

788 Geringfügigkeitseinstellungen von Wirtschaftsstrafsachen, S. 239 f.

789 Vgl. Meinberg, Geringfügigkeitseinstellungen von Wirtschaftsstrafsachen, S. 240 f.

790 Geringfügigkeitseinstellungen von Wirtschaftsstrafsachen, S. 242.

791 Vgl. Meinberg, Geringfügigkeitseinstellungen von Wirtschaftsstrafsachen, S. 242.

792 Vgl. Meinberg, Geringfügigkeitseinstellungen von Wirtschaftsstrafsachen, S. 245, nennt das auch "ultima ratio der Verfahrensökonomie".

793 Vgl. Meinberg, Geringfügigkeitseinstellungen von Wirtschaftsstrafsachen, S. 242 f.

794 KrimJ 1984, S. 50 ff., 50.

Aussagen zur Erledigungspraxis machte.[795] Er kam zu dem Schluß, daß die Anklagequote bei den Wirtschaftsdelikten, obwohl auch häufiger Ermittlungsschwierigkeiten auftreten, in der Regel höher sei als bei der allgemeinen Kriminalität. Die Einstellungsquote liege dabei sowohl bei den Einstellungen mit Auflage als auch ohne Auflage deutlich unter der Quote bei den Verfahren der Staatsanwaltschaft insgesamt.[796] Dabei zeigten sich - wie bereits von *Meinberg* festgestellt - allerdings Unterschiede in der Art der Erledigung einzelner direkt vergleichbarer Dezernate, die auf die persönlichen Präferenzen der Sachbearbeiter für bestimmte Erledigungsformen, die tat- und täterunabhängig sind, zurückzuführen seien.[797] Außerdem habe auch der Ländervergleich deutliche Unterschiede bei der Erledigung der Verfahren durch den Staatsanwaltschaft gezeigt.[798]

Insoweit bestätigen die Studien nicht, daß sich die Staatsanwaltschaft an die in den Richtlinien zu §§ 153, 153 a StPO enthaltenen Schadensgrenzen hält. Vielmehr übt sie ihr Ermessen in einem verfahrenspragmatischen Sinn aus, wobei insbesondere die aufwendigen, schwierigen und langwierigen Ermittlungssituationen Berücksichtigung finden. Angesichts der vorliegenden Schadenshöhe von 20 Millionen DM gegenüber einem durchschnittlichen Schaden von 60.000,- DM für § 153 a StPO bei *Meinberg* wird das Verfahren gegen T aber dennoch keinesfalls nicht eingestellt werden. Dafür spricht auch, daß *Kießner* nur eine äußerst geringe Einstellungsquote für den Kreditbetrug nachweisen konnte und auch nach *Feltes* die Anklagehäufigkeit bei den Wirtschaftsdelikten durchschnittlich höher als bei allgemeinen Strafsachen war.

3. Ergebnis

Anhand dieser empirischen Untersuchungen gestaltet sich das Ermittlungsverfahren gegen T wegen Kreditbetruges wie folgt:

Die Kenntnisnahme des Kreditbetruges wird aufgrund einer Verfahrensinitiierung von Amts wegen unmittelbar bei der Staatsanwaltschaft erfolgen. Da das Ermittlungsverfahren besonders schwierig und umfangreich ist, wird es von der Schwerpunkt-Staatsanwaltschaft eingeleitet und durchgeführt werden. Der Großverfahrensdezernent wird persönlich ermitteln und sich auch mit anderen Behörden in Verbindung setzen. Dabei wird er von den Wirtschaftsreferenten bei Fragen des Wirtschaftslebens beraten werden. Außerdem wird die Staatsanwaltschaft Ermittlungen durch die Wirtschaftskriminalisten des Polizeidienstes vornehmen lassen. Insoweit wird der Staatsanwalt den Spezialdezernenten der Kriminalpolizei konkrete Ermittlungsanweisungen erteilen. Angesichts des Umfangs des Wirtschaftsstrafverfahrens können auch polizeiliche Sonderkommissionen gebildet werden. Dabei wird die Staatsanwaltschaft ihre rechtlichen und die Polizei ihre kriminalistischen Kenntnisse einbringen.

---

795 Vgl. Feltes, Staatsanwalt als Sanktions- und Selektionsinstanz, in Kerner, Diversion statt Strafe?, S. 55 ff., 56.

796 Vgl. Feltes, Staatsanwalt als Sanktions- und Selektionsinstanz, in Kerner, Diversion statt Strafe?, S. 55 ff., 65.

797 Vgl. Feltes, Staatsanwalt als Sanktions- und Selektionsinstanz, in Kerner, Diversion statt Strafe?, S. 55 ff., 62.

798 Vgl. Feltes, KrimJ 1984, S. 50 ff., 72 ff.

Bevor sie die Entscheidung über die Erhebung der Anklage nach § 170 Abs. 1 StPO trifft, wird die Staatsanwaltschaft die Ermittlungsergebnisse einer erneuten Kontrolle unterziehen, wobei sie auch zu von der Polizei abweichenden Ergebnissen gelangen kann. Die vorliegende Schadenshöhe wird die Staatsanwaltschaft bei Vorliegen eines hinreichenden Tatverdachtes jedenfalls davon abhalten, das Verfahren nach §§ 153, 153 a StPO einzustellen. Statt dessen wird sie Anklage nach § 170 Abs. 1 StPO erheben, wenn ein hinreichender Tatverdacht besteht.

Abschließend kann festgehalten werden, daß die Staatsanwaltschaft beim Kreditbetrug ihre Funktion - anders als beim Ladendiebstahl aber wie das SFO in England und Wales - als Ermittlungs- und Anklagebehörde ausübt. Folglich erfüllt sie beim Kreditbetrug noch ihre gesetzlich vorgesehene Rolle als "Herrin des Ermittlungsverfahrens."[799]

III. Mord

Bei der Untersuchung, wie sich die Strafverfolgung in Deutschland im 3. Grundfall gestaltet,[800] soll das Verfahren mit demjenigen beim Mord in England und Wales[801] und zugleich mit den Verfahren beim Ladendiebstahl einerseits und beim Kreditbetrug[802] andererseits verglichen werden.

Im dritten Fallbeispiel tötet T aus Geldsucht den Unbekannten U. Gegeben ist also die Tötung eines anderen Menschen aus Habgier, so daß T einen Mord gemäß § 211 StGB begangen hat.

1. Ermittlungen durch die Staatsanwaltschaft

Zu analysieren ist, ob die Staatsanwaltschaft ihrer in der Strafprozeßordnung vorgegebenen Rolle als Ermittlungsbehörde wie beim Kreditbetrug gerecht wird oder ob die Polizei wie beim Ladendiebstahl diese Rolle übernimmt. Auch für den Mord werden in diesem Zusammenhang empirische Arbeiten ausgewertet.

Dabei gilt allerdings - wie auch für den Kreditbetrug - daß nur wenige Studien speziell zur Tötung aus Habgier vorliegen. Aber auch zur Tötungsdelinquenz insgesamt wurden kaum Untersuchungen durchgeführt.[803]

Dies läßt sich, wie beim Kreditbetrug, darauf zurückführen, daß diese Delinquenz im Gegensatz zum Ladendiebstahl nur selten vorkommt. Im Jahr 1997 wurden in der Polizeilichen Kriminalstatistik unter dem Summenschlüssel "Gewaltkriminalität" im gesamten Bundesgebiet 3.288 Mord- oder Totschlagsdelikte registriert. Insoweit handelt es sich um 2,8 % der registrierten Gesamtkriminalität.[804] Dabei ist der Anteil dieser Delikte noch

---

799 So ebenfalls: Kießner, Kreditbetrug, S. 166; Berckhauer, Wirtschaftskriminalität und Staatsanwaltschaft, S. 84; Blankenburg/Sessar/Steffen, Staatsanwaltschaft im Prozeß strafrechtlicher Sozialkontrolle, S. 990 f.; Löwe-Rosenberg-Rieß, StPO und GVG, § 161 StPO, Rdn. 41;. Lilie, ZStW Bd. 106 (1994), S. 625 ff., 626.

800 Vgl. die Ausführungen im 2. Teil unter B. I. 1. d.

801 Vgl. die Ausführungen im 2. Teil unter B. I. 4.

802 Vgl. die Ausführungen unter I. und II.

803 So auch: Middendorff, ZStW Bd. 94 (1982), S. 788 ff.

804 Vgl. Bundesregierung, Bulletin, Polizeiliche Kriminalstatistik 1997, S. 445.

rückläufig.[805] 36,6 % der in der Polizeilichen Kriminalstatistik erfaßten Mordfälle sind Raubmorde, insgesamt 7,2 % mehr als im Vorjahr.[806] Allerdings ist zu beachten, daß der Bereich der möglichen Umdefinition bei einem versuchten Mord sehr weit ist. Gemeint ist, daß schwere oder gefährliche Körperverletzungen, Nötigungen, Vergewaltigungen, Raube oder räuberische Erpressungen statistisch gesondert erfaßt werden, obwohl es sich möglicherweise um einen versuchten Mord gehandelt hat.[807]

Eine weitere Ursache für die geringe wissenschaftliche Auseinandersetzung mit der Tötung aus Habgier ist, daß die Tötungsdelinquenz angesichts der modernen Technologien und der Globalisierung gegenüber z.B. der Computerkriminalität in den wissenschaftlichen Hintergrund gerät.[808]

Außerdem könnte ein weiterer Aspekt für die geringe Beachtung sein, daß die Aufklärungsquote beim Mord 89,7 % beträgt und das Dunkelfeld bei den Morddelikten im Gegensatz zum Ladendiebstahl äußerst gering ist.[809] Das gilt insbesondere für Konfliktmorde, bei denen sich der Täter regelmäßig im Umfeld befindet und die soziale Prognose sehr gut ist. Rückfälle sind dann äußerst selten.[810] Insofern besteht möglicherweise kein dringender Bedarf nach mehr Kontrolle dieser Delinquenz.

Ferner gestaltet sich eine wissenschaftliche Auseinandersetzung mit den Tötungsdelikten nach § 211 StGB angesichts der Spannbreite der Begehungsweisen und Tätertypen schwierig. Beim Mord ist eine Differenzierung nach Vorliegen der Mordmerkmale aber auch nach den Tätertypen möglich. Insofern werden bei den Tätern einerseits unter anderem Konflikt-, Gewinn-, Sexualmörder und politische Mörder unterschieden, andererseits unterscheidet man Massen- oder Einzelmörder.[811] Selbst wenn also Studien zur Tötungsdelinquenz existieren, beschäftigen sie sich vorwiegend mit den Persönlichkeitsmerkmalen des Täters[812], weil nach der Rechtsprechung des Bundesverfassungsgerichts eine lebenslange Freiheitsstrafe nur unter bestimmten, auch die Persönlichkeit des Täters berücksichtigenden Umständen verhängt werden darf.[813] Deshalb ist ein Rückgriff auf empirische Untersuchungen zur Klärung der Aufgabenverteilung der Strafverfolgungsbehörden beim Mord nur begrenzt möglich.

---

805 Vgl. Bundesregierung, Bulletin, Polizeiliche Kriminalstatistik 1997, S. 445.

806 Bundeskriminalamt, Polizeiliche Kriminalstatistik 1996, S. 135.

807 Vgl. dazu Kerner, ZStW Bd. 98 (1986), S. 874 ff., 883.

808 Die Computerkriminalität stieg 1997 um 22,4 % gegenüber dem Vorjahr an, vgl. Bundesregierung, Bulletin, Polizeiliche Kriminalstatistik 1997, S. 451.

809 Vgl. Bundeskriminalamt, Polizeiliche Kriminalstatistik 1996, S. 23. So ebenfalls Middendorff, ZStW Bd. 94 (1982), S. 788 ff. 790.

810 Vgl. Middendorff, GA 1977, S. 97 ff., 118.

811 Vgl. Middendorff, ZStW Bd. 94 (1982), S. 788 ff., 790 ff.

812 Vgl. z.B. Lullies (Tötungshemmung beim Mörder, S. 59 ff.), der 1966 35 Strafakten auswertete und 9 Täter befragte, um zu klären, ob der Mörder in seiner Persönlichkeit über eine Tötungshemmung verfügte. Vgl. auch Diesinger (Der Affekttäter, S. 90 ff.), der 295 Gutachten aus den Jahren 1964 - 1973 und ergänzend Urteile und Beschlüsse auswertete, um vor allem die Persönlichkeit des Affekttäters zu untersuchen. Vgl. auch Rasch (Tötung des Intimpartners, S. 90), der anhand von Fällen unterschiedliche Tötungssituationen miteinander verglich, um mehr über das Motiv der Tötung eines Intimpartners herauszufinden. In diese Richtung geht auch die Studie von Middendorff (GA 1977, S. 97 ff.), der die Tötung aus Leidenschaft anhand von Fallstudien.

813 Vgl. BVerfGE 45, S. 187 ff., 267. Das Bundesverfassungsgericht fordert angesichts des verfassungsrechtlichen Grundsatzes der Verhältnismäßigkeit eine restriktive Auslegung einiger Mordmerkmale.

a. Einleitung der Ermittlungen
Zur Einleitung eines Strafverfahrens ist wie beim Kreditbetrug kein Strafantrag erforderlich, eine Strafanzeige reicht aus.

Sessar[814] führte im Rahmen der Ausführungen zum Ladendiebstahl und zum Kreditbetrug dargestellten Studie des Max-Planck-Institutes eine Untersuchung zur "Kriminalisierung und Kriminalität vorsätzlicher Tötungen" im Jahr 1970 und 1971 durch. Er wertete die in diesem Zeitraum bei den baden-württembergischen Staatsanwaltschaften eingetragenen Kapitaldelikte aus, bezogen auf vorsätzliche und versuchte Tötungen und erfolgsqualifizierte Delikte mit tödlichem Ausgang. Seine Untersuchungsergebnisse beziehen sich letztlich auf 747 Verfahren.
Dabei stellte er fest, daß 95 % der Mordfälle direkt bei der Polizei angezeigt würden.[815] Allerdings hänge - so *Sessar*[816] - die Anzeigebereitschaft davon ab, wie nah das Opfer dem Täter stehe. Die Strafverfolgungsbehörden würden von versuchten Tötungsdelikten, die in der Familie oder im Freundeskreis begangen werden, seltener Kenntnis erlangen. Außerdem kam *Sessar*[817] zu dem Ergebnis, daß auch die Polizei teilweise Anzeigen von Delikten innerhalb des familiären Umfeldes "abwimmele", also gar nicht erst ein Ermittlungsverfahren einleite.

Nach Angaben des stellvertretenden Kommissariatsleiter des KK 11 "Tötungsdelikte" in Köln, Achim *Wolff*,[818] werde in 96 % der Mordfälle die Straftat unmittelbar bei der Polizei angezeigt. Da es sich bei der Kölner Polizeiinspektion um diejenige mit dem größten Fallvolumen in Nordrhein-Westfalen handelt[819], ist auch für das dortige Ermittlungsverfahren beim Mord von einer Indizwirkung für die generelle Strafverfolgung beim Mord, zumindest für Großstädte,[820] auszugehen.

Vorliegend bedeutet das demnach:

Unbekannt ist, wer den Mord anzeigen wird. Die Studien haben ergeben, daß Familienangehörige oder Freunde des Opfers eine Strafverfolgung nicht, wie beim Ladendiebstahl der Geschädigte, mit Nachdruck betreiben, da sie wegen persönlicher Bindung für sich negative Konsequenzen befürchten. Insoweit ähnelt die Interessenlage der Anzeigenden beim Mord unter Umständen derjenigen des Kreditgebers beim Kreditbetrug. Das gilt allerdings in der Regel nicht für eine Tötung aus Habgier, da hier das soziale Umfeld durch eine Strafverfolgung nicht beeinträchtigt wird. Insofern ist davon auszugehen, daß der von T

---

814 BKA-Vortragsreihe Bd. 23 (1977), S. 25 ff., 25. Zugleich berücksichtigte er die Verurteilungs- und Strafverfolgungsstatistiken des deutschen Reiches (1882-1932), der Bundesrepublik Deutschland (1950-1979) sowie die Polizeiliche Kriminalstatistik für die Bundesrepublik Deutschland (1953-1979).

815 Vgl. Sessar, Tötungskriminalität, S. 101.

816 Tötungskriminalität, S. 98.

817 Tötungskriminalität, S. 98. Dabei findet er heraus, daß geographische Faktoren das Strafverfolgungsverhalten der Polizei beeinflussen, also z.B. vornehmlich in kleinen Orten Taten registriert wurden, die unter Ehegatten und Familienmitgliedern geschehen waren, a.a.O., S. 201.

818 Mitteilung vom 25.06.1998.

819 Vgl. Bundeskriminalamt, Polizeiliche Kriminalstatistik 1996, S. 137. Außerdem wurden in Nordrhein-Westfalen 624 Fälle pro 100.000 Einwohner erfaßt, während es im durchschnittlich 218 Fälle je Bundesland waren, vgl. a.a.O., S. 137.

820 In Köln wurden gemessen am gesamten Bundesgebiet jährlich die viert häufigsten Fälle bei Großstädten über 200.000 Einwohner, nämlich 44 Mord- bzw. Tötungsdelikte erfaßt, vgl. Bundeskriminalamt, Polizeiliche Kriminalstatistik 1996, S. 137.

begangene Mord wie beim Ladendiebstahl in jedem Fall angezeigt wird. Diese Anzeige wird aller Wahrscheinlichkeit nach unmittelbar bei der Polizei erfolgen.

b. Durchführung der Ermittlungen

Fraglich ist nunmehr, ob die Polizei die Ermittlungen wie beim Ladendiebstahl selbständig durchführt und erst nach ihrem Abschluß die Staatsanwaltschaft von dem Mord in Kenntnis setzt, oder ob sie das Verfahren wie in Deutschland beim Kreditbetrug oder wie in England und Wales beim Mord unverzüglich an diese weiterleitet.

Sessar[821] stellte fest, daß in 91 % der vollendeten Mordfälle die Staatsanwaltschaft Ermittlungen durchführte. Dabei wies *Sessar*[822] darauf hin, daß es im Zeitpunkt seiner Untersuchung keine "Kapitaldezernenten" gab, Mordfälle also wie alle anderen Fälle dem Buchstaben nach zugeordnet wurden. Die Analyse von *Sessar*[823] ergab weiter, daß die Staatsanwaltschaft in 41 % dieser Tötungs- und Morddelikte selbst Ermittlungen durchführte, indem sie bspw. in 38 % der Fälle den Tatort besichtigte und in 22 % der Fälle den Verdächtigen vernahm. Insoweit war die Mitwirkung des Staatsanwalts bei der Ermittlung nach den Ergebnissen von *Sessar*[824] häufiger als bei der Bagatellkriminalität. Dabei wies *Sessar*[825] auch darauf hin, daß sich darüber hinausgehende Ermittlungstätigkeiten der Staatsanwaltschaft anhand der ausgewerteten Akten nicht einheitlich messen ließ, weil ein Teil der Ermittlungen betreffende Kommunikation mit der Polizei persönlich oder über das Telefon erfolgte. Jedenfalls wurde die Staatsanwaltschaft laufend von der Polizei informiert, während sie an den eigentlichen Ermittlungshandlungen, wie z.B: an der Spurensicherung, nicht aktiv teilnahm. Sie beaufsichtigte das Verfahren vielmehr im Hinblick auf eine möglichst vollkommene Klärung aller rechtlichen Gesichtspunkte, die in der Hauptverhandlung eine Rolle spielen könnten.[826] Sie steuerte die Ermittlungsmaßnahmen dahingehend, daß auch subjektive Mordmerkmale, also z.B. die Verdeckungsabsicht, ausreichend geprüft wurden. Der Handlungsspielraum der Polizei sei - so *Sessar*[827] - bei vollendeten Tötungen wesentlich geringer als bei nichttödlichen Gewaltdelikten. Abschließend gelangte er zu dem Ergebnis, daß man im Bereich der vorsätzlichen Tötungsdelikte von engagierter Ermittlungstätigkeit sprechen kann, bei der eine Rechtskontrolle durch die Staatsanwaltschaft stattfindet.[828]

Nach Angaben von *Wolff*[829] begibt sich die Polizei zunächst zum Tatort und prüft, ob Fremdverschulden gegeben ist. Wenn das bereits offensichtlich der Fall sei, werde entsprechend § 159 StPO unverzüglich die Staatsanwaltschaft eingeschaltet. In den übrigen Fällen leite die Polizei, obwohl die Staatsanwaltschaft dazu nach Nr. 33 RiStBV verpflichtet sei,

---

821 Tötungskriminalität, S. 105.
822 BKA-Vortragsreihe Bd. 23 (1977), S. 25 ff., 30. Insoweit ist erneut darauf hinzuweisen, daß die Staatsanwaltschaft in einzelne Abteilungen unterteilt ist, wobei heutzutage in der Regel eine Abteilung die Verfolgung von Kapitaldelikten, also Tötungsdelikten, Raub, Erpressung, Brandstiftung etc. übernimmt.
823 Tötungskriminalität, S. 105.
824 BKA-Vortragsreihe Bd. 23 (1977), S. 25 ff., 27.
825 BKA-Vortragsreihe Bd. 23 (1977), S. 25 ff., 27.
826 Vgl. Sessar, ZStW Bd. 87 (1975), S. 1033 ff., 1039 f.
827 Tötungskriminalität, S. 131.
828 Vgl. Sessar, ZStW Bd. 87 (1975), S. 1033 ff., 1039 f.
829 Mitteilung vom 25.06.1998.

die Durchführung einer Obduktion ein.[830] Ergäben sich auf Grund der Obduktion Hinweise auf ein Fremdverschulden, so informiere sie unverzüglich die Staatsanwaltschaft. Ansonsten werde die "Leiche freigegeben" und die Polizei verfasse einen Abschlußbericht an die Staatsanwaltschaft.[831] Für den vorliegenden Fall bedeutet das, daß die Polizei aufgrund der Fußspur in der Blutlache von einem Fremdverschulden ausgehen und daher die Ermittlungen unverzüglich an die Staatsanwaltschaft weiterleiten wird.

Nach *Wolff*[832] kommt auch der zuständige Staatsanwalt nach Kenntnisnahme der Straftat immer zum Tatort, wo er die aufgrund seiner "Spezialisierung im Kapitaldezernat" gewonnenen kriminalistischen Kenntnisse anwendet. Meistens beobachte der Staatsanwalt, wie die Polizei die Spuren, also vorliegend z.B. die Fußspur, sichere, ohne aktiv tätig zu werden. Statt dessen ordne sie an, bis zu welchem Zeitpunkt die Ergebnisse der Beweissicherung vorliegen sollen und wer in der Zwischenzeit von der Polizei vernommen werden solle. Der Staatsanwalt vernehme zum Teil auch selbst den Beschuldigten und die Zeugen. Er sei während der gesamten Ermittlungen der Polizei eingebunden. Nach Auffassung von *Wolff*[833] liefere die Polizei bei den Mordfällen Daten über den Sachverhalt,[834] während die Staatsanwaltschaft die rechtliche Wertung vornehme.

Mithin ist davon auszugehen, daß die Polizei bei offensichtlichem oder nachgewiesenem Fremdverschulden die Ermittlungen unverzüglich an die Staatsanwaltschaft weiterleitet. Die Staatsanwaltschaft ermittelt in den Mordfällen teilweise selbst, indem sie den Tatort besichtigt oder den Beschuldigten und Zeugen persönlich vernimmt, oder sie beauftragt die Polizei mit diesen Ermittlungen. Im letzteren Fall steht sie aber laufend mit der Polizei in Kontakt, so daß diese die Ermittlungsarbeiten beaufsichtigen kann.

c. Abschluß der Ermittlungen

Die Polizei ist nicht berechtigt, die Ermittlungen rechtswirksam einzustellen oder eine Verwarnung auszusprechen wie ihre englischen und walisischen Kollegen, so daß sie auch das Ermittlungsverfahren nicht auf diese Weise abschließen kann.[835] Sie wäre dazu aber auch de facto nicht in der Lage, weil sie die Ermittlungen zwar teilweise selbst durchführt, letztlich aber von der Staatsanwaltschaft kontrolliert wird bzw. diese die Ermittlungen auch persönlich durchführt. Dementsprechend schließen die Kapitaldezernenten die Ermittlungen auch ab.

2. Entscheidung über die Erhebung der Anklage durch die Staatsanwaltschaft

Ausgehend von den bisherigen Feststellungen wird die Staatsanwaltschaft, anders als beim Ladendiebstahl, ihrer gesetzlich vorgesehenen Rolle als Ermittlungsbehörde größtenteils gerecht. Nach § 170 StPO ist sie nunmehr verpflichtet zu überprüfen, ob hinreichender

---

830 Vgl. Wolff, Mitteilung vom 25.06.1998. S. zur Obduktion im einzelnen Sessar, Tötungskriminalität, S. 85.

831 Vgl. Wolff, Mitteilung vom 25.06.1998.

832 Mitteilung vom 25.06.1998.

833 Mitteilung vom 25.06.1998.

834 Vgl. für die kriminalistischen Maßnahmen der Polizei z.B. BKA, Kriminaltechnik, BKA-Schriftenreihe 50, S. 61ff.

835 Dazu sind auch ihre englischen und walisischen Kollegen aufgrund ihres eingeschränkten Ermessensspielraums beim Mord nicht berechtigt, vgl. die Ausführungen im 2. Teil unter B. I. 4. a.

Tatverdacht wegen Mordes vorliegt, ansonsten muß sie das Verfahren nach Absatz 2 der Vorschrift einstellen.

a. Prüfung des Ermittlungsergebnisses

Folglich ist zunächst wie beim Kreditbetrug zu fragen, ob die Staatsanwaltschaft ihre Aufgabe als Anklagebehörde, obwohl sie aktiv in die Ermittlungen eingebunden war, objektiv ausüben kann. Dabei ist zu berücksichtigen, daß die Staatsanwaltschaft die Ermittlungen nicht vollständig alleine durchführt, sondern noch weniger eigene Ermittlungsarbeit leistet als beim Kreditbetrug. Selbst dort konnte aber festgestellt werden, daß die Staatsanwaltschaft die Ermittlungen der Polizei objektiv und unabhängig prüft. Das muß dann aber erst recht in den Fällen gelten, in denen sie seltener in die Ermittlungen eingebunden ist. Außerdem bestätigte *Sessar*[836] aufgrund seiner Untersuchungsergebnisse, daß die Staatsanwaltschaft tatsächlich noch die gesetzlich vorgesehene Rechtskontrolle bei den vorsätzlichen Tötungsdelikten ausübt.

b. Abschlußentscheidung

Hinsichtlich der beim Kreditbetrug und Ladendiebstahl untersuchten Einstellungsmöglichkeiten nach §§ 153, 153 a StPO ist zu berücksichtigen, daß es sich bei Mord um ein Verbrechen nach §§ 211, 12 StGB handelt. Demnach sind die Einstellungsvorschriften vorliegend nicht anwendbar.

Folglich wird die Staatsanwaltschaft den von T begangenen Mord nach erneuter Überprüfung anklagen oder mangels hinreichendem Tatverdachts einstellen.

3. Ergebnis

Aufgrund dieser Feststellungen wird sich das Ermittlungsverfahren gegen T im dritten Fallbeispiel wie folgt gestalten:

Zunächst wird der Mord bei der Polizei angezeigt, welche prüft, ob Fremdverschulden vorliegt. Angesichts der im Fallbeispiel dargestellten eindeutigen Umstände, wird die Polizei dieses bejahen und unverzüglich die Abteilung zur Verfolgung von Kapitaldelikten bei der Staatsanwaltschaft einschalten. Diese wird den Tatort besichtigen und passiv an der Spurensicherung der Polizei teilnehmen. Sie wird die Polizeibeamten beauftragen, Zeugen und Verdächtige zu vernehmen und auch selbst u.U. bei diesen Vernehmungen anwesend sein. Die Staatsanwaltschaft leitet und kontrolliert die Ermittlungen, bestimmt also aufgrund ihrer rechtlichen und forensischen Erfahrungen den Ermittlungsumfang, während sie sich der kriminalistischen Erfahrungen der Polizei bedient. Nach einer objektiven Prüfung der polizeilichen Ermittlungsergebnisse wird sie gegen T Anklage erheben oder das Verfahren mangels hinreichendem Tatverdacht einstellen.

Folglich unterscheidet sich das deutsche Verfahren von dem Ermittlungsverfahren in England und Wales, weil auch noch nach der Reform die Polizei dort selbständig - ohne Kontrolle seitens des DPP - die Ermittlungen durchführt. Allerdings besteht eine Ähnlichkeit der Systeme darin, daß das grundsätzlich weite Ermessen der Polizei insoweit eingeschränkt ist, als die englische und walisische Polizei wie ihre deutschen Kollegen immer

---

836 ZStW Bd. 87 (1975), S. 1033 ff., 1039 f.

Ermittlungen gegen einen Mörder einleiten und den Täter wegen Mordes auch niemals nur verwarnen würden.

Zusammenfassend kann daher festgestellt werden, daß die Staatsanwaltschaft im Mordbereich noch weitestgehend als Herrin des Ermittlungsverfahrens anzusehen.[837]

IV. Gesamtergebnis

Als Gesamtergebnis ist damit festzuhalten, daß die Staatsanwaltschaft beim Kreditbetrug und beim Mord weitgehend ihre in der Strafprozeßordnung vorgesehene Rolle als Herrin des Ermittlungsverfahrens ausübt. Das gilt aber keineswegs für den Ladendiebstahl. In diesem Bereich agiert die Polizei als Ermittlungs- und die Staatsanwaltschaft als Anklagebehörde. Daher ist nunmehr zu untersuchen, ob die Polizei in Deutschland wie die Polizei in England und Wales beim Ladendiebstahl die Kriminalpolitik bestimmt.

B. Kritik

Um zu überprüfen, welche Bedeutung der Machtverschiebung im Bereich der Ladendiebstahlsdelinquenz in Deutschland tatsächlich zukommt, werden im folgenden die für das englische und walisische System aufgestellten Kriterien angewendet.[838] Die Einführung des CPS erfolgte, um eine von der Polizei unabhängige und damit objektive Behörde zu errichten, die für Einheitlichkeit, Gerechtigkeit und Effizienz der Strafverfolgung sorgen sollte. Die Analyse hat ergeben, daß der CPS in Wirklichkeit eine von der Polizei abhängige Behörde ist. Die Polizei bestimmt beim Ladendiebstahl in England und Wales noch immer die Kriminalpolitik. Dadurch hat sich die englische und walisische Strafverfolgungspraxis hinsichtlich der Uneinheitlichkeit, Ungerechtigkeit und Ineffizienz nicht verbessert.

I. Abhängigkeit der Staatsanwaltschaft von der Polizei

Es ist zu analysieren, ob auch in Deutschland die Staatsanwaltschaft von der Polizei abhängig ist, so daß diese letztlich die Kriminalpolitik bestimmt und es möglicherweise zu ähnlichen Defiziten kommt.

1. Keine Abschlußentscheidungen der Polizei

In England und Wales betreibt die Polizei bereits aufgrund ihrer Abschlußentscheidungen Diversion. Sie leitet letztlich nur die Verfahren an den CPS weiter, in denen ihrer Auffassung nach eine Anklage gerechtfertigt ist. In den anderen Fällen leiten die englischen und walisischen Polizeibeamten entweder ein Verfahren gegen einen Ladendieb gar nicht erst

---

837 So ebenfalls: Sessar, Tötungskriminalität, S. 102 ff.; Bräutigam, DRiZ 1992, S. 214 ff., 215; Nehm, zit.: v. Jaeger/Winnen/Steffen, JZ 1995, S. 503 ff., 503; Mösch, Krim. 1978, S. 547 ff., 548.

838 Vgl. die Ausführungen im 2. Teil unter A. II.

ein oder sie verwarnen ihn lediglich.[839] Mithin ist die Polizei in England und Wales bei ihren Abschlußentscheidungen von dem CPS unabhängig.

In Deutschland übermittelt die Polizei an die Staatsanwaltschaft alle Ermittlungsverfahren, also auch diejenigen, in denen sie eine Einstellung des Verfahrens für angemessen hält.[840] Daher trifft die Polizei in Deutschland nicht wie ihre englischen und walisischen Kollegen Abschlußentscheidungen, so daß die Polizei nicht bereits deshalb von der Staatsanwaltschaft unabhängig ist und ihre eigene Diversionspolitik betreibt.

2. Polizei bestimmt Informationen

In England und Wales bestimmt die Polizei darüber hinaus bei den Verfahren, die sie letztlich zur Erhebung der Anklage an den CPS weiterleitet, die Informationen auf deren Grundlage der CPS ihre Entscheidung trifft. Dabei hat die Analyse ergeben, daß sie die Aufnahme von entlastenden Informationen in der "case summary" häufig unterläßt, so daß das polizeiliche Ermittlungsergebnis bereits in die Richtung einer Anklageerhebung deutet. Da der CPS nicht berechtigt ist, Ermittlungen von der Polizei zur weiteren Aufklärung zu verlangen, selbst zu ermitteln oder auf andere Informationen als die der Polizei zurückzugreifen, bestimmt die Polizei in England und Wales die Entscheidungen des CPS. Insoweit ist der CPS aber von der Polizei abhängig und kann seine Entscheidungen nicht objektiv treffen.[841]

In Deutschland hat die Auswertung der Untersuchungsergebnisse ergeben, daß die Polizei die Ermittlungen gegen den Ladendieb selbständig durchführt.[842] Dabei wurde festgestellt, daß der Umfang der Ermittlungen variiert: Bei unbekannten Tätern nimmt sie regelmäßig keine Ermittlungen auf, sondern übergibt den Fall mit dem Vermerk "Täter unbekannt" an die Staatsanwaltschaft. Bei den übrigen Ladendiebstahlsfällen überprüft sie, ob es sich um einen Wiederholungsfall handelt und richtet ihre Ermittlungen danach aus. Generell beschränkt sie aber auch in diesen Fällen ihre Ermittlungen auf das Notwendigste. Dabei richtet sich der Ermittlungsumfang nach dem Personal- und Sachbestand der jeweiligen Polizeibehörde.

Entsprechend der Ermittlungsintensität variieren die von der Polizei an die Staatsanwaltschaft weitergeleiteten Informationen:

In den Verfahren, die den Vermerk "Täter unbekannt" tragen, werden, da die Polizei gar keine Ermittlungen durchgeführt hat, der Staatsanwaltschaft auch keine Informationen über mögliche Beweismittel zur Verfügung gestellt. Daraus folgt, daß die Staatsanwaltschaft bei diesen Ladendiebstahlsverfahren z.B. keine Kenntnis darüber hat, ob Zeugen den Ladendiebstahl beobachtet haben. Insoweit verfügt die Staatsanwaltschaft aber nicht über alle Informationen, die sie für eine Entscheidung nach § 170 StPO benötigt.

Wird der Vorgang hingegen als "aufgeklärt" an die Staatsanwaltschaft weitergegeben, enthält die Akte, wenn es sich um eine erstmalige Verfehlung handelt, regelmäßig die Infor-

---

[839] Vgl. die Ausführungen im 2. Teil unter B. I. 1.
[840] Vgl. die Ausführungen in unter A. I. 1. a.
[841] Vgl. die Ausführungen im 2. Teil unter B. I. 2.
[842] Vgl. die Ausführungen unter A. I. 1. b.

mationen, die die Staatsanwaltschaft für eine Entscheidung nach §§ 153, 153 a StPO benötigt. Die Polizei übermittelt der Staatsanwaltschaft also regelmäßig den Namen des Täters und die Schadenshöhe.

Wenn die Ermittlungen der Polizei ergeben haben, daß der Ladendieb ein Wiederholungstäter ist, enthält die Akte darüber hinaus zumindest die Ergebnisse der Vernehmung des Beschuldigten, des Geschädigten und der Zeugen. Die Polizei bestimmt unter Verstoß gegen § 163 Abs. 2 S. 1 StPO, von welchen der gesammelten Beweise die Staatsanwaltschaft Kenntnis erlangt und letztlich auch, welchen Beweiswert ihnen zukommt. Persönliche Merkmale teilt sie der Staatsanwaltschaft nicht mit, obwohl ihr bekannt ist, daß die Bereitschaft zur Informalisierung des Ladendiebstahls bei Vorliegen entsprechender Informationen trotz Vorbelastung und Schadensumfang steigt. Sie übermittelt in diesen Fällen vielmehr die Informationen, die aus ihrer Sicht für die Erhebung einer Anklage relevant sind.

Folglich selektiert die Polizei die Informationen, die letztlich der Staatsanwaltschaft als Entscheidungsgrundlage für die Erhebung der Anklage oder die Einstellung des Verfahrens dienen. Fraglich ist aber, ob die Polizei damit auch die Entscheidung der Staatsanwaltschaft vorgibt, weil die Staatsanwaltschaft anders als der CPS in England und Wales verpflichtet ist, Rückverfügungen zu erlassen, bzw. selbst zu ermitteln. Die Analyse der deutschen Strafverfolgungspraxis hat aber gezeigt, daß die Staatsanwaltschaft regelmäßig keine Rückverfügungen vornimmt, bzw. allenfalls die Sache zurückverweist, um das von der Polizei vorgegebene Ermittlungsergebnis abzusichern.

Rückverfügungen sind aber nur dann sinnvoll, wenn Ermittlungsmaßnahmen überhaupt noch Aussicht auf Erfolg versprechen. Die Staatsanwaltschaft erfährt aber erst von dem Ladendiebstahl, wenn die Polizei das Ermittlungsverfahren abgeschlossen und die Akte an sie weitergeleitet hat. In diesem Zeitpunkt sind die Erfolgsaussichten einer Sachverhaltsaufklärung jedoch gering: Ermittlungen, die bereits unmittelbar im Anschluß an die Tat unterlassen worden sind, können jetzt nur noch schlecht nachgeholt werden: Spuren sind verwischt, Zeugen sind nicht mehr greifbar oder der Geschädigte erinnert sich nicht mehr an Details.

Rückverfügungen versprechen auch aus einem anderen Grund wenig Aussicht auf Erfolg. Die Polizei hat, wenn sie Ermittlungen vorgenommen und die Ergebnisse der Staatsanwaltschaft mitgeteilt hat, unter Verstoß gegen § 163 Abs. 2 S. 1 StPO vorab entschieden, welche Beweismittel sie der Staatsanwaltschaft zur Verfügung stellt und zu welchem Zweck. Sie bestimmt, welche Ermittlungsergebnisse die Staatsanwaltschaft bei ihrer Entscheidung berücksichtigen soll. Dabei unterläßt sie z.B. die Weiterleitung von Entlastungsmaterial, wenn der Dieb aus ihrer Sicht angeklagt werden soll. Die Staatsanwaltschaft kann mittels einer Rückverfügung aber nur dann die Vernehmung eines Entlastungszeugen verlangen, wenn sie von dessen Existenz Kenntnis erlangt. Damit bestimmt die Polizei durch ihre Vorauswahl der Informationen die Handlungsalternativen der Staatsanwaltschaft. Leitet sie ein Verfahren mit dem Vermerk "gegen Unbekannt" an die Staatsanwaltschaft weiter, so stellt diese das Verfahren nach § 170 Abs. 2 StPO ein. Bei einem Ersttäter und geringen Schaden stellt sie hingegen auf der Grundlage der Informationen der Polizei das Verfahren regelmäßig nach §§ 153, 153 a StPO ein, während sie den Wiederholungstäter bei einem hohen Schaden in der Regel anklagt.

Die Polizei bestimmt daher wie ihre englischen und walisischen Kollegen durch die Bereitstellung von selektierten Informationen die Entscheidung der Staatsanwaltschaft beim Ladendiebstahlsverfahren. Die Staatsanwaltschaft ist deshalb zwar nicht theoretisch, aber praktisch wie der CPS in England und Wales von der Polizei abhängig.

3. Keine Konsultation der Staatsanwaltschaft

In England und Wales soll die Polizei mit dem CPS Rücksprache halten, bevor sie ihre Abschlußentscheidungen trifft. Da diese Konsultationsmöglichkeit aber nur äußerst selten genutzt wird, dokumentiert die Polizei auch auf diese Art und Weise ihre Unabhängigkeit von dem CPS.[843]

Im Gegensatz dazu ist die deutsche Polizei sogar nach § 163 Abs. 2 StPO verpflichtet, sich unmittelbar, nachdem sie von dem Ladendiebstahl Kenntnis erlangt hat, mit der Staatsanwaltschaft in Verbindung zu setzen und Ermittlungsanweisungen abzuwarten. Nur ausnahmsweise ist sie bei Gefahr im Verzug nach § 163 StPO zum "ersten Zugriff" berechtigt. Allerdings muß sie selbst dann die Leitung der Ermittlungen umgehend an die Staatsanwaltschaft abgeben. Wie die bisherigen Untersuchungsergebnisse gezeigt haben,[844] übermittelt die Polizei das Ladendiebstahlsverfahren - ohne mit der Staatsanwaltschaft Rücksprache zu halten - aber immer erst nach Abschluß der Ermittlungen. Insoweit konsultiert die Polizei die Staatsanwaltschaft nicht vor ihren Schlüsselentscheidungen. Sie ermittelt eigenständig.

Folglich agiert auch die deutsche Polizei aus diesen Gründen unabhängig von der Staatsanwaltschaft.

4. Rückhalt in der Rechtsprechung für die Polizei

In England und Wales haben die Gerichte entschieden, daß die Polizei den CPS verpflichtende Entscheidungen treffen kann, so daß sie auch deshalb eine unabhängige Stellung inne hat. Wie dargestellt, hatte die Polizei einem Täter die Einstellung eines Verfahrens zugesagt, während der CPS den Täter anklagen wollte. Das Gericht erklärte die Zusage der Polizei als bindend für die Entscheidung des CPS.[845]

In Deutschland hat das *Bundesverwaltungsgericht*[846] wie folgt entschieden:

> "Nach der Konzeption des Gesetzgebers [...] liegt also die Leitung der Ermittlungen ganz in der Hand der Staatsanwaltschaft, die nur für einzelne begrenzte Ermittlungsaufträge die Polizei heranzieht. In der Praxis ist das Ermittlungsverfahren weitgehend in die Hand der Polizei übergegangen. Häufig führt sie die Ermittlungen selbständig und übersendet erst nach ihrem Abschluß die Akten an die Staatsanwaltschaft, die dann nur noch entscheidet, ob sie das Verfahren einstellen oder Anklage erheben

---

843 Vgl. die Ausführungen im 2. Teil unter B. I. 3.

844 Vgl. die Ausführungen unter A. I. 1. B. und c.

845 Vgl. die Ausführungen im 2. Teil unter B. I. 4.

846 Vgl. BVerwGE 47, S. 255 ff., S. 261 f. unter Hinweis auf Peters, Strafprozeß, S. 156. In diesem Fall ging es um einen Hausfriedensbruch nach § 123 StGB.

> will. [...] Die Behörden und Beamten des Polizeidienstes sind als "verlängerter Arm der Staatsanwaltschaft" nicht nur bei der Ausführung einer Weisung dieser Behörde tätig, sondern auch dann, wenn sie nach § 163 Abs. 1 StPO von sich aus handeln, weil sie "bei der alltäglichen Kriminalität [...] mit der stillschweigenden Ermächtigung zur selbständigen Durchführung der Ermittlungen ohne Benachrichtigung der Staatsanwaltschaft rechnen dürfen."

Das Bundesverwaltungsgericht geht davon aus, daß die Polizei aufgrund einer stillschweigenden Ermächtigung der Staatsanwaltschaft zu einer selbständigen Ermittlung bei der alltäglichen Kriminalität – zumindest beim Hausfriedensbruch - berechtigt ist. Eine derartige Auslegung steht aber im Widerspruch zu der Intention des Gesetzgebers. § 163 StPO stellt ausdrücklich klar, wann der zeitliche und sachliche Abschlußpunkt der Zuständigkeit der Polizei gegeben ist.[847] Die Polizei hat danach das Recht des sog. ersten Zugriffs, im übrigen ist sie aber verpflichtet, die aufgrund der unaufschiebbaren Beweissicherung entstandenen Ermittlungsvorgänge ohne Verzug der Staatsanwaltschaft vorzulegen. Der Polizeibeamte kann nur alle keinen Aufschub gestattenden Anordnungen treffen.[848] Wie festgestellt, führt die Polizei aber z.B. bei professionellen Ladendieben Ermittlungen durch, die umfangreich und zeitaufwendig sein können. Dann handelt es sich aber nicht um eilbedürftige Ermittlungen. Wie aufgezeigt und vom Bundesverwaltungsgericht bestätigt, übersendet die Polizei die Akten dennoch erst nach Abschluß der vollständigen Ermittlungen. Somit verstößt sie gegen § 163 StPO. Daran ändert auch eine möglicherweise stillschweigende Ermächtigung der Staatsanwaltschaft zur selbständigen Durchführung der Ermittlungen der Polizei nichts. Nach der Strafprozeßordnung ist die Staatsanwaltschaft nun einmal die Herrin des Ermittlungsverfahrens. Das Bundesverwaltungsgericht bescheinigt der Polizei aber – zumindest im Bereich des § 123 StGB - eine Berechtigung zur vollständigen Durchführung der Ermittlungen. Damit erhält die Staatsanwaltschaft im Hinblick auf ihre gesetzlich vorgesehene Unabhängigkeit seitens des Bundesverwaltungsgerichtes aber keine vollständige Unterstützung.

Dafür spricht auch, daß § 163 StPO generell für alle Straftaten gilt, obwohl nach der Rechtsprechung des Bundesverwaltungsgerichts nur für die Alltagskriminalität eine stillschweigende Ermächtigung der Staatsanwaltschaft zur Durchführung der Ermittlung gegeben sein soll. Darin kann aber nur die kriminalpolitische Maßgabe zu sehen sein, wonach in diesem Delinquenzbereich aus der Sicht des Bundesverwaltungsgerichts ein von der Staatsanwaltschaft durchgeführtes Ermittlungsverfahren nicht mehr unbedingt notwendig ist. Jedenfalls bescheinigt das Bundesverwaltungsgericht der Polizei damit auch mittelbar beim Ladendiebstahl entsprechende Ermittlungskompetenzen, obwohl bekannt ist, daß die Polizei dann ihrerseits die Entscheidungen der Staatsanwaltschaft vorgibt. Damit bestätigt das Bundesverwaltungsgericht aber zumindest im Ansatz eine Abhängigkeit der Staatsanwaltschaft von der Polizei.

Dafür spricht ebenfalls, daß das Bundesverwaltungsgericht an dieser "tatsächlichen Machtverschiebung zur Polizei hin"[849] keine Kritik übt oder von dem Gesetzgeber fordert, die

---

[847] So auch: Knemeyer/Deubert, NJW 1992, S. 3131 ff., 3131. Nach Steinke (MDR 1980, S. 456 ff., 458) ist § 163 nicht als generelle Ermächtigungsgrundlage für alle polizeilichen Maßnahmen zu sehen.
[848] So ebenfalls Bachmann, Strafrechtliches Ermittlungsverfahren, S. 28.
[849] Vgl. BVerwGE 47, S. 255 ff., S. 262.

faktische der rechtlichen Lage anzupassen oder andere Reformen vorzunehmen. Vielmehr "legalisiert" das Bundesverwaltungsgericht die Vorgehensweise der Polizei, sie erklärt also die Abweichung der rechtstatsächlichen von der gesetzlich vorgesehenen Aufgabenverteilung mittelbar als zulässig.

Folglich erhält die Staatsanwaltschaft wie der CPS keinen Rückhalt durch die Rechtsprechung, vielmehr bestätigt eines der höchsten deutschen Gerichte die in der Praxis bestehende Unabhängigkeit der Polizei von der Staatsanwaltschaft.

5. Spannungen im Verhältnis Staatsanwaltschaft - Polizei

Wie im Rahmen der Untersuchungen des englischen und walisischen Systems festgestellt worden ist,[850] ist der CPS auch deshalb abhängig von der Polizei, weil er den Entscheidungen der Polizei folgen sollte, um zusätzliche Spannungen zwischen den Behörden zu verhindern. Der Grund für die angespannte Lage zwischen den Strafverfolgungsbehörden findet sich vor allem darin, daß die Polizei durch die Einführung des CPS in seiner Befugnis, als Anklagebehörde tätig zu werden, entmachtet wurde.

In Deutschland wurden der Polizei durch die Errichtung der Staatsanwaltschaft keine Aufgaben entzogen, so daß nicht bereits aus diesem Grunde Spannungen zwischen den Strafverfolgungsbehörden bestehen.

Dagegen ergibt sich aber eine angespannte Lage aufgrund der enormen Arbeitsbelastung der Polizei durch die Ladendiebstahlsverfahren. 1997 wurden insgesamt 677.542 Ladendiebstähle im gesamten Bundesgebiet registriert, so daß es sich bei mehr als jeder zehnten Straftat um einen Ladendiebstahl handelt.[851] Zugleich ist die Mittelknappheit der öffentlichen Institutionen und damit auch der Polizei allgemein bekannt. Es handelt sich bei den Ladendiebstahlsverfahren somit oftmals um "Fließbandverfahren", in denen die Entscheidungen schnell und effizient getroffen werden müssen. Es ist deshalb naheliegend, daß die Polizeibeamten unter dieser Arbeitsbelastung leiden.[852] Aus diesem Grunde führt sie nur die notwendigsten Ermittlungen durch. Dabei berücksichtigt sie bereits, welche Entscheidung die Staatsanwaltschaft aus der Sicht der Polizei treffen soll. Die Staatsanwaltschaft hingegen weiß, daß die Fälle, die den Vermerk "gegen Unbekannt" tragen, aus Sicht der Polizei eingestellt werden sollen. Wenn sich aus dem polizeilichen Ermittlungsergebnis ergibt, daß es sich um eine einmalige Verfehlung handelt und die Schadenshöhe nicht immens ist, besteht für die Staatsanwaltschaft auch Klarheit darüber, daß dieses Verfahren aus Sicht der Polizei nach §§ 153, 153 a StPO eingestellt werden soll. Trägt die Akte den Vermerk "aufgeklärt" und erhält sie darüber hinausgehende Untersuchungsergebnisse, ist für die Staatsanwaltschaft ebenfalls ersichtlich, daß die Polizei zu einer Anklageerhebung tendiert.

Es ist daher für die Staatsanwaltschaft erkennbar, daß sie durch Rückverfügungen Unstimmigkeiten mit der Polizei hervorrufen würde. Auch wenn sie von dem polizeilichen Vor-

---

850 Vgl. die Ausführungen im 2. Teil unter B. II. 1. e.

851 Vgl. Bundesregierung, Bulletin, Polizeiliche Kriminalstatistik 1997, S. 427.

852 So ebenfalls für die Kölner Polizisten: Beutel, Mitteilung vom 23.06.1998. Bei der Kölner Polizeibehörde wurden jährlich allein 11.273 Ladendiebstähle ohne erschwerende Umstände registriert, vgl. Bundeskriminalamt, Polizeiliche Kriminalstatistik 1996, S. 177.

schlag abweichende Entscheidungen treffen würde, wären Spannungen mit der Polizei unvermeidlich. Insoweit wäre die Arbeit der Strafverfolgungsorgane aber zusätzlich beeinträchtigt. Deshalb ist davon auszugehen, daß die Staatsanwaltschaft die Motivationslage der Polizei bei ihren Entscheidungen kennt und bedenkt.

Des weiteren mangelt es im Bereich des Ladendiebstahls an der kontinuierlichen Zusammenarbeit zwischen den Staatsanwälten bzw. den Polizeibeamten, die sich im Bereich der Wirtschaftskriminalität und der Gewaltkriminalität auf Grund der Spezialisierungen finden läßt. Mit den Schwerpunkt-Staatsanwaltschaften für die Wirtschaftskriminalität und den Wirtschaftskriminalisten sowie mit den Kriminaldezernenten bei der Staatsanwaltschaft und den Sonderkommissionen für Tötungsdelinquenz bei der Polizei finden sich "Gespanne", die ihre Strafverfolgungstätigkeiten koordinieren können. Beim Ladendiebstahl sind dagegen die Buchstabendezernate der Staatsanwaltschaft für die Bearbeitung zahlreicher Straftaten und zusätzlich für die Ladendiebstähle zuständig, so daß sich bereits deshalb keine kontinuierliche Teamarbeit entwickeln kann.

In Deutschland existieren beim Ladendiebstahl auch keine Ausbildungsprogramme wie etwa in England und Wales, die von Polizei und Staatsanwaltschaft gemeinsam absolviert werden können. Da angesichts der Häufigkeit der Ladendiebstähle aber bei der Polizei Spezialdezernate eingerichtet sind, die einzelnen Staatsanwälte sich aber nur „nebenbei“ mit der Ladendiebstahlsdelinquenz beschäftigen, ist davon auszugehen, daß die Staatsanwälte aufgrund des Erfahrungswissens der Polizei geneigt sind, der polizeilichen Entscheidung zu folgen. Das muß insbesondere gelten, weil die rechtliche Bewertung beim Ladendiebstahl, gegenüber z.B. derjenigen bei der Wirtschaftskriminalität, oftmals unproblematisch ist. In der Regel kommt es eher auf kriminalistische Fähigkeiten an, die vor allem bei der Polizei vorhanden sind. Von der Einschätzung der Polizei abweichende Entscheidungen der Staatsanwaltschaft würden daher Spannungen hervorrufen, die es aber angesichts einer effizienten Zusammenarbeit zu vermeiden gilt.

Es ist also auch in Deutschland davon auszugehen, daß die Staatsanwaltschaft bei ihren Entscheidungen die Motivationslage der Polizei berücksichtigt, um Spannungen im Verhältnis zur Polizei zu verhindern.

6. Ergebnis

Zusammenfassend läßt sich sagen, daß die Staatsanwaltschaft eine von der Polizei abhängige Behörde ist, während diese Abhängigkeit umgekehrt nicht besteht. Die Polizei trifft zwar keine Abschlußentscheidungen, sie bestimmt aber die Informationen, die der Staatsanwaltschaft als Entscheidungsgrundlage zur Verfügung stehen. Außerdem spricht sich die Polizei mit der Staatsanwaltschaft während der Durchführung ihrer Ermittlungen nicht ab, was von der Rechtsprechung entsprechend gedeckt ist. Ferner berücksichtigt die Staatsanwaltschaft bei ihren Entscheidungen Spannungen in ihrem Verhältnis zur Polizei beim Ladendiebstahl. Insoweit kann die Staatsanwaltschaft ihre Entscheidung nicht objektiv treffen, sondern folgt dem vorgegebenen Ermittlungsergebnis der Polizei.

Die Staatsanwaltschaft bestimmt damit bei den Ladendiebstahlsverfahren entgegen der gesetzlichen Vorgabe nicht, wie die Schwerpunkte im Ermittlungsverfahren zu setzen sind. Sie kann die Polizeitätigkeit auch nicht ihrem gesetzmäßigen Auftrag entsprechend kontrollieren. Vielmehr richtet sich die Staatsanwaltschaft bei ihren Entscheidungen in der

Regel ausschließlich nach dem polizeilichen Ermittlungsergebnis. Ihre Aufgabe ist es nur noch, entsprechend der von der Polizei vorgegebenen Entscheidung über den Fortgang des Verfahrens zu entscheiden. Folglich ist die Staatsanwaltschaft beim Ladendiebstahl lediglich eine "Aktenbearbeitungsbehörde".[853]

Umgekehrt ist die Polizei beim Ladendiebstahl nicht nur Hilfsorgan der Staatsanwaltschaft. Sie verfügt aufgrund ihrer Unabhängigkeit über eine enorme Entscheidungsmacht. Die Polizei entscheidet selbständig, welche Prioritäten sie im Ladendiebstahlsbereich setzt und wieviel sachliche und personelle Mittel sie dafür binden will. Sie nutzt ihre Möglichkeiten, über den Ermittlungsaufwand zu entscheiden, um ihre Kapazitäten nach ihrem Bedarf einzusetzen. Angesichts der geringen Erfolgsaussichten klärt sie bspw. die Verfahren "gegen Unbekannt" nicht weiter auf, sondern übergibt diese direkt an die Staatsanwaltschaft wohl wissend und in der Absicht, daß diese das Verfahren einstellen wird. Die freigewordenen Kapazitäten nutzt die Polizei für andere Verfahren, bspw. für ein Ladendiebstahlsverfahren gegen einen Wiederholungstäter. Daher spielen Zweckmäßigkeitsgesichtspunkte bei der polizeilichen Ermittlung der Ladendiebstähle eine bedeutende Rolle.

Folglich ist die Polizei beim Ladendiebstahl die "Herrin des Ermittlungsverfahrens".[854] Sie entscheidet, wie Ladendiebstähle verfolgt werden. Die Polizei bestimmt im Bereich der Ladendiebstahlsdelinquenz die Kriminalpolitik.

Abschließend kann daher festgehalten werden, daß in Deutschland die Aufgabenverteilung in der Praxis derjenigen in England und Wales vor und nach der Einführung des CPS ähnelt. Die Polizei ist auch dort die Ermittlungs- und Anklagebehörde. Zwar übt der CPS formal die Funktion als Anklagebehörde aus, seine Entscheidungen werden aber von der Polizei vorgegeben. Diese Doppelfunktion in den Händen der Polizei führte und führt in England und Wales zu erheblichen Mißständen. Das Verfahren beim Ladendiebstahl ist nicht einheitlich, gerecht oder effizient. Somit ist nunmehr zu überprüfen, ob die Machtverschiebung im deutschen Strafverfolgungssystem bedeutet, daß die im englischen und walisischen System bestehenden Mängel auch im deutschen System existieren und ob diese Mängel zusätzlich einen Umbruch für das deutsche Rechtsverständnis darstellen.

II. Mängel des Strafverfolgungssystems

Zu prüfen ist, ob durch die Möglichkeit der Polizei beim Ladendiebstahl die Kriminalpolitik zu bestimmen, 1. die im Strafverfolgungssystem in England und Wales bestehenden Mängel auch im deutschen Strafverfolgungssystem bestehen und 2. möglicherweise zudem ein Umbruch im deutschen Rechtsverständnis stattgefunden hat.

---

853 So Blankenburg, ZRP 1978, S. 263 ff., 263. Habel (Reform des Verhältnisses von Staatsanwaltschaft und Polizei, S. 2) bezeichnet sie als "Aktenwälzmaschine"; Steffen (Analyse polizeilicher Ermittlungstätigkeit) S. 288 nennt sie "Aktenumwälzmaschine" und Lilie (ZStW Bd. 106 (1994), S. 625 ff., 626) spricht von "Randfigur".

854 So auch Backes, KritV 1986, S. 315 ff., 318; Gössel, GA 1980, S. 325 ff., 347; Steffen, Analyse polizeilicher Ermittlungstätigkeit, S. 94; Bachmann, Strafrechtliches Ermittlungsverfahren, S. 28.

1. Mängel wie in England und Wales
Zunächst ist zu analysieren, ob die Abhängigkeit der Staatsanwaltschaft von der Polizei bzw. die Unabhängigkeit der Polizei von der Staatsanwaltschaft in Deutschland zu einem uneinheitlichen, ungerechten und ineffizienten Strafverfahren wie in England und Wales geführt hat.

a. Uneinheitlichkeit des Strafverfahrens
In England und Wales ergehen die Strafverfolgungsentscheidungen der Polizei uneinheitlich, weil es aufgrund der Unabhängigkeit der Polizei und dem von ihr angewendeten Opportunitätsprinzip zu Abweichungen innerhalb der Strafverfolgungspolitik kommt.

Im deutschen Strafverfahrenssystem existieren klare Vorgaben, die von der Polizei als Strafverfolgungsorgan zu berücksichtigen sind und die die Rechte des Beschuldigten garantieren sollen. Dazu zählt u.a. das Legalitätsprinzip, wonach die Polizei bereits zur Gleichbehandlung verpflichtet ist. Die Polizei entspricht zunächst auch den Grundsätzen dieses Prinzips, indem sie generell gegen jeden Ladendieb ein Ermittlungsverfahren einleitet.[855] Sie hält sich also hinsichtlich des "ob", also ob überhaupt ein Ermittlungsverfahren eingeleitet wird, an den Legalitätsgrundsatz.

Es wurde aber ebenfalls nachgewiesen, daß die Polizei bei den Ladendiebstahlsverfahren über den Ermittlungsumfang, also die Frage, welche Nachforschungen angestellt werden sollen, unabhängig von der Staatsanwaltschaft entscheidet. Sie entscheidet, wer vernommen und welche Spuren gesichert werden sollen, wobei Zweckmäßigkeitsgesichtspunkte eine bedeutende Rolle spielen.[856] Somit wenden auch die deutschen Polizeibehörden wie in England und Wales im Hinblick auf das "wie" der Ermittlungen den Opportunitätsgrundsatz an.

Dieser Ermessensspielraum führt zu einer individuellen Bewertung von Fallmerkmalen durch den einzelnen Polizeibeamten, wodurch es auch in Deutschland zu einer uneinheitlichen Strafverfolgungspolitik beim Ladendiebstahl kommt[857]. Sie bestätigte, daß bei einem regionalen Vergleich die Ermessensspielräume der Polizei bei der Verfolgung des Ladendiebstahls in den einzelnen Polizeibezirken verschieden gehandhabt werden. Das "wie" der Verfolgung der Ladendiebstähle wird - so *Steffen*[858] - in den einzelnen Bezirken nach unterschiedlichen Kriterien getroffen.

Die uneinheitliche Strafverfolgungspolitik seitens der Polizei ergibt sich dabei u.a. daraus, daß die Polizei bei ihren Entscheidungen ihre Personal- und Sachmittel berücksichtigt. Jede Polizeiinspektion entscheidet also aufgrund von arbeitsökonomischen Aspekten, wie die Ermittlungen durchgeführt werden.[859] Die Verfasser wiesen anhand eines "Bearbeitungsintensitätsindexes" nach, daß trotz Landesrichtlinien des Bundeslandes Berlin, die den Umgang mit dem Ladendiebstahl detailliert regelten, bei den verschiedenen Polizeidienststellen eine uneinheitliche Bearbeitungspraxis bestand.[860] Ursache dafür waren die unter-

---

[855] Vgl. die Ausführungen unter A. I. 1. a.
[856] Vgl. die Ausführungen unter A. I. 1. b.
[857] Steffen, Analyse polizeilicher Ermittlungstätigkeit, S. 152 ff.
[858] Analyse polizeilicher Ermittlungstätigkeit, S. 152 ff.
[859] Brinker/Schellberg, Krim.J. 1991, S. 294 ff., 298.
[860] Vgl. Brinker/Schellberg, Krim.J. 1990, S. 294 ff., 298.

schiedlichen Kommunitaktionsstrukturen innerhalb des Polizeiapparates und der "Fallzahlendruck", also die Arbeitsbelastung aufgrund der großen Anzahl der Fälle. Derselbe Ladendiebstahl wurde somit hinsichtlich der Art der Bearbeitung in Berlin in der einen Polizeidienststelle anders als in einer anderen behandelt.[861] *Brinker/Schellberg*[862] stellten z.B. fest, daß einige Polizeibeamte Gelegenheit zur Stellungnahme in einem multiple choice Verfahren gaben, andere standardisierte Anzeige- oder Vernehmungsprotokolle, zum Teil in einer anderen Sprache, verwendeten und Tatverdächtige und Zeugen postalisch befragt wurden. Eine steigende Fallzahlenentwicklung führte - so *Brinker/Schellberg* - zu Rationalisierungsmaßnahmen.

Da die Staatsanwaltschaft von der Polizei abhängig ist, können diese Ungleichheiten beim Ladendiebstahlsverfahren nicht korrigiert werden. Die Staatsanwaltschaft übernimmt vielmehr die Entscheidungen der Polizei ohne eigene Ermittlungen vorzunehmen oder die Akte mit konkreten Ermittlungsaufträgen an die Polizei zurückzugeben. Die Staatsanwaltschaft entscheidet lediglich auf der Grundlage des polizeilichen Ermittlungsergebnisses. Die Polizeibeamten geben also die Entscheidungen der Staatsanwaltschaft vor. Das bestätigte ebenfalls die Studie von *Brinker/Schellberg,*[863] nach der die Einstellungsquote der Staatsanwaltschaft aufgrund der Polizeipraxis anstieg, obwohl der Erlaß des damaligen Justizsenators eine restriktive Einstellungspraxis vorgeschrieben hatte.

Die uneinheitliche Strafverfolgungspraxis beim Ladendiebstahl wird also auch bei der Analyse der Entscheidungen der Staatsanwaltschaft deutlich. Zwar haben die §§ 153, 153 a StPO in allen Bundesländern Geltung, ihr Anwendungsbereich gestaltet sich aber unterschiedlich, so daß z.B. in einem Bundesland die Voraussetzungen für eine Einstellung vorliegen, nicht aber in dem angrenzenden Bundesland.[864] Die für die auf der Grundlage der Richtlinien ergehende Entscheidung wesentlichen Informationen erhält die Staatsanwaltschaft aber von der Polizei. Diese bestimmt die Entscheidungen der Staatsanwaltschaft, das Verfahren gegen einen Ladendieb einzustellen. Demnach ist die polizeiliche Kriminalpolitik auch mitursächlich für die regional unterschiedlichen Verfahrensweisen beim Ladendiebstahl.

Festzuhalten bleibt also, daß die deutsche Polizei wie in England und Wales das Opportunitätsprinzip anwendet. Die Polizeibeamten üben hinsichtlich der Ermittlungsintensität Ermessen aus, wobei sie individuelle Kriterien anwenden, bzw. ihre verfügbaren Sach- und Personalmittel berücksichtigen. Die Staatsanwaltschaft kontrolliert diese Ermessensentscheidungen nicht, so daß es letztlich aufgrund der Unabhängigkeit der Polizei bei gleichzeitiger Abhängigkeit der Staatsanwaltschaft zu einer uneinheitlichen Strafverfolgungspraxis beim Ladendiebstahl kommt.

---

861 Vgl. Brinker/Schellberg, Krim.J. 1990, S. 294 ff., 298.

862 Brinker/Schellberg, Krim.J. 1991, S. 294 ff., 298.

863 Vgl. Brinker/Schellberg (Krim.J. 1990, S. 208 ff., 214 Anm. 3) unter Bezugnahme auf den Erlaß des Justizsenators Baumann an die Amts- und Staatsanwaltschaft aus dem Jahre 1977, wonach, zumindest nach der ersten Fassung des Erlasses aus dem Jahre 1982, selbst bei Ersttätern und einer Wertgrenze unter 10,- DM Diebstahlsverfahren nicht generell eingestellt werden durften. Nach Brinker/Schellberg (a.a.O., S. 211) wurde der Erlaß mehrfach geändert und dem Druck ständiger Fallzahlen angepaßt bis er letztlich im Jahre 1989 aufgehoben wurde.

864 Vgl. die Ausführungen unter A. I. 2.

b. Ungerechtigkeit des Strafverfahrens

Die Abhängigkeit des CPS von der Polizei hatte in England und Wales ebenfalls zur Folge, daß das Verfahren nicht - wie mit der Reform beabsichtigt - gerechter wurde. Auch die deutschen Strafverfolgungsbehörden sind aufgrund des Fair-Trial-Grundsatzes verpflichtet, das Verfahren fair zu gestalten.[865] Das Fairneßgebot gebietet eine größtmögliche Optimierung der Verwirklichung der Menschenwürde, der persönlichen Freiheit, der Vermeidung willkürlicher Entscheidungen und der Transparenz des Verfahrensablaufs, um das Vertrauen des Beschuldigten in das Strafverfahren zu schützen.[866]

Ein Strafverfolgungssystem, das den Anforderungen an das Fairneßprinzip genügen soll, verlangt demnach eine Gleichbehandlung der verdächtigen Ladendiebe. Eine willkürliche Verfahrensweise muß vermieden werden, um das Verfahren für den Betroffenen berechenbar zu machen In England und Wales wird - wie aufgezeigt - aufgrund der Aufrechterhaltung der "doctrine of constabulary independence", also dem unkontrollierten Ermessen der Polizeibeamten, eine Gleichbehandlung nicht gewährleistet.

Das Legalitätsprinzip in Deutschland ist auf eine Gleichbehandlung der Ladendiebe ausgerichtet. Die Polizei leitet in Erfüllung dieses Grundsatzes auch in sämtlichen Fällen ein Verfahren ein, so daß diesbezüglich keine Willkür gegeben ist. Hinsichtlich des "ob" ist die Verfahrensweise der Strafverfolgungsorgane für den Beschuldigten daher voraussagbar. Dagegen bleibt es der jeweiligen Dienststelle der Polizei in Deutschland überlassen, Ladendiebstähle unterschiedlich intensiv zu verfolgen. Dadurch kommt es - wie festgestellt - zu einer uneinheitlichen Strafverfolgungspraxis.[867] Die Polizei folgt also wie ihre englischen und walisischen Kollegen bei dem Verfahren gegen einen Ladendieb keinen klaren Regeln, ohne dabei einer Kontrolle von außen zu unterliegen. Damit ist die Entscheidungspraxis der Strafverfolgungsbehörden für den Betroffenen nicht erkennbar. Der Strafverteidiger kann einem Ladendieb nicht voraussagen, was mit ihm geschehen wird, weil er die individuellen Bewertungskriterien der einzelnen Polizeibeamten und die unterschiedlichen Kapazitäten der Polizeibehörde nicht kennt. Ein gerechtes Verfahren kann aufgrund dieser Ungleichbehandlungen nicht gewährleistet werden.

Außerdem entspricht das derzeitige Ladendiebstahlsverfahren nicht den Anforderungen an ein gerechtes Verfahren, weil die Polizei den Sachverhalt lediglich pauschal würdigt. Die Strafprozeßordnung sieht vor, daß die Staatsanwaltschaft be- und entlastende Umstände und die für die Strafzumessung geltenden Grundsätze im Ermittlungsverfahren berücksichtigen soll. Die Polizei ermittelt den Sachverhalt aber nicht immer vollständig, obwohl das für eine Einstellung nach §§ 153, 153 a StPO Voraussetzung ist. Damit besteht die Gefahr, daß ein Verfahren nicht nach § 170 Abs. 2 StPO eingestellt wird, obwohl weitere Er-

---

865 Nach Steiner (Das Fairneßprinzip im Strafprozeß, S. 29 ff.), findet der Fairneßgrundsatz seinen historischen Ursprung im anglo-amerikanischen Recht. Umstritten ist allerdings, worin die Rechtsgrundlage für dieses Prinzip im deutschen Recht anzusehen ist. Nach Auffassung des Bundesverfassungsgerichts (vgl. BVerfGE 63, S. 45ff, 60) ist Art. 2 Abs. 1 GG i.V.m. dem Rechtstaatsprinzip maßgeblich, während nach anderer Auffassung (vgl. BGH, NJW 1980, S. 845) Art. 6 MRK herangezogen wird.

866 Vgl. Steiner, Das Fairneßprinzip im Strafprozeß, S. 209 f.

867 Allerdings kann sich der Ladendieb nicht darauf berufen, daß seine Verurteilung gegen Art. 3 GG verstoße, weil gegen einen anderen Ladendieb das Verfahren eingestellt wurde. Insoweit gilt der Grundsatz "keine Gleichbehandlung im Unrecht". Es liegt aber ein Verstoß gegen das rechtsstaatliche Prinzip einer gerechten Strafverfolgung vor, wenn das Ideal einer gleichmäßigen und auf Lückenlosigleit zielenden Strafverfolgung angesichts der zahlreichen Ungleichbehandlungen nicht gewährt wird. Arzt (JuS 1974, S. 693 ff., 694) spricht in diesen Fällen von einem "untauglichen Versuch".

mittlungen möglicherweise belegt hätten, daß es mangels hinreichenden Tatverdachts hätte eingestellt werden müssen. Zumindest müßte bei Zweifeln an der Schuld des Beschuldigten ein Freispruch erfolgen. Statt dessen bleibt bereits unklar, ob nach dem Ausermitteln noch Zweifel bestünden. Dem Beschuldigten wird vielmehr die Einstellung nach § 153 a StPO angeboten, wodurch auch der Unschuldige unter Druck gerät. Da der Beschuldigte häufig nicht absehen kann, ob er mit einem Freispruch rechnen darf und weiß, daß weitere Ermittlungen seinen Ruf schädigen, wird er es u.U. vorziehen, seine Zustimmung zu einer Einstellung nach § 153 a StPO zu erteilen. Insoweit greifen vorliegend diejenigen Bedenken, die in England und Wales beim "gulity plea" gelten, also in den Fällen, in denen Unschuldige angesichts der Aussicht einer Verurteilung "schuldig plädieren".[868] Damit wird die optimale Verwirklichung der persönlichen Freiheit und Menschenwürde aber nicht gewährleistet, so daß auch aus diesem Grund gegen das Fairneßgebot verstoßen wird.

Die Polizei prüft auch nicht mehr im Einzelfall, worin die Schuld des Täters liegt. Statt dessen wendet sie vielmehr Alltagstheorien über Schuldzusammenhänge an, die sie von den Geschädigten übernimmt. Die Analyse der Strafverfolgungspraxis hat ergeben, daß die Polizei ihre eigenen Ermittlungen stark an das Verhalten des Geschädigten anlehnt: Liefert der Geschädigte den Täter bei einem Ladendiebstahl nicht mit, so unterläßt die Polizei regelmäßig weitere Nachforschungen. Benennt das Opfer dagegen einen Täter, so führt sie in der Regel die aus ihrer Sicht notwendigen Ermittlungen durch, um die Entscheidung der Staatsanwaltschaft in die von ihr gewünschte Richtung zu lenken. Somit übernimmt die Polizei ungeprüft die Ermittlungen der Geschädigten, ohne zu berücksichtigen, daß diese - wie dargestellt[869] - mit Nachdruck jeden Ladendiebstahl verfolgt.

Außerdem üben die Geschädigten ihr "Ermessen im soziologischen Sinn" [870] aus, das heißt sie selektieren, gegen wen eine Strafverfolgung durchgeführt werden soll. *Minger*[871] konnte bei seiner Befragung von Ladendetektiven belegen, daß die Leistungsmotivation und die Bedeutung der Stereotypen die Anzeigebereitschaft der Sanktionierer erheblich beeinflussen. Verdächtige der Ladendieb Personen mit bestimmten Eigenschaften, also weibliche, männliche, junge, alte, Ausländer, so würde er auch vorrangig Personen mit diesen Eigenschaften stellen.[872] Nach *Minger*[873] gelte ferner, je autoritärer und leistungsmotivierter der Ladendetektiv sei, desto häufiger zeige er Ladendiebe bei der Polizei an. Die Polizei übernimmt die Werte und Normen der Geschädigten aber ungeprüft. Auch dadurch verstößt sie gegen den Fair-Trial-Grundsatz. Das gilt insbesondere deshalb, weil die Einleitung eines Ermittlungsverfahrens einen schwerwiegenden Eingriff in die Rechte des Beschuldigten darstellt. Die Opportunitätsentscheidungen der Polizei sind aber in keiner Weise nachprüfbar, sie finden vielmehr weitgehend unter Ausschluß der Öffentlichkeit statt. Mithin mangelt es auch der nach dem Fairneßprinzip gebotenen Transparenz des Verfahrens.

In diesem Zusammenhang und im Hinblick auf das Gebot der Gleichbehandlung und Vermeidung willkürlicher Entscheidungen ist ebenfalls zu prüfen, ob die deutsche Polizei wie

---

[868] Vgl. die Ausführungen im 2. Teil unter B. IV.
[869] Vgl. die Ausführungen unter A. I. a.
[870] Minger, Kaufhausdiebstähle, S. 207.
[871] Kaufhausdiebstähle, S. 207 f.
[872] Vgl. Minger, Kaufhausdiebstähle, S. 207.
[873] Kaufhausdiebstähle, S. 207 f.

ihre Kollegen in England und Wales bestimmte Beschuldigte diskriminiert,[874] was, angesichts der Tatsache, daß die Staatsanwaltschaft die Polizei nicht kontrollieren kann, unvermeidbar wäre.

In Deutschland existieren aber keine empirischen Untersuchungen, die Rassensdiskriminierungen durch die Polizei beim Ladendiebstahl bestätigen. Die vor allem in den 70er Jahren von Forschern festgestellte Klassifizierung sozial benachteiligter Personen vorab als Kriminelle - sog. labeling approach - ist zwischenzeitlich weitestgehend überholt bzw. wird nicht mehr diskutiert.[875] Allerdings wies *Rzepka*[876] bei der Auswertung des Bielefelder Informationsmodells zur staatsanwaltschaftlichen Diversion im Jugendstrafrecht nach, daß bei den Ladendieben, für die die Polizei eine Anklage vorschlug, signifikant häufiger soziale Auffälligkeiten auftraten als bei den Beschuldigten, für die die Polizei eine Verfahrenseinstellung empfahl. Die Polizeibeamten stellten insbesondere Arbeitslose, in einer unvollständigen Familie lebende Beschuldigte und Heimbewohner schlechter.[877] Die Staatsanwaltschaft ist aufgrund ihrer Abhängigkeit von der Polizei nicht in der Lage, diese Diskriminierungen zu verhindern.

Dabei ist auch zu berücksichtigen, daß sich nur äußerst selten ein Verteidiger beim Ladendiebstahl bestellt. 1996 war das in nur knapp 4 % der Ladendiebstahlsverfahren der Fall.[878] Ursache dafür ist, daß der durchschnittliche Schaden beim Ladendiebstahl - wie aufgezeigt - gering ist. Dabei ist aufgrund der Beschwerdemacht der Kaufhäuser die Anklagewahrscheinlichkeit, trotz der kriminalpolitischen Bedeutung des § 248 a StGB, höher als bei anderen Diebstählen. *Ahrens*, *Gillig*, *Kunz* und *Sessar*[879] belegen, daß es sich beim Ladendiebstahl nicht um ein einstellungstypisches Delikt handelt. Die Stellung des Beschuldigten ist in einem Ladendiebstahlsverfahren also regelmäßig ungünstiger als diejenige des Beschuldigten eines "normalen" Diebstahls.

In England und Wales erfüllt das Ladendiebstahlsverfahren ebenfalls nicht die Anforderungen an ein gerechtes Verfahren, weil eine Stigmatisierung des Ladendiebs stattfindet. Dabei ist zu berücksichtigen, daß ein Ladendiebstahlsverfahren unabhängig vom Ausgang bereits sanktionierenden Charakter haben kann. In England und Wales wird aber trotz aussichtsloser Beweislage regelmäßig gegen den Beschuldigten ein Verfahren durchgeführt. Das ergibt sich bereits aus der sehr hohen Freispruchrate.[880] Die Aufrechterhaltung der Verfolgung "schwacher Fälle" durch den CPS beruht aber auf der Vorarbeit der Polizei (prosecution momentum). Die mangelnde Erfolgsaussicht des Verfahrens ist für den CPS angesichts des präparierten polizeilichen Abschlußergebnisses in der case summary nicht erkennbar.[881] Folglich beruht die hohe Freispruchrate und damit die unnötige Stigmatisierung auf der selbständigen Ermittlungsarbeit der Polizei und der Abhängigkeit des CPS von den Entscheidungen der Polizei.

---

874 Vgl. die Ausführungen im 2. Teil unter B. III.

875 S. zu diesem Prinzip aber: Walter/Wagner, MschrKrim. 1997, S. 44 ff., S. 44.

876 Polizei und Diversion, in Albrecht, Informalisierung des Rechts, S. 456 f.

877 Vgl. Rzepka, Polizei und Diversion, in Albrecht, Informalisierung des Rechts, S. 456.

878 Vgl. Schlothauer, StV 1995, S. 46.

879 Vgl. die Ausführungen unter A. I. 1. A.

880 Vgl. die Ausführungen im 2. Teil unter B. IV.

881 Zum Gesamten die Ausführungen im 2. Teil unter B I. V.

In Deutschland registriert die Strafverfolgungsstatistik des Statistischen Bundesamtes zwar Diebstähle generell, eigene Daten für den Ladendiebstahl enthält sie aber nicht, so daß der Aussagewert der Statistik diesbezüglich eingeschränkt ist. 1996 wurden von insgesamt 124.864 nach § 242 StGB Abgeurteilten[882] 108.296 verurteilt. Davon wurden insgesamt 3.588 Personen freigesprochen. Im Jahr 1996 lag die Freispruchrate in Deutschland demnach bei 2,28 %.[883]

Dabei ist, wie bereits im Abschnitt zum englischen und walisischen Strafverfahrenssystem erwähnt wurde,[884] ein Freispruch nicht notwendigerweise auf eine falsche Entscheidung der Strafverfolgungsorgane zurückzuführen. Es kommt auch vor, daß Zeugen unerwartet keine Aussage machen oder erheblich von der im Ermittlungsverfahren gemachten Aussage abweichen. Insoweit kann es sich bei den nicht einmal 3 % der Fälle, in denen der Täter freigesprochen wird, um derartige überraschende Wendungen im Prozeßverlauf handeln. Zumindest kann die Anzahl der Freisprüche, die dann noch auf die Unabhängigkeit der Staatsanwaltschaft zurückzuführen sind, nur äußerst gering sein. Dann besteht aber kein Anlaß, die Freispruchrate als Zeichen für Systemfehler in Deutschland zu werten.

Möglicherweise wird der Beschuldigte aber deshalb einer unnötigen Stigmatisierung ausgesetzt, weil das Verfahren erst in der Hauptverhandlung oder zumindest nicht zum frühestmöglichen Zeitpunkt eingestellt wird. In England und Wales ist das nämlich der Fall.[885] Dort erfolgen die Einstellungen in 95 % aller Fälle erst, wenn ein Verhandlungstermin stattgefunden hat. Ursache dafür ist erneut die Abhängigkeit des CPS von der Polizei. Diese führt dazu, daß der CPS die schwache Beweislage erst in der Verhandlung feststellt und dann noch die Intention der Polizei berücksichtigt, in den weitergeleiteten Fällen die Verurteilung des Ladendiebs zu erreichen.

Nach der Strafverfolgungsstatistik des Statistischen Bundesamtes umfassen die 124.864 nach § 242 StGB Abgeurteilten auch diejenigen, gegen die das Verfahren mit einem nicht anfechtbaren Einstellungsbeschluß abgeschlossen wurde.[886] Im Jahr 1996 wurden 27.873 Diebstahlsverfahren, also 22,32 % der Fälle, ohne Auflagen und Weisungen eingestellt. Dabei wurde in mehr als der Hälfte der Fälle Jugendstrafrecht angewandt.[887] Allerdings ergeben sich aus diesen Zahlen nicht notwendigerweise Anhaltspunkte für eine unnötige Stigmatisierung des Ladendiebs. Es ist nicht ersichtlich, ob der Ladendieb zu unrecht mit dem Verfahren konfrontiert worden ist. In Deutschland könnten Systemfehler dann bestehen, wenn das Verfahren zu spät nach § 170 Abs. 2 StPO eingestellt wurde, also der Beschuldigte einer unnötigen Stigmatisierung ausgesetzt worden ist. Insoweit gilt aber, daß nur die Staatsanwaltschaft nach dieser Vorschrift einstellen kann. Dann wird in Deutschland aber auch immer zum frühestmöglichen Zeitpunkt das Verfahren eingestellt. Es ist allenfalls daran zu denken, daß der Unschuldige bereits deshalb unnötigen Belastungen ausgesetzt wird, weil ohnehin erst die Staatsanwaltschaft und nicht bereits die Polizei das Verfahren einstellt. Insoweit handelt es sich aber um eine kriminalpolitische Frage, bzw. um eine Frage der Effizienz des Ladendiebstahlsverfahrens, auf deren Beantwortung noch

---

882 Vgl. Statistisches Bundesamt, Strafverfolgung 1996, S. 7.

883 Vgl. Statistisches Bundesamt, Strafverfolgung 1996, S. 50 f.

884 Vgl. die Ausführungen im 2. Teil unter B. IV.

885 Vgl. die Ausführungen im 2. Teil unter B. IV.

886 Vgl. Statistisches Bundesamt, Strafverfolgung 1996, S. 50 f.

887 Vgl. Statistisches Bundesamt, Strafverfolgung 1996, S. 50 f.

im einzelnen eingegangen werden wird. Folglich läßt sich im Gegensatz zum englischen und walisischen Strafverfahren auch aus der Anzahl der Verfahrenseinstellungen keine unnötigen Eingriffe in die Rechte des Beschuldigten ableiten.

Insgesamt kann aber festgestellt werden, daß Ladendiebe in Deutschland ungleich behandelt sowie vom Geschädigten vorgegebene Schuldzusammenhänge und soziale Kriterien von der Polizei ungeprüft übernommen werden. Dabei verfügt der eines Ladendiebstahls Beschuldigte nur selten über einen Verteidiger, obwohl bei Ladendiebstahlsverfahren eine erhöhte Anklagewahrscheinlichkeit besteht.

c. Ineffizienz des Strafverfahrens

Durch die Abhängigkeit des CPS von der Polizei ist das Verfahren in England und Wales - trotz der Reform - ineffizient. Ein Anzeichen für die mangelnde Wirtschaftlichkeit ist der Anstieg der Freispruchrate nach der Einführung des CPS. Es werden also zahlreiche Kapazitäten beansprucht, obwohl der Beschuldigte letztlich aufgrund der aussichtslosen Beweislage freigesprochen wird. In Deutschland ist die Freispruchrate - wie unter b. festgestellt - nicht alarmierend hoch, so daß nicht bereits daraus auf die Ineffizienz des Ladendiebstahlsverfahrens geschlossen werden kann.

Möglicherweise zeichnet sich das deutsche Strafverfolgungssystem bei Ladendiebstählen aber aus einem anderen Grunde durch mangelnde Effizienz aus. *Steffen*[888] wies nach, daß die Polizei in 75 % der Diebstähle den Vorgang mit dem Vermerk "Täter Unbekannt" an die Staatsanwaltschaft weiterleitet und deshalb die Einstellungsquote der Staatsanwaltschaft nach § 170 Abs. 2 StPO entsprechend hoch liegt. In allen diesen Fällen hat die Polizei also eine Akte angelegt und den Sachverhalt aufgenommen, um gemäß dem Legalitätsprinzip ein Ermittlungsverfahren einzuleiten.[889] Nach der formalen Einleitung des Ermittlungsverfahrens wendet die Polizei aber das Opportunitätsprinzip an. Sie übt nämlich hinsichtlich des Ermittlungsumfangs Ermessen aus und unterläßt bereits in den Fällen Nachforschungen, in denen sie keine Kenntnis von der Identität des Ladendiebs hat. Ein Verfahren kann aber nicht als effizient angesehen werden, wenn erst in allen Fällen ein Verfahren eingeleitet wird, um dann durch die Nichtaufnahme weiterer Ermittlungen die Beendigung des Verfahrens durch die Staatsanwaltschaft zu erreichen. Die Notwendigkeit des Ermittlungsverfahrens wird von der Polizei nicht geprüft, sondern es wird automatisch eingeleitet, um der normativen Vorgabe der Verfolgungspflicht zu entsprechen. Vorliegend wird also nur formal das Legalitätsprinzip für das "ob" angewandt, während sich das "wie" der Ermittlungen am Opportunitätsgrundsatz orientiert. In diesen Fällen hindert das Legalitätsprinzip meines Erachtens - ohne allerdings eine kriminalpolitische Entscheidung treffen zu wollen - die Effizienz des Verfahrens. Damit soll nicht gesagt werden, daß das Legalitätsprinzip generell mit Ineffizienz gleichgesetzt werden kann. Effizienz und Legalitätsprinzip stehen immer in einem Spannungsverhältnis. Dabei ist aber das Gebot, die vorhandenen Ressourcen möglichst erfolgversprechend einzusetzen, im Gegensatz zum Legalitätsprinzip kein ausdrückliches Gebot der Strafprozeßordnung.[890]

---

888 Vgl. Steffen, Analyse polizeilicher Ermittlungstätigkeit, S. 23.

889 Vgl. die Ausführungen unter A. I. 1. a.

890 Vgl. zur Vereinbarkeit des Legalitätsprinzips mit der Effizienz eines Verfahrens: Eisenberg/Conen, NJW 1998, S. 2241 ff., 2246.

Außerdem ist das Ladendiebstahlsverfahren auch aus einem anderen Grund ineffizient. Das polizeiliche Ermittlungsergebnis entfaltet faktische Bindungswirkung für die Staatsanwaltschaft. Die Polizei gibt also aufgrund ihres Ermittlungsumfanges vor, welche Verfahren eingestellt werden und wann Anklage erhoben wird. Die Staatsanwaltschaft folgt dieser Entscheidung schematisch. Es liegt dann - allein unter ökonomischen, nicht unter kriminalpolitischen Gesichtspunkten - auf der Hand zu fragen, warum die Abschlußentscheidung nach § 170 StPO nicht ebenfalls von der Polizei getroffen wird. Die Frage stellt sich vor allem, weil die Polizei - im Gegensatz zur Staatsanwaltschaft - über eine größere Personalausstattung verfügt. Insgesamt stehen der Staatsanwaltschaft zur Verfolgung der rund 9 Millionen Straftaten nur 5.375 Staatsanwälte zur Verfügung.[891] In Köln beschäftigt die Staatsanwaltschaft z.B. 120 Mitarbeiter, während die Polizei über mehr als 5.500 Mitarbeiter verfügt.[892] Dabei muß allerdings auch berücksichtigt werden, daß die Polizei über einen sehr umfassenden Aufgabenbereich verfügt, da sie auch präventiv tätig wird. Jedenfalls ist fraglich, ob dadurch, daß die Staatsanwaltschaft in jedem Ladendiebstahlsverfahren die Abschlußentscheidung trifft, ein bestmöglicher Wirkungsgrad der Strafverfolgungsbehörden erreicht wird, obwohl diese "Erledigungspraxis kaum noch juristischer Kompetenz" bedarf.[893]

In England und Wales verschlechterte sich darüber hinaus das Strafverfahren unter Wirtschaftlichkeitsgesichtspunkten, weil die Strafverfolgungsbezirke mit der Einführung des CPS neu eingeteilt wurden. Dabei verfügt jeder CPS über eine Büroorganisation mit technischer Ausstattung. Außerdem besteht eine umständliche Bearbeitungspraxis, da die einzelnen Behörden noch nicht durch ein Computernetzwerk miteinander verbunden sind.[894]

In Deutschland sind die Staatsanwaltschaften ebenfalls nicht miteinander vernetzt. Insbesondere fehlt es an einem zentralen staatsanwaltschaftlichen Verfahrensregister. Es ist zwar geplant, ein solches gemäß §§ 474 ff. StPO einzurichten,[895] allerdings wird es angesichts leerer Haushaltskassen und wegen Schwierigkeiten bei der technischen Abstimmung unter den Bundesländern nicht vor dem Jahr 2000 in Betrieb genommen.[896] Derzeit ist man da-

---

891 Raupach, Mitteilung vom 06.09.1997.

892 Raupach, Mitteilung vom 06.09.1997. Darin wird auch ein Grund für die von der Gesetzeslage abweichende Funktionsverteilung beim Ladendiebstahl gesehen, vgl. z.B. Lilie, ZStW Bd. 106 (1994), S. 625 ff., 627; Zuberbier, Staatsanwaltschaftliche Praxis, S. 25.

893 So Backes, KritV 1986, S. 315 ff., 323. Es kommt in der Regel eher auf kriminalistische Kenntnisse an über die die Staatsanwaltschaft im Gegensatz zur Polizei nicht verfügt. Deshalb wird als weiterer Grund für die Machtverschiebung hin zur Polizei oftmals die mangelnde kriminalistische Vorbildung der Staatsanwälte genannt, so: Lilie, ZStW Bd. 106 (1994), S. 625 ff., 631; Füllkrug, ZRP 1984, S. 193 ff., 195; Zuberbier, Staatsanwaltschaftliche Praxis, S. 39 ff.

894 Vgl. die Ausführungen im 2. Teil unter B. II. 3.

895 Die Rechtsgrundlage für ein solches wurde mit dem Verbrechensbekämpfungsgesetz 1994, BGBl. I., S. 3186 ff., 3191 f. geschaffen, der für seinen Aufbau erforderlichen Errichtungsanordnung hat der Bundesrat 1995 zugestimmt, vgl. BR-Drucksache 312/95. Zum rechtspolitischen Hintergrund und der Funktionsweise des Verfahrensregisters im einzelnen, Schneider, NJW 1996, S. 302 ff., 302 ff.

896 Stellungnahme des HDE an den Landesverband des Hessischen Einzelhandels vom 20.10.1997. Teilweise bestehen in den einzelnen Bundesländern bereits kompatible Systeme mit denen sich landesweit Daten und Informationen erfassen, abfragen und weitergeben lassen. Mit dem Landesbeauftragten für den Datenschutz hat die bayerische Justiz in Zusammenarbeit mit Sachsen bereits ein eigenes landesweites staatsanwaltschaftliches Registrierungs- und Informationssystem (Staris) eingerichtet, das seit Frühjahr 1996 bei vier Staatsanwaltschaften erprobt wurde. Nach Auskunft des Justizministeriums Mecklenburg-Vorpommern wird 1998 der Testbetrieb und 1999 der Echtbetrieb zum zentralen staatsanwaltschaftlichen Verfahrensregister

her noch auf die in sehr unterschiedlicher Weise vorhandenen eigenen "Sammlungen" durchgeführter Verfahren angewiesen. Dabei reichen die Erscheinungsformen von einfachsten, handschriftlich geführten Karteikärten über großrechnergesteuerte EDV-Listen bis hin zu modernen Personalcomputern.[897] Das Bundeszentralregister erfaßt hingegen nur die rechtskräftigen Verurteilungen. Zukünftig sollen die Personendaten der Beschuldigten, die Tatzeiten und Tatvorwürfe, das Aktenzeichen sowie die Verfahrenserledigung von den Staatsanwaltschaften mitgeteilt werden.[898] Dabei legt die mit Zustimmung des Bundesrates erlassene Errichtungsanordnung die näheren Einzelheiten zu der Art und der Anlieferung der zu verarbeitenden Daten fest.[899]

Dagegen sind die deutschen Polizeibehörden untereinander "vernetzt", so daß ihr Verwaltungsaufwand bei der Bearbeitung der Ladendiebstähle gering gehalten wird. Sie verfügen über Zugang zu INPOL (Informationssystem der Polizei) und Interpol.[900]

Die Staatsanwaltschaft selbst hat aber keinen unmittelbaren Zugang zu diesen Daten, zumindest zu denen, die von der Polizei im Rahmen der repressiven Tätigkeit gespeichert worden sind.[901] Nur in Bayern werden zwischen Staatsanwaltschaften und Polizei Daten ausgetauscht, damit die Strafe durch die verstärkte Anwendung des beschleunigten Verfahrens "auf den Fuß erfolgen" kann. Allerdings handelt es sich dabei lediglich um ein Pilotprojekt.[902] Deshalb bedingt der Informationsvorsprung der Polizei gegenüber der Staatsanwaltschaft einen erhöhten Organisationsaufwand.[903] Die Staatsanwaltschaft ist im Zusammenhang mit der Informationsübermittlung auf die Kooperationsbereitschaft der Polizei angewiesen.[904] Insoweit wird das Verfahren aber nicht zügig und effektiv abgewickelt. Als Ursache für die starke Stellung der Polizei im Ermittlungsverfahren wird deshalb auch die Herrschaft derselben über die EDV-Systeme gewertet.[905]

---

aufgenommen, vgl. Stellungnahme des Justizministeriums an den HDE vom 30.09.1997. S. auch Focus 48/1994, "SISY, das Phantom" und Die Welt, 18.12.1996, "Per Knopfdruck auf Verbrecherjagd".

897 Vgl. Schneider, NJW 1996, S. 302 ff., 303.

898 Vgl. Schneider, NJW 1996, S. 302 ff., 303. Umstritten ist unter den einzelnen Bundesländern, ob eine landesrechtliche Rechtsgrundlage für ein staatsanwaltschaftliches Verfahrensregister zusätzlich erforderlich ist und wenn ja, wie detailliert die Regelungen im einzelnen sein müssen. Schleswig-Holstein hat ein entsprechendes Gesetz am 1.3.1996 verabschiedet, Berlin ebenfalls, allerdings mit generalklauselartigen Bestimmungen, s. dazu Bäumler, NJW 1996, S. 2984 ff., 2984.

899 Vgl. Schneider, NJW 1996, S. 302 ff., 303.

900 Vgl. die Ausführungen unter A. I. 1. b; s. zu den polizeilichen Datenbanken auch Dix, Jura 1993, S. 571 ff., 573.

901 Dabei ist zu berücksichtigen, daß die Polizei auch im Rahmen der Gefahrenabwehr Daten erfaßt, wobei die präventive Tätigkeit in vielen Fällen die Vorstufe für die Strafverfolgung darstellt, vgl. auch Dreier, JZ 1987, S. 1009 ff., 1016; Lilie, ZStW Bd. 106 (1994), S. 625 ff., 625ff; Rüping, ZStW Bd. 95 (1983), S. 894 ff., 897. Allerdings ist die Abgrenzung zwischen präventiver und repressiver Tätigkeit schwierig, so daß letztlich jegliche Informationsbeschaffung mit Präventionsgesichtspunkten begründet werden kann, vgl. Backes, KritV 1986, S. 315 ff., 327.

902 Vgl. dazu NJW 1998, S. XVI. S. aber auch zur "Speicherwut" in Bayern, SZ, 7.5.1998, "1,3 Millionen Bayern im Polizeicomputer".

903 Vgl. zum derzeitigen "erschreckenden Nebeneinander polizeilicher und justizieller Informationssysteme" Schaefer, NJW 1998, S. 3178, 3178.

904 Vgl. auch Kleinknecht/Meyer-Goßner, StPO und GVG, Einl. 40; Rebmann/Schoreit, NStZ 1984, S. 1 ff., 2 f.; Merten, NStZ 1987, S. 101 ff.

905 So Nehm, zit. v. Jaeger/Winnen/Steffen, JZ 1995, S. 503; Lilie, ZStW Bd. 106 (1994), S. 625 ff., 626; Kuhlmann, DRiZ 1976, S. 265 ff., Füllkug, Krim. 1986, S. 155 ff., 195; Rüping, GA 1992, S. 147 ff., 155; Döhring, DRiZ 1958, S. 282 ff., 284; Zuberbier, Staatsanwaltschaftliche Praxis, S. 39.

In England und Wales fehlt es darüber hinaus an der Effizienz des Strafverfahrens, weil bis Februar 1998 der Staatsanwalt im Crown Court nicht vertretungsbefugt war, also als solicitor einen barrister einschalten mußte.[906] Allerdings wurde diese Regelung geändert, so daß sich daraus in Zukunft eine Entlastung ergeben wird. In Deutschland stellt sich das Problem der Vertretungsbefugnis nicht. Der Staatsanwalt ist beim Ladendiebstahl generell vertretungsbefugt.

Im englischen und walisischen System ist zudem Ineffizienz darin zu sehen, daß mangels beruflicher Perspektive minder qualifizierte Juristen für den CPS tätig sind, wodurch insbesondere nicht verhindert werden kann, daß trotz rechtlicher Mängel ein Ladendiebstahlsverfahren erst in der Hauptverhandlung beendet wird. Dabei liegt die mangelnde Attraktivität der Tätigkeit u.a. an dem Abhängigkeitsverhältnis des CPS von der Polizei.[907]

In Deutschland waren 1998 4 % der Juristen arbeitslos,[908] so daß die Staatsanwaltschaft einer großen Anzahl von Bewerbern gegenübersteht. Damit ist aber nicht beantwortet, ob die Staatsanwälte letztlich besonders gut qualifiziert sind, insoweit darf nämlich die tatsächliche Attraktivität der staatsanwaltschaftlichen Tätigkeit nicht außer Betracht bleiben. Dabei ist angesichts knapper Haushaltsbudgets und damit verbundener geringer Anzahl von Neueinstellungen die Arbeitsbelastung der Staatsanwälte zuletzt gestiegen. Außerdem zeigt sich insbesondere beim Ladendiebstahlsverfahren die Routinehaftigkeit der Tätigkeit, so daß die Attraktivität der Tätigkeit für besonders gut qualifizierte Assessoren auch in Deutschland gering ist. Da die Freispruchrate in Deutschland sehr niedrig ist und die Einstellungen nicht nachweislich aufgrund fehlerhafter Leistungen der Staatsanwälte erfolgen, ist eine abschließende Stellungnahme zur (mangelnden) Attraktivität der Tätigkeit des Staatsanwalts aus Wirtschaftlichkeitserwägungen nach meiner Auffassung nicht möglich.

Jedenfalls läßt sich anhand der rein formalen Bindung der Polizei an das Legalitätsprinzip ohne gleichzeitige Zubilligung einer Abschlußentscheidungsberechtigung und dem mangelnden Zugang der Staatsanwaltschaft zu den Informationen der Polizei die Ineffizienz auch des deutschen Ladendiebstahlsverfahrens nachweisen.

d. Ergebnis

Mithin ist auch das deutsche Strafverfolgungssystem durch eine von der Staatsanwaltschaft unabhängige Polizei und eine von der Polizei abhängige Staatsanwaltschaft geprägt, wodurch das Verfahren uneinheitlich, ungerecht und ineffizient ist.

2. In Deutschland zudem Umbruch im Rechtsverständnis

Fraglich ist, ob dadurch, daß die Polizei beim Ladendiebstahl die Kriminalpolitik bestimmt, darüber hinaus ein Umbruch im deutschen Rechtsverständnis gegeben ist.

---

906 Vgl. die Ausführungen im 2. Teil unter B. V. 4.

907 Vgl. die Ausführungen im 2. Teil unter B. V. 4.

908 Vgl. Die Welt v. 21.9.1998: "Rund 4 Prozent der Juristen sind arbeitslos".

a. Opportunitätsprinzip statt Legalitätsprinzip
In Deutschland gilt für das Ermittlungsverfahren nach § 152 Abs. 2 StPO das Legalitätsprinzip. Die Staatsanwaltschaft ist danach *verpflichtet*, wegen eines Ladendiebstahls einzuschreiten, sofern zureichende tatsächliche Anhaltspunkte vorliegen. Damit hängt die Befugnis zur Einleitung von Ermittlungsverfahren und die konkrete Aufnahme von Ermittlungen davon ab, ob eine konkrete Verdachtslage gegeben ist.[909]

Unabhängig von der Rollenverteilung im Ermittlungsverfahren haben die bisherigen Ausführungen ergeben, daß bei jedem Ladendiebstahl Ermittlungen aufgenommen werden. Insoweit wird also den strafverfahrensrechtlichen Vorgaben des Legalitätsprinzips entsprochen. Es wurde aber ebenfalls festgestellt, daß die Polizei nach Ermessensgesichtspunkten über die Durchführung der Ermittlungen entscheidet. Sie ermittelt oder unterläßt Ermittlungen, wenn sie eine strafrechtliche Sanktion für geboten hält. Dabei bezieht sie die ihr zur Verfügung stehenden Sach- und Personalmittel in die Ermessensentscheidung mit ein. Die Polizei wendet sich also von dem von der Strafprozeßordnung vorgegebenem Verfolgungszwang ab und ermittelt nur noch, wenn es ihr opportun erscheint. Die Staatsanwaltschaft nimmt dabei das polizeiliche Ermittlungsergebnis als gegeben hin. Sie ermittelt nicht gemäß ihrem gesetzlichen Auftrag, sondern handelt nur schematisch aufgrund der Aktenlage.

Folglich handelt es sich bei der durch Ermessen geprägten Entscheidung der Polizei über den Umfang der Ermittlungen um eine Abkehr vom Legalitätsprinzip und eine Hinwendung zum Opportunitätsprinzip. Das führt aber anders als in England und Wales[910] zu einem Bruch mit unserem Rechtsverständnis, da das Legalitätsprinzip hier fest verankert ist.

b. Ordnungswidrigkeit statt Straftat
Grundsätzlich gilt für die Verfolgung von Ordnungswidrigkeiten das Opportunitätsprinzip. Die Polizei entscheidet insoweit gemäß § 47 Abs. 1 OWiG nach pflichtgemäßen Ermessen, ob sie ein Bußgeldverfahren einleiten soll.[911] Vorliegend entscheidet die Polizei ebenfalls nach Ermessenskriterien, ob sie Ermittlungen aufnehmen soll bzw. wie umfangreich diese sein sollen. Es ist deshalb notwendig zu analysieren, ob die Polizei die Verfolgung des Ladendiebstahls de facto im Wege des Ordnungswidrigkeitenverfahrens betreibt.

Insoweit ist zu beachten, daß eine Ordnungswidrigkeit gegenüber der Straftat ein "aliud" ist.[912] Bei der Einordnung eines Deliktes als Straftat hat der Gesetzgeber Strafe für eine bestimmte Verhaltensweise angedroht. Hingegen wird bei Ordnungswidrigkeiten aufgrund einer rechtspolitisch anderen Wertung des Unrechtgehalts "lediglich" ein Bußgeld angedroht.[913] Dabei ist zwar auch die Geldbuße eine Rechtsfolge für eine tatbestandsmäßige, rechtswidrige und vorwerfbare Handlung und hat auch wie die Strafe einen repressiven

---

909 Vgl. zum Legalitätsprinzip generell Eisenberg/Conen, NJW 1998, S. 2241 ff., 2241. S. auch zur schwindenden Bedeutung des Legalitätsprinzips im deutschen Rechtssystem Weigend, Anklagepflicht und Ermessen, S. 40 ff.; Serwe, Krim. 1970, S. 377 ff., 377 ff.

910 Vgl. die Ausführungen im 1. Teil unter C.

911 Vgl. dazu im einzelnen Karlsruher-Kommentar-Bohnert, OWiG, Einl. Rdn. 143.

912 Vgl. BVerfGE 27, S. 18 ff., 30.

913 Vgl. BVerfGE 22, S. 78 ff., 81; BVerfGE 27, S. 18 ff., 28. Nach Göhler (OWiG, Rdn. 8 vor § 1 OWiG) handelt es sich um eine positive Willensentscheidung des Gesetzgebers, die Ordnungswidrigkeiten anders als Straftaten einzustufen. Sie seien zwar verboten aber kriminalpolitisch nicht als Strafe anzusehen.

Charakter, allerdings fehlt ihr das mit der Kriminalstrafe notwendigerweise verbundene Unwerturteil.[914] Ihr Zweck ist nicht "Sühne" für eine sozial-ethische Schuld, sondern sie ist in erster Linie ein mit einer Sanktion verbundener und deshalb spürbarer Pflichtappell.[915] Im Falle der Uneinbringlichkeit der Geldbuße wird sie deshalb nicht in eine Freiheitsstrafe, sondern in eine Erzwingungshaft im Sinne von § 96 OWiG umgewandelt, wobei es sich um ein Beugemittel und nicht um eine Strafe handelt.[916]

Die Polizei nimmt keine Ermittlungen auf, wenn der Ladendieb nicht von dem Geschädigten mitgeliefert wird und sie verzichtet weitgehend auf Ermittlungen, wenn es sich um einen Ersttäter handelt und der Schaden gering ist. Dabei entfaltet die Entscheidung der Polizei für die Staatsanwaltschaft Bindungswirkung.

Die Polizei erachtet in diesen Ladendiebstahlsfällen eine Bestrafung nicht unbedingt als notwendig. Demnach betreibt die Polizei bei unbekannten Tätern Diversion durch Nichterforschung des Sachverhaltes. Zwar ist bekannt, daß es schwieriger ist, einen Ladendiebstahl aufzuklären, bei dem der Täter von vornherein unbekannt ist, als wenn der Täter vom Geschädigten "mitgeliefert" wird. Dennoch besteht auch in diesen Fällen zumindest die Möglichkeit, durch Zeugen- und Opferbefragung und Beweissicherung den Ladendieb zu stellen.

Auch in den Fällen, in denen der Täter bisher erstmalig einen Ladendiebstahl mit geringem Schaden begangen hat, fordert die Polizei in der Regel keine Verurteilung.

Demnach bewertet die Polizei diese Ladendiebstähle rechtspolitisch als Delikte mit einem geringeren Unrechtsgehalt als andere Diebstähle. Sie indiziert dadurch den Bagatellcharakter des Ladendiebstahls. Das Unwerturteil der Polizei fällt, da § 242 StGB nicht zwischen Ladendiebstählen und Diebstählen differenziert, anders aus, als das des Gesetzgebers. Der Ladendiebstahl fordert nach Auffassung der Polizei kein Eingreifen des Rechtsstaats mit allen Mitteln. Diese qualitative Herabstufung ist aber typisch für das Verhältnis einer Ordnungswidrigkeit zur Straftat.

Folglich behandelt die Polizei den Ladendiebstahl wie eine Ordnungswidrigkeit. Insoweit hat die Polizei aufgrund ihres Rechtsverständnisses einen ersten Schritt in Richtung Entkriminalisierung des Ladendiebstahls gemacht. Darin ist aber ebenfalls ein Bruch mit dem deutschen Rechtsverständins zu sehen.

c. Polizei als Gesetzgeber

Die Polizei ersetzt also die kriminalpolitische Würdigung der Tat, wie der Gesetzgeber sie in § 242 StGB zum Ausdruck gebracht hat, durch eine kriminalpolitische Würdigung der Tat, wie sie in den Alltagsroutinen polizeilicher Praxis ihren Niederschlag gefunden hat. Die Polizei entscheidet ohne Kontrolle über die Auslegung des § 242 StGB beim Ladendiebstahl. Daher bestimmt die Polizei mit der Kriminalpolitik die Rechtspolitik. Damit

---

[914] Vgl. Göhler, OWiG, Rdn. 9 vor § 1 OWiG.
[915] Vgl. Göhler, OWiG, Rdn. 9 vor § 1 OWiG.
[916] Vgl. Göhler, OWiG, Rdn. 9 vor § 1 OWiG.

fungiert sie aber als "Gesetzgeber vor dem Gesetzgeber".[917] Die Polizei verstößt also gegen den Gewaltenteilungsgrundsatz..

III. Gesamtergebnis

Abschließend ist festzuhalten, daß die Polizei bestimmt, in welchem Umfang von der Strafverfolgung beim Ladendiebstahl abgesehen wird. Diese Herrschaft über das Ermittlungsverfahren hat aber mangelnde Einheitlichkeit, Ungerechtigkeit und Ineffizienz der Strafverfolgungspraxis beim Ladendiebstahl zur Folge. Die Anwendung des Opportunitätsprinzips und die Bewertung des Ladendiebstahls in der Praxis als Ordnungswidrigkeit führen de facto zur Entkriminalisierung des Ladendiebstahls. Da die Polizei ohne Kontrolle über die Auslegung des § 242 StGB bestimmt, wird sie als Gesetzgeber tätig und verstößt gegen den verfassungsrechtlichen Gewaltenteilungsgrundsatz. Folglich stellt die Machtverschiebung, anders als die Herrschaft der englischen und walisischen Polizei im Ladendiebstahlssverfahren, einen erheblichen Einbruch in unserer Rechtsverständnis dar.

---

917 Vgl. Backes, KritV 1986, S. 315 ff., 320 für die Staatsanwaltschaft. Diese ist aber aufgrund der häufigen Anwendung der §§ 153, 153 a StPO als "Richter vor dem Richter" anzusehen. Da also die Polizei die Entscheidungen der Staatsanwaltschaft vorgibt, bestimmt sie auch die Entscheidungen des "Richters", so daß das gesamte Ladendiebstahlsverfahren durch die Rechtspolitik der Polizei geprägt wird.

4. Teil: Rechtsvergleich

Es soll nun in einem rechtsvergleichenden Teil festgestellt werden, welche Gemeinsamkeiten und Unterschiede in England/Wales und in Deutschland bestehen und welche Rückschlüsse daraus gezogen werden können.

A. Ladendiebstahl

I. Gemeinsamkeiten und Unterschiede

Die bisherigen Untersuchungen haben ergeben, daß sich sowohl in England und Wales als auch in Deutschland *ähnliche Verfahren bei der strafrechtlich-tatsächlichen Verfolgung des Ladendiebstahls* entwickelt haben.

Die englische und walisische Polizei sollte nach der Reform zwar lediglich die Ermittlungsfunktion wahrnehmen, während der CPS als unabhängige Behörde die Anklagefunktion inne haben sollte, de facto bestimmt die Polizei aber auch heute noch die Entscheidung des CPS. Sie trifft auch nach der Errichtung des CPS die Schlüsselentscheidungen beim Ladendiebstahl, entscheidet demnach nach freiem Ermessen darüber, ob sie überhaupt Ermittlungen gegen den Ladendieb einleiten, welche Ermittlungen sie durchführen und welche Abschlußentscheidung sie treffen möchte. Dabei unterliegt sie keiner Kontrolle von außen. Die Polizei kann und soll sich von dem CPS bei ihrer Ermittlungstätigkeit beraten lassen, die empirischen Untersuchungen haben aber gezeigt, daß sie dies in den seltensten Fällen macht. Sie leitet vielmehr nur die Verfahren, die aus ihrer Sicht eine Anklage rechtfertigen, an den CPS weiter; bei den anderen nimmt sie erst gar keine Ermittlungen auf oder verwarnt den Täter. Dabei gibt die Polizei die Informationen vor, auf deren Grundlage der CPS seine Entscheidungen trifft. Der CPS kann zwar mangels ausreichender Beweise oder auch zur Verwarnung des Täters das Verfahren an die Polizei zurückverweisen, allerdings ist die Polizei nicht verpflichtet, den Anregungen des CPS zu folgen. Der CPS entscheidet lediglich auf der Grundlage der von der Polizei vorgegebenen Entscheidungen und ist deshalb eine reine „Aktenbearbeitungsbehörde". Das gilt um so mehr als bereits Gerichte bestätigt haben, daß die Polizei mit ihrer Entscheidung faktisch diejenige des CPS aufheben darf. Die Polizei und der CPS stehen damit zwar formal gesehen als Ermittlungs- und Anklagebehörde selbständig nebeneinander, de facto bestimmt aber die Polizei die Entscheidungen des CPS, so daß die Polizei dem CPS in der Praxis übergeordnet ist.

Auch in Deutschland haben die Untersuchungen ergeben, daß die Polizei beim Ladendiebstahl die Ermittlungen in der Praxis selbständig übernimmt und wie ihre englischen und walisischen Kollegen Entscheidungen trifft, die das weitere Verfahren durch die Staatsanwaltschaft vorgeben. Zwar legt die Polizei für jede Begehung eines Ladendiebstahls eine Akte an und erfaßt den Sachverhalt, so daß im Gegensatz zu England und Wales also immer ein Ermittlungsverfahren entsprechend der deutschen Vorgabe des Legalitätsprinzips eingeleitet wird, allerdings entscheidet die Polizei auch hier de facto auf der Grundlage des Opportunitätsprinzips. Dabei übt sie insbesondere im Hinblick auf den Umfang der Ermittlungen Ermessen aus, indem sie beispielsweise ihre Arbeitsbelastung berücksichtigt. Eine Abstimmung mit der Staatsanwaltschaft erfolgt nicht. Die Polizei bestimmt demnach aufgrund der bereitgestellten Informationen, ob der Staatsanwalt das Verfahren einstellt oder Anklage erhebt. Auch seitens der deutschen Rechtsprechung erhält die Staatsanwaltschaft keine Unterstützung dahingehend, daß die Polizei auf ihren gesetzlichen Auftrag als Hilfsbeamte der Staatsanwaltschaft beschränkt wird. Damit ist die Staatsanwaltschaft de facto wie der CPS von der Polizei abhängig.

Somit verfolgt die Polizei den Ladendiebstahl in England/Wales aber auch in Deutschland faktisch im Wege eines **Ordnungswidrigkeitverfahrens**. Bei der Feststellung dieser Gemeinsamkeit darf nicht außer Acht bleiben, daß die Machtverschiebung zugunsten der Polizei in Deutschland einen Gesetzesverstoß darstellt und damit einen Umbruch für das deutsche Rechtsverständnis beinhaltet. Die Behandlung des Ladendiebstahls als eine Ordnungswidrigkeit seitens der Polizei bedeutet nämlich eine Umgehung des im deutschen Recht geltenden Legalitätsprinzips. Außerdem entkriminalisiert sie dadurch den Ladendiebstahl. **Die Polizei bestimmt** damit **die Kriminalpolitik** und fungiert quasi als „Gesetzgeber vor dem Gesetzgeber". Hingegen verfügt in England und Wales die Polizei auch nach Auffassung des Gesetzgebers über einen weiten Ermessensspielraum. Damit ist sie gesetzlich legitimiert, die Kriminalpolitik beim Ladendiebstahl zu bestimmen. Das Ladendiebstahlsverfahren in England und Wales erfolgt daher gesetzeskonform. Das ändert aber nichts daran, daß durch die Errichtung des CPS eine von der Polizei unabhängige Strafverfolgungsbehörde eingerichtet werden sollte, was nicht gelungen ist. In beiden Regionen gibt die Polizei die Entscheidungen der Anklagebehörde vor. Während darin in Deutschland ein Gesetzesverstoß zu sehen ist, war dies in England und Wales zumindest nicht vom Gesetzgeber bezweckt.

Aufgrund der Vorgehensweise der Polizei kommt es in England und Wales aber auch in Deutschland zudem zu *gleichen Mängeln* im Strafverfolgungssystem.

Es wurde festgestellt, daß in beiden Regionen bei den Ermittlungen gegen Ladendiebe starke Verfahrensabweichungen unter den einzelnen Polizeibehörden bestehen. Die Gründe für diese **Uneinheitlichkeit** sind in England/Wales und in Deutschland vergleichbar. Entscheidend ist nämlich die individuelle Motivationslage des Polizeibeamten, die mangelnde Konsultation des CPS beziehungsweise der Staatsanwaltschaft und die unterschiedliche Arbeitsbelastung innerhalb der Polizeibehörden.

Außerdem lassen sich sowohl bei der Polizei in England und Wales als auch in Deutschland **Ungerechtigkeiten** im Verfahren gegen einen Ladendieb feststellen, die auf das Verhalten der Polizei zurückzuführen sind. Das gilt, obwohl aufgrund von formalen Kriterien willkürliche Entscheidungen seitens der Polizei verhindert werden sollten. Dazu bestehen in England und Wales die Codes of Practice und in Deutschland klare Gesetzesvorgaben. Stattdessen erfolgen die Entscheidungen der englischen und walisischen Polizei auf der Grundlage der unveröffentlichten Policy Manuals und ihrer doctrine of constabulary independence, wobei es zu Diskriminierungen kommt. Außerdem wird eine unnötige Stigmatisierung durch sinnlose Fortsetzung des Ermittlungsverfahrens und Erhebung der Anklage trotz unzureichender Beweislage in England und Wales nicht verhindert. Diese beruht aber gerade auf der polizeilichen Vorarbeit. In Deutschland dürfte es gerade aufgrund des Legalitätsprinzips, das zur Gleichbehandlung auffordert, keine Willkür gegenüber Ladendieben geben. Die Untersuchung hat aber gezeigt, daß die deutsche Polizei wie ihre englischen und walisischen Kollegen keinen klaren Regeln folgt, ohne dabei einer Kontrolle seitens der Staatsanwaltschaft zu unterliegen. Es kommt ebenfalls zu Ungerechtigkeiten aufgrund von Ungleichbehandlungen der Täter, lediglich pauschaler Würdigung der Schuldzusammenhänge und der ungeprüften Übernahme soziale Kriterien der Geschädigten.

Außerdem hat sich das von der Polizei dominierte Verfahren in England/Wales und in Deutschland als **ineffizient** herausgestellt. Die niedrige Freispruchrate und die späte Einstellung selbst von vornherein aussichtsloser Verfahren waren deutliche Anzeichen mangelnder Wirtschaftlichkeit in England und Wales. In Deutschland ließ sich vor allem anhand des Widerspruchs zwischen der rein formalen Bindung der Polizei an das Legalitätsprinzip und der tatsächlichen Ausrichtung der Intensität der Ermittlungen an Ermessensgesichtspunkten die Ineffizienz des bestehenden Strafverfolgungssystems feststellen.

Das Ergebnis überrascht letztlich, weil die *Grundpfeiler der Strafverfolgungssysteme* - wie im 1. Teil aufgezeigt - *unterschiedlich* sind. Das englische und walisische Rechtssystem beruht auf dem kontradiktorischen Modell, während das deutsche Strafverfolgungssystem an das inquisitorische Modell angelehnt ist. Dennoch findet bei der Strafverfolgung in England und Wales als auch in Deutschland beim Ladendiebstahl ein Ordnungswidrigkeitenrecht der Polizei mit den bekannten gleichen Defiziten Anwendung.

II. Rückschlüsse

Daraus kann gefolgert werden, daß die Anlehnung an verschiedene Strafverfolgungssysteme für die Strafverfolgungspraxis beim Ladendiebstahl unerheblich ist. Es kann sich also nicht um ein institutionelles Problem, sondern muß sich um ein *Sachproblem* handeln. Der Ladendiebstahl weist also Besonderheiten auf, die unabhängig davon, um welches Land es sich handelt, gleich sind und die unabhängig von der Einbettung in Verfahrensmodelle bestimmte Strafverfolgungsmuster nach sich ziehen. Deshalb sollen im folgenden die Besonderheiten des Ladendiebstahls herausgearbeitet werden.

1. Massendelikt

Zunächst ist im Hinblick auf den Arbeitsaufwand der Strafverfolgungsbehörden zu untersuchen, wie häufig ein Ladendiebstahl in beiden Regionen verübt wird.

Aus der englischen und walisischen Polizeistatistik ist ersichtlich, daß im Jahr 1997 insgesamt 4,6 Millionen Straftaten begangen worden sind, wovon mehr als 50 % aller Straftaten Diebstähle waren.[918] Insgesamt sind davon 274.077 Ladendiebstähle zu verzeichnen, also 6 % mehr als vor zehn Jahren, wobei die Aussagekraft der Zahlen durch eine hohe Dunkelziffer eingeschränkt wird.[919] 1997 wurden in der deutschen Kriminalstatistik von insgesamt rund 6,6 Millionen Fällen mehr als 50 % Diebstähle und davon etwas mehr als 10 % Ladendiebstähle registriert, womit gegenüber dem Vorjahr ein Anstieg beim Ladendiebstahl um 3,2 % zu verzeichnen war.[920] Allerdings gilt auch hier, daß die Aussagekraft der Polizeilichen Kriminalstatistik durch das besonders große Dunkelfeld nicht angezeigter Diebstähle eingeschränkt ist.[921] Dabei unterscheidet die Polizeiliche Kriminalstatistik zwi-

---

[918] Vgl. Home Office, Statistical Bulletin, 1997, S. 14. Vgl. zur Häufigkeit des einfachen Diebstahls (simple larcency) in England und Wales auch: Hagel, Der einfache Diebstahl im englischen und deutschen Recht, S.1. Vgl. zur Kritik an der statistischen Erfassung grundsätzlich: Home Office, Report 1998, Review of the CPS, S. 72.

[919] Vgl. Home Office, Statistical Bulletin, 1997, S. 11. So ebenfalls City of London Police, Annual Report 1996/7, S. 33.

[920] Vgl. Bundesregierung, Bulletin, Polizeiliche Kriminalstatistik 1997, S. 425 ff., 426 f. In der deutschen Kriminalstatistik wird der Ladendiebstahl als „Diebstahl von ausgelegten Waren durch Kunden während der Geschäftszeit" erfaßt, vgl. Bundeskriminalamt, Polizeiliche Kriminalstatistik 1996, S. 14. Dabei registriert die deutsche polizeiliche Kriminalstatistik die der Polizei bekannt gewordenen und durch sie endbearbeiteten Straftaten, vgl. Bundesregierung, Bulletin, Polizeiliche Kriminalstatistik 1997, S. 425 ff., 425.

[921] Vgl. Bundesregierung, Bulletin, Polizeilichen Kriminalstatistik 1997, S. 426. S. dort auch zu den weiteren Erfassungs- und Bewertungsproblemen.

schen Ladendiebstählen, die Diebstähle ohne erschwerende Umstände im Sinne der §§ 242, 247, 248 a-c StGB darstellen, und Ladendiebstählen, die Diebstähle unter erschwerenden Umständen im Sinne der §§ 243-244 a StGB, sind.[922] Bei dem einfachen Ladendiebstahl betrug der Anstieg sogar 7,0 %.[923] Angesichts dieser Zahlen ist erkennbar, daß es sich beim Ladendiebstahl sowohl in England/Wales als auch in Deutschland um ein Massendelikt handelt, das durch einen ständigen Zuwachs gekennzeichnet ist.[924] Folglich müssen ausreichend Ressourcen, also manpower, Sachmittel aber auch Zeit, für die Bewältigung der Ladendiebstahlsdelinquenz zur Verfügung stehen.

2. Jedermann-Delikt

Ferner ist es im Hinblick auf die Anforderungen an die Qualifizierung der Strafverfolgungsorgane bedeutsam, welche Tätertypen hinter der Begehung eines Ladendiebstahls stehen.

Walsh[925] stellte bei seinen Interviews mit Ladendieben, Bestohlenen und Polizeibeamten in Exeter fest, daß im Grunde „jedermann“ potentieller Ladendieb sein kann. Dafür spreche, daß die Struktur der Ladendiebe stark der Bevölkerungsstruktur ähnele.[926] Es seien Täter aus allen Altersgruppen, beider Geschlechter und aus den verschiedenen sozialen Schichten vertreten. Außerdem würden die Motive von wirtschaftlicher Not, verbunden mit dem Wunsch materiell mithalten zu können (Konsumdruck), über Neugier (Reiz des Verbotenen, Prickeln), Angeberei oder Sport bis hin zu psychischen Auffälligkeiten und krankhaften Verfestigungen[927] reichen.[928]

Die Studie von *Wagner*[929] hat ebenfalls gezeigt, daß der „Ladendiebstahl ein normales Konsumverhalten mit illegalen Mitteln“ darstellt. Danach gaben über 40 % der Männer und über 30 % der Frauen bei anonymen Umfragen zu, schon einmal in Läden gestohlen zu haben.

Bezogen auf ihren Bevölkerungsanteil wurden allerdings Jugendliche als häufigste Tatverdächtige sämtlicher Ladendiebstähle ermittelt.[930] Außerdem ist der Statistik zu entnehmen,

---

922 Vgl. Bundesregierung, Bulletin, Polizeiliche Kriminalstatistik 1997, S. 425 ff., 462.

923 Vgl. Bundesregierung, Bulletin, Polizeiliche Kriminalstatistik 1997, S. 425 ff., 449.

924 So ebenfalls: Bundesregierung, Bulletin, Polizeiliche Kriminalstatistik 1997, S. 425 ff., 449. Walsh (Shoplifting, S. 31) bezeichnet ihn deshalb als „a growth sector in the crime industry“.

925 Shoplifting, S. 25 ff.

926 Vgl. Walsh, Shoplifting, S. 25 ff.; Manns/Boehm/Kochanski, Schlauer als der Klauer, S. 16. S. auch die Tabelle „Ladendiebe insgesamt und Anteile nach Geschlecht und Altersgruppen in %“ bei Loitz/Loitz, professionelle Ladendiebe, S. 197.

927 Kleptomanie als Ursache für Ladendiebstahl wird allerdings angezweifelt, vgl. Krause, Zur Diagnose „Kleptomanie“, Protokoll 82/73, S. 28 ff., 55 f. S. zur psychologischen Wurzel des Diebstahls: Thiekötter, Bewertung von Warenhausdiebstählen, S. 4 ff.

928 Vgl. Walsh, Shoplifting, S. 35 ff. Ebenfalls: Manns/Boehm/Kochanski, Schlauer als der Klauer, S. 7; Tegel, Krim. 1962, S. 124ff., 124ff.

929 Vgl. Wagner, Ladendiebstahl Wohlstands- oder Notstandskriminalität, S. 72. Auch nach Berckhauer (DRiZ 1976, S. 229 ff.) sei der Ladendiebstahl als „Wirtschaftsdelinquenz des kleinen Mannes“ zu werten, da der Dieb versuche, seine „Unkosten“ für sein wirtschaftliches Handeln, also den Kauf von Waren, so gering wie möglich zu halten.

930 Vgl. Polizeiliche Kriminalstatistik 1996, S.172; Walsh (Shoplifting, S. 91) gelangte für England und Wales zu dem gleichen Ergebnis.

daß der Anteil der Kinder beim Ladendiebstahl sehr hoch ist.[931] Demnach handelt es sich beim Ladendiebstahl um eine typische Jugendverfehlung. Dabei stieg der Anteil tatverdächtiger Kinder im Bundesgebiet noch um durchschnittlich 10,3 %.[932] Die Ursache dafür liegt im sozialen Bereich; empirische Arbeiten haben einen Zusammenhang zwischen dem starken Anstieg der (Jugend-)Armut und dem Zuwachs der Eigentumskriminalität vor allem von jungen Menschen nachgewiesen.[933] Alle jugendlichen Mehrfachtäter weisen danach mindestens eines, zumeist aber mehrere Merkmale sozialer Randständigkeit auf. Dazu zählen: unvollständige Familien, schlechte oder abgebrochene Schulausbildung, Arbeits- und/oder Berufslosigkeit. Hinzu kommen bei Jugendlichen weitere Probleme wie Alkohol- und Drogenmißbrauch oder Merkmale problematischer Persönlichkeit wie emotionale Labilität, Aggressivität oder Ängstlichkeit etc.[934] Insoweit benachteiligen gesellschaftliche Veränderungen in Gestalt von Armutsentwicklung, Arbeits- und Perspektivenlosigkeit junge Menschen besonders.[935] Bei den professionellen Ladendieben sind hingegen Strafunmündige und Jugendliche schwach vertreten.[936]

Auch *Loitz/Loitz*[937] fanden heraus, daß sich der Gelegenheitstäter vom sog. „Profi" in vielerlei Hinsicht unterscheide. Es handele sich vorwiegend um reisende Rechtsbrecher, die außerhalb ihres Wohnsitzes delinquieren.[938] Zudem seien die männlichen Täter die stärkste Gruppe der professionellen Diebe. Außerdem fänden sich unter den Profis mehr Ausländer als unter den Gelegenheitstätern.[939] Schließlich seien die professionellen Diebe hauptsächlich Bandendiebe, während - so *Loitz/Loitz*[940] - die Gelegenheitsstäter keine Komplizen hätten. *Walsh*[941] gelangt ebenfalls zu dem Ergebnis, daß der professionelle Täter völlig anders als der Gelegenheitstäter bei der Tatbegehung vorgehe. Er sei wesentlich vorbereiteter und organisierter und stehle auch andere Gegenstände als der „normale" Ladendieb, da er damit seine Existenz sichern wolle.[942]

Festgehalten werden kann somit, daß als Gelegenheitstäter grundsätzlich „jedermann" einen Ladendiebstahl begeht, wobei der Ladendiebstahl oftmals eine typische Jugendverfehlung darstellt. Die professionelle Begehung des Ladendiebstahls zur Existenzsicherung

---

[931] Bundesregierung, Bulletin, Polizeiliche Kriminalstatistik 1997, S. 425 ff., 436; Walsh, Shoplifting, S. 91.

[932] Bundesregierung, Bulletin, Polizeiliche Kriminalstatistik 1997, S. 425 ff., 436. Allerdings stieg der Anteil der tatverdächtigen deutschen Kinder in den alten Bundesländern mit Gesamt-Berlin um 11,8%, während er in den neuen Bundesländern für diese Bevölkerungsgruppe nur um 1,2 % anstieg. Eine solch starke regionale Diskrepanz besteht aber nicht im Hinblick auf den Anteil tatverdächtiger nichtdeutscher Kinder. Insoweit stieg der Anteil im alten Bundesgebiet um 10,2 % und im neuen Bundesgebiet um 9,2 %.

[933] Vgl. Löhr, ZRP 1997, S. 280 ff., 281. S. dazu auch: Westdeutsche Zeitung v. 21.8.1998 „Aus Opfern werden Täter"; Spiegel v. 6.4.1998 „Die Kleinen Monster".

[934] Vgl. Löhr, ZRP 1997, S. 280 ff., 281.

[935] Vgl. Ostendorf, ZRP 1998, S. 445 ff., 447.

[936] Vgl. Loitz/Loitz, Professionelle Diebe, S. 108.

[937] Professionelle Ladendiebe, S. 108. Walsh (Shoplifting, S. 73 ff.) schätzt den Anteil professioneller Diebe auf 2 %.

[938] Loitz/Loitz, Professionelle Diebe, S. 108. Hingegen seien 84 % der Gelegenheitstäter sog. örtliche Täter, a.a.O., S. 108.

[939] Loitz/Loitz, Professionelle Diebe, S. 108. Bei der Gesamtanzahl der Ladendiebe würden die weiblichen Tatverdächtigen dominieren, a.a.O., S. 108.

[940] Professionelle Diebe, S. 108.

[941] Vgl. Walsh, Shoplifting, S. 43 ff.

[942] Vgl. Walsh, Shoplifting, S. 43.

ist hingegen eher der Ausnahmefall. Dieses Ergebnis ist bei den Anforderungen an die Qualifizierung der Strafverfolgungsorgane zu berücksichtigen.

3. Kein Einstiegsdelikt

Eine weitere für die Gestaltung der Strafverfolgung entscheidende Frage ist, ob es sich bei dem Ladendiebstahl um ein sog. Einstiegsdelikt handelt, also die Begehung der Tat den Einstieg in eine kriminelle Karriere darstellt oder ob Ladendiebe potentiell nicht gefährdet sind, andere, auch weitaus schwerwiegendere Taten zu begehen.

Nach *Rössner*[943] fehlt dem Ladendieb als Gelegenheitsdieb jeder sonstige Bezug zur Kriminalität.

Da es sich außerdem beim Ladendiebstahl um ein Delikt handelt, das von „jedermann“ begangen wird, und da unstreitig nicht „jedermann“ auch weitere, teilweise schwerwiegendere Delikte begeht, fehlt es bereits deshalb am Kausalzusammenhang.

Außerdem stellt der Ladendiebstahl eine typische Jugendverfehlung dar, so daß eine kriminelle Tendenz für diese Altersstruktur erkennbar sein müsste. Es werden aber 50 % - 70 % der jungen Tatverdächtigen nur einmal polizeilich registriert und drei Viertel der Mehrfachauffälligen tauchen nur über einen Zeitraum von einem, längstens zwei Jahren in den polizeilichen Registern auf.[944]

Hingegen besteht unstreitig ein Zusammenhang zwischen der Stigmatisierung durch strafrechtliche Verfolgung und einer „kriminellen Karriere“ des Delinquenten.[945] Zur Stigmatisierung - so *Walsh*[946] - trägt auch das Bild des Ladendiebes in der Öffentlichkeit bei. Insoweit ist auf die „Vermarktung“ der Häufigkeit des Ladendiebstahls, die sich aus der Polizeilichen Kriminalstatistik ablesen läßt, in der Öffentlichkeit - gerade durch die deutsche Interessenvertretung des Einzelhandels, den Hauptverband des Deutschen Einzelhandels (HDE), -[947] hinzuweisen.[948] Diese Ausnutzung der Medien prägt die Kriminalitätsfurcht in der Bevölkerung und damit den Umgang mit dem Ladendieb. Danach wird der Ladendiebstahl oftmals mit dem Begriff der asozialen und kriminellen Potenz bestimmter Personen

---

[943] Bagatelldiebstahl und Verbrechenskontrolle, S. 138. Ansonsten wurde bisher aber nirgends eindeutig nachgewiesen, daß es sich bei dem Ladendiebstahl um Einstiegskriminalität handelt. Vielmehr wird grundsätzlich bezweifelt, daß ein Zusammenhang zwischen der Ersttat und den nachfolgenden Delikten im Sinne einer Indizfunktion für gleichartige erneute Begehung besteht. Das gelte im übrigen auch nicht für einen Zusammenhang zwischen der Ersttat und einer zunehmende Schwere des Deliktes, vgl. Löhr, ZRP 1997, S. 280 ff., 281.

[944] Vgl. Löhr, ZRP 1997, S. 280 ff., 281.

[945] So ebenfalls: Walsh, Shoplifting, S. 52 ff.; Spieß, Krim. 1994, S. 111 ff.

[946] Shoplifting, S. 47 ff.

[947] Vgl. www.einzelhandel.de/stichwort/LADENDIE.htm. S. bspw. auch Die Welt v. 5.1.1998, „Von Diebstahl und Verderb: Der Handel macht Inventur“; LZ v. 16.1.1998, „Beschleunigtes Verfahren findet vermehrte Anwendung“; FAZ v. 22.1.1998, „Jedes dritte Kondom wird gestohlen“; HB v. 26.02.1998, „Ladendiebstahl, Immer mehr Luxusgüter gestohlen“.

[948] Vgl. auch Neubacher, ZRP 1998, S. 429 ff., 430 f.; Zöllner, Der Ladendiebstahl als betriebswirtschaftliches Problem, S. 44 f. Nach Ostendorf (ZRP 1998, S. 446 ff., 446) bestehe zudem die Gefahr der „Panik-Gesetzgebung“. Der Gesetzgeber nehme die Ängste und Sorgen der Bevölkerung als einzigen Anlaß seiner Tätigkeit, obwohl diese auf vielfältigen öffentlichen Informationen und nicht auf der Kenntnis der tatsächlichen Dimension der Kriminalität beruhen. S. generell zur Polizeilichen Kriminalstatistik als politisches Instrument, Lehne, Cilip 48 (2/94), S. 61 ff.

erklärt.[949] Die Stigmatisierung eines Täters im Hinblick auf den Bagatellcharakter des Ladendiebstahls kann aber unangemessene nachteilige Folgen haben.[950]

4. Delikt mit durchschnittlich geringem Schaden

Des weiteren darf bei einer Analyse der Tat „Ladendiebstahl" nicht außer Acht bleiben, daß der durchschnittliche Schaden eines Ladendiebstahls gering ist.

In jedem zweiten Fall liegt der Schaden unter 25,- DM, in Dreiviertel aller Fälle beträgt er 26,- DM bis 100,- DM und in jedem fünften Fall 101,- DM bis 1.000,- DM. Nur in 1,4 % der Fälle liegt der Wert des Diebstahlsgutes zwischen 1.000,- DM und 10.000,- DM und in 0,1 % der Fälle über 10.000,- DM.[951] In England existieren Angaben zur durchschnittlichen Schadenshöhe beim Ladendiebstahl nur aus dem Jahr 1970.[952] 45,5 % der Schäden durch Ladendiebstähle lagen damals unter 1 Pfund, 33,7 % zwischen 1-5 Pfund, 8,9 % zwischen 5 und 10 Pfund, 11,1 % zwischen 10 und 100 Pfund und 0,8 % über 100 Pfund. Demnach verursachten 88 % der Ladendiebstähle in England und Wales einen geringeren Schaden als 10 Pfund.

Nur der professionelle Ladendieb, der gewerbsmäßig stiehlt, entwendet Sachen, die durchschnittlich einen Wert von 250,- DM übersteigen.[953] *Loitz/Loitz*[954] fanden bei ihrer Untersuchung heraus, daß Berufsdiebe in erster Linie Schmuck (41,0 %), Pelze (17,4 %) und hochwertige Textilien (14,2 %) entwenden, die sie teuer weiterverkaufen könnten. Der Profi stehle zur Profitmaximierung, während der Gelegenheitstäter Artikel für seinen eigenen Bedarf entwende.[955]

5. Geringe Bedeutung des Deliktes

Für die Gestaltung der Strafverfolgung ist es ebenfalls relevant, welchen Stellenwert das Eigentum an Waren in der heutigen Gesellschaft einnimmt.

Anfang des 13. Jahrhunderts handelte es sich noch um eine Tat, bei der der Dieb als **Strafe** sein bürgerliches Recht endgültig verlor. Im Sachsenspiegel war geregelt, daß dem Dieb, der ein Gut unter drei Schillinge gestohlen hatte, die Hand abgehackt wurde.[956] Allerdings konnte er sich durch die Zahlung des entstandenen Schadens freikaufen, womit er aber seine Ehre für immer verloren hatte. Beging der Dieb mehrere Taten, so mußte er nach dem

---

[949] Vgl. Gillig, Ladendiebstahlsverfahren, S. 172; Walsh, Shoplifting, S. 47.

[950] Walsh, Shoplifting, S. 47 ff. Nach Auffassung der Abgeordneten Heuer, Jelpke, Gysi und der Gruppe der PDS (BT-Drucksache 13/10272) würde eine derartige „einmalige Entgleisung", den Täter in seinem beruflichen und seinem persönlichem Fortkommen letztlich auf Kosten der Allgemeinheit beeinträchtigen. Dabei handelt es sich mit Boor (Der Warenhausdiebstahl - Symptom einer Krise?, Protokoll 82/73, S. 59 ff., 59) oftmals um Menschen, die die Rechtsordnung uneingeschränkt bejahen.

[951] Bundeskrimininalamt, Polizeiliche Kriminalstatistik, 1996, S. 174. S.

[952] Rössner, Bagatelldiebstahl und Verbrechenskontrolle, S. 161.

[953] Vgl. Loitz/Loitz, Professionelle Diebe, S. 109f.

[954] Professionelle Diebe, S. 109f. S. v.a. zum professionellen Juwelendiebstahl: Walsh, Shoplifting, S. 44.

[955] Loitz/Loitz, Professionelle Diebe, S. 109. So ebenfalls für den internationalen Berufsverbrecher: Tegel, Krim. 1962, S. 124 ff., 126.

[956] Vgl. Diebstahl - Nein danke! 7/93, S. 10. S. zu einer aktuellen Besprechung im Zusammenhang mit dem Sachsenspiegel: Sommer, DtZ 1994, S. 65 f., 65.

Sachsenspiegel mit der Todesstrafe rechnen.[957] Auch der King William` Act sah die Todesstrafe für die Begehung eines „Ladendiebstahls“ vor. Erst 1820 wurde diese Sanktion in England und Wales in eine lebenslange Freiheitsstrafe umgeändert. Der Larcency Act 1916 löste auch diese Rechtslage ab und wurde seinerseits durch den Theft Act 1968 ersetzt, der eine maximale Freiheitsstrafe von zehn Jahren für einen Ladendiebstahl vorsah.[958]

Das Strafgesetzbuch von 1871 schrieb für den fortgesetzten Diebstahl eine Gefängnisstrafe von bis zu zehn Jahren vor, worin sich die Ersetzbarkeit des Eigentums durch die industrielle Massenproduktion ablesen läßt.[959] Auch aufgrund der Kriege, nach Inflation und Währungsreform, nach Expropriation von Millionen deutscher Staatsbürger, änderte sich die Einstellung der Bürger zum Eigentum.[960] Aus der Not (Mundraub) heraus war ein Ladendiebstahl auch in England und Wales ein fast schon toleriertes Delikt.[961] Mittlerweile ist auch die existenzsichernde Funktion gegenständlichen Eigentums z.T. durch Sozialversicherungen verdrängt worden.[962]

Gegenwärtig wird in § 242 Abs. 1 StGB eine Freiheitsstrafe bis zu fünf Jahren oder eine Geldstrafe angedroht. Daran zeigt sich ebenfalls, daß sich die Bedeutung des Eigentums verringert hat.[963] Nach s. 7 Theft Act 1968 in Verbindung mit s. 26 (1) Criminal Justice Act 1991 kann ein Dieb heutzutage zu maximal sieben Jahren Freiheitsstrafe verurteilt werden. Dabei ist in dieser Vorschrift die Verurteilung gemäß einer Anklageschrift (conviction on indictment) sogar ausdrücklich genannt und in der Statistik als indictable offence aufgeführt.[964] Dennoch wurde bereits festgestellt, daß erstens die Statistik nicht zwischen triable either way offences und indictable offences unterscheidet[965] und zweitens der Ladendiebstahl unter Zugrundelegung seines Bagatellcharakters als triable either way offence anzusehen ist.[966] Außerdem wurde ein Strafminimum nicht festgesetzt. Dadurch wird dem Richter bei der Strafzumessung ein nach unten nicht begrenzter Spielraum für rationale kriminalpolitische Erwägungen eröffnet.[967] Der Wert des gestohlenen Gutes gewinnt so an Bedeutung. Auch kann das Gericht die Rückerstattung der gestohlenen Sache anord-

---

[957] S. dazu insgesamt: Diebstahl - Nein danke! 7/93, S. 10. Auch in England wurden in den Jahren 1691 und 1726 mehrere Ladendiebinnen hingerichtet, vgl. Tegel, Krim. 1962, S. 124 ff., 124.

[958] S. dazu ausführlich Walsh, Shoplifting, S. 23 ff.

[959] Vgl. Albrecht/Hassemer/Voß, Kriminalpolitik, S. 51.

[960] Boor, Der Warenhausdiebstahl - Symptom einer Krise?, Protokoll 82/73, S. 59 ff., 59.

[961] Vgl. Walsh, Shoplifting, S. 25.

[962] Vgl. Albrecht/Hassemer/Voß, Kriminalpolitik, S. 51; Rössner, Ladendiebstahl und Verbrechenskontrolle, S. 138.

[963] So ebenfalls Gillig, Ladendiebstahlsverfahren, S. 132 ff. Allerdings gilt das nicht für die besonders schweren Fälle des Diebstahls nach § 243 StGB. S. generell zu der Reaktion von Kunden, die zufällig Zeugen eines Ladendiebstahls wurden: Abele/Nowack, KrimJ 1976, S. 224 ff., 224 ff.

[964] Vgl. Huber, England und Wales, in Eser/Perron, Die Beweisaufnahme im Strafverfahrensrecht des Auslands, S. 552.

[965] Vgl. Huber, England und Wales, in Eser/Perron, Die Beweisaufnahme im Strafverfahrensrecht des Auslands, S. 552. S. allgemein zu den Statistiken in England und Wales: Home Office, Report 1998, Review of the CPS, S. 71 ff. Das Home Office gelangt aufgrund einer Untersuchung der Statistiken zu der Auffassung, daß diese untereinander nicht kompatibel sind. Es fordert deshalb, daß die Institutionen, die Zahlen sammeln und veröffentlichen, ihre Systematik absprechen, so daß zumindest Kernelemente verglichen werden können, vgl. Home Office, a.a.O., S. 17 und 71 ff.

[966] Vgl. Criminal Law Act 1977, s. 16 (2) und sch. 3.

[967] Rössner, Ladendiebstahl und Verbrechenskontrolle, S. 160.

nen, sowie eine Entschädigung für den Verlust der Sachen oder eine Belohnung demjenigen zusprechen, der zur Verhaftung beigetragen hat.[968]

Zudem haben Untersuchungen zur Bewertung der Schwere von Delikten die geringe Bedeutung der gewaltfreien Eigentumsdelikte nachgewiesen.[969] Eine Verletzung des Eigentumsrechts wird heute gesellschaftlich nicht mehr so streng geahndet wie früher. Allein bei mehr als drei Viertel aller Ladendiebstähle liegen in Deutschland die Einstellungsvoraussetzungen vor.[970] *Voß*[971] kam bereits 1987 aufgrund der Auswertung der Umsetzung des Bielefelder Informationsmodells zu dem Ergebnis, daß die Einstellungspraxis der Bielefelder Staatsanwaltschaft bezüglich der Bagatelldiebstähle einer faktischen Entkriminalisierung entspreche. Auch für die Strafverfolgungspraxis in England und Wales ist bekannt, daß gerade für Ladendiebstähle eine urteilsvermeidende Sanktion gesucht wird.[972] *Walsh*[973] stellte bei seiner Auswertung zahlreicher Statistiken zum Ladendiebstahl in Exeter fest, daß 44,6 % der Ladendiebe verwarnt werden. Das gilt, wie festgestellt, insbesondere für jugendliche Täter und der Ladendiebstahl stellt eine typische Jugendverfehlung dar. Insoweit regelte bereits der Runderlaß des Home Offices aus dem Jahr 1985,[974] daß gegen Jugendliche möglichst eine Verwarnung auszusprechen sei; die Anklage solle ultima ratio sein.

Die heutige Praxis in England und Wales sowie in Deutschland, Ermittlungen gegen einen unbekannten Ladendieb gar nicht erst aufzunehmen, den Ladendieb zu verwarnen oder den Ladendiebstahl bei Ersttätern und einem geringen Wert des Diebstahlsgutes einzustellen, hat gezeigt, daß auch die Strafverfolgungspraxis den angesprochenen Deliktsbereich als weniger schwerwiegend ansieht als die geltenden Gesetze dies vorsehen.

Bei der Einschätzung der heutigen Bedeutung des Ladendiebstahls dürfen auch das Verhalten des Geschädigten und sein Interesse an der Verfolgung des Ladendiebs nicht unberücksichtigt bleiben.

Der Geschädigte hat aufgrund von Werbungs- und Verkaufstechniken eine für den Konsumenten besondere Verführungssituation geschaffen.[975] Erst die **neuen Betriebsformen-Konzepte**, also die Entstehung von Warenhäusern, die Einführung des Selbstbedienungsprinzips und die Umsetzung der „erlebnisorientierten Einkaufsatmosphäre“, führten zu einem derartigen Anstieg der Ladendiebstähle sowohl in Deutschland als auch in England und Wales.[976] Aufgrund dieser Betriebsformen existieren leichte und ungehinderte

---

968 Rössner, Ladendiebstahl und Verbrechenskontrolle, S. 160 f.

969 In der Befragung von Villmow (Schwereinschätzung von Delikten, S. 41) wurde der Ladendiebstahl dem untersten Schwererang zugewiesen.

970 In der Regel handelt es sich bei den entwendeten Sachen um kleinere Gegenstände von nicht sehr hohem Wert, wie Lebensmittel, Spielwaren, Rundfunkartikel und Schallplatten, Schreibwaren und Bücher und Parfümartikel, vgl. die Ergebnisse einer von einem Kaufhauskonzern über 6.000 Fälle aufgeführte Statistik bei. Rössner, Bagatelldiebstahl und Verbrechenskontrolle, S. 78.

971 Staatsanwaltschaftliche Entscheidung, S. 461 ff., 565.

972 Vgl. Rössner, Bagatelldiebstahl und Verbrechenskontrolle, S. 168.

973 Shoplifting, S. 57.

974 Vgl. Circular 14/1985.

975 Vgl. Albrecht/Hassemer/Voß, Kriminalpolitik, S. 51.

976 Vgl. Walsh, Shoplifting, S. 25; Gillig (Ladendiebstahlsverfahren), S. 169, spricht von einem „Unverhältnis zwischen Warenanbieter und Kunde“.

Zugriffsmöglichkeiten auf das Sortiment für Kunden, Personal und Dritte.[977] Die Räumlichkeiten sind in der Regel leicht zugänglich bzw. offen, und die Verkaufsstätten zeichnen sich durch die fast ausschließliche Selbstbedienung der Kunden aus.[978] Die kontrollgeminderten Verkaufstechniken erleichtern aber die Begehung von Ladendiebstählen. Z.B. entfallen nur 2 % - 3 % der registrierten Ladendiebstähle in der Bonner Innenstadt auf Geschäfte mit konventioneller Bedienung.[979] Das bedeutet, der „kleine Ladenbesitzer" ist nicht so sehr von den Ladendiebstählen betroffen.[980] Ursache dafür ist, daß der Täter beim Warenhausdiebstahl meint, es träfe keinen Armen.[981] Außerdem erleichtert ihm dort die Anonymität des Opfers den Zugriff auf die Ware.[982] Insoweit überzeugt es nicht, wenn sich der Einzelhandel auf die hohen Zahlen der Inventurdifferenzen und Präventionsmaßnahmen beruft, andererseits aber durch das eigene Verkaufkonzept die potentiellen Täter „verführt".

Manns-Boehm/Kochanski[983] sprechen von einem „wahren Schlaraffenland". Der Verbraucher müsse keine List oder Tücke aufwenden, sondern die Ware werde ihm geradezu aufgedrängt.[984] Der Geschädigte wolle doch, daß zugegriffen werde. Aus diesem Grunde lockere er seinen Gewahrsam so weit wie möglich.[985]

Die Begehung des Ladendiebstahls ist damit „Folge einer betriebswirtschaftlichen Entscheidung."[986] Die Betriebsform „Selbstbedienung" führt zu einer Senkung der Personalkosten, die selbst unter Berücksichtigung des Anstiegs der Ladendiebstähle einen Rationalisierungsgewinn und Verkaufsförderungseffekt zur Folge hat.[987] Es handelt sich bei den Geschädigten daher fast ausschließlich um Warenhäuser, die sich ein privates Sicherheitsersonal leisten können, und die von ihrer Struktur her in der Lage sind, den erforderlichen Verwaltungsaufwand in rationeller Form abzuwickeln.[988] Durch die Verwendung standardisierter Ladendiebstahlsformulare geschieht das auch bereits.[989]

---

[977] Vgl. Funk, Diebstahl im Handel, S. 6. Walsh, Shoplifting, S. 25

[978] Vgl. Walsh, Shoplifting, S. 25.

[979] Vgl. Wagner, Ladendiebstahl- Wohlstands- oder Notstandskriminalität?, S. 11.

[980] Brinker/Schellberg (KrimJ 1991, S. 294 ff., 295) wiesen nach, daß in Berlin über 96 % der Diebstahlsanzeigen von Warenhäusern oder Supermärkten der Polizei zur Kenntnis gebracht werden. Andere Verkaufsstellen wie beispielsweise Boutiquen, Buchläden etc. spielen bei den angezeigten Ladendiebstählen fast keine Rolle.

[981] Vgl. Schicht, Krim. 1995, S. 501 ff., 503.

[982] Vgl. Albrecht/Hassemer/Voß, Kriminalpolitik, S. 51; Gillig Ladendiebstahlsverfahren, S. 171, bezieht sich auf ein Gespräch mit Staatsanwälten, die angeben, sie seien privat und unverbindlich der Auffassung, daß der Kunde im Selbstbedienungsgeschäft zur „Anonymität verdammt" und damit den Mechanismen der Bedürfniserweckung relativ hilflos ausgeliefert sei.

[983] Schlauer als der Klauer, S. 19. Ein anglikanischer Geistlicher: Warenhäuser als „üble Orte der Versuchung", vgl. FAZ v. 17.3.1997, „Ladendiebstahl ist keine Sünde". Boor (Der Warenhausdiebstahl - Symptom einer Krise?, Protokoll 82/73, S. 59 ff., 60) sieht darin ein „Ausnutzen der biologisch fundierten Greifimpulse".

[984] Vgl. Hamm, KritV 1993, S. 213 ff., 216; Walsh, Shoplifting, S. 25.

[985] Vgl. Albrecht, Öffentliche Anhörung des Rechtsausschusses des Deutschen Bundestages vom 6.11.1996, S. 10.

[986] Vgl. Albrecht/Hassemer/Voß, Kriminalpolitik, S. 52.

[987] Vgl. Albrecht/Hassemer/Voß, Kriminalpolitik, S. 52.

[988] Vgl. Brinker/Schellberg, KrimJ 1991, S. 294 ff., 295.

[989] Vgl. Brinker/Schellberg, KrimJ 1991, S. 294 ff., 295.

Nach *Deutsch*[990] werde das Personal zur Diebstahlsabwehr besonders geschult, Detektive würden eingestellt, besonders bewachte Ablagen für Handtaschen geschaffen, Prämien für die Ergreifung eines Ladendiebs ausgelobt und aufwendige Fernsehüberwachungssysteme installiert.

Brinker/Schellberg[991] wiesen darüber hinaus nach, daß in Kaufhäusern teilweise Sekretärinnen ausschließlich zu dem Zweck der Anzeigenbearbeitung abgestellt würden.

Auch *Zöllner*[992] bestätigte aufgrund seiner Untersuchungsergebnisse, daß Zusammenhänge zwischen den strukturellen Gegebenheiten der Einzelhandelsbetriebe und dem Ladendiebstahl bestehen. Er wies nach, daß die Betriebsform Warenhaus zu einem Anstieg der Ladendiebstähle im Gegensatz zu den traditionellen Betriebsformen führt. Die Ladendiebstahlskriminalität ist daher Begleiterscheinung der neuen Vertriebsformen. *Naucke*[993] kam deshalb bereits 1976 im Rahmen des 51. Deutschen Juristentages zu dem Schluß, das Vertriebssystem „Selbstbedienung" sei als Verbrechensursache zu bekämpfen. Es ist - insoweit ist der Auffassung von *Stiegler*[994] zuzustimmen - nicht das Rechtsbewußtsein verfallen, sondern die Anforderungen an das Rechtsbewußtsein sind gestiegen.

Darüber hinaus gilt es zu beachten, daß der Eigentümer - wie gesehen - großen Einfluß darüber ausübt, welche Ladendiebstähle strafrechtlich verfolgt werden.[995] In Deutschland erhält die Staatsanwaltschaft zwar alle von der Polizei eingeleiteten Verfahren gegen Ladendiebe. Allerdings werden ihr selbst nur diejenigen Fälle durch den Geschädigten mitgeteilt, die auch nach dessen Wunsch angeklagt werden sollen. Demnach gelangt nicht jeder Ladendiebstahl zur Anzeige. Es wurde jedoch festgestellt, daß zwischen der Deliktsumme und der Anzeigenbereitschaft ein Zusammenhang besteht. Je höher nämlich der Wert des Gegenstandes, desto größer ist die Anzeigenhäufigkeit.[996] Daran läßt sich erkennen, daß der Geschädigte mit der Anzeige **vorrangig** versucht, **Wertersatz** für das gestohlene Gut zu erhalten.[997] Auch andere Untersuchungen haben bestätigt, daß das Motiv der Anzeigenden primär als Bedürfnis für Schadensausgleich anzusehen und der Geschädigte erst sekundär an der Bestrafung des Täters interessiert ist.

Eine Untersuchung durch die Universität Bielefeld wies nach, daß nur eine Minderheit von 14,7 % der Opfer von Straftaten Jugendlicher und Heranwachsender diese bei der Polizei anzeigen damit der Täter auch bestraft wird. Fast jedem zweiten Geschädigten, bzw. Verletzten (42 %) geht es vor allem um die zivilrechtliche Schadensregulierung. 64 % der Opfer halten hierbei eine staatsanwaltschaftliche Erledigung gegenüber der richterlichen Sanktionspraxis für ausreichend.[998]

---

990 Gutachten E für den 51. Deutschen Juristentag, S. 18.

991 KrimJ 1991, S. 294 ff., 295.

992 Ladendiebstahl als betriebswirtschaftliches Problem, S. 134 ff.

993 Vgl. Gutachten D für den 51. Deutschen Juristentag, S. 106. Kritisch aber Jakobs (Statement zur Anhörung des Rechtsausschusses am 6.11.1996) der die daraus folgende Kappung des Eigentumsschutzes als Hinterfragen des Selbstverständnisses einer sich über freies Wirtschaften definierenden Gesellschaft ansieht.

994 Vgl. Focus, 27/1995, S. 50.

995 Vgl. die Ausführungen im 3. Teil unter A. I. 1.

996 Vgl. die Ausführungen im 3. Teil unter A. I. 1.

997 So auch: Albrecht/Hassemer/Voß, Kriminalpolitik, S. 51.

998 Vgl. Voß, MSchrKrim 1989, S. 34 ff., 34

Eine Hamburger Bevölkerungsbefragung ergab, daß 41,7 % der Opfer für die bloße Wiedergutmachung und 9,4 % der Opfer für eine Wiedergutmachung in Kombination mit Arbeit waren.[999] Mithin beabsichtigen die Geschädigten primär den Ausgleich ihrer Interessen. Das ist oftmals das Motiv für die Inanspruchnahme des strafrechtlichen Ermittlungsverfahrens.[1000]

Folglich hat sich die Bedeutung des Ladendiebstahls im Wandel der Zeiten verringert hat. Der Stellenwert des Eigentums ist in der heutigen Gesellschaft eher gering. Das darf bei der Bewältigung der Ladendiebstahlsdelinquenz nicht unberücksichtigt bleiben.

6. Keine besonderen Kenntnisse erforderlich

Außerdem handelt es sich beim Ladendiebstahl in der Regel nicht um rechtlich problematische Fälle. Der **Sachverhalt** ist oftmals **einfach** und die **Beweislage klar**. Die Subsumtion unter die Tatbestandsmerkmale bereitet den Strafverfolgungsorganen in der Regel keine Schwierigkeiten, was ebenfalls berücksichtigt werden muß.

III. Ergebnis

Der Ladendiebstahl weist Besonderheiten auf, die in England/Wales und in Deutschland gleich sind: Bei dem Ladendiebstahl handelt es sich um ein Massendelikt, das generell von Jedermann begangen wird ohne Einstiegsdelikt zu sein, wobei der durchschnittliche Schaden gering ist. Dabei hat sich die Bedeutung des Ladendiebstahls im Wandel der Zeiten verändert. Zwar ist der Ladendiebstahl weiterhin als Störung des Soziallebens anzusehen, die Bedeutung solcher Störungen ist jedoch zurückgegangen. Mithin handelt es sich bei dem durch einen Ladendiebstahl verletzten Rechtsgut um keinen Kernbestand der Gesellschaft, sondern um eine Bagatelle.[1001] Dafür spricht auch die vom Geschädigten aufgrund von betriebswirtschaftlichen Erwägungen ausdrücklich gewählte Betriebsform und der primär bezweckte Schadensausgleich. Der Sachverhalt beim Ladendiebstahl ist regelmäßig einfach und die Beweislage klar.

Die Polizei hat sowohl in England/Wales als auch in Deutschland auf dieses Sachproblem in einer Weise reagiert, wie es das gesellschaftliche Gewicht der verletzten Norm indiziert. Sie hat den Bagatellcharakter des Ladendiebstahls berücksichtigt und deshalb den Ladendiebstahl entkriminalisiert. Mithin war die Behandlung des Ladendiebstahls in einem Ordnungswidrigkeitenverfahren durch die Polizei logische Folge einer nicht an den Besonderheiten der Ladendiebstahlsdelinquenz orientierten Gesetzgebung. Damit soll keineswegs die Anpassung der rechtlichen an die tatsächliche Lage als Lösung propagiert werden.[1002]

---

[999] Zitiert von Ostendorf, ZRP 1995, S. 18 ff., 20.

[1000] S. dazu Hamm, KritV 1996, S. 325 ff., 326 ff.

[1001] Vorliegend soll nach den übergeordneten Zielen der Kriminalpolitik davon ausgegangen werden, daß eine Bagatelle dann vorliegt, wenn gegen sie in abgeschwächter und vereinfachter Form vorgegangen werden soll, vgl. dazu Kaiser, ZStW Band 90 (1978), S. 877 ff., 899. S. im übrigen zur Begrifflichkeit: Krümpelmann, Bagatelldelikte, S. 149 ff.

[1002] So aber bereits der Entwurf eines Gesetzes gegen den Ladendiebstahl (AE-GLD) von Arzt u.a., der allerdings auf dem 51. Juristentag abgelehnt wurde, vgl. dazu auch Bertram, NJW 1995, S. 238 ff., 238. Ebenfalls für eine Ordnungswidrigkeitenlösung beim Ladendiebstahl: Baumann, JZ 1972, S. 1 ff., 3; Carsten, ZRP 1975, S. 268 ff.; PDS, BT-Drucksache 13/10272; Eggert, Focus Nr. 31 vom 31.7.1995 und Denckner, JZ 1973, S. 144 ff., 146.

Ein solcher Vorschlag würde vielmehr das Ergebnis der vorliegenden Arbeit, das festgestellte „Polizeiunrecht“, ad absurdum führen. Vielmehr muß ein Reformvorschlag die aufgezeigten Besonderheiten, also die „tatsächliche“ Bedrohung des Ladendiebstahls für den Rechtsstaat berücksichtigen.

Es kann damit festgehalten werden, daß es sich bei der Bewältigung des Ladendiebstahls um ein Sachproblem handelt, das unabhängig von der Einbettung in verschiedene Strafverfolgungssysteme besteht und derzeit nicht optimal gelöst worden ist. Es besteht dringender Reformbedarf. Dabei kann nur ein Strafverfahrenssystem erfolgreich sein, daß sich den aufgezeigten Besonderheiten des Deliktes nicht verschließt.

B. Kreditbetrug

I. Gemeinsamkeiten und Unterschiede

Die Untersuchung hat ergeben, daß sich auch beim Kreditbetrug *ähnliche Strafverfahrensstrukturen* in England/Wales und Deutschland entwickelt haben.

Seit der Umstrukturierung hat das SFO in England und Wales eine Doppelrolle als Ermittlungs- und Anklagebehörde inne. Das SFO vernimmt unter anderem selbst den Täter oder die Zeugen, wobei es sogar - im Gegensatz zur Polizei bei Bagatelldelikten - die Beantwortung der Fragen verlangen kann. Das SFO bedient sich bei diesen Ermittlungen vor allem der Unterstützung von Wirtschaftsfachleuten. Diese werden je nach Gestaltung des Falles von anderen Behörden für die Tätigkeit des SFO freigestellt. Das SFO greift darüber hinaus auch auf die Unterstützung der sog. fraud investigators der Polizei zurück. Wird die Polizei bei den Ermittlungen tätig, findet der Grundsatz des constabulary independence keine Anwendung. Die Polizei kann nicht nach freiem Ermessen darüber entscheiden, welche Ermittlungen durchgeführt und welche die Ermittlungen abschließende Entscheidung getroffen werden soll. Vielmehr leitet das SFO die Ermittlungen und gibt entsprechende Ermittlungsanweisungen an die Polizei weiter, deren Ergebnisse das SFO auswertet und umsetzt. Um eine unabhängige Prüfung der Ermittlungsergebnisse zu gewährleisten, wird der case controller, der regelmäßig nicht in die Ermittlungen des SFO einbezogen gewesen ist, mit dieser Aufgabe betraut.

Die Staatsanwaltschaft in Deutschland übt beim Kreditbetrug ebenfalls eine Doppelfunktion als Ermittlungs- und Anklagebehörde aus. Anders als beim Ladendiebstahl die Tat in der Mehrzahl der Fälle direkt bei der Staatsanwaltschaft angezeigt, die ein Ermittlungsverfahren einleitet. Es ist in diesen Fällen häufig, daß die Staatsanwaltschaft die Ermittlungen ohne jegliche Einbeziehung der Polizei mit der Unterstützung von Wirtschaftsreferenten und externen Wirtschaftsfachleuten durchführt. Selbst wenn die Polizei ausnahmsweise vor der Staatsanwaltschaft von der Begehung des Kreditbetruges Kenntnis erlangt, leitet sie die Informationen unverzüglich an diese weiter. In diesen Fällen greift die Staatsanwaltschaft auch auf die Unterstützung der Polizei bei den Ermittlungen zurück und beauftragt sie mit der Beschaffung bestimmter Beweise. Die Staatsanwaltschaft hat aber auch dann die Ermittlungsleitung inne, d.h. sie kann zu jedem Zeitpunkt der Verfahrens der ermittelnden Polizei Weisungen erteilen. Dabei konnte nachgewiesen werden, daß die Staatsanwaltschaft die Ermittlungsergebnisse vor der Entscheidung über die Erhebung einer Anklage einer zweiten Kontrolle unterzieht. Sie trifft also trotz der Einbeziehung in die Ermittlungen eine objektive Entscheidung als Anklagebehörde.

Vergleicht man damit die Verfahren beim Kreditbetrug in England/Wales und in Deutschland so fällt auf, daß die Polizei in beiden Regionen eine untergeordnete, allenfalls unterstützende Aufgabe für das SFO und die Staatsanwaltschaft wahrnimmt. Diese Kompetenzen entsprechen den normativen Vorgaben. Eine faktische Machtverschiebung hin zur Polizei oder zu anderen Institutionen ist nicht ersichtlich. Trotz der unterschiedlichen Einbettung in das kontradiktorische bzw. in das inquisitorische Verfahrensmodell haben sich somit in England/Wales und in Deutschland gleichgelagerte Verfahrensweisen beim Kreditbetrug entwickelt.

Die **Polizei bestimmt** - anders als beim Ladendiebstahl - **nicht die Kriminalpolitik** im Bereich des Kreditbetruges. Der Grundsatz des constabulary independence kommt im Gegensatz zum Ladendiebstahlsverfahren in England und Wales nicht zum Tragen. Auch die deutsche Polizei übt kein Ermessen - nicht einmal de facto im Hinblick auf den Umfang der Ermittlungen - beim Kreditbetrug aus. Die Polizei kann weder in England/Wales noch in Deutschland Schlüsselentscheidungen treffen, die die Entscheidungen des SFO oder der Staatsanwaltschaft vorgeben. Polizeiunrecht - wie beim Ladendiebstahl – ist hier unbekannt.Vielmehr werden die im Ermittlungsverfahren getroffenen Entscheidungen im Hinblick auf die weitere Strafverfolgung einer unabhängigen justiziellen Kontrolle unterzogen. Auf diese Weise wird verhindert, daß es im Strafverfahren zu erheblichen Unterschieden und zu Ungerechtigkeiten in der Strafverfolgung kommt. Auch die Effizienz des Verfahrens ist gewährleistet, da die Ermittlungen von Anfang an in die richtige Richtung gehen, also auch im Hinblick auf die Wahrscheinlichkeit einer Verurteilung.

II. Rückschlüsse

Da sich abermals gleichartige Verfahrensstrukturen unabhängig von der Anlehnung an die im 1. Teil dargestellten *verschiedenen Verfahrensmodelle* entwickelt haben, soll erneut überprüft werden, ob letztlich die Besonderheiten des Deliktes - die *gleichen Sachprobleme* - die Strafverfolgungspraxis entscheidend beeinflussen.

1. Einzelfälle

Dabei wird zunächst geklärt, wie häufig ein Kreditbetrug in England/Wales und in Deutschland stattfindet, um einschätzen zu können von welcher Arbeitsbelastung bei der Bewältigung dieser Delinquenz auszugehen ist.

Im Vergleich zum Ladendiebstahl wird der Kreditbetrug erheblich seltener bekannt. Aus der deutschen Polizeilichen Kriminalstatistik ist ersichtlich, daß die Gesamtzahl im Jahre 1997 644 Fälle betrug.[1003] Gegenüber dem Vorjahr war diese Anzahl sogar noch um 8 % niedriger.[1004] Allerdings werden dabei nicht diejenigen Kreditbetrügereien erfaßt, die von den Schwerpunktstaatsanwaltschaften unmittelbar ohne Beteiligung der Polizei verfolgt

---

[1003] Vgl. Bundesregierung, Bulletin, Polizeiliche Kriminalstatistik 1997, S. 464.

[1004] Vgl. Bundesregierung, Bulletin, Polizeiliche Kriminalstatistik 1997, S. 464.

werden.[1005] Außerdem wird das Ermittlungsverfahren regelmäßig von Amts wegen eingeleitet, so daß von einer hohen Dunkelziffer auszugehen ist.

Auch aus der englischen und walisischen Kriminalstatistik lassen sich lediglich die Betrugsfälle entnehmen, die die Polizei registrieren läßt. Dazu zählten 1997 135.500 Fälle.[1006] Da das SFO die Fälle des serious fraud selbst ermittelt und anklagt, können sich diese aus der vorbezeichneten Statistik nicht ablesen lassen. Aus dem Jahresbericht 1997/1998[1007] läßt sich aber entnehmen, daß das SFO 1997 mit 82 Fällen aktiv beschäftigt war, die insgesamt einen Schaden von über 2 Billionen Pfund umfaßten. 1998 waren es bereits 102 Fälle.[1008] Dabei bezogen sich ca. 30 % der Sachverhalte auf Kreditbetrügereien gegenüber Kreditgebern eines Unternehmens und gegenüber Banken oder anderer Finanzinstitute.[1009]

Folglich handelt es sich beim Kreditbetrug - im Gegensatz zum Ladendiebstahl - um überschaubare Einzelfälle. Entsprechend gestaltet sich die Arbeitsbelastung je nach Fall unterschiedlich. Da eine Behörde, das SFO in England und Wales, „nur" für diese wenigen Fälle eingerichtet wurde und mit der Bearbeitung ausgelastet ist, ist es offensichtlich, daß der Arbeitsaufwand angesichts der Komplexität der Fälle sehr aufwendig ist.

2. Besondere Tätertypen

Da es sich um Einzelfälle handelt, ist es schwierig einen Tätertyp zu bestimmen. Es kann sich jedenfalls nicht um den „Jedermann" wie beim Ladendiebstahl handeln. Aufgrund der Tatbestandsvoraussetzungen ist vielmehr klar, daß nur derjenige, der über betriebswirtschaftliche sowie steuerrechtliche Fähigkeiten verfügt, eine derartige Tat begehen kann. Es ist notwendig, den Kreditgeber zur Auszahlung eines Millionenkredites zu überzeugen, obwohl auch auf Seiten des Kreditgebers fachmännisch geschultes Personal zu finden ist. Der Sachverhalt ist häufig äußerst komplex und ohne entsprechende wirtschaftliche Fachkenntnisse kaum nachvollziehbar.

1005 Vgl. Bundesregierung, Bulletin, Polizeiliche Kriminalstatistik 1997, S. 451. Insoweit hilft auch die jährlich erscheinende Arbeitsunterlage „Staatsanwaltschaften" des Statistischen Bundesamtes nicht weiter. Sie weist zwar die Bundesergebnisse der Zählkartenerhebung über die staatsanwaltschaftliche Tätigkeit aus und dabei in Tabellengruppe 3 sogar den Ermittlungsaufwand in besonderen Wirtschaftsstrafsachen, eine Differenzierung für den Kreditbetrug wird allerdings nicht vorgenommen, vgl. Statistisches Bundesamt, Staatsanwaltschaften 1996, S. 56 ff. Auch die Strafverfolgungsstatistik enthält keine Informationen speziell zum Kreditbetrug und darüber hinaus registriert sie nur Informationen zu den Personen, die wegen der erfaßten Delikte rechtskräftig abgeurteilt wurden, vgl. Statistisches Bundesamt, Strafverfolgung 1996, S. 16. Die Gerichtsstatistik erfaßt zwar die Geschäftsentwicklung der Staatsanwaltschaft, enthält aber ebenfalls keinen ausführlichen Straftatenkatalog, vgl. Statistisches Bundesamt, Gerichte und Staatsanwaltschaft 1996, S. 123 ff.

1006 Vgl. Home Office, Statistical Bulletin, 1997, S. 2.

1007 Vgl. SFO, Annual Report 1997/98, S. 11. Davon befanden sich 52 Fälle im Stadium der Ermittlungen, während die übrigen auf den Gerichtstermin beim Crown Court oder auf ihren transfer oder committal warteten, nachdem ein gerichtliches Verfahren offiziell eingeleitet worden war: Annual Report 1997/98, a.a.O., S. 11.

1008 Vgl. SFO, Annual Report 1997/98, S. 11.

1009 Vgl. SFO, Annual Report 1997/98, S. 13. Weitere waren bspw. Kreditbetrügereien gegenüber regionalen oder zentralen Regierungsinstitutionen und im Zusammenhang mit der Manipulation des Finanzmarktes.

Levi/Pithouse[1010] haben in ihrer Studie herausgefunden, daß die Täter in der Regel Mitglieder der wirtschaftlichen oder industriellen Elite, die regelmäßigen geschäftlichen Kontakt mit finanziellen Einrichtungen aller Art pflegten.

3. Einstiegsdelikt allenfalls für gleichartige Delikte

Untersuchungen, ob es sich beim Kreditbetrug um ein Einstiegsdelikt handelt, existieren weder in England/Wales noch in Deutschland. Allerdings haben *Levi/Pithouse*[1011] in ihrer Studie herausgefunden, daß der „white-colour-criminal", der Schaden in Höhe von einigen Millionen aufgrund von Betrügereien hinterlasse, keine weiteren Attribute habe, die ihn in die Ecke der Isolation oder Stigmatiserung dränge. Deshalb ist davon auszugehen, daß diesem Kreditbetrüger der sonstige Bezug zur Kriminalität fehlt. Jedenfalls ist die Begehung eines Mordes oder eines anderen Gewaltverbrechens durch den „klassischen" Kreditbetrüger - vgl. unter 2. - eher unwahrscheinlich. Allenfalls könnte er weitere Kreditbetrügereien oder gleichartige Wirtschaftsdelikte begehen.

4. Delikt mit durchschnittlich hohem Schaden

Im Hinblick auf den durchschnittlichen Schaden ist darauf hinzuweisen, daß - wie dargestellt[1012] - der Wert, auf den sich der Betrug bezieht, mindestens 5 Millionen Pfund umfassen muß, damit das SFO für die Strafverfolgung zuständig ist. Da der Schaden in diesen Fällen immens ist, liegt es nahe anzunehmen, daß das Bedürfnis des Geschädigten an einer wirksamen Strafverfolgung entsprechend groß ist. Es wurde aber festgestellt[1013], daß Banken oftmals nicht an der Verfolgung des Betrügers interessiert seien, weil sie weder ihren Ruf als Kreditgeberin noch ihrer Marktstellung schaden wollten. Außerdem - so die Banken - schränke die Einleitung eines Strafverfahrens die Handlungsfreiheit des Kreditnehmers ein und gefährde den Kredit erst recht, da dann beim Kreditnehmer oftmals keine Kompensation des Schadens zu erreichen sei.

5. Besondere Bedeutung des Deliktes

§ 265 b StGB wurde durch das 1. WiKG v. 29.7.1976 eingefügt.[1014] Maßgebend war die besondere Schutzbedürftigkeit des Kreditwesens, vor allem angesichts der gravierenden Breitenwirkung von Kreditbetrügereien größeren Ausmaßes.[1015] Damit schützt der Kreditbetrug nicht nur das Vermögen des jeweiligen Kreditgebers, sondern das Funktionieren der Kreditwirtschaft als solche. Es soll also bestraft werden, daß ein irreversibler volkswirtschaftlicher Schaden eingetreten ist.[1016] Deshalb stellt § 265 b StGB auch einen Auffangtatbestand dar, insbesondere für die sich aus Beweisschwierigkeiten ergebenden praktischen Unzulänglichkeiten des § 263 StGB bei der Ahndung von Kreditbetrügereien.[1017]

[1010] The Victims of Fraud, in David Downes, Unravelling Criminal Justice, S. 241 f.

[1011] The Victims of Fraud, in David Downes, Unravelling Criminal Justice, S. 241 f.

[1012] Vgl. die Ausführungen im 2. Teil unter B.I.1.d.

[1013] S. dazu: Levi/Pithouse, The Victims of Fraud, in David Downes, Unravelling Criminal Justice, S. 233 ff. Tiedemann spricht von „notorische Zurückhaltung bei der Erstattung von Strafanzeigen", vgl. im Leipziger Kommentar, § 265 b StGB, Rdn. 18.

[1014] Vgl. BGBl. I S. 2034.

[1015] Vgl. Schönke-Schröder-Lenckner, § 265 b StGB, Rdn. 1.

[1016] S. dazu auch Leipziger Kommentar-Tiedemann, § 265 b StGB, Rdn. 9 ff.

[1017] Vgl. Schönke-Schröder-Lenckner, § 265 b StGB, Rdn. 1.

Allerdings ist streitig, ob die Vollendung des Deliktes erst mit der Valutierung des Darlehens oder bereits mit Abschluß des Darlehensvertrages zustandekommt.[1018] Nach h.M.[1019] soll es sich aber um ein abstraktes Gefährdungsdelikt handeln. Auch nach s. 17 (1)(b) Theft Act 1968 ist bereits die Vermögensgefährdung strafbar, der Eintritt eines Vermögensschadens ist nicht notwendig. Mithin handelt es sich auch hier um ein abstraktes Gefährdungsdelikt.[1020] Dabei droht der Kreditbetrug nach s. 17 (1)(b) Theft Act 1968 eine Freiheitsstrafe bis zu sieben Jahren an. § 265 b StGB sieht für die Begehung eines Kreditbetruges eine Freiheitsstrafe bis zu drei Jahren oder eine Geldstrafe vor. Daran läßt sich die besondere Bedeutung des Kreditbetruges - im Gegensatz zum Ladendiebstahl - ablesen.

6. Spezielle wirtschaftliche und rechtliche Kenntnisse

Im Zusammenhang mit der Aufklärung des Kreditbetruges kommt es weniger auf technische Fähigkeiten als vielmehr auf besondere kaufmännische Kenntnisse an. Dabei haben die bisherigen Ausführungen ergeben, daß die Strafverfolgungsbehörden wirtschaftlich äußerst komplexe Zusammenhänge bewerten müssen. Dazu kommt die schwierige Abgrenzung des Kreditbetruges von dem weit gefächerten Spektrum anderer Betrugsfälle wie bspw. dem Subventions-, Wechsel- und Wertpapierbetrug. Im Englischen Recht, vor allem im Common Law, existieren - wie bereits festgestellt[1021] - mehrere hundert verschiedene Straftaten, die eine Anklage wegen „fraud“ nach sich ziehen können. Bereits die polizeiliche Registrierung des Kreditbetruges, teilweise unter § 265 b StGB, teilweise unter § 263 StGB, hat gezeigt, daß eine rechtliche Einordnung äußerst kompliziert ist. Dazu kommt, daß die Anforderungen an die Nachweise der Betrugsvoraussetzungen sehr hoch sind.[1022] Außerdem findet sich sowohl im englischen und walisischen als auch im deutschen Recht zur Bejahung des Kreditbetruges eine Anhäufung unbestimmter Begriffe.[1023]

III. Ergebnis

Der Kreditbetrug in England/Wales und in Deutschland weist demnach folgende Besonderheiten auf: Es handelt sich bei Kreditbetrügereien um überschaubare Einzelfälle. Der Täter verfügt über vertiefte wirtschaftliche Kenntnisse und entspricht nicht der Vorstellung eines typischen Kriminellen. Obwohl der durchschnittliche Schaden außergewöhnlich hoch ist, hat der Geschädigte selbst an der Strafverfolgung in der Regel kein Interesse. Da der Kreditbetrug aber das gesamte Kreditwesen als solches schützt, besteht zumindest ein öffentliches Interesse an der Strafverfolgung des Täters.

In England/Wales wurde angesichts dieser Besonderheiten eine spezielle Strafverfolgungsbehörde eingerichtet. Eine solche existiert in Deutschland nicht. Aber auch hier ist die besondere Zuständigkeit der Schwerpunktstaatsanwaltschaft für die Strafverfolgung eröffnet.

[1018] S. dazu Tröndle, § 265 b StGB, Rdn. 6; Otto, Jura 1983, S. 16 ff.

[1019] Vgl. Schönke-Schröder-Lenckner, § 265 b StGB, Rdn. 1 und 4; Dreher/Tröndle, § 265 b StGB, Rdn. 6; Lackner, § 265 b StGB, Rdn. 1; A.A. Leipziger Kommentar-Tiedemann, § 265 b StGB, Rdn. 12.

[1020] Vgl. dazu auch Arlidge/Parry, Fraud, Rdn. 653.

[1021] Vgl. die Ausführungen im 2. Teil unter B. I.1.d. Die Direktorin des SFO, Rosalind Wright, schlägt deshalb vor, einen einzigen neuen geregelten Straftatbestand für „fraud“ einzuführen, der weit gefaßt sein sollte. Die Rechtslage nach dem Theft Act sei unübersichtlich und unflexibel, vgl. dazu: SFO Annual Report 1997/98, S. 9.

[1022] Vgl. Arlidge/Parry, Fraud, Rdn. 653; Prost, JZ 1975, S. 18 ff., 20.

[1023] Schönke-Schröder-Lenckner, StGB, § 265 b, Rdn. 2; Arlidge/Parry, Fraud, Rdn. 653.

Beide Strafverfolgungsbehörden setzen wirtschaftlich speziell geschulte Juristen für die Bearbeitung der komplexen und rechtlich äußerst anspruchsvollen Fälle ein. Die Polizei, die vor allem kriminalistische Kenntnisse bündelt, wäre damit überfordert. Demnach wurde sowohl in England/Wales als auch in Deutschland in einer sinnvollen Weise auf Kreditbetrügereien in größerem Ausmaß reagiert. Dazu gehört ebenfalls die Ermittlungs- und Anklagefunktion in einer Hand zu belassen. Nur auf diese Weise kann gewährleistet werden, daß die Ermittlungen von Anfang an in die richtige Richtung gehen. Die Komplexität der Sachverhalte, die rechtlich anspruchsvolle Würdigung sowie die daraus resultierende schwierige Beweisführung kann so zu jedem Zeitpunkt berücksichtigt werden. Dabei können Defizite wie im Ladendiebstahlsverfahren, also Ungleichbehandlungen und Ungerechtigkeiten seitens der Ermittlungsbehörden oder der sie unterstützenden Wirtschaftsfachleute und Polizeibeamte besser vermieden werden. Vor allem wird durch eine zweite justizielle Kontrolle die Rechtmäßigkeit der Eingriffe in die Rechte des Beschuldigten überprüft.

Da mithin das derzeitige System sowohl in England/Wales als auch in Deutschland die typischen Sachprobleme des Kreditbetruges bei der Strafverfolgung einbezieht und es den normativen Vorgaben entspricht, besteht bei der Strafverfolgung von Kreditbetrügereien größeren Ausmaßes kein Reformbedarf.

C. Mord

I. Gemeinsamkeiten und Unterschiede

Die rechtsvergleichende Untersuchung beim Mord hat ebenfalls ergeben, daß sich sowohl in England und Wales als auch in *Deutschland ähnliche Verfahrenstrukturen in der Strafrechtspraxis* entwickelt haben.

Auch nach der Reform ist die englische und walisische Polizei berechtigt, die Ermittlungen selbständig ohne Kontrolle von außen zu übernehmen, während der DPP die Entscheidung über die Erhebung der Anklage trifft. Im Unterschied zum Ladendiebstahlsverfahren gilt hier aber das principle of conbstabulary independence der Polizei nicht uneingeschränkt. Die Policy Manuals sehen bei diesem Delikt grundsätzlich die Erhebung der Anklage vor. Aus diesem Grunde entscheidet die Polizei nicht nach freiem Ermessen darüber, ob sie überhaupt Nachforschungen vornehmen soll; auch verwarnt sie den Täter nicht. Demnach trifft die Polizei nicht dieselben Schlüsselentscheidungen wie beim Ladendiebstahl. Auch der Umfang der Ermittlungen richtet sich nach der Schwere des Deliktes. Allerdings gibt sie noch immer die Informationen vor, auf deren Grundlage der DPP seine Entscheidungen trifft. Dabei läßt sie sich nur äußerst selten von dem DPP bei der Ermittlungstätigkeit beraten. Defizite, die dadurch im Ermittlungsverfahren entstehen, wie verwischte Spuren, verschwundene Zeugen oder veraltete Informationen, können nicht mehr kompensiert werden. Außerdem ist die Polizei auch beim Mord nicht verpflichtet, den Ermittlungsanregungen seitens des DPP zu folgen. Dieser entscheidet seinerseits aber ausschließlich auf der Grundlage der von der Polizei vorgegebenen Informationen. Demnach ist der DPP keine von der Polizei vollkommen unabhängige Anklagebehörde wie das SFO. Da die Polizei beim Mord aber gleichfalls nicht völlig frei in ihren Entscheidungen ist, ist ihre Position nicht so stark wie im Ladendiebstahlsverfahren.

In Deutschland ist die Polizei zwar nicht berechtigt, die Ermittlungen beim Mord vollkommen selbständig ohne Kontrolle von außen durchzuführen. Dennoch haben die Untersuchungen ergeben, daß die Polizei die Ermittlungen einleitet, ohne die Staatsanwaltschaft davon in Kenntnis zu setzen. Bei der eigentlichen Spurensicherung ist der Staatsanwalt - im Gegensatz zum Ladendiebstahlsverfahren - in der Regel zwar anwesend, meist aber nur als passiver Beobachter. Die Staatsanwaltschaft überläßt der Polizei die kriminalistischen Aufgaben wie bspw. die Spurensicherung und steuert die Ermittlungen allenfalls dahingehend, daß auch die für die rechtliche Wertung bedeutsamen Beweise, wie für den subjektiven Tatbestand, eingeholt werden. Die eigentliche Beweissicherung übernehmen Fachleute. Die Staatsanwaltschaft wird ihrer vorgesehenen Rolle als Herrin des Ermittlungsverfahrens damit nur teilweise gerecht.

Vergleicht man damit die Verfahren beim Mord in beiden Regionen, so kann man feststellen, daß sowohl in England/Wales als auch in Deutschland die Polizei die Ermittlungen weitgehend selbständig durchführt. Zwar ist sie dazu in England und Wales rechtlich ermächtigt, während sie das in Deutschland nicht ist. Andererseits ist ihr Ermessen auch in England und Wales aufgrund der Schwere des Deliktes nicht völlig frei, während die deutsche Polizei trotz der Schwere des Deliktes entgegen der Rechtslage teilweise Ermittlungen selbständig vornimmt. Demnach ähneln sich trotz der verschiedenen rechtlichen Ausgangssituationen die tatsächlichen Verfahrensweisen der Polizei beim Mord in beiden Regionen.

Das gilt ebenfalls für die Verfolgungspraxis der jeweiligen Anklagebehörde. Der DPP ist zwar bereits rechtlich nicht berechtigt, die Ermittlungen beim Mord vorzunehmen, während die Staatsanwaltschaft dazu befugt ist. Die Praxis hat aber auch für Deutschland gezeigt, daß diese Aufgabe zunehmend von der Polizei eigenständig durchgeführt wird. Die Staatsanwaltschaft beschränkt sich weitestgehend auf eine passive Rolle. Das führt aber dazu, daß die Polizei durch die Informationen, die sie an die Staatsanwaltschaft weitergibt, deren Entscheidung vorgibt. Zu diesem Ergebnis gelangt man aber ebenfalls für das Verfahren in England und Wales. Der CPS sollte eine unabhängige Anklagebehörde darstellen, weil er aber auf der Grundlage des polizeilichen Ermittlungsergebnisses entscheidet, ist er letztlich noch immer von der Polizei abhängig.

Demnach nähern sich die Verfahrensstrukturen beim Mord in beiden Regionen trotz **unterschiedlicher rechtlicher Ausgangslage** in der Praxis an:

Zwar spielt das **Opportunitätsprinzip** im Bereich der Gewaltkriminalität auch in England/Wales eine **unbedeutendere Rolle** als im Bagatellbereich. Dennoch verfügt die Polizei auch hier im Zusammenhang mit dem Umfang der Ermittlungen über einen unkontrollierten Ermessensspielraum. Die Polizei verfaßt die case summary, welche die Entscheidungsgrundlage für den DPP darstellt. In diesem Bereich trifft sie Schlüsselentscheidungen, die die Entscheidungen des DPP vorgeben. Konkrete Ermittlungsaufträge sind seitens des DPP nicht durchsetzbar. Demnach ist eine objektive Entscheidung des DPP trotz der formalen Unabhängigkeit von der Polizei kaum möglich. Dadurch kommt es - wie aufgezeigt - zu Mängeln im Strafverfolgungssystem.

In Deutschland ist die Staatsanwaltschaft zwar noch weitestgehend die Herrin des Ermittlungsverfahrens, aufgrund der steigenden Bedeutung der kriminalistischen Kenntnisse wird aber langfristig eine faktische Machtverschiebung in Richtung Polizei auch für diesen Deliktsbereich realistisch, so daß es auch hier zu den **gleichen Mängeln im Strafverfahrenssystem** wie in England und Wales kommen wird.

Aufgrund der individuellen Motivationslage der Polizeibeamten, der seltenen Absprache mit dem DPP und der unterschiedlichen Arbeitsbelastung innerhalb der Polizeibehörden kommt es bei den Ermittlungen auch wegen Mordes zu **Verfahrensabweichungen** unter den einzelnen Polizeibehörden. Ungleichbehandlungen haben aber immer **Ungerechtigkeiten** zur Folge. Es kann angesichts des Ermessensspielraums der Polizei und der mangelnden justiziellen Kontrolle nicht verhindert werden, daß es zu willkürlichen Entscheidungen und auch zu vereinzelten Diskriminierungen kommt. Darüber hinaus führt die Auswahl der Beweise im Ermittlungsverfahren durch die Polizei nachweislich zu einer Weiterverfolgung von vornherein aussichtsloser Verfahren. Demnach zeichnet sich das von der Polizei dominierte Ermittlungsverfahren beim Mord auch durch **mangelnde Effizienz** aus.

Letztlich kann festgestellt werden, daß, obwohl das englische/walisische Strafverfolgungssystem an das kontradiktorische und das deutsche Strafverfolgungssystem an das inquisitorische Modell angelehnt sind, sich auch beim Mord ähnliche Verfahrensstrukturen entwickelt haben. Zwar ist die Staatsanwaltschaft in diesem Deliquenzbereich noch weitestgehend Herrin des Ermittlungsverfahrens, letztlich dehnt die Polizei ihre faktischen Befugnisse aber zunehmend aus. Deshalb kann aufgrund der in England und Wales gemachten Erfahrungen gefolgert werden, daß es auch in Deutschland mittel- bis langfristig zu den in England und Wales erkannten Mängeln im Strafverfahrenssystem kommen wird.

II. Rückschlüsse

Daraus kann geschlossen werden, daß die Anlehnung der Systeme *an verschiedene Strafverfahrensmodelle* für die Strafverfolgungspraxis irrelevant ist.

Eher liegt der Schluß nahe, daß das *Sachproblem* entscheidend ist. Nicht normative Vorgaben bestimmen die praktische Handhabung der Morddelinquenz, vielmehr läßt die tatsächliche Ausgestaltung des Strafverfahrens Rückschlüsse auf mögliche rechtliche Änderungen zu. Damit soll aber nicht gefordert werden, die de-iure-Lage unkritisch an die de-facto-Lage anzupassen. Dabei bliebe nämlich unberücksichtigt, daß auch die tatsächliche Verfahrensgestaltung ihren Ausgangspunkt haben muß: die Tat. Damit ist gemeint, daß das zu verfolgende Delikt Besonderheiten aufweist, die in jedem Land gleich sind und die unabhängig von der Einbettung in Verfahrensmodelle oder rechtliche Vorschriften bestimmte Strafverfolgungsmuster nach sich ziehen. Deshalb sollen im folgenden die Besonderheiten des Mordes untersucht werden.

1. Einzelfälle

Im Hinblick auf den Arbeitsaufwand der Strafverfolgungsbehörden ist zunächst zu klären, wie häufig Mord in beiden Regionen verübt wird.

Aus der englischen und walisischen Polizeistatistik ist ersichtlich, daß von insgesamt 4,6 Millionen Straftaten im Jahr 1997 711 Tötungsdelikte waren.[1024] Das sind nicht einmal

---

[1024] Vgl. Home Office, Statistical Bulletin, 1997, S. 6. Eine Differenzierung nach Mord oder Totschlag erfolgt nicht.

0,02 % aller Delikte. Mithin handelt es sich um Einzelfälle. In Deutschland wurden im gleichen Jahr 3.288 Mord- und Totschlagsdelikte registriert, also 2,8 % der Gesamtkriminalität im Bundesgebiet.[1025] Dabei beträgt die Aufklärungsquote beim Mord 89,7 % und das Dunkelfeld ist bei den Morddelikten - vor allem im Vergleich zum Ladendiebstahl - äußerst gering.[1026] Demnach gilt für beide Regionen, daß die Begehung des Deliktes nahezu selten vorkommt, die Fälle also überschaubar sind.

2. Besondere Tätertypen

Hinsichtlich der Tätertypen, die hinter der Begehung eines Mordes stehen, gilt folgendes: Es existieren bei Mördern zahlreiche Persönlichkeitsstrukturen, die sich auch in den verschiedenen Motiven der Tötung widerspiegeln.[1027] Folglich handelt es sich auch beim Mord wie beim Kreditbetrug nicht um den Jedermann als Täter, sondern um einen individuellen Tätertypus mit bestimmten Merkmalen.

3. Kein Einstiegsdelikt

In Bezug auf die Gestaltung der Strafverfolgung ist weiterhin bedeutsam, daß es sich bei Mord nicht um ein typisches Einstiegsdelikt handelt. Das folgt bereits aus dem besonderen Verhältnis zwischen Mörder und Opfer, bspw. in dem Fall, in dem der Intimpartner aus Eifersucht getötet wird.[1028] Da das Motiv in diesen Fällen den Weg zu dem Mörder weist, ist die Aufklärungsquote bei diesen Delikten sehr hoch. Dieser Tätertyp ist nicht gefährdet, weitere Taten zu begehen. Ihm fehlt über seine Tat hinaus jeder sonstige Bezug zur Kriminalität. Das gilt naturgemäß nicht unbedingt für den Täter, der aus Habgier einen Menschen umbringt, außer er tötet gerade, um z.B. an ein Erbe heranzukommen. Bei einem typischen Raubmord fehlt es vielmehr an der besonderen Beziehung zwischen Täter und Opfer. Der Täter kann in diesen Fällen sogar oftmals eine lange, steile kriminelle Karriere nachweisen. Selbst dann handelt es sich aber nicht um ein Einstiegsdelikt, sondern um den „Höhepunkt" der kriminellen Karriereleiter. Außerdem ist die Straferwartung bereits so hoch, daß der Täter - wenn er gefaßt wird - nicht mehr allzu viel Gelegenheit haben wird, weitere schwerwiegende Taten zu begehen.

4. Delikt mit „höchstem" Schaden

Es darf bei der Gestaltung der Strafverfolgung ebenfalls nicht außer Acht bleiben, daß das geschützte Rechtsgut beim Mord das menschliche Leben, also das höchste aller Rechtsgüter ist. Bei „Erfolg" ist der Schaden irreversibel. Deshalb hat sich der Stellenwert dieses Rechtsgutes auch im Wandel der Gesellschaft nicht vermindert.

[1025] Vgl. Bundesregierung, Bulletin, Polizeiliche Kriminalstatistik 1997, S. 445. S. zu den Verurteilungen wegen versuchten und vollendeten Mordes und Totschlags von 1882 bis 1975: Sturm, MDR 1979, S. 816 f., 816.

[1026] Vgl. Middendorff, GA 1977, S. 97 ff., 118.

[1027] Vgl. Diesinger, Der Affekttäter, S. 90 ff., Rasch, Tötung des Intimpartners, S. 90; Middendorff, GA 1977, S. 97 ff.; Lullies, Tötungshemmung beim Mörder, S. 59 ff.

[1028] Vgl. dazu auch Rasch, Tötung eines Intimpartners, S. 90.

5. Herausragende Bedeutung des Deliktes

Bei einer Analyse darf auch die Entwicklung der Straferwartung für die Begehung einer solchen Tat nicht völlig unbeachtet bleiben. Wie bereits erwähnt, wurde der „capital murder" zunächst mit der Todesstrafe bestraft.[1029] Erst mit dem The Murder (Abolition of Death Penalty) Act 1965 wurde die Todesstrafe durch lebenslanges Gefängnis für die Begehung eines Mordes ersetzt.[1030] In England und Wales gilt diese ausnahmslos für alle Morddelikte, ohne eine mögliche Korrektur aufgrund von strafmildernden Umständen. Daraus läßt sich die hohe Bedeutung des Rechtsgutes „menschliches Leben" ablesen.

Daß die Verletzung des Rechtsgutes nicht mehr ganz so streng wie früher geahndet wird, wird einzig an einem anderen Umstand deutlich. „Murder" setzte - wie bereits festgestellt - früher keine bewußte Herbeiführung der Tötung voraus. Die Absicht brauchte also nicht notwendigerweise den tödlichen Ausgang der Handlung zu umfassen, so daß auch eine fahrlässige Tötung einen Mord darstellen konnte.[1031] Diese reine Erfolgshaftung ist mittlerweile abgeschafft worden. [1032]

Auch in Deutschland wird der Mörder nach § 211 StGB mit lebenslanger Freiheitsstrafe und damit mit der höchsten deutschen Sanktion bestraft. Allerdings fordert das *Bundesverfassungsgericht*[1033] angesichts des verfassungsrechtlichen Grundsatzes der Verhältnismäßigkeit mittlerweile eine restriktive Auslegung bestimmter Mordmerkmale.

Darüber hinaus hat auch die Strafverfolgungspraxis in England und Wales bestätigt, daß angesichts der Bedeutsamkeit des zu schützenden Rechtsgutes Besonderheiten im Strafverfahren gelten. Im Bereich der Morddelinquenz spielt nämlich das Opportunitätsprinzip keine Rolle. Das auch nach der Reform aufrechterhaltende principle of constabulary independence gilt angesichts der Schwere des Deliktes nur eingeschränkt.

6. Spezielle kriminalistische Kenntnisse erforderlich

Außerdem ist beim Mord zu beachten, daß - wie der Fall *R v Dallagher*[1034] gezeigt hat - die Anforderungen an die Kriminalistik zunehmend anspruchsvoller werden. Insbesondere steigt die Bedeutung der nur von der Polizei zu erbringenden technischen Nachweise für die Überführung gegenüber derjenigen der Zeugen- oder Beschuldigtenaussagen, die in Deutschland auch von der Staatsanwaltschaft herbeigeführt werden.

Dabei sind die rechtlichen Anforderungen beim Mord weder in England/Wales noch in Deutschland außerordentlich anspruchsvoll. Zwar bedarf u.U. die Feststellung des subjektiven Mordmerkmals einer schwierigen rechtlichen Bewertung, allerdings gilt das nicht unbedingt für einen Mord aus Habgier, einen capital murder.

1029 Simson/Geerds, Straftaten gegen die Person, S. 17 f. S. zur Definition des „capital murder": s. 5 The Homicide Act 1957.

1030 Das war durch s. 5 The Homicide Act 1957 für andere Mordfälle außer für den capital murder bereits vorher geschehen.

1031 Vgl. Simson/Geerds, Straftaten gegen die Person, S. 10 f.

1032 Vgl. Simson/Geerds, Straftaten gegen die Person, S. 18 f. S. dazu ebenfalls s. 1 The Homicide Act 1957.

1033 Vgl. BVerfGE 45, S. 187 ff., 267.

1034 Vgl. die Ausführungen im 3. Teil unter B.I.4.a.

III. Ergebnis

Bei den Mordfällen handelt es sich in der Regel um Einzelfälle, die ein konkretes Motiv voraussetzen und deshalb nur von Personen begangen werden, die in einem besonderen Verhältnis zum Opfer stehen. Diese Täter haben keinen besonderen Bezug zur Kriminalität, die Tat stellt kein Einstiegsdelikt dar. Grundsätzlich werden technische Erneuerungen und kriminalistische Erkenntniswerte zur Überführung der Täter zunehmend bedeutsamer, während traditionelle Ermittlungsmethoden wie die Zeugenvernehmung zunehmend unwichtiger werden.

Sowohl in England/Wales als auch in Deutschland wurde durch die normative Zuständigkeit des DPP als Anklagebehörde und der Staatsanwaltschaft als Ermittlungs- und Anklagebehörde berücksichtigt, daß der Mörder das höchste Rechtsgut verletzt. Allerdings haben die Untersuchungen gezeigt, daß die Polizei in England und Wales aber auch verstärkt in Deutschland die Schlüsselentscheidungen im Mordverfahren trifft. Mithin weicht die faktische Lage zunehmend von der gesetzlichen ab. Zwar berücksichtigt die Polizei auf diese Weise die verstärkte Bedeutung der kriminalistischen Kenntnisse bei der Beweisführung. Doch auch für diesen Delinquenzbereich soll - wie bereits beim Ladendiebstahlsverfahren - keineswegs vorgeschlagen werden, die rechtliche, der tatsächlichen Lage anzupassen. Denn auf diese Weise bliebe unberücksichtigt, daß der Schutz des menschlichen Lebens zum Kernbereich des Strafrechts gehört und deshalb das Verfahren einer justiziellen Kontrolle unterliegen muß. Derzeit kommt es aber in den Mordverfahren, vor allem in England und Wales, zu „Polizeiunrecht“, d.h. zu Ungleichbehandlungen, Ungerechtigkeiten und Ineffizienz im Ermittlungsverfahren. Fehler, die hier gemacht werden, können auch von dem DPP nicht behoben werden, da er von der Polizei nicht in die Ermittlungsentscheidungen einbezogen wird und er zwar Ermittlungsanregungen geben kann, diese von der Polizei aber nicht befolgt werden müssen. Auch in Deutschland wird die Staatsanwaltschaft ihrer Rolle als Herrin des Ermittlungsverfahrens nicht mehr vollkommen gerecht.

Folglich besteht Reformbedarf. Ein Lösungsmodell kann aber nur Aussicht auf Erfolg versprechen, wenn den aufgezeigten Besonderheiten des Mordes Rechnung getragen wird.

D. Gesamtergebnis
Die Untersuchung des englischen und walisischen Strafverfolgungssystems im Hinblick auf die Verfahrensweisen beim Ladendiebstahl, Kreditbetrug und Mord sollte den Blick für mögliche Reformen im Hinblick auf ein Europäisches Strafverfolgungssystem und damit verbundene notwendige Reformen in Deutschland schärfen.

Dabei wurde festgestellt, daß die Anlehnung der Strafverfolgungssysteme an verschiedene rechtliche Strafverfahrensmodelle *nicht* entscheidend ist. Statt dessen kommt es auf die *speziellen Sachprobleme* an. Die Besonderheiten der vorliegend untersuchten Delikte sind in beiden Regionen gleich und deshalb bestehen auch deutliche Parallelen in den in der Praxis entwickelten Verfahrensstrukturen. Dabei wurde aufgezeigt, daß sich in Deutschland bestimmte rechtliche Regelungen aufgrund der tatsächlichen Entwicklungen längst überholt haben. Der Gesetzgeber sollte diese faktischen Entwicklungen zum Anlaß nehmen, das Strafverfolgungssystem zu reformieren. Dabei geht es keineswegs darum, die rechtliche Lage lediglich der faktischen Entwicklung anzupassen. Dabei bliebe nämlich außer Acht, daß die Machtverschiebung hin zur Polizei zu Mängeln im Strafverfahrenssystem geführt hat, die behoben werden müssen.

Vielmehr muß auf verschiedene Kriminalitätsformen unterschiedlich reagiert werden. Reine Organisationsmodelle, die einen kriminalpolitischen Ansatz nicht erkennen lassen, versprechen dabei keine Aussicht auf Erfolg.[1035]

Ausgangspunkt für die Strafverfolgung aller Delikte muß folgender Gedanke sein: **Strafrecht ist ultima ratio.**

Die Kriminalstrafe stellt die schärfste Waffe des Gesellschaftsschutzes dar, mit der die staatliche Gewalt in die Rechte des einzelnen eingreifen kann.[1036] Sie darf demnach nur eingesetzt werden, wenn alle anderen Mittel versagt haben oder aussichtslos sind.[1037] Strafrecht enthält einen gravierenden sozialethischen Vorwurf für besonders unerträgliche Verstöße. Dabei soll es sich um Verhaltensweisen handeln, die die menschliche Existenz- und Entfaltungsmöglichkeiten beeinträchtigen oder zu beeinträchtigen drohen. Das Bundesverfassungsgericht[1038] hat von einem „Kernbereich" des Kriminalunrechts gesprochen, der jedenfalls den Bereich schwer sozialschädlichen Verhaltens umfaßt.[1039]

[1035] Deshalb unterbleibt vorliegend auch eine Auseinandersetzung mit der grundsätzlichen Diskussion zur Neugestaltung des Verhältnisses der Staatsanwaltschaft zur Polizei, die sich bereits über einen Zeitraum von mehr als hundert Jahren erstreckt und als „eines der kompliziertesten Probleme" angesehen wird, vgl. Döhring, DRiZ 1958, S. 282 ff., 284. S. zur Diskussion u.a.: Habel, Reform des Verhältnisses Staatsanwaltschaft - Polizei; Lilie, ZStW Band. 106 (1994), S. 625 ff., 641 ff.; Gössel, GA 1980, S. 325 ff.; Geisler, ZStW Band 93 (1981), S. 1109 ff., 1116, der in Fn. 31 auch den Stand des Vorentwurf eines Gesetzes zum Verhältnis von Staatsanwaltschaft und Polizei v. 17.11.1978 darstellt.

[1036] Vgl. BVerfGE 39, S. 1 ff., 47.

[1037] Vgl. BVerfGE 45, S. 187 ff., 254.

[1038] Vgl. BVerfGE 22, S. 49 ff., 81.

[1039] Vgl. BVerfGE 96, S. 10ff., 25; 88, S. 203 ff., 258; Naucke, Gutachten D für den 51. Deutschen Juristentag, S. 14.

Es handelt sich beim **Ladendiebstahl** um eine Bagatelle und damit nicht um einen unerträglichen Verstoß, der mit einem gravierenden sozialethischen Vorwurf geahndet werden muß. Der Ladendiebstahl stellt aufgrund des Wandels der Bedeutung des Eigentums heutzutage kein schwer sozialschädliches Verhalten mehr dar, so daß der Kernbereich des Kriminalunrechts nicht betroffen ist. Deshalb ist der Einsatz von Strafe nicht mehr legitim zur Bekämpfung des Ladendiebstahls.[1040] Der Gesetzgeber sowohl in England und Wales als auch in Deutschland sollte den Ladendieb - zumindest den „nicht professionellen Täter"[1041] – nicht bestrafen. Damit soll der Ladendiebstahl keineswegs legalisiert oder toleriert werden.[1042] Vielmehr soll eine zivilrechte Lösung empfohlen werden.[1043] Eine derartige Lösung stellt die konsequente Umsetzung des Bagatellcharakters und der Mitverantwortung des Geschädigten dar. Ein solcher Vorschlag berücksichtigt auch, daß Prävention prima ratio ist. Handlungsspielräume für kriminelles Handeln müssen eingeschränkt werden, das gilt auch bei betriebswirtschaftlichen Entscheidungen zugunsten einer bestimmten Betriebsform. Außerdem sieht eine zivilrechtliche Lösung eine einheitliche „Sanktion" für alle Ladendiebe vor.[1044] Die Rechtsfolgen für den Anspruchsteller und Anspruchsgegner sind berechenbarer.

Eine derartige Entkriminalisierung könnte ebenfalls verhindern, daß die derzeit bestehende Diskrepanz zwischen Strafandrohung und Strafreaktion steigt, wodurch das Vertrauen des Bürgers in das Rechtssystem langfristig gestärkt würde. Da durch den Ladendiebstahl eine komplette Fallgruppe nur noch eingeschränkt verfolgt wird, würde eine Entkriminalisierungslösung in beiden Regionen zugleich bewirken, daß Strafe nicht mehr inflationär eingesetzt würde.[1045] Der Gesetzgeber soll nur ein Verhalten unter Strafe stellen, das er fak-

---

1040 Aus diesem Grunde wird auch die Lösung, die die verstärkte Anwendung des beschleunigten Verfahrens vorschlägt (CDU/CSU und FDP Bundestagsfraktion, BT-Drucksache 13/4064, S. 2; Jakobs, Statement zur Anhörung des Rechtsausschusses am 6.11.1996; HDE, Ladendieb entdeckt, S.9) abgelehnt. Sie berücksichtigt gerade nicht, daß es sich beim Ladendiebstahl um ein Bagatelldelikt handelt, das fast schon ubiquitär ist und kein Einstiegsdelikt darstellt. Vielmehr werden die Rechte des Betroffenen in einem derartigen Verfahren noch verkürzt und angesichts der geringen Bedrohung, die von dem Delikt für den Rechtsstaat ausgeht, ist darin ein unverhältnismäßiger Eingriff zu sehen. Außerdem trägt dieser Vorschlag nicht zur Einheitlichkeit und Effizienz der Strafverfolgung bei und berücksichtigt nicht das primäre Interesse des Geschädigten an Wiedergutmachung (Vgl. auch den Bericht der Arbeitsgruppe „Bessere Nutzung des beschleunigten Verfahrens" zit. im Bericht des Strafrechtsausschusses über die Anwendung des beschleunigten Verfahrens zur 68. Konferenz der Justizministerinnen und Justizminister, S. 10)

1041 Eine Abgrenzung könnte sich an die zum Begriff „gewerbsmäßig" im Sinne des § 243 Abs. 1 Nr. 3 StGB entwickelte Rechtsprechung anlehnen. Vgl. dazu z.B. OLG Köln, NSTZ 1991, S. 585 f., 585 und auch die w.N. bei Tröndle, § 243 StGB, Rdn. 26; Schönke-Schröder-Eser, § 243, Rdn. 31; Lackner, Rdn. 4 vor § 52 StGB.

1042 Insoweit ist Aufklärungsarbeit zu leisten. Die moralische Akzeptanz der Norm ist von wesentlicher Bedeutung für normkonformes Verhalten, vgl. Löhr, ZRP 1995, S. 280 ff., 286. Demnach wird auch vorgeschlagen, Präventionsarbeit in Zusammenarbeit mit Schulen, Eltern und dem Einzelhandel zu betreiben, vgl. Schicht, Krim. 1995, S. 501 ff., 504. Dabei darf der Ladendieb gerade nicht mit dem Begriff der asozialen und kriminellen Potenz bestimmter Personen erklärt werden, vgl. Gillig, Ladendiebstahlsverfahren, S. 172.

1043 Ebenso: Albrecht, Statement zur Anhörung des Rechtsausschusses am 6.11.1996, S. 71 ff.; Deutsch, Gutachten E für den 51. Deutschen Juristentag, S. 77 ff., dieser Vorschlag wurde allerdings vom Juristentag abgelehnt, vgl. NJW 1976, S. 2004 ff., 2009.

1044 Auch das Zivilrecht hat eine gewisse Buß- oder Straffunktion inne (vgl. BGHZ 18, S. 149 ff., 158), so daß nicht bereits rechtssystematische Bedenken geltend gemacht werden können. Zum Zweck der Strafe im Zusammenhang mit dem Ladendiebstahl: Laufhütte, Zu den Sanktionen gegenüber dem Ladendiebstahl, Protokoll 82/73, S. 65 ff., 65 f; Hamm, KritV 1996, S. 325 ff., 326 ff.

1045 Deshalb werden auch verschiedene Entpönalisierungsvorschläge (Fraktion Bündnis 90/Die Grünen, BT-Drucksache 13/2005; Ostendorf, ZRP 1995, S. 18 ff., 23; Buchholz, Statement zur Öffentlichen Anhörung

tisch auch verfolgt. Gerade die Einteilung Kriminelle und Nichtkriminelle ist beim Ladendiebstahl aber - wie gesehen - schwierig. Dazu kommt, daß sich aus Strafen nicht immer general- oder spezialpräventive Wirkungen herleiten lassen.[1046] Bei Delikten im Bagatellbereich geht eine abschreckende Wirkung eher vom Entdeckungsrisiko aus.[1047] Eine zivilrechtliche Lösung berücksichtigt mögliche kontraproduktive Wirkungen und damit den Ruf nach Zurückhaltung.[1048] Sie bezieht mit ein, daß es sich beim Ladendiebstahl in der Regel um „einmalige Entgleisungen" oder Jugendverfehlungen handelt, deren strafrechtliche Folgen den Täter unnötig stigmatisieren.

Zugleich würde diese Entkriminalisierung zu einer enormen Entlastung der Strafjustiz führen. Die strafrechtliche Kontrolle der Ladendiebstahlsdelikte erfordert einen hohen Zeit- und Geldaufwand. Die Behörden werden aufgrund der betriebswirtschaftlichen Erneuerungen mit einem Erscheinungsbild Massendiebstahl konfrontiert, auf das sie in ihrem Entstehungszeitpunkt nicht zugeschnitten waren. Ein strafrechtliches Kontrollsystem ist aber notwendigerweise beschränkt. Die Aufnahmekapazität richtet sich nach der Arbeitsbelastung.[1049]

Demnach würde eine Entkriminalisierung im Ladendiebstahlsbereich zugleich eine Konzentration der vorhandenen Kräfte auf den Kernbereich des Kriminalunrechts ermöglichen.

Der **Kreditbetrug** ist im Gegensatz zum Ladendiebstahl keine Bagatelle. Der durchschnittliche Schaden bei der Begehung eines Kreditbetruges ist außerordentlich hoch, vor allem handelt es sich um irreversible volkswirtschaftliche Schäden, an deren Verfolgung ein starkes öffentliches Interesse besteht. Angesichts dieses gravierenden sozialethischen Verstoßes ist der Einsatz von Strafe beim Kreditbetrug gerechtfertigt. Da in England/Wales und in Deutschland die Besonderheiten des Deliktes, vor allem die komplexen wirtschaftlichen Zusammenhänge, bei der Ausgestaltung der Strafverfolgung Berücksichtigung finden, also auf das Sachproblem angemessen reagiert wird und das im Einklang mit den normativen Vorgaben steht, besteht hier kein Reformbedarf.

---

des Rechtsausschusses des deutschen Bundestages am 6.11.1996; Männlein, Opportunitätsvorschriften, S. 182 ff.; Naucke, Gutachten D für den 51. Juristentag, S. 115 ff.) abgelehnt, die Strafe noch immer als legitim zur Bekämpfung des Ladendiebstahls ansehen. Danach soll Strafe vielmehr geringer als beim „normalen" Diebstahl ausfallen oder es soll u.U. ganz von Strafe abgesehen werden können. Diese Lösung trägt aber nicht der Erkenntnis Rechnung, daß es sich beim Ladendiebstahl um strafunwürdiges Unrecht handelt. Der Täter würde so gerade nicht vor den psychischen Belastungen, dem Makel als Krimineller behandelt zu werden, bewahrt.

1046 Vgl. Schöch, Empirische Grundlagen der Generalprävention, in FS für Jescheck, S. 1081 ff., 1104.

1047 Vgl. Schöch, Empirische Grundlagen der Generalprävention, in FS für Jescheck, S. 1081 ff., 1104.

1048 Löhr (ZRP 1995, S. 290 ff., 286): „Im Zweifel weniger."

1049 Dennoch soll sich vorliegend nicht für die radikalste Lösung mit dem größten Entlastungseffekt, nämlich den Verzicht auf jegliche Ahndung, ausgesprochen werden. Insoweit stehen bereits generalpräventive Überlegungen entgegen. Außerdem könnte Selbstjustiz angesichts des steigenden volkswirtschaftlichen Schadens die Folge sein. Darin wäre aber ein Verstoß gegen das staatliche Gewaltmonopol zu sehen. Auf diese Art und Weise würde außerdem die Entlastung mit einem Verlust rechtsstaatlicher Garantien zum Schutz des Beschuldigten erkauft werden. Diese Lücke könnten zivilrechtliche Mechanismen schließen.

Die Verletzung des höchsten Rechtsgutes „menschlichen Lebens“ bei einem **Mord** trifft ohne Zweifel den Kernbereich des Kriminalunrechts. Es handelt sich bei der Tötung eines Menschen unstreitig um ein schwer sozialschädliches Verhalten. Die Staatsanwaltschaft könnte aber, wenn die vorgeschlagene Entlastung im Rahmen der Ladendiebstahlsdelinquenz stattfinden würde, wieder in der Lage sein, aktiv in die Ermittlungsarbeit der Polizei eingebunden zu werden und so Art und Ausmaß der Ermittlungen zu bestimmen.

Da einer der Gründe für die verstärkte faktische Machtverschiebung hin zur Polizei auch bei der Morddelinquenz die zunehmend bedeutsam werdenden Kenntnisse im Bereich der modernen Kriminaltechnik und -taktik sind, sollten die Zuständigen der Schwerpunktstaatsanwaltschaften eine entsprechende Fortbildung erhalten. Ein weiterer Grund ist der bedeutende Informationsvorsprung, so daß die Staatsanwaltschaft außerdem Zugang zu dem Datensystem der Polizei haben sollte. Die Staatsanwaltschaft kann ihrer notwendigen Aufgabe als justizielle Kontrollinstanz nur mit der ausreichenden Untersuchungs- und Informationskapazität nachkommen, wozu auch die Aufstockung der personellen- und Sachmittel notwendig ist.

Demnach müßten in Deutschland unter Aufrechterhaltung der normativen Aufgabenverteilung die Möglichkeiten der Staatsanwaltschaft bzw. besser noch „ihrer“ Spezialisten bei Mordfällen verbessert werden. Keinesfalls sollte aber für den Mordbereich wie in England und Wales ein eigenständiges Ermittlungsverfahren der Polizei eingeführt werden.

Für beide Rechtssysteme ist demnach ein kriminalpolitischer Ansatz zu finden, die Delikte unter Berücksichtigung ihrer jeweiligen Besonderheiten in einem rechtsstaatlichen Verfahren, also unter bestmöglicher Beachtung der Rechte des Beschuldigten, mit den vorhandenen Ressourcen rationell und ökonomisch zu verfolgen.

Dabei können die aus dem Rechtsvergleich gewonnenen Ergebnisse vorliegend Verwendung finden, weil sie neben der rechtlichen Lage das an den Rechtstatsachen orientierte Strafverfahren berücksichtigen. Die verschiedenen Strafverfolgungssysteme und die daran ausgerichtete normative Grundlage stellt nur den Ausgangspunkt eines Rechtsvergleichs dar. Entscheidend für die Herstellung einer tatsächlich vergleichbaren Situation ist aber die am Sachproblem orientierte Strafverfahrenspraxis. Ergebnis der Arbeit ist somit ebenfalls, daß nur eine Gesamtbetrachtung von Strafverfolgungstheorie und -praxis verwertbare rechtsvergleichende Ergebnisse im Hinblick auf eine europäische Lösung ermöglicht.

Literaturverzeichnis

Abele, Andrea/ Nowack, Wolf	Ladendiebstahl fünfmal pro Tag, Ein Feldexperiment zu Determinanten informeller Sozialkontrolle, in KrimJ 1976, S. 224 ff.
Addison, Neil	What's wrong with the CPS?, in Counsel 1995, S. 14 ff.
Aden, Hartmut	Europol und „operative Ermittlungsmethoden" - Zur Europäisierung eines untauglichen Konzeptes, in Cilip 58 (3/97), S. 65 ff.
Ahrens, Wilfried	Die Einstellung in der Hauptverhandlung gem. §§ 153 II, 153a II StPO - Eine empirische Analyse über neue Formen der Bekämpfung der Bagatellkriminalität -, Göttingen 1978 (zit.: Ahrens, Einstellung in der Hauptverhandlung)
Albrecht, Peter-Alexis	Informalisierung des Rechts, Empirische Untersuchung zur Handhabung und zu den Grenzen der Opportunität im Jugendstrafrecht, Berlin New York 1990 (zit.: Albrecht, Informalisierung des Rechts)
Albrecht, Peter-Alexis/Hassemer, Winfried/ Voß, Michael	Rechtsgüterschutz durch Entkriminalisierung, Vorschläge der Hessischen Kommission „Kriminalpolitik" zur Reform des Strafrechts, Baden-Baden 1992 (zit.: Albrecht/Hessemer/Voß, Kriminalpolitik)
Allan, Michael	Textbook on Criminal Law, London 1991 (zit.: Allan, Criminal Law)
Allen, Michael/Thompson, Brian/Walsh, Bernadette	Cases and Materials on Constitutional & Administrative Law, 3. Auflage, London 1990 (zit.: Allen/Thompson/Walsh, Constitutive & Administrative Law)
Amodio, Ennio/ Selvaggio, Eugenio	An Accusatorial System in a Civil Law Country, in 62 Temple L.Rev. 1989, S. 1211 ff.
Archbold, John Frederick	Archbold, pleading evidence and practice in criminal cases, vol. 1, 44. Auflage, London 1992 (zit.: Archbold, Criminal Pleading, vol. I)
Arlidge, Anthony/Parry, Jacques	Fraud, London 1985 (zit.: Arlidge/Parry, Fraud)
Arzt, Gunther	Forum: Zur Bekämpfung der Vermögensdelikte mit zivilrechtlichen Mitteln - der Ladendiebstahl als Beispiel, in JuS 1974, S. 693 ff.
Ashworth, Andrew	Reform des englischen Strafzumessungsrechts, in ZStW Bd. 106 (1994), S. 605 ff.

Ein repressiver Umschwung der englischen Strafjustiz, in ZStW Bd. 109 (1997), S. 677 ff.

The Criminal Process: An Evaluative Study, Oxford 1994 (zit.: Asworth, The Criminal Process)

The „Public Interest" Element in Prosecutions, in Crim.L.Rev. 1987, S. 595 ff.

Concepts of Criminal Justice, in Crim.L.Rev. 1979, S. 412 ff.

Ashworth/Andrew/Fionda, Julia — The New Code for Crown Prosecutors: Prosecution, Accountability and the Public Interest, in Crim.L.Rev. 1994, S. 894 ff.

Bachmann, Gregor — Probleme des Rechtsschutzes gegen Grundrechtseingriffe im strafrechtlichen Ermittlungsverfahren, Berlin 1994 (zit.: Bachmann, Strafrechtliches Ermittlungsverfahren)

Backes, Otto — Kriminalpolitik ohne Legitimität, in KritV 1986, S. 315 ff.

Baldwin/McConville — Confessions in Crown Court Trials, Royal Commission on Criminal Procedure, Research Study No. 5, 1980 (zit.: Baldwille/McConville, Confessions)

Bäumler, Helmut — Schleswig-Holsteines Gesetz über die staatsanwaltschaftlichen Verfahrensregister verabschiedet, in NJW 1996, S. 2984 ff.

Baumann, Jürgen — Über die notwendigen Veränderungen im Bereich des Vermögensschutzes, in JZ 1972, S. 1 ff.

Bennion, Francis — The new prosecution arrangements, The Crown Prosecution Service, in Crim.L.Rev. 1986, S. 3 ff.

Bentil, J. Kodwo — Unenviable task of seeking to institute private criminal proceedings, in JP 1990, S. 324 ff.

Berckhauer, Friedrich — Die Strafverfolgung bei schweren Wirtschaftsdelikten, Bericht über eine Aktenuntersuchung, Freiburg 1981 (zit.: Berckhauer, Strafverfolgung bei schweren Wirtschaftsdelikte)

Soziale Kontrolle der Bagatellkriminalität: Der Ladendiebstahl als Beispiel, in DRiZ 1976, S. 229 ff.

	Wirtschaftskriminalität und Staatsanwaltschaft, Eine Untersuchung materiellrechtlicher und organisationsspezifischer Bedingungen für die Strafverfolgung von Wirtschaftsdelikten, Leipzig 1977 (zit.: Wirtschaftskrimialität und Staatsanwaltschaft)
	Die Erledigung von Wirtschaftsstraftaten durch Staatsanwaltschaften und Gerichte, in ZStW Bd. 89 (1977), S. 1015 ff.
Bernstorff, Christoph	Einführung in das englische Recht, München 1996 (zit.: Bernstorff, Einführung in das englische Recht)
Beutel, Dieter	Leiter des Kriminalkommissariats 3 „Einfacher Diebstahl ohne erschwerende Umstände" des Polizeipräsidiums in Köln, Mitteilung vom 23.06.1998 (zit.: Beutel, Mitteilung vom 23.06.1998)
Bieber, Roland	Die Abkommen von Schengen über den Abbau der Grenzkontrollen, in NJW 1994, S. 294 ff.
Bindel, Frank-Michael	Verhältnis Staatsanwaltschaft (STA) - Polizei, Zu den Abgrenzungsproblemen zwischen der Dienst- und Fachaufsicht in strafrechtlichen Ermittlungsverfahren bei der (Kriminal)-Polizei!, in DRiZ 1994, S. 165 ff.
Blackstone's Criminal Practice	Blackstone's Criminal Practice, Hrsg. Murphy, Peter/Stockdale, Eric, 6. Auflage, London 1996 (zit.: Blackstone's Criminal Practice)
Blankenburg, Erhard	Die Staatsanwaltschaft im System der Strafverfolgung, in ZRP 1978, S. 263 ff.
Blankenburg, Erhard/Sessar, Klaus/Steffen, Wiebke	Die Staatsanwaltschaft im Prozeß staatlicher Sozialkontrolle, Berlin 1978 (zit.: Blankenburg/Sessar/Steffen, Staatsanwaltschaft im Prozeß strafrechtlicher Sozialkontrolle)
Block, Brian P./ Corbett, Claire/ Peay, Jill	Ordered and directed acquittals in the Crown Court, Research Study No. 15, Home Office, London 1993 (zit.: Block/Corbett/Peay, Ordered and directed acquittals)
Blumenwitz, Dieter	Einführung in das anglo-amerikanische Recht, 5. Auflage 1994, München (zit.: Blumenwitz, Einführung in das anglo-amerikanische Recht)
Boetticher, Axel	Internationale organisierte Wirtschaftskriminalität, in ZRP 1995, S. 144 ff.

Bohlander, Michael — Zur Reform des englischen Strafverfahrens - Der Bericht der Royal Commission on Criminal Justice, in ZStW Bd. 106 (1994), S. 448 ff.

Bohnen, Rainer — Skizzen einer engeren Zusammenarbeit in den Bereichen Justiz und Inneres nach dem Maastricht-Vertrag, in DRiZ 1996, S. 411 ff.

Boor, Wolfgang — Der Warenhausdiebstahl - Symptom einer Krise?, Akademietagung v. 29.-31.10.1973, Protokoll 82/73, S. 28 ff., Evangelische Akademie, Hofgeismar 1973 (zit.: Boor, Der Warenhausdiebstahl - Symptom einer Krise?, Protokoll 82/73)

Bottomley, Keith — Understanding crime rates, Westmead Farnborough, Hants 1981 (zit.: Bottomley, Understanding crime rates)

Bräutigam, Margarete — Probleme der Sachleitungsbefugnis des Staatsanwaltes, in DRiZ 1992, S. 214 ff.

Brenner, Karl — Ordnungswidrigkeitenrecht, München 1996 (zit.: Brenner, Ordnungswidrigkeitenrecht)

Bright, John — Crime Prevention: the British Experience, in Stenson, Kevon/Corvell, David, The politics of crime control, S. 62 ff., London Newbury Park New Delhi 1991 (zit.: Bright, Crime Prevention, in Stenson/Corvell, The politics of crime control)

Brinker, Anselm/Schellberg, Norbert — Bearbeitungs- und Sanktionspraxis von Ladendiebstahl durch die Berliner Strafverfolgungsbehörden, in KrimJ 1990, S. 208 ff.

Bearbeitung und Sanktionierung von Ladendiebstahl zwischen „Macht der Routine“ und Rationalisierungszwang, in KrimJ 1991, S. 294 ff.

Bull, Hans Peter — EUROPOL: Diskussion um das Verhältnis Staatsanwaltschaft/Polizei und Immunitätsregelung dauert an, in Die Polizei 1998, S. 126.

Visionen und Wirklichkeit einer Kriminalpolitik für Europa, in KritV 1995, S. 313 ff.

Bundeskriminalamt — Polizeiliche Kriminalstatistik 1995, Wiesbaden 1996 (zit.: Bundeskriminalamt, Polizeiliche Kriminalstatistik 1996)

Polizeiliche Kriminalstatistik 1994, Wiesbaden 1995 (zit.: Bundeskriminalamt, Polizeiliche Kriminalstatistik 1995)

Kriminaltechnik, - Leitfaden für Kriminalisten -, BKA-Schriftenreihe Bd. 50, S. 61 ff., Wiesbaden 1980 (zit.: Bundeskriminalamt, Kriminaltechnik, BKA-Schriftenreihe, Bd. 50)

Bundesregie- — Bulletin, Polizeiliche Kriminalstatistik 1997 (zit.: Bundesregierung,

rung	Bulletin, Polizeiliche Kriminalstatistik 1997)
Bunyan, Tony	Polizei und Rassismus in Großbritannien - altes Lied mit neuer Melodie, in Cilip 44 (1/1993), S. 68 ff.
Busch, Heiner	EUROPOL - Eigenständiger Organisamus mit Zukunft, in Cilip 53 (1/96), S. 21 ff.
Butler, Ivan	Murderer' s England, London 1973 (zit.: Butler, Murderer' s England)
Card, Richard/ Cross und Jones	Criminal Law, London Dublin Edinburgh, 1995 (zit.: Card/Cross/ Jones, Criminal Law)
Carsten, Thomas	Zivilrechtliche Sanktionen gegen Ladendiebstahl, in ZRP 1975, S. 268 ff.
Carter, Peter/ Harrison, Ruth	Offences of violence, Exeter 1991 (zit.: Carter/Harrison, Offences of violence)
Coutts, J.A.	The Accused, A Comparative Study, London 1966 (zit.: Coutts, The Accused)
City of London	Annual Report 1996/1997 (zit.: City of London, Annual Report 1996/97)
	www.cityoflondon.gov.uk
Crisp, Debbie/ Moxon, David	Case screening by the CPS, How and why cases are terminated, Royal Commission on Criminal Justice, Research Study No. 137, London Home Office 1994 (zit.: Crisp/Moxon, Case screening by the CPS)
Crown Prosecution Service	w.w.w.cps.gov.uk
	Annual Report, For The Period April 1998 - March 1999, London 1999 (zit.: CPS, Annual Report 1997/98) Annual Report, For The Period April 1996 - March 1997, London 1997 (zit.: CPS, Annual Report 1996/97)
	Criminal Procedure And Investigation Act 1996, A guide to the disclosure of unused material, London 1996 (zit.: CPS, CPAI 1996)
	CPS Policy for Prosecuting Cases of Domestic Violence, London 1995 (zit.: CPS, Policy for Prosecuting Cases of Domestic Violence)
	The Case for the Crown Prosecution Service, Opportunities for lawyers and trainee lawyers, Cambridge 1994 (zit.: CPS, The Case for the CPS)
	Weighing the Evidence, The CPS and how it works, Northfleet (zit.: CPS, Weighing the Evidence)

CPS, Solicitors and Barristers: the path of qualifications (zit.: CPS, The path of qualifications)

Dahm, Georg — Die Grenzen des Parteiprozesses, ZStW Bd. 52 (1932), S. 590 ff.

Damaska, Mirjan — The Faces of Justice and State Authority, A Comparative Approach to the Legal Process, New Haven and London 1986 (zit.: Damaska, The Faces of Justice)

Evidentiary Barriers to Conviction and Two Models of Criminal Procedure: A Comparative Study, in U.Pa.L.Rev.1973, S. 507 ff.

Danks, P.K.L — The Future of the Prosecution Systems, in JP 1976, S. 19 ff.

Dannecker, Gerhard — Strafrecht in der Europäischen Gemeinschaft, Eine Herausforderung für Strafrechtsdogmatik, Kriminologie und Verfassungsrecht, in JZ 1996, S. 869 ff.

Davies, F.G. — CPS Charging Standards: A Cynic`s View, in JP 1995, S. 203 ff.

Davies/Croall/Tyrer — Prosecution and Diversion in Criminal Justice: An Introduction to the Criminal Justice Systems in England and Wales, S. 115 ff., Hrsg.: Sanders, Andrew/Young, Richard, Oxford 1995 (zit.: Davies/Croall/Tyrer, Prosecution and Diversion)

Daw, Roger K. — (2) A Response, in Crim.L.Rev. 1994, S. 904 ff.

Deutsch, Erwin — Empfiehlt es sich, in bestimmten Bereichen der kleinen Eigentums- und Vermögenskriminalität, insbesondere des Ladendiebstahls, die strafrechtlichen Sanktionen durch andere zum Beispiel zivilrechtliche Sanktionen abzulösen, gegebenenfalls durch welche? (Strafrechtliches Teilgutachten) Gutachten E für den 51. Deutschen Juristentag, München 1976 (zit.: Deutsch, Gutachten E für den 51. Deutschen Juristentag)

Devlin, Patrick — The Criminal Prosecution in England, London 1960 (zit.: Devlin, Criminal Prosecution)

Dickens, Bernhard — The Prosecuting Roles of the Attorney-General and Director of Public Prosecutions, in P.L. 1974, S. 50 ff.

Diesinger, Ingrid — Der Affekttäter, Eine Analyse seiner Darstellung in forensisch-psychiatrischen Gutachten, Bonn 1976 (zit.: Diesinger, Affekttäter)

Dix, Alexander — Rechtsfragen der Polizeilichen Datenverarbeitung, in Jura 1993, S. 571 ff.

Dobbs, Linda/Lucraft, Marc — Road Traffic Offences, 1996 (zit.: Dobbs/Lucraft, Road Traffic Offences)

Döhring, Erich — Die deutsche Staatsanwaltschaft in ihrer geschichtlichen Entwicklung, in DRiZ 1958, S. 282 ff.

Dreier, Horst — Erkennungsdienstliche Maßnahmen im Spannungsfeld von Gefahrenabwehr, in JZ 1987, S. 1009 ff.

Edwards, J.L.l.J. — The Law Officers of the Crown, London 1964 (zit.: Edwards, The Law Officers of the Crown)

Eisenberg, Ulbricht/Conen, Stefan — § 152 II StPO: Legalitätsprinzip im gerichtsfreien Raum, in NJW 1998, S. 2241 ff.

Elliman, S. — Independent information for the CPS, in NLJ 1990, S. 812 ff. /864

Emsley, Clive — The history of crime and crime control institutions, The Oxford Handbook of Criminology (zit.: Emsley, The history of crime and crime control institutions, in The Oxford Handbook of Criminology)

Evans, Roger — Police Cautioning and the Young Adult Offender, in Crim.L.Rev. 1991, S. 598 ff.

Everding, Stefan — Früherkennung von Kreditbetrug mit Hilfe bankmäßiger Kreditwürdigkeitsprüfungen, Hamburg 1996 (zit.: Everding, Früherkennung von Kreditbetrug)

Fabelje — Die Probleme der Bekämpfung der Wirtschaftskriminalität, in Krim. 1974, S. 346 ff.

Fairchild, Erika — Comparative Criminal Justice Systems, California 1993 (zit.: Fairchild, Comparative Criminal Justice System)

Farquharson Committee — The Role of the Prosecution Counsel, Report by the Committee under the Chairmanship of The Hon. Mr. Justice Farquharson, in L.S.Gaz. 1986, S. 3599 ff.

Fehévàry, Janos — in Blankenburg/Sessar/Steffen, Die Staatsanwaltschaft im Prozeß staatlicher Sozialkontrolle, Berlin 1978 (zit.: Fehévàry, in Blankenburg/Sessar/Steffen, Staatsanwaltschaft im Prozeß strafrechtlicher Sozialkontrolle)

Feltes, Thomas — Die Erledigung von Ermittlungsverfahren durch die Staatsanwaltschaft, Bemerkungen zur Rolle und Funktion der Staatsanwaltschaft als „Herrin des Ermittlungsverfahrens“ anhand einer Analyse von Staatsanwaltschaftsstatistiken, in KrimJ 1984, S. 50 ff.

Der Staatsanwalt als Sanktions- und Selektionsinstanz, Eine Analyse anhand der Staatsanwaltschaftsstatistik mit einigen Bemerkungen zu regionalen Unterschieden in der Sanktionierung im Erwachsenen- und Jugendstrafverfahren und zur „systemimmanenten Diversion", in Kerner, Hans-Jürgen, Probleme und Gefahren einer neuen Strategie strafrechtlicher Sozialkontrolle, Heidelberg 1983 (zit.: Feltes, Staatsanwalt als Sanktions- und Selektionsinstanz, in Kerner, Diversion statt Strafe)

Fisahn, Andreas	Europol - Probleme der Kontrolle, in Kritische Justiz 1998, S. 358 ff.
Fionda, Julia	Public Prosecutors and Discretion, A Comparative Study, Oxford 1995 (zit.: Fionda, Public Prosecutors)
Fitzgerald, Marion	Ethnic Minorities and the Criminal Justice System, Royal Commission on Criminal Justice, Research Study No. 20, London HMSO 1993 (zit.: Fitzgerald, Ethnic Minorities)
Franzheim, Horst	Die Zusammenarbeit von Polizei und Justiz bei der Verfolgung von Wirtschaftsstraftaten - aus der Sicht der Justiz, in DRiZ 1984, S. 90 ff.
Füllkrug, Michael	Fangprämien für Ladendiebe, das strafrechtliche Risiko bei der Geltendmachung von Fangprämien gegenüber den Ertappten, in Krim. 1986, S. 531 ff.
	Kein "staatsanwaltsfreier" Raum im Ermittlungsverfahren, in Krim. 1986, S. 155 ff.
	Neue Formen der Kriminalitätsbekämpfung und ihre Auswirkungen auf das Verhältnis von Staatsanwaltschaft und Polizei, in ZRP 1984, S. 193 ff.
Funk, Bernhard	Diebstahl im Handel, Deliktbekämpfung im Spannungsfeld zwischen Ökonomie und Rechtsnorm, Wiesbaden 1996 (zit.: Funk, Diebstahl im Handel)
Geisler, Werner	Stellung und Funktion der Staatsanwaltschaft im heutigen deutschen Strafverfahren, in ZStW Bd. 93 (1981), S. 1109 ff.
Geldart, William	Elements of English Law, 8. Auflage, London 1975 (zit.: Geldart, Elements of English Law)
Gibson, Brian u.a.	Criminal Justice „In Transition", Winchester 1994 (zit.: Gibson u.a., Criminal Justice)
Gillig, Volker Kurt	Soziologische Dimensionen der staatsanwaltschaftlichen Ermittlungstätigkeit und Sanktionskriterien bei geringwertigen Ladendiebstahlsverfahren, Hungen 1976 (zit.: Gillig, Geringwertige Ladendiebstahlsverfahren)

Gleß, Sabine	„... daß überall dem Gesetz ein Genüge geschehe" - Justizielle Einbindung und Kontrolle des strafrechtlichen Ermittlungsverfahrens, überarbeitete und unveröffentlichte Fassung des Vortrags „Wer kontrolliert die Kontrolleure? Justizielle Kontrolle europäischer Strafverfolgungsbehörden" anläßlich des 17. Deutschen Richtertages, 3-5. Oktober 1999 (zit.: Gleß, Justizielle Einbindung und Kontrolle des strafrechtlichen Ermittlungsverfahrens, unveröffentlichter Vortrag für den 17. Deutschen Richtertag)
Göhler, Erich	Gesetz über Ordnungswidrigkeiten, 12. Auflage, München 1998 (zit.: Göhler, OWiG)
Gössel, Karl Heinz	Überlegungen über die Stellung der Staatsanwaltschaft im rechtsstaatlichen Strafverfahren und über ihr Verhältnis zur Polizei, in GA 1980, S. 325 ff.
Goldstein, Abraham	Reflections on Two Models: Inquisitorial Themes in American Criminal Procedure, in Stanford L.Rev. 1974, S. 1009 ff.
Griew, Edward	The Theft Acts 1968 & 1978, 6. Auflage, London 1996 (zit.; Griew, The Theft Acts 1968 & 1978)
Habel, Burkhard	Möglichkeiten einer Reform des Verhältnisses von Staatsanwaltschaft und Polizei im Ermittlungsverfahren, Göttingen 1982 (zit.: Habel, Reform des Verhältnisses von Staatsanwaltschaft und Polizei)
Hagel, Karl	Der einfache Diebstahl im englischen und deutschen Recht, Eine rechtsvergleichende Studie, Berlin 1968 (zit.: Hagel, Der einfache Diebstahl im englischen und deutschen Recht)
Halsbury's Statutes of England	Vol. 12, Criminal Law, 1997, (zit.: Halsbury's Statutes of England, vol. 12)
Hamm, Rainer	Eigentum im Wandel der Zeiten, in KritV 1993, S. 213 ff.
	Leitlinien für „Bagatellstrafsachen", in KritV 1996, S. 325 ff.
Hampton, Celia	Criminal Procedure, London 1982 (zit.: Hampton, Criminal Procedure)
Hart, Jennifer	Police, in Cornish, W.R., Crime and Law in Nineteenth Century Britain, 1982, S. 177 ff. (zit.: Hart, Police, in Cornish, Crime and Law in Nineteenth Century Britain)
Hartley, T.C.	The Foundations of European Community Law, 3. Auflage, Oxford 1994 (zit.: Hartley, The Foundations of European Community Law)
Hauptverband des deutschen Einzelhandels	Ladendieb entdeckt - was tun? Leitfaden für den Einzelhandel zur Vermeidung von Fehlern im Umgang mit Ladendieben und zur Beschleunigung der Strafverfolgung, Köln 1998 (zit.: HDE, Ladendieb

entdeckt)

www.hde.de

Herbort, Ursula — Wer kommt vor das Gericht? Die Entscheidung der Staatsanwaltschaft über Anklage und Einstellung im Jugendstrafverfahren Dissertation Bielefeld 1991 (zit.: Herbort, Wer kommt vor das Gericht?)

Herrmann, Joachim — Beweisaufnahme durch die Parteien und Kreuzverhör im anglo-amerikanischen Strafverfahren, in ZStW Bd. 80 (1968), S. 791 ff.

HEUNI — Criminal Justice Systems in Europe and North America, 1987 (zit.: HEUNI, Criminal Justice Systems)

Hilson, Christopher — Discretion to prosecute and judicial review, in Crim.L.Rev. 1993, S. 739 ff.

Hirsch, Burkhard — Immunität für Europol - eine Polizei über dem Gesetz?, in ZRP 1998, S. 10 ff.

Hölscheidt, Sven /Schotten, Thomas — Immunität für Europol-Bedienstete - Normalfall oder Sündenfall?, in NJW 1999, S. 2851 ff.

Holzberger, Mark/Schubert, Katina — Schengen - Quo vadis? Das Schengener Kerneuropa und der Amsterdamer Vertrag, in Cilip 59 (1/98), S. 12 ff.

Home Office — The Criminal Justice System in England and Wales, 3. Auflage, London 1995 (zit.: Home Office, The Criminal Justice System)

Britain, An Official Handbook, London 1995 (zit.: Home Office, Britain)

Circular 18/1994, The Cautioning of the Offenders, London 1994 (zit.: Home Office Circular 18/1994)

Circular 51/1990, The Cautioning of the Offenders, London 1990 (zit.: Home Office Circular 51/1990)

Circular 14/1985, The Cautioning of the Offenders, London 1985 (zit.: Home Office Circular 14/1985)

Crime justice and protecting the public, The Governments Proposals for Legislation, 1990 (zit.: Home Office, Crime justice and protecting the public)

Digest, Information on the Criminal Justice System in England and Wales, London 1995 (zit.: Home Office, Digest, Information on the

Criminal Justice System)
Memorandum No. VIII, The Prosecution Process in Evidence to the Royal Commission on Criminal Procedure, Home Office, London 1978 (zit.: Home Office, Memorandum No. VIII, The Prosecution Process)

Report, The Review of the Crown Prosecution Service, Cm. 3960, London 1998 (zit.: Home Office, Report 1998, Review of the CPS)

Report, The Royal Commission on Criminal Justice, Cmnd. 2263, London 1993 (zit.: Home Office, Report 1993, The Royal Commission on Criminal Justice)

Report, The Royal Commission on Criminal Procedure, Cmnd. 8092, London 1981 (zit.: Home Office, Report 1981, The Royal Commission on Criminal Procedure)

Report, The Royal Commission on the Police, Cmnd. 1728, London 1962 (zit.: Home Office, Report 1962, The Royal Commission on the Police)

Statistical Bulletin, Notifiable Offences England and Wales 1997 (Home Office, Statistical Bulletin 1997)

Summary, The Review of the Crown Prosecution Service, Cm. 3972, London 1988 (zit.: Home Office, Summary 1998, The Review of the CPS)

The Distribution of Business between the Crown Court and Magistrates` Courts, London 1986 (Home Office, The Distribution of Business between the Crown Court and Magistrates` Courts)

Theft and related offences, Cmnd. 2977 (zit.: Home Office, Theft and related offences)

White Paper, An Independent Prosecution Service for England and Wales, Cmnd. 9074, London 1983 (zit.: Home Office, White Paper, An Independent Prosecution Service for England and Wales)

www.homeoffice.gov.uk

Huber, Barbara — Beiträge und Materialien aus dem Max-Planck-Institut für ausländisches und internationales Strafrecht, in Eser, Albin/Perron, Walter, Die Beweisaufnahme im Strafverfahrensrecht des Auslands, Rechtsvergleichendes Gutachten im Auftrag des Bundesministers für Justiz, Freiburg 1995 (zit.: Huber, England und Wales, in Eser/Perron, Die Beweisaufnahme im Strafverfahrensrecht des Auslands)

England und Wales, in Jescheck, Hans-Heinrich, Die Geldstrafe im deutschen und ausländischen Recht, Baden-Baden 1978, S. 341 ff.

	(zit.: Huber, England und Wales, in Jescheck, Die Geldstrafe im ausländischen Recht, S. 341 ff.)
	Funktion und Tätigkeit des Anklägers in England und Wales in der rechtsvergleichenden Untersuchung zur gesamten Strafrechtswissenschaft, 3. Folge: Funktion und Tätigkeit der Anklagebehörde im ausländischen Recht, S. 545 ff., Freiburg 1979 (zit.: Huber, Funktion und Tätigkeit des Anklägers in England und Wales)
James, Philip	Introduction to English Law, London 1979 (zit.: James, Introduction to English Law)
Janovsky, Thomas	Ermittlungen in Wirtschaftsstrafsachen - Teil 1, in Krim. 1998, S. 269 ff.,
	Ermittlungen in Wirtschaftsstrafsachen - Teil 2, in Krim. 1998, S. 331 ff.
Jarass, Hans/ Pieroth, Bodo	Grundgesetz für die Bundesrepublik Deutschland, München 1995 (zit.: Jarass/Pieroth, GG)
Jefferson, Tony/Walker, Monica/Seneviratne, Mary	Ethinc Minorities, Crime and Criminal Justice: A Study in an Provincial City, in Downes, David, Unravelling Criminal Justice, S. 138 ff., London 1992 (zit.: Jefferson/Walker/Seneviratne, Ethnic Minorities, Crime and Criminal Justice, in Downes, Unravelling Criminal Justice)
JUSTICE	The Prosecution Process in England and Wales, London 1970 (zit.: JUSTICE, The Prosecution Proccess)
Kaiser, Günther	Bekämpfung von Bagatellkriminalität in der Bundesrepublik Deutschland, in ZStW Bd. 90 (1978), S. 887 ff.
Karlsruher Kommentar	zur Strafprozeßordnung und zum Gerichtsverfassungsgesetz mit Einführungsgesetz, 3. Auflage, München 1993 (zit.: Karlsruher-Kommentar-Bearbeiter, StPO und GVG)
	OWiG, Zum Gesetz über Ordnungswidrigkeiten, Hrsg. Boujong München 1989 (zit.: Karlsruher Kommentar-Bearbeiter, OwiG)
Kerner, Hans-Jürgen	Tötungsdelikte und lebenslange Freiheitsstrafe, Kriminalistische Betrachtungen zur Entwicklung bis 1985, in ZStW Bd. 98 (1986), S. 874 ff.
Kießner, Ferdinand	Kreditbetrug - § 265 b StGB, Eine Untersuchung zur Einführung und Anwendung eines Sondertatbestandes zur Bekämpfung der betrügerischen Erschleichung von Krediten, Freiburg 1985 (zit.: Kießner, Kreditbetrug)
King, Michael	The Framework of Criminal Justice, London 1981 (zit.: King, The

Framework of Criminal Justice)

Kleinknecht, Theodor/ Meyer-Goßner, Lutz — Kurz Kommentar zur Strafprozeßordnung, Gerichtsverfassungsgesetz, Nebengesetze und ergänzende Bestimmungen, 43. Auflage München 1997 (zit.: Kleinknecht /Meyer-Goßner, StPO und GVG)

Knemeyer, Franz-Ludwig/ Deubert, Michael — Kritische Überlegungen zum Verhältnis Staatsanwaltschaft - Polizei/Polizei - Staatsanwaltschaft, in NJW 1992, S. 3131 ff.

Kopp, Ferdinand — Die Vertretung der Interessen des Staates und des öffentlichen Interesses in anderen modernen Rechtssystemen, in VerwArch Bd. 71 (1980), S. 345 ff.

Kotz, Peter — Die Wahl der Verfahrensart durch den Staatsanwalt, Empirische Untersuchung zu den Faktoren, die die Erhebung der öffentlichen Klage, den Antrag auf Erlaß eines Strafbefehls und die vorläufige Verfahrenseinstellung unter Anordnung von Auflagen oder Weisungen beeinflussen, Bamberg 1983 (zit.: Kotz, Wahl der Verfahrensart durch den Staatsanwalt)

Kramer, Bernhard — Ermittlungen bei Wirtschaftsdelikten, Rechtsfragen aus der Praxis des Wirtschaftsstrafverfahrens, Stuttgart Berlin Köln Mainz 1987 (zit.: Kramer, Ermittlungen bei Wirtschaftsdelikten)

Krause, Werner — Zur Diagnose „Kleptomanie“, Akademietagung v. 29.-31.10.1973, Protokoll 82/73, S. 28 ff., Evangelische Akademie, Hofgeismar 1973 (zit.: Krause, zur Diagnose „Kleptomanie“, Protokoll 82/73)

Krümpelmann, Justus — Die Bagatelldelikte, Untersuchungen zum Verbrechen als Steigerungsbegriff, Berlin 1966 (zit.: Krümpelmann, Bagatelldelikte)

Kuhlmann, Goetz-Joachim — Gedanken zum Bericht über das Verhältnis „Staatsanwaltschaft und Polizei“, in DRiZ 1976, S. 265 ff.

Kunz, Karl-Ludwig — Die Einstellung wegen Geringfügigkeit durch die Staatsanwaltschaft (§§ 153, 153 a StPO) Eine empirische Untersuchung in kriminalpolitischer Absicht, Königstein/Ts. 1980 (zit.: Kunz, Einstellung wegen Geringfügigkeit)

Lackner — StGB, 22. Auflage, München 1997 (zit.: Lackner, StGB)

Lampe, Ernst-Joachim — Der Kreditbetrug (§§ 263, 265 b StGB), Berlin 1980 (zit.: Lampe, Kreditbetrug)

Lamprecht, Rolf — Zur Demontage des Bundesverfassungsgerichtes, Beweissicherung und Beweisaufnahme, Baden-Baden 1996 (zit.: Lamprecht, Zur Demontage des Bundesverfassungsgerichtes)

Landsmann, Stephan	The Rise of the Contentious Spirit: Adversary Procedure in Eighteenth Century England, in Cornell L.Rev. 1990, S. 497 ff.
Laufhütte, Heinrich	Zu den Sanktionen gegenüber dem Ladendiebstahl, in Protokoll 82/73, S. 65 ff.
Lehne, Werner	Politische Instrumentalisierung von Kriminalstatistiken, in Cilip 48 (2/94)
Leigh, L.H.	Police Powers in England and Wales, 2. Auflage, London 1985 (zit.: Leigh, Police Powers)
	The control of commercial fraud, London 1982 (Leigh, The control of commercial fraud)
Leigh, Leonard/ Zedner, Lucia	A Report on the Administration of Criminal Justice in the Pre-Trial Phase in France and Germany for the Royal Commission on Criminal Justice, London 1992 (zit.: Leigh/Zedner, Report on the Administration of Criminal Justice)
Leipziger Kommentar	Hrsg. Jähnke, Burkhardt/Laufhütte, Heinrich/Oldersky, Walter, 24. Lieferung §§ 264 - 265 b StGB, Berlin New York 1997 (zit.: LK-Bearbeiter, StGB)
Levi, Michael	The Investigation, Prosecution, and Trial of Serious Fraud, for the Royal Commission on Criminal Justice, London 1993 (zit.: Levi, The Investigation, Prosecution, and Trial of Serious Fraud)
	The Phantom Capitalists, The Organisation and Control of Long-Firm Fraud, London 1981 (zit.: Levi, The Phantom Capitalists)
Levi, Michael/ Pithouse, Andrew	The Victim of Fraud, in Downes, David, Unravelling Criminal Justice, S. 229 ff. (zit.: Levi/Pithouse, The Victim of Fraud in Downes, Unravelling Criminal Justice)
Liebl, Karlhans	„Bekämpfung der Wirtschaftskriminalität": Höhenflug mit Bauchlandung, Zur Implementation eines rechtspolitischen Programms, in KrimJ 1986, S. 50 ff.
Lilie, Hans	Das Verhältnis von Polizei und Staatsanwaltschaft im Ermittlungsverfahren, in ZStW Bd. 106 (1994), S. 625 ff.
Lisken, Hans	EUROPOL - ein Symptom des Verfassungswandels, DRiZ 1998, S. 75 ff.
Löhr, Holle Eva	Kriminologisch-rationaler Umgang mit jugendlichen Mehrfachtätern, in ZRP 1997, S. 280 ff.
Löwe-Rosenberg	Die Strafprozeßordnung und das Gerichtsverfassungsgesetz, Großkommentar, 24. Auflage, Erster Bd. (Einleitung: §§ 1 bis 111 n)

	Berlin New York 1988 (zit.: Löwe-Rosenberg-Bearbeiter, StPO und GVG)
Loitz, Rolf/ Loitz, Kurt-Michael	So wehrt man sich gegen Ladendiebe, Arbeitsweise und Abwehr professioneller Ladendiebe, Köln 1987 (zit.: Loitz/Loitz, Professionelle Ladendiebe)
Ludwig-Mayerhofer, Wolfgang	Die staatsanwaltliche Diversionspraxis im Jugendstrafrecht - Eine landesweite Aktenuntersuchung in 19 Staatsanwaltschaften Nordrhein-Westfalens - in Albrecht, Peter-Alexis, Informalisierung des Rechts, Empirische Untersuchung zur Handhabung und zu den Grenzen der Opportunität im Jugendstrafrecht, Berlin New York 1990 (zit.: Ludwig-Mayerhofer, staatsanwaltschaftliche Diversionspraxis in Albrecht, Informalisierung des Rechts)
Ludwig-Mayerhofer, Wolfgang/Rzepka, Dorothea	Diversion und Täterorientierung im Jugendstrafrecht - Stimmt die These von Hermann Wild zur Tatorientierung der Jugendstrafrechtspraxis (noch)? Eine Replikationsstudie, in MSchrKrim. 1998, S. 17 ff.
Lullies, Stefan	Das Problem der Tötungshemmung beim Mörder, Zur Psychologie des Mordes, München 1968
Lyall, Francis	An Introduction to British Law, vol. 1, Die Rechtsordnungen der europäischen Staaten, Baden-Baden 1994 (zit.: Lyall, An Introduction to British Law, vol. 1)
Männlein, Ulrike	Empirische und kriminalpolitische Aspekte zur Anwendung der Opportunitätsvorschriften §§ 153, 153 a StPO durch die Staatsanwaltschaft, Bielefeld 1992 (zit.: Männlein, Opportunitätsvorschriften)
Manns, Ulrike/ Boehm-Kochanski, Christiane	Genugtuungsfunktion des Schmerzensgeldes und Strafzumessung - OLG Düsseldorf, NJW 1974, S. 1279 und OLG Celle, JZ 1970, S. 548 ff., in JUS 1975, S. 87 ff.
Mansfield, Graham/ Peay, Jill	The Director of Public Prosecutions, Principles Practices for the Crown Prosecutor, Cambridge 1987 (Mansfield/Peay, DPP)
Maquire, Michael Norris, Claire	The Conduct and Supervision of Criminal Investigations, Royal Commission on Criminal Justice, Research Study No. 5, London 1992 (zit.: Macquire/Norris, Conduct and Supervision of Criminology)
May, John	The responsibility of the prosecutor to the court, in Williams, The Role of the Prosecutor, S. 90 ff., Alderslot 1988 (zit.: May, The responsibility of the prosecutor, in Williams, The Role of the Prosecutor)
McCluskey	The Prosecutor`s Discretion, in International Journal of Medicine and Law 1980, S. 5 ff.

McConville, Michael/ Sanders, Andrew — Weak Cases and the CPS, in L.S.Gaz. 1992, S. 24 ff.

McConville, Mike/Sanders, Andrew/ Leng, Robert — The Case for the Prosecution, Police Suspects and the Construction of Criminality, London 1991 (zit.: McConville/Sanders/Leng, The Case for the Prosecution)

Meinberg, Volker — Geringfügigkeitseinstellungen von Wirtschaftsstrafsachen, Eine empirische Untersuchung zur staatsanwaltschaftlichen Verfahrenserledigung nach § 153 a Abs. 1 StPO, Freiburg 1985 (zit.: Meinberg, Geringfügigkeitseinstellungen in Wirtschaftsstrafsachen)

Merten, Karlheinz — Das Abrufrecht der Staatsanwaltschaft aus polizeilichen Dateien, in NStZ 1987, S. 10 ff.

Metherell, Chris — What`s right with the CPS?, in Counsel 1995, S. 24 ff.

Metropolitan Police Committee — Metropolitan Police Committee, Annual Report 1996/97 (zit.: Metropolitan Police Committee, Annual Report 1996/97)

www.mpc.home office.gov.uk

Middendorff, Wolf — Mord und Mörder in der deutschen und amerikanischen kriminologischen Literatur, in ZStW Bd. 94 (1982), S. 788 ff.

Der Fall Simone B., Historische und kriminalpsychologische Studie zur Tötung aus Leidenschaft, in GA 1977, S. 97 ff.

Mills, Barbara — The Code for Crown Prosecutors, in NLJ 1994, S. 899 ff.

Minger, Helmar — Normbruch und Sanktion, Faktoren der Überwachungseffizienz und Anzeige-Neigung bei Kaufhausdiebstählen, Nürnberg 1974 (zit.: Minger, Kaufhausdiebstähle)

Mösch, Maria Therese — Die Zusammenarbeit der Staatsanwaltschaft und Polizei auf dem Gebiet der schweren Kriminalität, in Krim. 1978, S. 578 ff.

Morton, James — The Crown Prosecution Service - Wood Green Branch, in NLJ 1987, S. 990 ff.

Munday, Robert — The Crown Prosecution Service - A Developing Discretion, in JP 1985, S. 564 ff.

Naucke, Wolfgang — Empfiehlt es sich, in bestimmten Bereichen der kleinen Eigentums- und Vermögenskriminalität, insbesondere des Ladendiebstahls, die strafrechtlichen Sanktionen durch andere zum Beispiel zivilrechtliche Sanktionen abzulösen, gegebenenfalls durch welche? (Strafrechtliches

	Teilgutachten) Gutachten D für den 51. Deutschen Juristentag, München 1976 (zit.: Naucke, Gutachten D für den 51. Deutschen Juristentag)
Nehm	„Verhältnis von Staatsanwaltschaft und Polizei im Strafverfahrensrecht in Deutschland" zit.: von Jaeger, Stefan/Winnen, Werner/Steffen, Axel, in Tagungsbericht, Zum Verhältnis von Staatsanwaltschaft und Polizei im Strafverfahrensrecht, in JZ 1995, S. 503 f.
Neubacher, Frank	„Trau keinem unter 30!" - Wie bedrohlich ist die Jugendkriminalität wirklich?, in ZRP 1998, S. 429 ff.
Nico, Jörg/Field, Stewart/Brants, Chrisje	Are Inquisitorial and Adversarial Systems Converging, in Fennell, Phill/Harding, Christopher/Nico, Jörg/Swart, Bert, Criminal Justice in Europe, A Comparative Study, Oxford 1995, S. 41 ff. (zit.: Nico/Field/Brants, Inquisitorial and Adversatorial Systems, in Fenell/Harding/Nico/Swart, Criminal Justice in Europe)
Nicolaus, Helmut	Schengen und Europol - ein europäisches Laboratorium?, in NVwZ 1996, S. 40 ff.
Ostendorf, Heribert	Gegenreform im Jugendstrafrecht, in ZRP 1998, S. 446 ff.
Otto, Harro	Probleme des Kreditbetrugs, des Scheck- und Wechselmißbrauchs, in Jura 1983, S. 16 ff.
Padfield, Nicola	Text and Materials of the Criminal Justice Process, London Dublin Edinburgh 1995 (Padfield, Criminal Justice Process)
Palandt	Bürgerliches Gesetzbuch, 58. Auflage, München 1999 (zit.: Palandt-Bearbeiter)
Peay, Jill	Mentally Disordered Offenders, S. 1119 ff., in Maquire, Mike/Morgan, Rod/Reiner, Robert, The Oxford Handbook of Criminology, Oxford 1994, S. 705 ff. (zit.: Peay, Mentally Disordered Offenders, in Maquire/Morgan/Reiner, The Oxford Handbook of Criminology)
Peters, Karl	Strafprozeß, 2. Auflage, Karlsruhe 1966 (zit.: Peters, Strafprozeß)
Pfiszter, Franz	Die Zusammenarbeit von Polizei und Justiz bei der Verfolgung von Wirtschaftsstraftaten - aus der Sicht der Polizei, in DRiZ 1984, S. 95 ff.
Pitchers, Christopher/Bohlander, Michael	Richterliche Fortbildung in England und Wales, - Einflußnahme auf die richterliche Unabhängigkeit? -, in AnwBl. 1998, S. 426 ff.
Pitschas, Rainer	Integrationsprobleme des Polizeiunrechts in Europa, in NVwZ 1994, S. 625 ff.

Pollock, Frederick/Maitland, Frederic	The history of English law, Cambridge 1968, vol. 2 (zit.: Pollock/Maitland, The history of English law, vol.. 2)
Prost, Gerhard	„Krediterschleichung", ein Vorfeldtatbestand des Betruges, sowie verstärkte Prophylaxe im Gesetz über das Kreditwesen als Mittel zur Bekämpfung der Wirtschaftskriminalität, in JZ 1975, S. 18 ff.
Rasch, Wilfried	Tötung des Intimpartners, Stuttgart 1964 (zit.: Rasch, Tötung des Intimpartners)
Raupach, Sigmar	Leitender Oberstaatsanwalt der Staatsanwaltschaft Köln, Mitteilung vom 06.09.1997 (zit.: Raupach, Mitteilung vom 06.09.1997)
Rebmann, K./ Schoreit, Armin	Elektronische Datenverarbeitung (EDV) in Strafverfolgungsangelegenheiten und Datenschutz, in NStZ 1984, S. 1 ff.
v.Reed, Ulrich	Leiter des Kriminalkommissariats 41 „Wirtschafts- und Computerkriminalität" des Polizeipräsidiums in Köln, Mitteilung vom 25.06.1998 (zit.: v.Reed, Mitteilung vom 25.06.1998)
Reiner, Robert	Policing and the Police, in Maquire, Mike/Morgan, Rod/Reiner, Robert, The Oxford Handbook of Criminology, Oxford 1994, S. 705 ff. (zit.: Reiner, Policing and the Police, in Maquire/Morgan/Reiner, The Handbook of Criminology)
	The Royal Commission on Criminal Justice, Investigative Powers and Saveguards for Suspects, in Crim.L.Rev. 1993, S. 808 ff.
Richter II, Christian	Zum Bedeutungswandel des Ermittlungsverfahrens - Bestandsaufnahme und Reformtendenzen - in AnwBl. 1985, S. 431 ff.
Robb, Louis	A Scottish Constitution, in Williams, The Role of the Prosecutor, S. 27 ff., Alderslot 1988 (zit.: Robb, A Scottish Contititution, in Williams, The Role of the Prosecutor)
Robinson, Paul	Structure and Function in Criminal Law, Oxford 1997 (zit.: Robinson, Structure and Function in Criminal Law)
Romberg, H.P.	Die Richter ihrer Majestät, Potrait der englischen Justiz, Stuttgart Berlin Köln Mainz 1965 (zit.: Romberg, Richter ihrer Majestät)
Rössner, Dieter	Bagatelldiebstahl und Verbrechenskontrolle, Ein exemplarischer Beitrag zur Entkriminalisierung durch quantitative Begrenzung des Strafrechts, Dissertation Frankfurt 1976 (zit.: Rössner, Bagatelldiebstahl und Verbrechenskontrolle)
Rose, David	In the Name of the Law, The Collapse of Criminal Justice, London 1996 (zit.: Rose, The Collapse of Criminal Justice)

Roxin, Claus/ Arzt, Gunther/ Tiedemann, Klaus | Einführung in das Strafrecht und Strafprozeßrecht, 2. Auflage, Heidelberg 1988 (zit.: Roxin/Arzt/Tiedemann, Strafrecht und Strafprozeßrecht)

Rüping, Hinrich | Das Verhältnis von Staatsanwaltschaft und Polizei, Zum Problem der Einheit der Strafverfolgung, in ZStW Bd. 95 (1983), S. 894 ff.

Die Geburt der Staatsanwaltschaft in Deutschland, in GA 1992, S. 147 ff.

Rzepka, Dorothea | Polizei und Diversion - Das Bielefelder Modell der Informationsvermittlung - in Albrecht, Peter-Alexis, Informalisierung des Rechts, Empirische Untersuchung zur Handhabung und zu den Grenzen der Opportunität im Jugendstrafrecht, Berlin New York 1990 (zit.: Rzepka, Polizei und Diversion, in Albrecht, Informalisierung des Rechts)

Samuels, Alec | (4) Non-Crown Prosecutions: Prosecutions by Non-Police Agencies and by Private Individuals, in Crim.L.Rev. 1986, S. 33 ff.

Sanders, Andrew | The silent Code, in NLJ 1994, S. 946 ff.

From Suspect to Trial, in Maquire, Mike/Morgan, Rod/Reiner, Robert, The Oxford Handbook of Criminology, Oxford 1994 (zit.: Sanders, From Suspect to Trial, in Maquire/Morgan/Reiner, The Oxford Handbook of Criminology, S. 773 ff.)

Incorporating the 'public interest' in the decision to prosecute, in Williams Hall, The Role of the Prosecutor, Alderslot 1988, S. 30 ff. (zit.: Sanders, Public Interest, in Williams, The Role of the Prosecutor)

The Limits to Diversion from Prosecution, in 28 Brit.J.Criminol. 1988 S. 513 ff.

Constructing the Case for the Prosecution, in Journal of Law and Society 1987, S. 229 ff.

(2) An Indepenant Crown Prosecution Service?, in Crim.L.Rev. 1986, S. 16 ff.

Arrest, charge and prosecution, in Legal Studies 1986, S. 257 ff.

Prosecution Decisions and the Attorney-General`s Guidelines, in Crim.L.Rev. 1985, S. 4 ff.

Sanders, Andrew/Young, Richard | Criminal Justice: An Introduction to the Criminal Justice System in England and Wales, London Dublin Edinburgh 1994 (zit.: Sanders/Young, Criminal Justice)

Schaefer, Hans Christoph | Die Panne - Zum Nebeneinander polizeilicher und justizieller Informationssysteme, in NJW 1998, S. 455 f.

Scheller, Susanne | Das Schengener Informationssystem - Rechtshilfeersuchen „per Computer", in JZ 1992, S. 904 ff.

Schicht, Günter | Ladendiebstahl, Was kann man gegen ein Massendelikt tun?, in Krim. 1995, S. 501 ff.

Schindhelm, Malte | Der Sellin-Wolfgang-Index (1964) - Ein ergänzendes Muß der Strafrechtspflegestatistik, Eine Replikationsstudie, Stuttgart 1972 (zit.: Schindhelm, Der Sellin-Wolfgang-Index)

Schlothauer, Reinhold | Vereinfachte Beweisaufnahme nach dem Verbrechensbekämpfungsgesetz auch in der Berufungsinstanz?, in StV 1995, S. 46 ff.

Schneider, Stefan | Länderübergreifendes staatsanwaltschaftliches Verfahrensregister - zugleich ein Instrument zur Bekämpfung der Massenkriminalität, in NJW 1996, S. 302 ff.

Schöch, Heinz | Empirische Grundlagen der Generalprävention, in FS für Jescheck, Hans-Heinrich, Freiburg 1985 (zit.: Schöch, Empirische Grundlagen der Generalprävention, in FS für Jescheck)

Schönke, Adolf/Schröder, Horst | Strafgesetzbuch, Kommentar, 25. Auflage, München 1997 (zit.: Schönke/Schröder-Bearbeiter, StGB)

Scholz, Rupert | Das Bundesverfassungsgericht: Hüter der Verfassung oder Ersatzgesetzgeber?, Aus Politik und Zeitgeschichte, B 16/99, S. 1 ff.

Schroth, Hans-Jürgen | Der Einfluß der Europäischen Menschenrechtskonvention auf das Strafrecht und Strafverfahrensrecht Großbritanniens, in ZStW Bd. 100 (1988), S. 470 ff.

Schwind, Hans-Dieter/Gehrich, Wulf-Dieter | Bekämpfung der Wirtschaftskriminalität erläutert am Beispiel von Niedersachsen, in JR 1980, S. 228 ff.

Schubarth, Martin | Das Verhältnis von Strafrechtswissenschaft und Gesetzgebung im Wirtschaftsstrafrecht, in ZStW Bd. 92 (1980), S. 90 ff.

Schultz, Dietrich/ Leppin, Rudolf | Staatsanwaltschaft contra Polizei, Staatsanwaltschaft im Spannungsfeld zwischen Legalitätsprinzip und Grundsatz der Verhältnismäßigkeit, in Jura 1981, S. 521 ff.

Scraton, Phil	Gemeindebezogene Polizeiarbeit (Community Polcing) in Großbritannien, in cilip 52 (3/1995), S. 75 ff.
Serwe, L. Hans	Abschied vom Legalitätsprinzip, in Krim. 1970, S. 377 ff.
Sessar, Klaus	Rechtliche und soziale Prozesse einer Definition der Tötungskriminalität, Freiburg 1981 (zit.: Sessar, Tötungskriminalität)
	Empirische Untersuchungen zu Funktion und Tätigkeit der Staatsanwaltschaft, in ZStW Bd. 1987 (1975), S. 1033 ff.
	Ergebnisse einer wissenschaftlichen Untersuchung zum Thema Polizei/Staatsanwaltschaft, in BKA-Vortragsreihe Bd. 23 (1977), S. 25 ff.
SFO	Annual Report 1997/1998 (zit.: SFO, Annual Report 1997/98)
	www.govt.nz/news
Sieber, Ulrich	Europäische Einigung und Europäisches Strafrecht, in ZStW Bd. 103 (1991), S. 957 ff.
Sieghart, Paul	A view from JUSTICE, in Williams, The Role of the Prosecutor, S. 95 ff., Alderslot 1988 (zit.: Sieghart, A view from JUSTICE, in Williams, The Role of the Prosecutor)
Sigler, Jay	The Prosecutor: A comparative functional analysis, in William, Donald, The Prosecutor, USA London 1979, S. 53ff (zit.: Sigler, A comparative functional analysis, in William, The Prosecutor)
	Public Prosecution in England and Wales, in Crim.L.Rev. 1974, S. 642 ff.
Simpson, Keith	Forty years of murder, London 1978 (zit.: Simpson, Forty years of murder)
Simson, Gerhard/Geerds, Friedrich	Straftaten gegen die Person und Sittlichkeitsdelikte, München 1969 (zit.: Simson/Geerds, Straftaten gegen die Person)
Smith, David	Race, Crime and Criminal Justice, in Maquire, Mike/Morgan, Rod/Reiner, Robert, The Oxford Handbook of Criminology, Oxford 1994, S. 705 ff. (zit.: Smith, Race Crime and Criminal Justice, in Maquire/Morgan/Reiner, The Oxford Handbook of Criminology)
Smith, John Cyril	The Law of Theft, London 1968 (zit.: Smith, The Law of Theft)
Sommer, Antje	Der Sachsenspiegel auf dem Falkenstein, in DtZ 1994, S. 65 f.

Spencer, J.R. Jackson`s Machinery of Justice, 6. Auflage, Cambridge New Rochelle Melbourne Sydney 1972 (zit.: Spencer, Machinery of Justice)

Spieß, Gerhard Junge Wiederholungstäter, Oder: Wieviel Strafe muß sein?, in Krim. 1994, S. 111 ff.

Sprack, John Emins on Criminal Procedure, 6. Auflage, Hampshire 1995 (zit.: Sprack, Criminal Procedure)

Statistisches Bundesamt Rechtspflege: Fachserie 10, Reihe 2, Gerichte und Staatsanwaltschaft, Wiesbaden 1997 (zit.: Statistisches Bundesamt, Gerichte und Staatsanwaltschaft 1996)

Rechtspflege. Fachserie 10, Reihe 3, Strafverfolgung, Wiesbaden 1997 (zit.: Statistisches Bundesamt, Strafverfolgung 1996)

Arbeitsunterlage „Staatsanwaltschaften“, Wiesbaden 1996 (zit.: Statistisches Bundesamt, Staatsanwaltschaften 1996)

Steffen, Wiebke Analyse polizeilicher Ermittlungstätigkeit aus der Sicht des späteren Strafverfahrens, in BKA-Forschungsreihe Wiesbaden 1976 (zit.: Steffen, Analyse polizeilicher Ermittlungstätigkeit)

Steiner, Dirk Das Fairneßprinzip im Strafprozeß, Frankfurt 1995 (Steiner, Das Fairneßprinzip im Strafprozeß)

Steinke, Wolfgang § 163 Abs. 1 StPO eine Generalermächtigung für polizeiliche „Eingriffe“?, in MDR 1980, S. 456 ff.

Stokar, Silke „Kriminalpräventionsräte“ - öffentliche Sicherheit als kommunale Aufgabe, in Cilip 51 (2/95), S. 57 ff.

Sturm, Richard Die Verurteilungen wegen versuchten und vollendeten Mordes und Totschlags von 1882 bis 1976, in MDR 1976, S. 816 f.

Systematischer Kommentar Zum Strafgesetzbuch, 2. Bd., Besonderer Teil §§ 223 - 358 StGB, Hrsg.: Rudolphi, Hans-Joachim/Horn, Eckhard/Samson, Erich, Neuwied Kriftel, Berlin, Stand: 1.9.1998 (zit.: SK-Bearbeiter)

Tarling, Roger Interdependence and the Crown Prosecution Service, in Williams, The Role of the Prosecutor, S. 43 ff., Alderslot 1988 (zit.: Tarling, Interdependence and the CPS, in Williams, The Role of the Prosecutor)

Tegel, Heinrich Der Ladendiebstahl als internationales Problem, in Krim. 1962, S. 124 ff.

Teufel, Manfred Insolvenzkriminalität, Zur Kriminologie und Kriminalistik der Insolvenzdelikte und zu ihrer strafrechtlichen Problematik, Lübeck 1981 (zit.: Teufel, Insolvenzkriminalität)

Thoss, Peter	Wirtschaftskriminalität und Juristenausbildung, in ZRP 1974, S. 238 ff.
Thiekötter, Hans Berndr	Die psychologische Wurzel und strafrechtliche Bewertung von Warenhausdiebstählen, Köln 1933
Tiedemann, Klaus	Europäisches Gemeinschaftsrecht und Strafrecht, in NJW 1993, S. 23 ff.
Timmons, John	The Crown Prosecution Service in Practice, in Crim.L.Rev. 1986, S. 28 ff.
Tombs, Jaqueline/ Moody, Susan	Alternatives to Prosecutions: The Public Interest Redefined, in Crim.L.Rev. 1993, S. 357 ff.
Tröndle, Herbert	Strafgesetzbuch und Nebengesetze, 48. Auflage, München 1997 (zit.: Tröndle, StGB)
Uglow, Steve/ Dart, Andy/Bottomley, Anne/ Hale, Chris	Cautioning Juveniles - Multi-Agency Impotence, in Crim.L.Rev.1992, S. 632 ff.
Uniacke, Suzanne	Permissible Killing, The self-defence justification of homicide, Cambridge 1994 (zit.: Uniacke, Permissible Killing)
Villmow, Bernhard	Schwereeinschätzung von Delikten, Berlin 1977 (zit.: Villmow, Schwereeinschätzung von Delikten)
Volk, Klaus	Strafrecht und Wirtschaftskriminalität, in JZ 1982, S. 85 ff.
Voß, Silvia	Staatsanwaltschaftliche Entscheidung - Beeinflussung durch systematische Informationserweiterung? - Die Umsetzung des Bielefelder Modellversuchs durch die Staatsanwaltschaft, in Albrecht, Peter-Alexis, Informalisierung des Rechts, Empirische Untersuchung zur Handhabung und zu den Grenzen der Opportunität im Jugendstrafrecht, Berlin New York 1990 (zit.: Voß, Staatsanwaltschaftliche Entscheidung, in Albrecht, Informalisierung des Rechts)
	Anzeigemotive, Verfahrenserwartungen und die Bereitschaft von Geschädigten zu informellen Konflikterledigungen, Erste Ergebnisse einer Opferbefragung, in MSchrKrim 1989, S. 34
Wagner, Joachim	Ladendiebstahl - Wohlstands- oder Notstandskriminalität, Heidelberg 1979 (zit.: Wagner, Ladendiebstahl - Wohlstands- oder Notstandskriminalität)
Walsh, D.P.	Shoplifting, Controlling major crime, London und Basingstoke 1978 (zit.: Walsh, Shoplifting)

Walter, Michael/Wagner Andrea — Alltägliches Krisenmanagement von Polizisten: Die Beseitigung des Öffentlichkeitsbezuges, Erste Befunde aus teilnehmender Beobachtung, in MSchrKrim 1997, S. 44 ff.

Weichert, Thilo — Ein Alternativkonzept für EUROPOL - Vorschläge von unerwarteter Seite, in Cilip 56 (1/97), S. 54 ff.

Der Entwurf einer „Europol"-Konvention - Eine datenschutzrechtliche Kritik, in Cilip 50 (1/95), S. 72 ff.

Weigend, Thomas — Anklagepflicht und Ermessen, Die Stellung der Staatsanwaltschaft zwischen Legalitäts- und Opportunitätsprinzip nach deutschen und ausländischen Recht, Baden-Baden 1978 (zit.: Weigend, Anklagepflicht und Ermessen)

Strafrecht durch internationale Vereinbarungen - Verlust an nationaler Strafrechtskultur?, in ZStW Bd. 105 (1993), S. 774 ff.

Westwood, David — The Effects of Home Office Guidelines on the Cautioning of Offenders, in Crim.L.Rev. 1991, S. 591 ff.

Wilcox, A.F. — The decision to prosecute, London 1972 (zit.: Wilcox, The decision to prosecute)

Wilkitzki, Peter — Die Regionalisierung des internationalen Strafrechts, in ZStW Bd. 105 (1993), S. 821 ff.

Williams, David G.T. — Prosecution, Discretion and Accountability of the Police, in Hood, Roger, Crime, Criminology and Public Policy, London 1974 (zit.: Williams, Prosecution, in Hood, Crime, Criminology and Public Policy)

The Police and Law Enforcement, in Crim.L.Rev. 1968, S. 351 ff.

Discretion in Prosecuting, in Crim.L.Rev. 1956, S. 222 ff.

Williams, Glanville — Letting of the guilty and prosecuting the innocent, in Crim.L.Rev. 1985, S. 115 ff.

Williams, J.E. Hall — The Role of the Prosecutor, Alderslot 1988 (zit.: Williams, The Role of the Prosecutor)

Willms, Elmar — Die Strafbarkeit der „company" im englischen Recht, Aachen 1966 (zit.: Willms, Strafbarkeit der „company" im englischen Recht)

Wittkämper, Gerhard/Krevert Peter/Kohl, Andreas — Europa und die innere Sicherheit, Auswirkungen des EG-Binnenmarktes auf die Kriminalitätsentwicklung und Schlußfolgerungen für die polizeiliche Verbrechensbekämpfung, Wiesbaden 1996 (zit.: Wittkämper/Krevert/Kohl, Europa und die innere Sicherheit)

Wohlers, Wolfgang	Entstehung und Funktion der Staatsanwaltschaft, Ein Beitrag zu den rechtshistorischen und strukturellen Grundlagen des reformierten Strafverfahrens, Berlin 1994 (zit.: Wohlers, Entstehung und Funktion der Staatsanwaltschaft)
Wolff, Achim	Stellvertretender Leiter des Kriminalkommissariats 11 „Tötungsdelikte" des Polizeipräsidiums Köln, Mitteilung vom 25.06.1998 (zit.: Wolff, Mitteilung vom 25.06.1998)
Wolter, Jürgen	Aspekte einer Strafprozeßreform bis 2007, München 1991, in Albrecht, Peter-Alexis, Informalisierung des Rechts, Empirische Untersuchung zur Handhabung und zu den Grenzen der Opportunität im Jugendstrafrecht Berlin New York 1990 (zit.: Wolter, Aspekte einer Strafprozeßreform, in Albrecht, Informalisierung des Rechts)
Woods, John	The Metropolitan Police Assault - Charging Offences - are they based on law?, in JP 1995, S. 42 ff.
Worboys, Peter	Convicting the Right Person on the Right Evidence, in Crim.L.Rev. 1985, S. 764 ff.
Zander, Michael	Cases and Materials on the English Legal System, 7. Auflage, London Dublin Edinburgh 1996 (zit.: Zander, English Legal System)
	The Police and Criminal Evidence Act 1984, 3. Auflage, London 1995 (zit.: Zander, PACE)
Zander, Michael/ Henderson, Paul	Crown Court Study, The Royal Commission on Criminal Justice, Research Study No. 19, London 1993 (zit.: Zander/Henderson, Crown Court Study)
Zeißig, Klaus	Wirtschaftsstrafsachen - Aktenführung, Ermittlungstechnik, Zusammenarbeit zwischen Staatsanwaltschaft und Polizei, in wistra 1994, S. 295 ff.
Zöllner, Rolf-Dieter	Der Ladendiebstahl als betriebswirtschaftliches Problem im Einzelhandel, Dissertation, Düsseldorf 1976 (zit.: Zöllner, Ladendiebstahl als betriebswirtschaftliches Problem)
Zuberbier, Gerhard	Einführung in die staatsanwaltschaftliche Praxis mit zahlreichen Mustern, Boorberg 1991 (zit.: Zuberbier, Staatsanwaltschaftliche Praxis)

Kolibri 360 GmbH
Ferdinand-Jühlke-Straße 7
99095 Erfurt, Deutschland
produktsicherheit@kolibri360.de

Druck:
CPI Druckdienstleistungen GmbH
im Auftrag der
Kolibri 360 GmbH
Ferdinand-Jühlke-Str. 7
99095 Erfurt